로마서 강해

세상 가운데서 부르심을 받은
성도들에게 보내진 주님의 편지

유진소 지음

로마서 강해

발행일	2023년 1월 27일
지은이	유진소
펴낸이	김기영
펴낸곳	도서출판 영음사
주 소	서울특별시 강남구 광평로 56길 8-13, 1406호
전 화	02-3412-0901
팩 스	02-3412-1409
이메일	biblecomen@daum.net
등 록	2008년 4월 21일 제2021-000311호

ISBN 978-89-7304-003-2 (03230)

※ 신저작권법에 의하여 보호받는 저작물이므로 무단 전재와 무단 복제를 금합니다.
※ 책 값은 뒷표지에 있습니다.
※ 잘못된 책은 구입처에서 교환하여 드립니다.

로마서 강해

유진소 지음

도서출판 영음사

서문

로마서!
　사도 바울의 서신들 가운데서도 정말 특별한 말씀입니다. 아니, 성경 전체에서 우리에게 가장 특별한 의미를 전달해주는 말씀입니다.

　그래서 목회하는 가운데 성경 전체를 강해하여 설교하면서도 로마서를 설교하는 일은 망설여왔습니다. 칼빈이 성경 전체를 주석하면서도 요한계시록을 주석하지 못했던 것처럼 이렇게 중요하고 의미 있는 말씀을 강해한다는 것이 정말 자신 없고 두려워서 미루고 주저했던 것입니다.

　하지만 성령께서 계속 저의 마음에 로마서를 강해하도록, 그 말씀을 성도들과 나누도록 강권하셨습니다. 그 이유는 바로 로마서가 어렵다는 생각이 잘못되었기 때문입니다. 마치 VIP 증후군처럼 귀하고 소중해서 오히려 제대로 다루지 않는 그런 일을 성령께서는 용납하실 수 없었기 때문입니다. 너무 중요하고 귀한 말씀이어서 로마서의 진짜 은혜를 놓치고 있는 것이 안타까워서 그렇게 하신 것입니다.

그래서 결국 순종하여 로마서 강해를 시작하면서, 저는 로마서의 박동에 정말로 심장이 터질 뻔했습니다. 딱딱하고 어렵고 지루한 교리의 말씀인 줄 알았는데, 그것이 아니라 아름다운 성도에 대한 설렘과 간절함과 감격이 가슴 벅차게 가득 담겨 있는 말씀에 제 심장이 감당이 안 될 정도였습니다. 바울 사도의 마음만이 아니었습니다. 우리 하나님의 마음이었습니다. 로마로 대변되는 세속의 삶 한복판을 살아가는 당신의 자녀들을 향해 우리 하나님께서 심혈을 기울여 응원하시는 말씀이었습니다. 아름다운 성도는 이런 사람이며 이렇게 살아가는 사람이라고, 이것이 성도의 올바른 삶이라고 알려주시면서, 때로 안타까움에 질책도 하시고, 야단도 치고 경고도 하시지만, 궁극적으로 힘내라고, 포기하지 말라고, 그렇게 격려하시는 우리 주님의 힘찬 외침이었습니다.

성령께서는 바로 이런 로마서를 소개하라고 저에게 그토록 부담을 주신 것입니다. 우선 이것이 네게 무엇과도 비교할 수 없는 축복과 은혜가 될 것이라고 말씀하시면서, 그것을 온전히 먼저 누리라고 말씀하신 것입니다. 그리고 네가 먼저 누리고 받은 이 축복, 이 은혜를 너의 사랑하는 성도들과 나누라고 저를 몰아가신 것입니다.

감히 새로운 로마서의 해석이라고 말하지 않겠습니다. 무슨 특별한 것을 말하고 있다고 내세우지 않겠습니다. 그냥 로마서 자체를 조금 더 실감 나게 누리자고 말하고 싶습니다. 로마서 안에 꽉 차 있는 특별한 은혜를 말입니다. 그 시대에 로마에서 호흡했던 성도들과 지금 이 시대를 살아가는 우리처럼, 세속 도시 한복판을 성도로 살아가는 아름다운 그리스도인을 향한 우리 주님의 그 마음을 말입니다.

목차

서문   004

로마서 강해 1
성도로 부르심을 받은 모든 자에게(롬 1:7)   013

로마서 강해 2
우리 주 예수 그리스도(롬 1:1-7)   021

로마서 강해 3
우리의 영적 에너지, 성도의 교제(롬 1:8-13)   031

로마서 강해 4
내가 복음을 부끄러워하지 아니하노니(롬 1:14-17)   041

로마서 강해 5
세상의 죄를 고발하는 사람들(롬 1:18-23)   051

로마서 강해 6
상실한 마음대로 내버려 두사(롬 1:24-32)   061

로마서 강해 7
남을 판단하는 사람아(롬 2:1-5)   071

로마서 강해 8
하나님은 중심을 보신다(롬 2:6-11)   081

로마서 강해 9
할례는 마음에 할지니(롬 2:12-29) 091

로마서 강해 10
우리는 다 죄 아래 있습니다(롬 3:1-20) 101

로마서 강해 11
이제는 하나님의 한 의가 나타났으니(롬 3:21-31) 111

로마서 강해 12
오직 믿음으로(롬 4:1-9) 121

로마서 강해 13
의의 상속자(롬 4:10-25) 129

로마서 강해 14
하나님과 화평을 누리자(롬 5:1-11) 137

로마서 강해 15
한 분 예수 그리스도를 통하여(롬 5:12-21) 147

로마서 강해 16
예수 그리스도와의 연합(롬 6:1-11) 155

로마서 강해 17
당신은 하나님의 종입니다(롬 6:12-23) 165

로마서 강해 18
영적 초월(롬 7:1-6) 175

로마서 강해 19
오호라 나는 곤고한 사람이로다(1) (롬 7:7-25) 183

로마서 강해 20
오호라 나는 곤고한 사람이로다(2) (롬 7:7-25) 191

로마서 강해 21
생명의 성령의 법(롬 8:1-11)   199

로마서 강해 22
우리는 하나님의 자녀다(롬 8:12-17)   209

로마서 강해 23
모든 것이 합력하여 선을 이루느니라(롬 8:18-30)   219

로마서 강해 24
부여잡는 믿음(1) (롬 8:28-30)   229

로마서 강해 25
부여잡는 믿음(2) (롬 8:28-30)   239

로마서 강해 26
우리가 넉넉히 이기느니라(롬 8:31-39)   249

로마서 강해 27
하나님의 말씀은 실패하지 않는다(롬 9:1-13)   259

로마서 강해 28
하나님께는 불의가 있을 수 없다(롬 9:14-33)   269

로마서 강해 29
올바른 믿음(롬 10:1-13)   279

로마서 강해 30
믿음은 들음에서 나며(롬 10:14-21)   289

로마서 강해 31
남은 자가 있느니라(롬 11:1-10)   299

로마서 강해 32
실족하여 넘어질지라도(롬 11:11-24)   309

로마서 강해 33
하나님의 신비(롬 11:25-36)   319

로마서 강해 34
항상 아름답게 변화하십시오(롬 12:1-2)   329

로마서 강해 35
좋은 교인이 되십시오(롬 12:3-8)   339

로마서 강해 36
선으로 악을 이기라(롬 12:9-21)   349

로마서 강해 37
위에 있는 권세들에게 복종하라(롬 13:1-7)   359

로마서 강해 38
오직 주 예수 그리스도로 옷 입고(롬 13:8-14)   369

로마서 강해 39
아름다운 교회 만들기 프로젝트(1) - 받아들임(롬 14:1-12)   379

로마서 강해 40
아름다운 교회 만들기 프로젝트(2) - 배려(롬 14:13-23)   387

로마서 강해 41
아름다운 교회 만들기 프로젝트(3) - 격려(롬 15:1-13)   397

로마서 강해 42
나의 부르심(롬 15:14-21)   405

로마서 강해 43
서바나로 가리라(롬 15:22-33)   413

로마서 강해 44
성도가 성도에게(롬 16:1-27)   421

로마서 강해

Romans

∽

세상 가운데서 부르심을 받은
성도들에게 보내진 주님의 편지

> 01
>
> 로마서 강해

성도로 부르심을 받은 모든 자에게

롬 1:7

"로마서는 어떤 말씀인가?" 이 질문에 답하기 위해서 2,000년 기독교 역사에서 로마서를 통해서 일어났던 은혜의 역사 몇 가지를 살펴볼 필요가 있습니다.

1. 아우구스티누스의 회심

기독교 역사에서 바울 다음으로 심대한 영향을 끼친 인물로 평가받는 아우구스티누스가 결정적으로 회심을 한 계기는 다음과 같은 사건이었습니다. 아우구스티누스가 그의 친구인 알피우스의 집 정원에서 무화과나무 아래에 엎드리어 "언제까지인가요? 나의 이 더러움을 지금 해결해 주십시오!" 하고 울부짖고 있을 때, 담장 너머에서 아이들의 노랫소리 같은 음성으로 "집어 읽으라. 집어 읽으라." 하는 소리가 들려왔고, 그가 집 안으로 들어가 보니 거기에는 친구 알피우스가 읽다가 펼쳐놓은 말씀이 있었는데, 그것이 바로 로마서 13:13-14 말씀이었습니다.

낮에와 같이 단정히 행하고 방탕하거나 술 취하지 말며 음란하거나 호색하지 말며 다투거나 시기하지 말고 오직 주 예수 그리스도로 옷 입고 정욕을 위하여 육신의 일을 도모하지 말라.

그는 이 말씀 앞에서 완전히 깨어지면서 회심을 하게 된 것입니다. 그런데 아우구스티누스가 회심하게 된 그 결정적인 말씀이 로마서 13:13-14이라고 해서 이 구절만을 따로 떼어서 생각해서는 안 됩니다. 많은 학자들은 결국 아우구스티누스를 회심하게 만들고 후대에 막대한 영향을 미친 그의 신학을 형성시킨 것은 바로 '로마서'라고 평가합니다. 참으로 아우구스티누스의 신학은 로마서를 통하여 세워졌고, 그의 신학은 이후 기독교 역사에 지대한 영향을 미쳤던 것입니다.

2. 루터의 종교개혁

종교개혁자 루터와 로마서는 떼려야 뗄 수 없는 관계에 놓여 있습니다. 그는 1515년에서 1516년까지 2년 동안 비텐베르크 대학교에서 로마서를 강의했습니다. 그리고 그다음 해인 1517년에 종교개혁을 일으킨 것입니다. 그래서 모든 학자들은 루터의 종교개혁은 바로 로마서를 토대로 진행된 것이라고 말합니다. 그는 로마서를 강의했기 때문에 로마 가톨릭교회가 발행하는 면죄부가 말이 안 된다는 것을 그처럼 강력하게 지적하면서 종교개혁을 일으킬 수 있었다는 것입니다. 실제로 루터 자신도 성경에서 가장 중요한 책으로 로마서를 꼽고 있고, 그가 번역한 성경의 서문을 쓰면서 다른 책들보다 로마서 서문을 가장 길게, 그리고 아주 심도 있게 작성하였습니다. 그래서 사람들은 그의 종교개혁 신학의 핵심이 바로 로마서 서문에 녹아들어 있다고 이야기합니다.

3. 존 웨슬리의 진정한 거듭남

존 웨슬리는 기독교 역사에서 결코 빼놓을 수 없는 아주 중요하고 뛰어난 역할을 한 사람입니다. 그는 감리교라는 일개 교파를 창시한 인물에 불과한 것이 아니라 근대의 신앙 운동, 특히 복음주의 운동에 있어서 가장 뜨겁고 귀한 사역을 수행했던 인물이라는 것입니다.

그런데 이 귀한 하나님의 사람이 참된 그리스도인으로 거듭나게 되는 과정에도 바로 로마서가 있습니다. 성직자의 아들로 태어나 그 자신도 성직자로 사역을 수행하고 있으면서도 진정으로 거듭나지 못한 채 갈등하고 고민하던 그가 1738년 5월 24일 9시 15분에, 런던 올더스게이트 거리에서 모인 작은 집회에 참석했는데, 모임의 사회자가 앞서 말한 마르틴 루터의 〈로마서 서문〉을 읽을 때, 그는 그것을 들으면서 그야말로 뒤집힌 것입니다.

4. 칼 바르트의 복음주의 신학

칼 바르트라는 신학자에 대하여, 개혁주의 보수신학의 노선에서는 그의 신학에 적지 않은 문제가 있다고 경계하는 것이 사실입니다. 그러나 교회사적으로 볼 때 칼 바르트는 그 당시 자유주의와 인본주의가 판을 치는 신학계에서 말씀 중심, 복음 중심의 신학을 천명한 대단히 중요한 인물입니다.

그래서 그가 처음 〈로마서 강해〉를 출간했을 때 이를 가리켜 "자유주의자들의 놀이터에 폭탄을 던졌다."라고 말할 정도였습니다. 로마서가 '하나님의 말씀 중심, 예수 그리스도 중심, 교회 중심'이라는 그의 복음주의 신학의 근간이 된 것입니다.

참으로 그렇습니다. 로마서는 단지 바울 사도가 쓴 13권의 서신 가운데 하나가 아닙니다. 우선 그 순서를 보아도 바울 사도가 쓴 서신서 가운데 신약성경에서 맨 앞에 자리한 것이 바로 로마서입니다.

로마서가 시기적으로 사도 바울이 가장 먼저 쓴 책도 아닌데, 왜 성경은 그의 서신을 배열하면서 로마서를 맨 앞에 놓았을까요? 그만큼 중요하다는 뜻일 것입니다. 다른 서신서들이 덜 중요하다는 것은 절대로 아니지만, 그래도 이렇게 순서를 배치한 것은 로마서가 그만큼 중요하다는 뜻일 것입니다.

그런데 이 로마서를 함께 나누기에 앞서 우리가 먼저 알아야 할 것이 있습니다. 바로 로마서는 '바울 사도가 로마에 있는 성도들에게 쓴 서신'이라는 사실입니다. 7절 말씀을 보겠습니다.

로마에서 하나님의 사랑하심을 받고 성도로 부르심을 받은 모든 자에게 하나님 우리 아버지와 주 예수 그리스도로부터 은혜와 평강이 있기를 원하노라.

이 서신서를 쓴 저자가 바울 사도라는 것은 의심의 여지가 없이 확실한 것입니다. 심지어 가장 비평적인 학자들조차도 이것은 다 인정하고 있습니다. 그리고 이 편지의 수신자가 "로마에 있는 성도들"이라는 점도 역시 분명합니다. 여기 7절 말씀에서 분명히 그 이름을 언급했을 뿐만 아니라 본문 다른 부분들에도 그렇게 여길 수 있는 여러 가지 표현들이 있기 때문입니다.

다만 문제는 "로마에 있는 성도들"이 구체적으로 누구를 말하는가 하는 점입니다. 아니 더 정확히 말하면, 여기서 "로마에 있는 성도들"이라는 표현이 무엇을 의미하는가 하는 점입니다.

"로마에 있는 성도들"이라는 표현에 대하여 여러 가지 해석이 있습니다. 우선 그들이 어떻게 그리스도인이 되었는지에 대하여 여러 가지 가능성이 제기되지만, 가장 유력한 가설은 로마에 거주하던 사람들이 명절을 지키러 예루살렘을 방문하였다가 오순절 성령 강림 때 그리스도인이 되었고(행 2:10) 그들이 다시 로마로 돌아가 복음을 전하면서 성도의 공동체가 세워졌다는 것입니다.

분명한 점은 바울 사도를 포함하여 사도들 가운데 누군가가 가서 복음을 전한 것은 아니라는 사실입니다. 그러니 그들은 사도들의 관점에서는 자생적인 그리스도인이라고 할 수 있는 그런 부류라는 말입니다. 자기들이 수고하여 얻은 성도들이 아니라 하나님의 주권적인 역사로 세워진 참으로 놀라운 그리스도인들이라는 것입니다.

그렇다면 그들은 유대인입니까, 아니면 이방인입니까? 로마서를 통해서 볼 때 이 질문에 대한 답은 둘 다입니다. 그들 중에는 유대인도 있고, 이방인도 있었다는 것입니다. 그래서 바울 사도는 로마서를 쓰면서 유대인과 이방인이라는 두 종류의 수신자를 염두에 두고 말하는 것이지요. 로마에 있는 성도들은 이미 유대인-이방인이라는 구분의 한계를 복음으로 넘어선 그런 사람들이라는 것입니다.

그렇다면 그들은 어떤 모임을 이루고 있었습니까? 이 질문에는 확실한 답이 없고 여러 논란이 있지만, 사도행전이나 로마서의 내용을 볼 때 그들도 모종의 교회를 이루고 있었다고 보아야 할 것 같습니다. 후대의 조직교회와 같은 모습은 아니지만, 초기 교회 당시의 교회 형태를 그들도 이루고 있었다고 보아야 할 것입니다.

결국 이런 여러 가지를 보면서 아주 분명하게 말할 수 있는 것은 "로마에 있는 성도들"은 '당시 세속 사회에서 가장 중심이 되는 로마라는 도시에 사는 예수 그리스도를 믿는 하나님의 사람들'을 뜻한다는 것입니다.

로마서가 중요한 이유는 바로 그런 점 때문입니다. 그래서 로마서는 지금 우리에게도 그대로 적용될 수 있는 살아 있는 말씀이라고 할 수 있습니다.

여기서 우리가 한 가지 생각해야 할 것이 있습니다. 바울 사도는 왜 로마서를 썼을까요? 일반적으로 바울 사도가 로마서를 쓴 이유는 그가 스페인까지 가서 복음을 전하기 위하여 로마 교회의 지원을 받고자 했기 때문이라고 설명합니다. 이것도 아주 틀린 말은 아니고 분명 그런 측면도 있습니다. 하지만 그것이 주된 이유라고 한다면 로마서는 아주 비즈니스적인 문서라고 해야 할 것입니다.

어떤 이는 바울 사도가 로마서를 쓴 동기를 다음과 같이 설명합니다. 바울은 예루살렘을 방문하면서 그곳에 있는 교회에 자신이 결코 잘못된 신앙의 소유자가 아니라는 것을 증명할 필요가 있었고, 이를 위해 예루살렘 교회에 대해 절대적인 영향력을 가진 로마 교회에 일종의 자기 추천서를 썼다는 것입니다. 그래서 어떤 학자들은 주장하기를 "로마서는 엄밀하게 말하면 '로마서'가 아니라 '예루살렘서'다."라고까지 이야기합니다.

이것 역시 아주 틀린 설명은 아닐 수 있습니다. 분명히 그런 요소들도 로마서에 있습니다. 특히 저술 시기와 관련하여 바울이 제3차 전도 여행을 마치고 예루살렘으로 가는 길에 고린도 근처 겐그레아에서 로마서를 썼다고 본다면, 다분히 그럴 여지가 있습니다. 하지만 만일 이것이 주된 이유라고 한다면, 로마서는 너무나 정치적인 문서가 됩니다.

그렇다면 바울의 주된 저술 동기는 무엇이었을까요? 저는 바울 사도가 로마서를 쓴 진짜 이유는 바로 "로마에서 하나님의 사랑하심을 받고 성도로 부르심을 받은" 사람들, 요컨대 소중하고 귀한 사람들을 위하여, 그들이 정말 아름다운 그리스도인으로 세워지도록 돕기 위해서였다고 봅니다. 그것은 모든 서신서의 저술 동기였으며, 또한 모든 성경의 기록 목적이기도 합니다. 바로 그런 이유에서 우리는 이 로마서를 우리에게 주신 말씀으로 받을 수 있는 것입니다.

성도 여러분! 우리는 모두 "로마에 있는 성도들"입니다. 세상 가운데서, 그리고 현실 가운데서 살아가야 하지만, 그러나 우리는 거기서도 여전히 "하나님의 사랑하심을 받고 성도로 부르심을 받은" 사람들인 것입니다. 그러므로 우리는 바울 사도가 로마서를 쓰면서 진심으로 감동 가운데 축복하고, 그러면서 간절히 권면하고 있는 대상이 되어야 하고, 그런 성도의 삶을 살아가야 합니다.

그렇다면 우리는 어떻게 그런 삶을 살아갈 수 있을까요? 그 해답은 바울 사도가 로마서를 쓰면서 로마에 있는 성도들을 묘사한 두 가지 표현에 있습니다. 7절 말씀을 다시 보겠습니다.

로마에서 하나님의 사랑하심을 받고 성도로 부르심을 받은 모든 자에게 하나님 우리 아버지와 주 예수 그리스도로부터 은혜와 평강이 있기를 원하노라.

첫째. 하나님의 사랑하심을 받은 자로 살아가십시오.
복음의 핵심적인 요소이자 참으로 중요한 전제는 '하나님이 우리를 사랑하신다'라는 사실입니다. 바로 이것이 복음의 근본이고 출발점입니다. 여러 가지로 말할 것 없이 복음과 성경의 핵심을 요약한 요한복음 3:16만 보아도 충분합니다.

하나님이 세상을 이처럼 사랑하사 독생자를 주셨으니 이는 그를 믿는 자마다 멸망하지 않고 영생을 얻게 하려 하심이라.

성도 여러분! 그러므로 우리가 이 세상에서 정말 아름다운 성도로 살아가는 가장 중요한 비결은 하나님이 우리를 사랑하신다는 사실, 우리가 하나님의 사랑을 받은 자라는 사실, 이 진리를 언제나 붙들고 누리면서 살아가는 것입니다. 아무리 상황이 힘들어도, 아무리 마귀가 그럴듯하게 속삭여도, 아무리 자기 스스로에 대하여 실망스러워도, 내 속에서 어떤 상처가 소리를 질러도, 우리는 그 모든 상황 가운데서도 온전히 '그래도 하나님이 나를 사랑하신다. 나는 하나님의 사랑받는 자녀다.'라는 진리를 붙들고 나아가야 합니다. 저는 여러분이 올해도 바로 이 부분에서 승리할 수 있기를 바랍니다. 하나님의 사랑하심을 받은 자로 살아가십시오!

둘째. 하나님의 부르심을 받은 자로 살아가십시오!

우리를 향한 하나님의 사랑을 가장 잘 드러내 주는 증거는 바로 하나님이 우리를 부르셨다는 사실입니다. 정말 자격도 없고, 능력도 없고, 너무나 부족하고 잘못한 것도 많은 우리인데, 하나님은 일방적으로 우리를 당신의 자녀로 부르셨습니다. 하나님은 우리를 성도로 부르셨습니다.

이것이 바로 복음에 나타난 은혜입니다. 우리가 하나님의 자녀가 될 자격이 있어서 된 것이 아니라, 하나님이 당신의 사랑하심으로 우리를 불러 당신의 자녀로 삼으신 은혜 말입니다. 우리가 하나님을 선택한 것이 아니라, 하나님이 우리를 선택하시고 부르신 그 은혜 말입니다.

우리는 이것을 기억하고 붙들어야 합니다. 세상에 거하지만 우리는 세상에 속한 자가 아니라 하나님의 주권적인 부르심을 받은 자라는 사실을 기억해야 하고, 또 세상 가운데서 열심히 살지만 내 힘으로 살아가려고 애쓰는 것이 아니라 나를 당신의 자녀로 부르신 하나님의 주권을 신뢰하고 의지하면서 살아야 합니다. 나를 당신의 자녀로 부르신 하나님의 영광을 위하여 말입니다.

: 맺는말

로마서는 세상에 속하여 살아가지만 그 가운데서 "성도로 부르심을 받은 모든 자에게" 보내진 우리 주님의 편지입니다. 더불어 지금 이 세상 가운데서 하나님의 사랑하심을 받고 성도로 부르심을 받은 우리에게 보내진 우리 주님의 편지이기도 합니다. 이제 앞으로도 힘있게 우리 주님의 메시지를 온전히 받아 누리면서 이 세상에서 아름다운 성도로 살아갑시다.

02
로마서 강해

우리 주 예수 그리스도

롬 1:1-7

요즈음 유행하는 말 가운데 "영혼이 없는"이라는 표현이 있습니다. 진심이 들어가 있지 않은, 그야말로 건성으로 말하는 것을 가리키는 표현입니다.

그런데 이런 영혼이 없는 멘트들이 의외로 많습니다. 특히 새해 들어서 참 많은 사람이 영혼 없는 멘트를 날리지 않았습니까? 감사하다고, 축복한다고, 행복하시길 간절히 기원한다고, 이런저런 인사를 하면서 말이지요.

그렇습니다. 우리는 특히 인사치레할 때 영혼 없는 멘트를 많이 하는 것 같습니다. 인사는 습관적이고 의례적인 일이라고 생각을 해서 그런 것 같습니다. 특히 편지에서의 인사는 정말 의례적인 영혼 없는 말일 때가 많습니다. 편지라는 하나의 형식을 지키면서 인사말을 쓰는 것이라서 그런 것이지요.

자, 그런데 문제는 오늘 우리가 보려고 하는 본문 말씀인 로마서 1:1-7, 이것이 서신서의 전형적인 인사말이라는 것입니다. 그러니까 오늘 본문은 그야말로 "영혼 없는 멘트에 해당하는 말씀이 아니냐?" 그런 생각을 할 수 있다는 것이지요.

그런데 아닙니다. 바울 사도가 성령의 감동하에 각 교회와 개인에게 보낸 13개의 서신에는 편지의 인사말과 같은 형식의 말들이 다 들어가 있는데, 놀랍게도 그것이 아무 의미가 없는, 그야말로 영혼 없는 멘트인 것은 하나도 없다는 것입니다. 오히려 그것이 영혼을 살리는 멘트들인 것입니다. 그러니까 성령께서 쓰신 것이지요.

다시 말해 성경에 나오는 서신들은 바울이 쓴 편지이기에 고대의 편지 형식을 거의 그대로 따라서 인사말을 하고 있지만, 거기에 그 편지를 쓰는 이유와 목적, 그리고 받는 자들의 상황을 고려해서 꼭 필요한 말씀들을 강조하면서 집어넣었다는 것입니다.

예를 들면 갈라디아서에서는 발신자로서 자신을 이야기하면서, "사람들에게서 난 것도 아니요 사람으로 말미암은 것도 아니요 오직 예수 그리스도와 그를 죽은 자 가운데서 살리신 하나님 아버지로 말미암아 사도 된 바울은"이라고 하면서 갈라디아 교회의 가장 큰 문제인 복음의 참된 권위를 흔들고 있는 악한 것들에 대하여 강력한 경고를 하고 있습니다.

그리고 고린도전서에서는 수신자인 고린도 교회를 가리켜 "그리스도 예수 안에서 거룩하여지고"라는 표현을 넣어서 고린도 교회의 수많은 문제의 근원이 바로 '거룩하지 못함'임을 말하는 아주 의미 있는 포석을 깔고 있는 것입니다.

'로마서의 인사'인 오늘 말씀에도 바로 이런 메시지가 들어가 있습니다. 그냥 영혼 없는 인사말처럼 보일지 모르지만, 여기에 로마에 있는 성도들을 위한 너무나 중요한, 그야말로 영혼을 살리는 그런 메시지를 성령께서는 바울을 통하여 말씀하고 있는 것입니다. 그것이 무엇인가? 3-4절 말씀을 보겠습니다.

그의 아들에 관하여 말하면 육신으로는 다윗의 혈통에서 나셨고 성결의 영으로는 죽은 자들 가운데서 부활하사 능력으로 하나님의 아들로 선포되셨으니 곧 우리 주 예수 그리스도시니라.

"우리 주 예수 그리스도." 바로 이것입니다.

네! 바울 사도는 이 평범해 보이는 인사말 가운데 로마에 있는 성도들을 위하여 너무나 중요한 핵심 메시지, 바로 "우리 주 예수 그리스도"를 강조하면서 강력하게 선포하고 있는 것입니다. 조금 더 구체적으로 살펴본다면, 발신자인 자신을 소개하면서 늘 하던 그대로 "예수 그리스도의 종으로 하나님의 복음을 위하여 택정함을 입은 자"라고 소개한 후에 '그 복음은 무엇인가?' 하고 물으면서 그것은 다른 것이 아니라 "하나님이 선지자들을 통하여 그의 아들에 관하여 성경에 미리 약속하신 것"이라고 말합니다. 그러고는 이어서 그 아들이 누구신지를 강력하게 선포한 후에 결론처럼 "우리 주 예수 그리스도시니라!" 그렇게 말하고 있는 것입니다.

자, 그렇다면 사도 바울은 로마서 여기서 왜 그렇게 "우리 주 예수 그리스도"를 강조하고 있을까요? 여러 가지 추측이 가능하겠지만, 대답은 아주 분명하고 확실합니다. 그것은 바로 예수 그리스도가 우리의 신앙의 핵심이기 때문입니다. 그렇습니다! 복음이 바로 '하나님의 아들 예수 그리스도의 이야기'이기에 우리 신앙의 핵심은 다른 것이 아니라 예수 그리스도인 것입니다.

그래서 루터는 그의 로마서 주석에서 이 부분을 주해하면서 "여기에서 성경을 이해하기 위한 문이 활짝 열린다. 즉 모든 것은 그리스도와 관련해서 이해해야만 한다는 것이다."라고 말했으며, 칼빈은 이 부분을 주석하면서 "복음 전체가 그리스도 안에 포함되어 있다. 그러므로 그리스도에서 한 발자국이라도 이동한다면 그것은 복음에서 물러난다는 것을 의미한다."라고 쓰고 있는 것입니다.

그렇습니다. 예수 그리스도는 복음과 우리 신앙의 핵심입니다. 그래서 바울 사도는 여기서 예수 그리스도를 그렇게 강조하고 있는 것입니다. 왜냐하면 로마서가 로마에 있는, 하나님의 사랑하심을 받고 성도로 부르심을 받은 하나님의 사람, 즉 그리스도인의 아름다움을 위하여 쓴 것이기 때문에 그렇습니다.

사랑부를 섬기는 김의구 목사님은 설교할 때마다 5문 1답이라는 것을 하십니다. 처음에는 재미있었는데 자꾸 하니까 약간 짜증이 나서 한번은 설교를 들으면서, '이번에도 또 5문 1답을 하시면 가만 안 두겠다.' 그렇게 생각을 했는데 또 하시는 것입니다. 그런데 이번에도 가만둘 수밖에 없었는데, 이유는 그 답이 예수 그리스도니까, 아무리 여러 번 들어도 여전히 중요한 복음의 핵심 예수 그리스도니까, 그리고 가만 안 두려고 열심히 들었더니 오히려 너무 은혜가 되는 그 이름 예수 그리스도이니까.

그렇습니다. 성도로 하여금 성도 되게 하는 것이 무엇입니까? 그것은 바로 예수 그리스도입니다. 성도로 하여금 이 세상 가운데서 그렇게 아름답고 능력 있게 살 수 있게 하는 것이 무엇입니까? 그것은 바로 예수 그리스도인 것입니다. 예수 그리스도가 없으면 성도는 만들어지지도 않습니다. 그렇기에 예수 그리스도가 없으면 성도는 절대로 성도 됨을 유지할 수가 없는 것입니다.

저는 이렇게 생각합니다. 만일 이 시대의 성도가 능력이 없고, 이 시대의 교회가 그 아름다움을 잃어버리고 있다면, 그 이유는 다른 것이 아니라 예수 그리스도가 없기 때문이라고, 예수 그리스도가 희미하고 예수 그리스도가 흔들리기 때문이라고, 입술과 찬양 가운데는 예수 그리스도가 넘쳐나고 있지만 그 마음과 삶의 중심에는 진정으로 예수 그리스도가 없기 때문에 그런 것이라는 말입니다. 그러므로 다른 말로 하면 '예수 그리스도는 하나님이 우리에게 주신 가장 큰 축복'입니다. 그 한 단어로 우리의 존재와 삶의 모든 것을 다 바꾸는 정말 기가 막힌 그런 감동의 이름인 것입니다.

저는 오늘 말씀을 준비하기 위해 본문을 읽다가 가슴이 뭉클하고 정말 감동이 온 그런 순간이 있었습니다. 그것은 4절에 나오는 "성결의 영으로는 죽은 자들 가운데서 부활하사 능력으로 하나님의 아들로 선포되셨으니 곧 우리 주 예수 그리스도시니라"라는 말씀을 읽으면서였습니다.

"곧 우리 주 예수 그리스도시니라." "우리 주 예수 그리스도!" 아마 바울 사도도 로마서를 쓰면서 이 표현을 하다가 가슴이 뭉클하고 눈물이 핑 돌았을 것입니다. 그리고 로마에서 이 편지를 받아 본 성도들도 이 한마디 앞에서 말할 수 없이 감동하고 행복했을 것입니다. 그리고 그 누구보다 제가 행복했습니다. "우리 주 예수 그리스도!"라고 마음껏 확신 있게 부를 수 있어서, 주저함 없이 부를 수가 있어서!

그렇습니다. 우리 주 예수 그리스도이십니다. 이것이 얼마나 큰 축복인지, 이것이 얼마나 놀라운 은혜인지 모릅니다. 이것이 우리가 신앙인으로 가지고 있는 최고의 보물입니다.

자, 그렇다면 예수 그리스도가 우리의 신앙에서 구체적으로 어떻게 중요한 것입니까? 말하자면 예수 그리스도를 "우리 주 예수 그리스도"라고 부를 수 있을 때 그것이 우리의 삶과 신앙에 어떤 의미를 지니는 것입니까? 구체적으로 어떤 축복이 되는 것입니까? 오늘 말씀을 통해 볼 때, 그것은 세 가지로 대답할 수 있습니다.

1. 주인이 있다는 것입니다.

1절에서 "예수 그리스도의 종"이라고 바울 사도가 표현한 그대로, 그리고 "우리 주 예수 그리스도"라고 부르는 순간, 거기에 들어 있는 가장 첫 번째의 축복은 바로 "우리에게 주인이 계신다."라는 사실입니다. 여러분! 주인이 없는 삶은 정말 안타까운 삶입니다. 그것은 소속이 없다는 것이고, 그것은 삶에 뿌리가 없다는 것입니다. 그것은 이제 해가 지고 어두워졌을 때 돌아갈 집이 없다는 것과 마찬가지인 것입니다.

요한복음 4장에 예수님이 수가성 여인을 만난 이야기가 나오는데, 거기에 정말 제 마음을 안타깝게 했던, 가슴이 저며오는 표현이 나오는데, 그것은 "가서 네 남편을 불러오라"는 예수님의 말씀에 그 여인이 "나는 남편이 없나이다."라고 대답하는 바로 그 장면입니다. 그 한마디의 대답이 예수 그리스도를 온전히 만나지 못한 모든 인생의 가장 처절한 실존을 그대로 보여주는 말이지요. "너에게 남편 다섯이 있었고 지금 있는 자도 네 남편이 아니니 네 말이 참되도다."라고 하신 예수님의 말씀 그대로, 정말 주인을 찾아 헤매며 살았지만 그러나 진정한 삶의 주인이 없었던 그런 안타까운 모습. 그것이 그 여인의 삶의 이야기였고, 그것이 주님을 만나지 못한 모든 인생의 모습인 것입니다.

여러분! 주인이 계신다는 것, 그것도 하나님이신 예수 그리스도가 우리의 주인이시라는 것, 이것만큼 행복한 것이 없습니다. 이것만큼 우리의 삶을 아름답게 하는 것은 없는 것입니다.

2. 능력이 주어지는 것입니다.
3-4절 말씀을 다시 한번 보겠습니다.

그의 아들에 관하여 말하면 육신으로는 다윗의 혈통에서 나셨고 성결의 영으로는 죽은 자들 가운데서 부활하사 능력으로 하나님의 아들로 선포되셨으니 곧 우리 주 예수 그리스도시니라.

이 말씀은 해석에 있어서 많은 논란이 있습니다. 이 말씀이 "예수님의 인성과 신성을 말하는 것이다, 혹은 꼭 그렇게 볼 수 없다." 등등 여러 이야기가 많고, "성결의 영"이 성령을 말하는 것이냐, 아니면 예수님의 신성을 말하는 것이냐, 여기에도 여러 가지로 논란이 많습니다. 그러나 가장 논란이 되는 것은 바로 "능력으로 하나님의 아들로 선포되셨으니"라는 부분입니다. 이것을 잘못 해석하면, 예수님은 하나님의 아들이 아니었는데 능력을 보였기 때문에 하나님의 아들이 되셨다는 식으로 해석할 수 있는데, 그것은 정말 심각한 문제를 만들어 내기 때문입니다.

그러므로 이 말씀은 이렇게 해석해야 합니다. 우선 여기서 "능력으로"라는 단어를 "선포되셨으니"에 붙여서 해석할 것이 아니라 그다음에 나오는 "하나님의 아들"을 꾸미는 단어로 보아야 한다는 것입니다. 그러니까 '능력으로 하나님의 아들이 된 것'이 아니라 '능력의 하나님의 아들'이라고 이해해야 한다는 것이지요.

그리고 '선포되다.'라는 말을 어떻게 해석할 것이냐 하는 것도 문제인데, 이 '호리조'라는 단어는 '나타나다.'라는 의미로 이해해야 한다는 것이지요. 그러므로 이 말씀은 "부활하심으로써 능력의 하나님의 아들로 드러나셨다."라고 해석을 해야 한다는 것입니다. 그러므로 이 말씀은 "부활하신 예수 그리스도는 능력의 하나님의 아들로 그렇게 온전히 드러나셨다."라는 의미인 것입니다.

자, 이렇게 본문을 해석하면서 속으로 생각했습니다. '아니 성령께서는 왜 이렇게 헷갈리게 쓰셨나? 이런 혼동이 오지 않도록 명확하게 쓰시든지, 아니면 아예 "능력으로"라는 표현을 쓰지 않으셨으면 좋았을 텐데...' 그런데 여기에서 성령의 감동이 왔습니다. 제게 주신 감동은 성경이 이런 오해의 소지가 있음에도 "능력으로"라는 표현을 쓴 이유가 있다는 것입니다. 그것은 바로 예수 그리스도가 어떤 분인지를 말하고 싶어서만이 아니라, 바로 그 예수 그리스도를 주로 믿고 고백한 사람들이 어떻게 살 수 있는지를, 그 예수 그리스도의 이름을 통하여 어떻게 살 수 있는지를 보여주기 위하여 쓴 것이라고 봅니다. 그것은 바로 "능력"입니다.

그렇습니다. 예수 그리스도 우리 주님은 능력의 주님이십니다. 그러므로 우리가 "우리 주 예수 그리스도"라고 고백하는 순간 그것은 말할 수 없는 강력한 능력으로 우리 가운데 역사합니다. 그 이름으로 찬양을 하든, 그 이름으로 기도를 하든, 그 이름을 선포하든, 그 이름을 붙들고 나아가든, 그것은 우리에게 아주 강력한 능력으로 역사하는 것입니다. 특별히 그 능력은 다른 무엇보다 '부활의 능력'입니다. 사망을 이기는 능력이라는 말입니다. 이것이 우리 주 예수 그리스도을 믿는 신앙의 모습입니다. 이것이 참된 성도의 모습인 것입니다.

3. 참된 공동체를 이룰 수 있습니다.

바울 사도는 로마에 있는 성도들을 모릅니다. 만난 적도 없고 교제한 적도 없습니다. 그런데 바로 이 한마디, "우리 주 예수 그리스도." 이것으로 바울과 로마에 있는 성도들은 한몸처럼 그렇게 공동체가 된 것입니다. 본 적도 없고 만난 적도 없지만, 예수 그리스도를 믿는 그 믿음이 같으므로 몸의 지체처럼, 가족처럼, 생명을 함께 나눌 수 있는 그런 공동체가 된 것입니다. 이것이 바로 "우리 주 예수 그리스도!"라고 고백할 수 있는 성도들이 누리는 축복입니다.

여러분! 세상에서 혼자인 사람은 정말 불행한 사람입니다. 그러나 마음을 나누고 삶을 나누고, 서로 생명처럼 사랑하는 그런 공동체에 속한 사람은 정말 행복한 사람입니다. 그런데 "우리 주 예수 그리스도"라는 고백이 있는 순간, 거기에는 참된 공동체의 축복이 있는 것입니다. 서로 알지 못하던 사람이라 할지라도 "우리 주 예수 그리스도"라는 동일한 고백을 드릴 때, 우리는 정말 가족보다 더 가까운 그런 공동체가 되는 것입니다. 그러면서 그 속에서 정말 참된 행복과 아름다움을 누리는 삶을 살 수 있는 것입니다.

맺는말

"우리 주 예수 그리스도!" 이것이 우리에게 주신 최고의 축복입니다. 정말 아름다운 성도로 살아갈 수 있는 가장 귀한 비밀이고 보물입니다. 그래서 이 시간 "우리 주 예수 그리스도"를 가지고 올 한 해 모든 성도에게 주어지는 '축원,' 다시 말해 축복과 소원을 선포하겠습니다.

1) "우리 주 예수 그리스도!" 이 고백이 모든 성도의 입술 가운데 날마다 있기를 원합니다. 찬양하고, 기도하고, 말씀을 선포하면서. 그러는 가운데 우리가 이 세상에서 바르고 의로운 길을 걸어가며, 그러면서 우리 가운데 악한 것들이 떠나가고 능력이 나타나고 거룩한 사명을 감당하는 역사가 있기를 기도합니다.

2) "우리 주 예수 그리스도!" 이 고백이 우리 교회 가운데 가득하기를 바랍니다. 성도들이 모여 교제할 때, 바로 이 고백 가운데서 하기를 바랍니다. 우리가 함께 모여 예배할 때 바로 이 고백이 그 중심이 되기를 원합니다. 그래서 이 종말의 시대에 참된 교회로서 아름답게 바르게 세워지고 나아갈 수 있기를 바랍니다.

3) "우리 주 예수 그리스도!" 이 고백을 가지고 세상을 향하여 나아가기 원합니다. 모든 민족이 모든 방언으로 이 고백을 함께 할 수 있도록 주신 사명 따라서 보내며, 가며, 가서 그 땅을 밟으며, 이 복음을 전하는 그런 삶을 우리 모두가 살기를 원합니다.

우리에게 주어진 올해도 "우리 주 예수 그리스도"로 아름답게 사십시오.

03
로마서 강해

우리의 영적 에너지, 성도의 교제

롬 1:8-13

코로나로 인해 성도님들이 온라인 예배를 드리던 지난 1월 첫 주일에 4부 예배를 드리려고 아무도 없는 텅 빈 예배당에 갔더니, 기도를 맡으신 장로님께서 제게 이렇게 4부까지 설교하시려니까 많이 힘드시겠다고 그러시는 것이었습니다. 제가 주일마다 네 번씩 설교하는 것이 늘 하던 일인데, 왜 이렇게 새삼스럽게 힘들겠다고 하시는가 싶어서 의아한 표정을 지으니까, 그 장로님께서 이유를 말씀하셨습니다. 성도들이 함께 있으면 설교하면서 그 성도들로부터 힘을 얻으니까 설교를 여러 번 해도 덜 힘들 텐데, 이렇게 아무도 없는 텅 빈 예배당에서 카메라만 보면서 설교를 해야 하니까 정말 힘드시겠다는 것이었습니다. 듣고 보니 맞는 말이었습니다. 정말 성도들이 함께 모여 꽉 찬 예배당에서 설교하는 것과 아무도 없는 곳에서, 물론 영상으로 예배를 드리지만, 예배 지키기 챌린지를 하면서 라이브 챗팅으로 교제를 하지만, 당장은 반응이 없는 그런 상태에서 설교하는 것은 그야말로 천양지차입니다. 한 번 예배를 드릴 때마다 에너지가 급격히 빠져나가는데, 그것이 조금도 충전이 되지 않기에 그렇습니다.

그날 장로님의 말씀을 들으면서 새삼 깨달은 것이 있었습니다. 그것은 '성도의 교제가 우리 신앙인에게 있어서 다른 어떤 것보다 중요한 영적인 에너지'라는 사실이었습니다. 물론 우리 신앙인에게 있어서 영적인 에너지의 근원은 하나님이십니다. 우리 주 예수 그리스도이십니다. 주님만이 나의 힘이 되시고, 능력이 되시고, 정말 주님 한 분만으로 만족합니다. 세상이 다 내게 등을 돌리고, 아니 세상이 다 나를 향하여 공격하려고 달려든다고 할지라도, 우리 주님만 나와 함께하시면, 우리 주님이 주시는 그 힘으로 모든 것을 넉넉히 이길 수 있는 것이 바로 우리의 신앙입니다.

그런데 바로 그 주님이 주시는 힘, 그 에너지를 온전히 제대로 충전할 수 있는 것이 바로 '성도의 교제'인 것입니다. 그냥 혼자서 주님과 단독으로 교제하면서 힘을 얻을 수도 있지만, 그것보다는 바로 그 주님을 함께 고백한 성도들이 서로 교제하면서 서로에게 힘을 불어넣는 것이 훨씬 더 강력하고 바른 것입니다. 그래서 성경이 공동체를 강조하고 있는 것이고, 교회가 존재하는 것이고, 성도의 교제를 명령하고 있는 것입니다.

지난 수요일, 한 달을 훨씬 넘겨서 햇수로는 2년 만에, 비록 10퍼센트 미만이지만 성도들이 모여서 함께 예배드리면서 성도들이 너무 좋아했습니다. 많은 분들이 너무 행복해서 눈물이 났다고 말씀하시는 가운데, 어떤 성도님이 "목사님, 살 것 같아요." 그렇게 고백을 하시는 것을 들으면서, 저는 거기에서 다시 한 번 성도의 교제가 우리의 영적인 에너지라는 것을 확인할 수 있었습니다.

그렇습니다. '성도의 교제.' 그것은 바로 '우리의 영적 에너지'입니다. 우리가 이 세상에서 정말 아름답게 성도의 길을 걸어갈 힘을 얻는 주된 통로라는 것입니다. 이 사실을 가장 잘 알고 있던 사람이 사도 바울이고, 그것을 가장 적극적으로 표현한 것이 바로 로마서 1:8-13, 오늘 본문인 것입니다. 11-12절 말씀입니다.

내가 너희 보기를 간절히 원하는 것은 어떤 신령한 은사를 너희에게 나누어 주어 너희를 견고하게 하려 함이니 이는 곧 내가 너희 가운데서 너희와 나의 믿음으로 말미암아 피차 안위함을 얻으려 함이라.

이 말씀은 언뜻 보기에는 잘 이해가 안 되는 그런 말씀입니다. "어떤 신령한 은사"라는 좀 애매한 그런 표현이 있어서 그럴 것입니다. 하지만 자세히 보면 너무나 명확한 말씀입니다. 〈현대인의 성경〉으로 보면 이것이 아주 잘 나타나 있습니다.

이처럼 내가 여러분을 간절히 만나려고 하는 것은 영적인 축복을 나눔으로써 여러분의 믿음을 강하게 하려는 것입니다. 다시 말해서 여러분과 내가 서로 서로 믿음을 통해 힘을 얻으려는 것입니다.

그렇습니다. 성도의 교제를 통하여 서로 힘을 얻으려는 것, 바로 그것입니다. 그러니까 성도의 교제가 바로 우리의 영적인 에너지를 충전하는 최고의 것임을 아주 정확하게 알고 그것을 표현하고 있는 그런 말씀입니다. 이것이 로마서입니다. 이것이 로마서를 쓰고 있는 주된 이유 가운데 하나입니다. 이것이 바로 로마서 말씀을 오늘 우리에게 주고 계시는 성령님의 음성인 것입니다.

여러분! 그렇습니다. 성도의 교제가 바로 우리의 영적인 에너지를 충전하는 것입니다. 그리고 다른 어떤 세대보다도 지금 우리에게 바로 이 영적인 에너지의 충전이 필요합니다. 코로나19라는 상상도 못했던 질병과 재난으로, 죄의 공격으로, 다른 어떤 것보다 성도의 교제를 할 수 없게 만들고 있는 상황에 우리가 처해 있기에 더욱더 그렇습니다.

요즈음 '트로트'가 대세인데, 이 트로트의 가사를 보면 고상한 것하고는 거리가 있는, 아주 실제적인 그런 표현들을 많이 하는 것을 봅니다. 그중에 하나가 "당신은 나의 밧데리"라는 것입니다. 사실 이것은 노래의 가사로 사용하기에는 너무나 실제적이고 속된 표현입니다. 특히 '밧데리'라는 표현, 이 자체가 참 우리 현실 한복판에 있는 그런 말입니다. 왜냐하면 '밧데리'는 '배터리'(battery)라는 영어 단어를 일본식으로 발음한 것을 우리가 그대로 쓰고 있는, 어떻게 보면 좀 무식하게 표현한 것이니까요. 그래서인지 그 노래에서도 제목은 "사랑의 배터리"라고 나름 표준어식으로 표현을 했는데, 정작 가사에 들어가면 "밧데리"라고 쓰고 있습니다. 왜냐하면 그것이 훨씬 적나라하게 와 닿으니까요. 그런데 여기서 우리 알 수 있는 것은 바로 '밧데리', 이것이 이 시대 우리에게 너무나 실제적이고 밀접한 그런 단어라는 것입니다. 그러니까 트로트 유행가에 가사로 나오는 것이지요.

그렇습니다. 이 시대 우리에게 너무나 밀접하고 실제적인 것이 바로 '배터리'입니다. 다른 것을 꼽을 것도 없이 스마트폰만 보아도 알지요. 배터리가 방전되면 세상없는 스마트폰도 바로 먹통이 됩니다. 그래서 사람들이 기를 쓰고 배터리를 충전하고, 만약을 대비해서 보조 배터리까지 가지고 다니는 것입니다.

그런데 여러분! 이것이 전자기기에서만 아니라 사실은 삶의 모든 부분에, 특히 영적인 부분에 그대로 적용된다는 것을 우리는 알아야 합니다. 그러니까 전화기 배터리만이 아니라 우리의 영혼, 심령도 충전이 되어야 한다는 말입니다. 그냥 다 방전되고 나면, 그 인생은 그대로 먹통이 되고 마는 것입니다. 바로 이런 영적인 에너지를 충전하는 최고의 것, 그것이 바로 '성도의 교제'입니다. 바로 그것을 사도 바울은 지금 로마서 서두에서 로마에 있는 성도들에게 말하고 있습니다. 자, 그렇다면 이처럼 중요한 성도의 교제를 구체적으로 어떻게 해야 할 것인가? 어떻게 하는 것이 영적인 에너지를 충전하는 것인가?

1. 다른 성도로 인하여 감사해야 합니다.

8절 말씀을 보겠습니다.

먼저 내가 예수 그리스도로 말미암아 너희 모든 사람에 관하여 내 하나님
께 감사함은 너희 믿음이 온 세상에 전파됨이로다.

성도는 존재 자체로 다른 성도에게 말할 수 없는 감사입니다. 그러므로 성도의 이 소중함을 알고, 그래서 그 성도로 인하여 감사하는 것이 바로 아름다운 성도의 교제의 출발점입니다. 여러분! 우리가 만일 다른 성도의 존재에 대한 감사를 잊었다면, 그것은 우리가 상처에 의하여 유린당하고 있다는 뜻이고, 그러므로 죄에게 농락당하고 있다는 뜻입니다.

그러나 나와 같은 믿음을 가진 성도에 대하여 그가 내게 아무것도 해 주는 것이 없더라도 그 존재 자체에 정말 말할 수 없이 감사하고 행복하다는 것은 내가 참된 은혜 가운데 있다는 그런 의미인 것입니다. 그러므로 성도의 존재 자체에 대하여 감사하십시오. 여기 사도 바울이 하는 것처럼 감사를 표현하십시오. 혹시 그렇지 못한 어떤 것이 있더라도 거기에 잡히지 말고, 그것은 십자가에 처리해 버리고 오직 성도에 대하여 감사하기로 결단하고 선포하고 표현하십시오. 이것이 바로 성도의 교제인 것입니다.

2. 성도를 위하여 기도해야 합니다.
9절 말씀을 보겠습니다.

내가 그의 아들의 복음 안에서 내 심령으로 섬기는 하나님이 나의 증인이 되시거니와 항상 내 기도에 쉬지 않고 너희를 말하며.

성도의 교제의 기본이며 가장 아름다운 것은 바로 기도로 교제하는 것입니다. 성도가 성도에게 줄 수 있는 최고의 사랑과 관심은 기도해 주는 것이며, 성도가 성도에게 줄 수 있는 최고의 혜택도 기도해 주는 것입니다.

우리 교회 한 성도님의 간증입니다. 이분은 남편이 갑자기 쓰러지셔서 아주 위급한 가운데 계시다가 결국 하나님의 부름을 받고 먼저 천국으로 떠난 그런 일을 겪으셨습니다. 그런데 제가 이분의 이야기를 하면서 "먼저 천국으로 떠났다."라는 표현을 쓰는 것은 바로 그 집사님이 그렇게 고백하면서 그 모든 것을 넉넉히 감당하고 계셨기 때문입니다. 부부가 이미 천국의 소망 가운데 늘 계셨고, 그것이 정말 세상을 이기는 참된 믿음이었기에, 그런 상황에서도 오히려 감사하면서 이기실 수 있었던 것입니다. 그리고 또 한 가지 그렇게 아름답게 감당하시고 이길 수 있었던 것은 바로 성도들의 기도였다고 고백하셨습니다. 남편이 중환자실에 있고 자신은 추운 보호자 대기실에서 혼자 인간적인 두려움과 외로움에 떨고 있었는데, 그때 교회의 수요 예배 시간에 온 성도들이 비록 영상으로지만 자신의 남편의 이름을 불러가면서 기도하시는 것을 듣는 순간 너무나 힘이 나고 감사했다는 그런 간증과 같은 많은 간증이 있었기에 그토록 어려운 중에도 그렇게 힘 있고 아름답게 감당하실 수 있다는 것입니다.

여러분! 아름다운 성도의 교제의 기본은 바로 기도해 주는 것입니다. 서로 기도해 주면서 기도 가운데 교제하는 것은 성도만이 누릴 수 있는 최고의 축복이고, 가장 강력한 사역입니다.

기도를 받는 것만이 축복이 아닙니다. 기도를 해 줄 수 있다는 것이 축복입니다. 다른 성도를 위하여 기도할 수 있다는 것은 하나님이 우리에게 주신 최고의 축복이면서 영적인 권리인 것입니다. 성도의 교제의 기본적 액션이라고 할 수 있습니다.

3. 받은 은혜를 서로 나누는 것입니다.
11-12절 말씀을 다시 한 번 보겠습니다.

내가 너희 보기를 간절히 원하는 것은 어떤 신령한 은사를 너희에게 나누어 주어 너희를 견고하게 하려 함이니 이는 곧 내가 너희 가운데서 너희와 나의 믿음으로 말미암아 피차 안위함을 얻으려 함이라.

이 본문에 대해 두 가지의 잘못된 해석이 나오고 있습니다. 우선 하나는 11절에 "어떤 신령한 은사를 너희에게 나누어 주어"라는 부분에서 이 "은사"를 고린도전서 12장이나 로마서 12장, 그리고 에베소서 4장 등 소위 은사 목록에 나오는 그 은사를 말하는 것이라고 해석하는 것입니다. 그런데 이런 해석이 잘못인 이유가, 만일 그렇다고 한다면 그 은사는 성령님이 주셔야지 바울 사도 자기가 나누어 줄 수 있는 것이 아니기 때문입니다. 누구보다 그것을 잘 알고 있는 사도 바울이 그런 식으로 썼을 리가 없다는 것이지요. 그러므로 여기서 말하는 은사는 바울 사도 자신이 받은 은혜를 말하는 것입니다. 자기의 체험과 간증을 말하는 것이지요.

그리고 또 하나는 12절의 "너희와 나의 믿음으로 말미암아 피차 안위함을 얻으려 함이라"라는 말씀을 물질적으로 해석하는 것입니다. 그러니까 바울 사도가 가서 필요한 물질을 그들에게 얻고 싶은 마음을 이렇게 돌려서 표현했다는 것이지요.

여러분! 그것은 절대 아닙니다. 바울 사도는 지금 헌금해 달라는 말을 이렇게 돌려 말하고 있는 것이 아닙니다. 그것이 헌금이었다면, 바울 사도는 직접 헌금이라고 말했을 것입니다. 그러면 이 말씀은 무슨 의미인가? 이 말씀 역시 은혜를 나누겠다는 뜻입니다. 특별히 그 은혜를 나누면서 서로 위로와 격려를 주고받고 싶다는 그런 말이라는 것입니다.

여러분! 성도가 성도와 더불어 이렇게 은혜를 나누는 것은 '성도의 아름다운 교제의 꽃'입니다. 성도로서 누릴 수 있는 최고의 축복입니다. 말씀을 통하여 받은 은혜, 삶 속에서 깨닫고 체험한 주님의 세밀하신 은혜, 주님의 사랑 앞에 깨어지고 다시 세워지고 회복된 심령의 감격, 주님의 마음을 품게 되면서 발견하게 된 아름다운 역사의 환희 등 이런 것을 성도와 더불어 나눌 때 그것은 자기 자신에게는 그 은혜가 배가 되는 축복이 있고, 다른 성도에게는 그의 믿음을 새롭게 세워주는 그런 역사가 있는 것입니다.

은혜를 서로 나누는 것, 그것은 성도의 교제의 가장 아름다운 모습입니다.

4. 주님 안에서 받은 삶의 비전을 함께 나누는 것입니다.
13절 말씀을 보겠습니다.

형제들아 내가 여러 번 너희에게 가고자 한 것을 너희가 모르기를 원하지 아니하노니 이는 너희 중에서도 다른 이방인 중에서와 같이 열매를 맺게 하려 함이로되 지금까지 길이 막혔도다.

10절의 "어떻게 하든지 이제 하나님의 뜻 안에서 너희에게로 나아갈 좋은 길 얻기를 구하노라"라는 말씀에도 나와 있는 것처럼, 바울 사도는 로마에 가기를 원했습니다. 그것은 그의 사역의 비전 때문이었습니다. 정말 땅끝까지 이르러 증인이 되는 그런 비전을 위하여 먼저 로마에 가기를 원하는 것입니다. 주님 안에서 받은 비전을 이렇게 함께 나누는 것, 이것 역시 성도의 교제의 정말 아름다운 모습입니다.

성도가 서로 이 비전을 나눌 때, 거기에 하나님이 역사하십니다. 그 비전을 들은 성도는 영적인 조력자가 되기도 하고 후원자가 되기도 하고, 또 그러면서 하나님이 그들의 기도를 들으시고 그 길을 놀랍게 여시는 은혜를 베풀어 주시기도 하는 것입니다. 그러나 그 이전에, 성도가 서로 이 비전을 나누는 것 자체가 아름답고 능력이 있습니다. 정말 귀하고 복된 일인 것입니다. 아름다운 성도의 교제인 것입니다.

맺는말

이런 성도의 아름다운 교제, 그것을 통하여 하나님의 사람은 영적인 에너지를 얻습니다. 아무리 힘들고 어려워도 그것을 이길 수 있는 힘을 얻는 것입니다. 그러므로 사랑하는 성도 여러분! 아무리 힘들고 어려워도 성도의 교제를 힘을 다해 이루어가면서 영적인 에너지를 충전하시기를 바랍니다. 혹시 충전이 아니라 방전을 시키는 그런 어떤 일이 우리 공동체와 성도들과의 관계에서 있다면, 우리는 그것을 단호하게 처리해야 합니다. 불필요하거나 악한 생각과 감정들은 지워버리고, 오직 우리 주님의 그 십자가 앞으로 달려 나와 그 십자가를 통한 성도의 교제의 본질을 회복해서 영적인 충전을 이루어야 하는 것입니다.

우리 교회 안의 모든 성도의 교제를 통하여 영적인 에너지를 빵빵하게 충전하시는 여러분 모두가 될 수 있기를 주의 이름으로 축원합니다.

04
로마서 강해

내가 복음을 부끄러워하지 아니하노니

롬 1:14-17

　최근 뉴스 가운데 저에게 가장 충격이 되고 마음이 아팠던 것은 '정인이 사건'이었습니다. 입양된 아이가 양부모의 학대로 인해 사망하게 된 사건은 정말 전 국민의 공분을 사는 너무 가슴 아픈 사건이었습니다.
　그런데 이 사건이 제게 특별히 더 충격적이고 저의 가슴을 아프게 한 것은 정인이의 양부모가 한 부목사님의 표현대로 '빼박 크리스천'이라는 사실이었습니다. 둘 다 목사님의 자녀이고, 한동대에서 만나 결혼한 사람들이고, 양부는 기독교 방송국에서 일하고, 신앙인 입양 모임에서도 활발히 활동한 그런 사람들이라는 것이지요. 정말 그 사건 자체도 마음이 아프고 충격적이었지만, 그 사건으로 인하여 교회와 그리스도인들이 세상으로부터 받을 손가락질을 생각하니 너무 속상하고 안타까웠습니다. 실제로 그 기사의 댓글들을 몇 개 보니까 정말 읽는 것만으로도 그리스도인으로서 가슴이 무너지는 그런 조롱과 악다구니들이었습니다.

그런데 그 댓글 중 하나가 제 마음에 많은 생각을 하게 했습니다. "기독교인들, 부끄러운 줄 알라."라는 것이었습니다. 그것을 읽으면서, 처음에는 우리가 왜 부끄러워해야 하는가? 그렇게 반발심이 들다가, 이내 이런 깨달음이 왔습니다. '그렇다. 어쩌면 우리 신앙생활에서 정말 중요한 싸움이 이 부끄러움이다.'

여러분! 그렇습니다. 우리가 주님의 제자로, 그리스도인으로 살아가면서 어쩌면 가장 실제적으로 싸워야 하는 싸움, 그 주제가 '부끄러워하는 일' 그것일 수 있습니다. '내가 그리스도인이라는 것을, 내가 받은 이 복음을, 나의 이 신앙을 부끄러워할 것인가 아닌가?' 바로 그 싸움이지요. 그래서 기회가 있으면, 우리의 대적 마귀는 우리가 우리의 믿음, 우리의 복음을 부끄러워하도록 그렇게 밀고 들어오는 것입니다. 이것은 저의 주관적인 생각이 아니라, 우리 주님께서 이미 제자도의 핵심으로 말씀하신 것입니다.

예수님께서 제자들과 함께 빌립보 가이사랴 지방에 가셨을 때의 이야기입니다. 그때 거기서 예수님께서는 제자들에게 언뜻 볼 때는 예수님답지 않은 그런 질문을 던지셨습니다. 그것은 "사람들이 나를 누구라고 하느냐?"라는 질문이었습니다. 그런데 예수님의 이 질문은 사실 사람들의 평가나 시선, 혹은 명예가 궁금해서 던지신 것이 아닙니다. 그것이 확실한 것은 그 질문에 제자들이 "세례 요한이라 하고 더러는 엘리야, 더러는 선지자 중의 하나라 하나이다."라고 대답했을 때 거기에 대하여 가타부타 전혀 언급하시지 않고, 바로 그다음 질문을 하신 것을 보면 알 수 있습니다.

그 질문이 "너희는 나를 누구라 하느냐?"라는 질문이었습니다. 그러니까 결국 예수님은 이 질문을 던지려고 앞의 질문을 던지신 것입니다. 처음부터 사람들의 평가나 시선에 대하여 예수님은 관심이 없었던 것입니다. 주님의 이 두 번째 질문에 대하여 베드로가 그 유명한 고백 "주는 그리스도시요, 살아 계신 하나님의 아들이시니이다."라고 대답했을 때, 그때 주님은 비로소 준비한 본론을 꺼내셨습니다. 그것이 바로 '수난 예고'이고, 그리고 이어서 나온 것이 바로 '제자도' 이야기였던 것입니다.

> 누구든지 나를 따라오려거든 자기를 부인하고 자기 십자가를 지고 나를 따를 것이니라 (막 8:34).

그런데 이 제자의 길, 즉 자기의 십자가를 지고 주님을 따르는 신앙의 길을 말씀하시면서, 주님은 아주 의미심장한 이야기를 마지막에 덧붙이셨습니다. 그것이 마가복음 8:38 말씀입니다.

> 누구든지 이 음란하고 죄 많은 세대에서 나와 내 말을 부끄러워하면 인자도 아버지의 영광으로 거룩한 천사들과 함께 올 때에 그 사람을 부끄러워하리라.

사실 이 말씀은 조금 거부감이 있을 수 있습니다. 우리가 주님과 주님의 말씀을 부끄러워하면, 주님께서도 재림하실 때 우리를 부끄러워하겠다는 말씀이 너무 보복적이고 속 좁은 것 같은 그런 느낌이 든다는 것입니다. 이거 뭐 뒤끝 작렬도 아니고, 좀 그렇지 않나? 하는 그런 생각이지요. 그리고 또 하나, 다른 죄도 아니고 '부끄러워한다는 것'을 이렇게 심각하게 다루어야 하는가 하는 부분에서도 약간의 갸우뚱하는 마음이 있습니다. 엄청나게 배신하는 것도 아니고, 또 무슨 심각한 죄를 지은 것도 아닌, 그냥 부끄러워하는 것이 왜 이렇게 큰 문제인지, 그것이 의아합니다.

그럼에도 이 말씀 전체의 흐름을 가지고 본다면, 결론적으로 이렇게 말할 수 있습니다. 제자로 살아간다는 것은 자기의 십자가를 지고 주님의 그 십자가의 길을 따라가는 것인데, 그 길에서 모든 성도가 겪을 수 있는 가장 구체적인 도전은 바로 주님을, 그리고 그 주님의 말씀을 부끄러워하는 상황이라는 것입니다. 특별히 그 시대가 '악하고 음란한 시대'라면 더욱 더 그렇습니다.
　이 세상에서, 특히 음란하고 악한 그런 세속의 한복판을 살아가면서, 그리스도의 사람들이 끝없이 직면하게 될 최고의 도전은 바로 '주님과 주님의 말씀을 부끄러워하는 상황'입니다. 그렇기 때문에 예수님이 이점을 특별히 강조해서 말씀하신 것입니다. 그래서 바울 사도는 로마에 있는 성도들에게 편지를 쓰면서, 정말 아름다운 그리스도인으로 살아가는 것이 무엇인지를 말하면서, 자신에 대하여 "복음을 부끄러워하지 않는다"라고 말하고 있는 것입니다. 16절 말씀입니다.

　내가 복음을 부끄러워하지 아니하노니 이 복음은 모든 믿는 자에게 구원을 주시는 하나님의 능력이 됨이라 먼저는 유대인에게요 그리고 헬라인에게로다.

　어떤 주석에서 "로마서 전체의 본문은 바로 1장 16-17절이다."라고 말할 만큼 로마서 1:16-17 말씀은 정말 로마서의 핵심 키와 같은 그런 말씀입니다. 왜냐하면 이 말씀은 복음이 무엇인지를 한마디로 선언하고 있기 때문입니다. 그런데 바로 이 중요한 말씀을 하면서 바울 사도는 그 첫마디로 "내가 복음을 부끄러워하지 않는다."라고 고백하고 선포하고 있음을 우리는 주목해야 합니다.
　그렇습니다. 바울 사도는 그리스도의 제자로 살아가는 삶에서, 자기 십자가를 지고 우리 주님을 따라가는 그 제자의 길을 걸어가는 가장 실제적이고 중요한 것은 바로 "복음을 부끄러워하지 않는 것"이라고 보고 있고, 또 자신은 그렇게 산다고 고백하고 있는 것입니다. 이것이 빌립보 가이사랴에서 수난 예고를 하시고 이어서 제자도를 말씀하신 우리 주님이 당신의 사람들에게 주셨던 바로 그 말씀을 가장 잘 이해한 바울 사도의 고백인 것입니다.

"복음을 부끄러워하지 않는다." 여러분은 어떻습니까? 이것이 지금 여러분에게 해당하는 말이라고 생각하십니까? 아니면 '내가 복음을 부끄러워한 적이 있었던가? 나는 그런 적이 없으니까 이것은 나에게는 해당 사항이 없는 것이다.' 그렇게 생각하십니까?

여러분! 부끄러워한다는 것, 그것은 그것의 가치를 무가치하게 여기는 것을 말하는 것입니다. 다른 말로는 '창피하게 여긴다. 수치스럽게 여긴다.' 그런 말이겠지요.

그런데 원래 가치가 없는 것을 가치 없게 여기는 것은 괜찮습니다. 그런 부끄러움은 당연한 것이고, 때때로 순수하고 아름답기도 합니다. 오히려 부끄러운 것을 부끄럽게 여기지 않을 때가 더 안타까운 것이지요. 그런데 가치가 없는 것이 아닌데, 정말 소중한 것인데, 그런데 그것을 몰라서, 혹은 다른 사소한 것을 이유로 그 본질적인 소중함을 무가치하게 여기면서 부끄러워한다면, 그것은 정말 안타까운 일입니다.

예를 들면 자식이 부모를 나이가 들었다고, 혹은 못 배웠다고, 혹은 몸이 불편하다고, 아니면 자기가 상처받았다고, 혹은 그냥 부모의 존재가 도움이 안 된다고, 그래서 부끄러워한다면, 이것은 정말 드라마에나 나올 만큼 그렇게 속상하고 상처가 되는 것일 것입니다. 왜냐하면 부모는 그 모든 것 가운데에서도 결코 사라지지 않는 소중함이 있는 존재이기 때문입니다. 반대로 실패한 자식을 부끄러워하는 부모도 마찬가지입니다. 장애가 있거나 혹은 이런저런 열등한 모습을 가졌다고 부끄러워하는 것은 더 말할 필요도 없고요. 그것은 정말 안타까운 일이고, 정말 속상한 일이지요.

그런데 여기 오늘 말씀에서 복음을 부끄러워하지 않는다는 것은, 복음이 소중한 것인데 그 가치를 무가치하게 여기지 않는다는 그런 정도의 이야기가 아닙니다. '우리가 복음의 가치를 무시한다. 복음의 소중함을 몰라본다.' 그 정도의 이야기가 아니라는 것입니다. 이것은 거기에서 더 나아가서 '복음의 참된 축복을 온전히, 제대로 누리고 살아가기 위하여 복음을 부끄러워하지 아니해야 한다'는 것입니다. 그러니까 복음을 부끄러워한다면, 그것은 주님께 죄송한 그런 것만이 아니라 그리스도의 제자로서 그 온전한 축복과 능력 가운데 살지 못하는 것이고, 결국 대적 마귀에게 패배하고 마는 것이 되기 때문에 문제가 되는 것입니다.

여러분! 그렇습니다. 이 엄청나고 대단한 세상의 자본력 앞에서, 그리고 과학이라는 지식 앞에서, 기술이라는 놀라움 앞에서, 너무나 달콤한 그런 쾌락들 앞에서, 세상의 멋과 나름의 가치들 앞에서, 자신은 그저 하나의 부품처럼 느껴지는 이 세상 조직 앞에서, 우리는 복음을 부끄러워하지 말아야 합니다. 그래야 아름다운 것입니다. 그래야 행복한 것입니다. 아니면 정말 비참하지요. 신앙인이라는 것이 그렇게 비굴하고 혼란스러울 수 없는 것이지요.

그리고 때때로 다가오는 어려움과 고난 앞에서, 절망적인 질병들 앞에서, 도저히 감당할 수 없는 상처와 갈등과 싸움 앞에서, 헤어날 구멍이 보이지 않는 경제적인 어려움 앞에서, 자신의 힘으로는 도저히 어떻게 할 수 없는 그런 세월의 무게 앞에서 우리는 복음을 부끄러워하지 않아야 한다는 것입니다. 이것이 그리스도인이 살아가는 삶입니다. 이것이 주님의 제자가 아름답게 살 수 있는 가장 중요한 그런 실제적인 길인 것입니다.

그러면 어떻게 하는 것이 복음을 부끄러워하지 않는 것인가? 다시 말해 어떻게 하는 것이 복음의 축복과 능력 가운데 살아가는 것인가? 오늘 말씀에서 그것을 두 가지로 볼 수 있습니다.

1. 복음을 통하여 하나님의 은혜, 그 사랑을 온전히 누리는 것입니다.
16절 말씀을 다시 한 번 보겠습니다.

내가 복음을 부끄러워하지 아니하노니 이 복음은 모든 믿는 자에게 구원을 주시는 하나님의 능력이 됨이라 먼저는 유대인에게요 그리고 헬라인에게로다.

"모든 믿는 자에게 구원을 주시는 하나님의 능력!" 이 말씀 속에 가득히 담긴 것은 바로 우리 하나님의 은혜입니다. 우리를 향한 사랑입니다. 그러므로 복음을 통하여 그 사랑을 온전히 깨닫고 누리는 것이 바로 복음을 부끄러워하지 않는 것입니다.

수년 전에 미국에서 내적 치유 집회를 하는데, 그때 찬양을 인도하는 분이 제가 그때 처음 들은 찬양을 들고나왔습니다. 여러분도 그럴지 모르지만, 저도 모르는 찬양에는 거부감이 있거든요. 잘 모르니까 은혜가 안 되는 것이지요. 그런데 사실 새로운 찬양이 늘 새로운 은혜를 주기는 합니다. 그런 기대도 있구요. 결국 어떤 마음과 영성으로 부르는가에 달린 것이지요.

그날 부른 찬양은 설경욱 목사님이 만든 "그 사랑 얼마나"라는 찬양이었습니다. 그런데 그 찬양은 처음 부르는 순간부터 그야말로 '바가지가 터진 것' 같았습니다. 눈물 바가지. 그 찬양의 가사 어느 한 부분이 아니라, 그 찬양 가득히 고백되고 있는 '그 사랑', 바로 '우리 하나님의 사랑, 그 은혜'에 제가 그야말로 제대로 터진 것입니다. 주님의 그 사랑에 너무 감사하고, 너무 행복하고, 그러면서 제대로 깨닫지 못하고 누리지 못한 것에 대해서 너무나 죄송하고, 그래서 통곡하듯이 울었던 것입니다.

여러분! 다른 것이 없습니다. 복음을 통하여 우리 하나님의 그 사랑, 우리 주님의 그 십자가의 사랑만 깨닫고 누릴 수 있다면, 어떤 상황 속에서도 복음은 부끄럽지 않습니다. 아무리 상황이 어려워도, 그렇게 기도했는데도 응답받지 못한 것 같은 상황이라고 하더라도, 제아무리 세상 모두가 하나님이 너를 버렸다고, 신앙은 아무 쓸모가 없다고 그렇게 말하고 고발하는 그런 상황이어도, 복음 가운데 있는 그 사랑, 예수 그리스도 우리 주님의 그 십자가의 은혜만 깨닫고 누릴 수 있다면, 그것으로 충분한 것입니다. 복음은 결코 부끄럽지 않은 것입니다.

2. 복음이 모든 삶의 대답이라고 믿고 고백하고 선포하는 것입니다.
17절 말씀을 보겠습니다.

복음에는 하나님의 의가 나타나서 믿음으로 믿음에 이르게 하나니 기록된 바 오직 의인은 믿음으로 말미암아 살리라 함과 같으니라.

복음이 대답입니다. 복음이 진정으로 우리의 삶을 살리는 유일한 그 길인 것입니다. 이것을 믿고 고백하는 것이 바로 복음을 부끄러워하지 않는 것입니다. 이 세상의 수많은 문제들 앞에서, 그리고 이 세상의 엄청난 불확실성 앞에서, 하나님의 사람은 흔들리지 않고 고백합니다. 복음이 대답이라고, 소망이 있다고. 복음으로 마음이 바뀌고, 복음으로 삶이 바뀌고, 그래서 복음으로 사람이 바뀌고, 복음으로 가정이 변하고, 복음으로 이 세상이 달라질 수 있다고.

한번은 어떤 권사님과 이야기하면서, 그분의 자녀에 대하여 이야기를 나누게 되었습니다. 그 자녀가 삶 속에서 이런저런 어려움을 겪고 있어서 그 문제를 가지고 일종의 상담처럼 말씀을 나눈 것인데, 이야기하는 중에 권사님이 그 자녀가 예수님을 만나야 하는데, 그래야 모든 문제가 다 풀리는데, 그렇지 못해서 안타깝다고 말씀하시는 것이었습니다. 그래서 제가 "권사님, 맞습니다. 그것이 정답입니다. 언뜻 거리가 있어 보이지만, 자녀의 삶의 모든 문제의 대답은 예수님을 인격적으로 만나는 것, 즉 복음입니다."라고 대답을 했습니다. 그리고 '정말 권사는 그냥 권사가 된 것이 아니다. 이렇게 중요한 핵심을 꿰뚫을 수 있다니.' 하면서 나름 감탄을 했습니다. 정말 그렇습니다. 복음이 우리 모든 인생의 대답입니다. 이 분명한 믿음을 고백하고, 선포하는 것이 바로 복음을 부끄러워하지 않는 것입니다. 이 믿음 가운데 확실하게 서 있으면, 어떤 세상의 공격 앞에서도 복음을 부끄러워하지 않을 수 있는 것입니다.

맺는말

14-15절 말씀을 보겠습니다.

헬라인이나 야만인이나 지혜 있는 자나 어리석은 자에게 다 내가 빚진 자라. 그러므로 나는 할 수 있는 대로 로마에 있는 너희에게도 복음 전하기를 원하노라.

이 말씀은 바울 사도의 강조법입니다. 나는 정말 반드시 복음을 전하고 싶다는 것을 "빚진 자"라는 표현으로 하고 있는 것입니다. "빚진 자"라는 것은 좋은 말이 아닙니다. 특히 그것이 범죄자와 같은 단어인 "오페일레테스"가 사용된 것이라면 정말 쓰기 쉽지 않은 단어입니다. 그런데도 이 말을 쓰는 것은 그만큼 복음 전하기를 원한다는 강조입니다. 어떻게 하든 절대적으로 복음을 전하고 싶다는 그런 선포라는 것이지요.

이것이 바로 '복음을 부끄러워하지 않는 자'의 전형적인 모습입니다. 복음을 통하여 세상에 없는 그 하나님의 사랑을 체험했기에, 그리고 복음만이 이 삶의 모든 문제의 대답인 것을 너무나 확신하고 있기에, 그래서 "빚진 자"의 심정으로 이 복음을 전하고 싶어 하는 것입니다.

자, 바울 사도는 고백하고 선포했습니다. "내가 복음을 부끄러워하지 아니하노니"라고. 그래서 성경은, 성령께서는, 이제 묻습니다. "당신은 어떻습니까? 당신도 복음을 부끄러워하지 않고 있습니까? 그래서 이 복음에 대하여 빚진 자의 심정을 가지고 있습니까?"

세상의 죄를 고발하는 사람들

롬 1:18-23

요한복음 12장에 보면, 베다니의 마리아가 예수님의 발에 향유를 부었을 때, 예수님께서 그것을 당신의 장례를 위하여 준비된 것이라고 파격적으로 말씀하시는 장면이 나옵니다. 그리고 나서 예수님은 본격적으로 수난 예고, 즉 십자가의 길을 말씀하시고, 그리고 그 마지막 길을 걷기 시작하셨습니다.

자, 그런데 그렇게 이 땅에서 떠나실 것을 준비하시면서 주님이 하신 일 가운데 가장 중요한 것은 "세상에 있는 자기 사람들을 사랑하시되 끝까지 사랑하시는 것"(요 13:1) 이었습니다. 그리고 바로 그런 맥락에서 정말 중요했던 것이 성령님을 소개하는 일이었습니다. 단지 다음번 무대에 등장할 분을 소개하는 의미에서가 아니라, 당신의 사람들이 이 세상에서 정말 아름답게 살아가기 위하여 꼭 필요한 분, 성령님을 소개하신 것이었습니다. 그런데 그렇게 성령님을 소개하면서, 예수님은 아주 의외의 말씀을 하셨습니다. 언뜻 볼 때는 잘 이해가 안 되는 그런 말씀입니다. 그것이 요한복음 16:7-8 말씀입니다.

그러나 내가 너희에게 실상을 말하노니 내가 떠나가는 것이 너희에게 유익이라 내가 떠나가지 아니하면 보혜사가 너희에게로 오시지 아니할 것이요 가면 내가 그를 너희에게로 보내리니 그가 와서 죄에 대하여, 의에 대하여, 심판에 대하여 세상을 책망하시리라.

이 말씀이 이해하기 조금 어렵다고 하는 것은 바로 성령님이 오셔서 하시는 일이 "죄에 대하여, 의에 대하여, 심판에 대하여 세상을 책망" 하시는 것이라는 부분입니다. 의외이기도 하고, 정확하게 무슨 뜻인지 이해하기도 어렵기 때문입니다. 그러나 이것은 사실 너무나 중요한 말씀입니다. 성자 예수님이 소개한 성령 하나님의 핵심 사역이기 때문입니다. 그리고 그것은 바로 성령님의 시대를 살아가는 이 교회와 성도들이 반드시 알아야 하는 것이고요.

이것을 정확히 꿰뚫어 본 사람 가운데 하나가 네덜란드의 개혁주의 선교 신학자인 요한 헤르만 바빙크(Johan Herman Bavinck)였습니다. 그는 그의 책 《선교학 개론》에서 '엘렝틱스'(Elenctics)라는 개념을 소개했습니다. 이것은 "선교사가 선교지에 가서 해야 할 주된 사역이 바로 그 이방 문화가 잘못된 죄의 문화라는 것을 드러내는 것"이어야 한다는 말입니다. 즉 그들이 죄 가운데 있다는 것을 드러내고 깨닫게 해야 복음의 역사가 시작될 수 있기에 그것을 드러내는 것이 중요하다는 것이지요.

아주 중요한 통찰입니다. 그렇습니다. 선교지에 가서 그들의 전통문화나 모든 것을 무조건 부정하는 것은 잘못된 것이지만, 문화 대 문화로서는 절대로 그래서는 안 되고 오히려 존중할 수 있어야 하지만, 그러나 죄에 대해서는, 그 속에 담겨 있는 불의함에 대해서는 그것이 틀렸다는 것을 반드시 보여 주어야 하는 것입니다. 그것이 선교사의 가장 중요한 사역 중에 하나인 것이지요. 그런데 이 '엘렝틱스'(Elenctics)라는 말이 바로 예수님이 성령님을 소개하면서 하신 말씀인 요한복음 16:8의 "책망하다."라는 말의 헬라어인 '엘렝코'라는 단어에서 온 것입니다. 그러니까 성령님의 주된 사역이 바로 그것이라는 것입니다. 죄를 고발하는 것, 죄를 드러내는 것, 그것이 틀렸다는 것을 알려주는 것.

여러분! 그렇기에 이것은 성령님의 사역만이 아니라, 성령님과 함께 살아가는 그리스도인들, 성도들의 사명이기도 한 것입니다. 성도는 누구인가? 그들은 이 세상 가운데서 어떤 의미를 가지는가? 어떻게 살아가는가? 그 주된 것 가운데 하나가 바로 세상의 죄를 드러내는 것, 세상의 죄를 고발하는 것, 바로 그것이라는 것입니다. 세상의 문화가, 세상의 사상이, 세상의 이론이 아무리 정교하게 무장하고 자기들이 옳다고 주장해도 그렇지 않다고, 그것은 죄라고, 부끄러운 것이라고, 그렇게 드러내는 것이 바로 성도의 사역이고 사명인 것입니다. 오늘 본문이 바로 그것입니다. 로마서 1:18 이하에 나오는 이 말씀, 바로 이것이 세상을 책망하시는 성령님의 그 엘렝틱스를 그대로 보여주는 그런 말씀인 것입니다.

보통 오늘 말씀을 해석할 때 이 말씀은 로마서의 전체적인 흐름에서 3:21의 "이제는 율법 외에 하나님의 한 의가 나타났으니"라고 시작하면서 본격적으로 던져지고 있는 복음을 말하기 위해서, 그 전에 모든 인간은 다 타락했고 죄인이라는 것을 말하는 그런 예비적인 진술이라고 보고 있습니다. 맞는 말입니다. 흐름상으로 분명히 맞습니다. 복음, 즉 "하나님의 한 의"를 나타내기 위해서 먼저 우리 모두가 죄인인 것을 말하는 것은 분명 필요한 것입니다.

그런데 단지 그것뿐인가? 논리의 전개상 필요해서 먼저 모든 인간이 다 죄인이라고 말을 하는 것 그것뿐이냐는 말입니다. 그렇지 않습니다. 분명 그것도 맞지만, 그러나 이 자체에도 또 하나의 아주 중요한 메시지가 있습니다. 그것은 바로 이미 말씀드린 것처럼 성도는 이렇게 세상의 타락됨을, 그 죄악됨을, 그 부끄러움을 드러내는 그런 사명자라는 것을 보여주고 있는 것입니다. 그것이 참된 성도라고, 그래서 로마에 있는 성도들에게 편지를 쓰는 중에 아름다운 성도가 무엇인지를 나누면서, 이렇게 세상의 죄악을 드러내는 그런 고발을 하고 있는 것입니다.

여러분! 그렇습니다. 성도가 정말 아름다운 성도라고 한다면, 그는 그의 신앙과 삶으로서 아니 존재 자체로 세상을 고발해야 하는 것입니다. 이 세상이 잘못되었다고, 그 가운데 사는 인간들이 타락했다고, 그렇게 살아서는 안 된다고, 그것은 죄라고 그렇게 고발할 수 있어야 하는 것입니다.

'세상의 죄를 고발한다.'라고 하니까 떠오르는 사람이 한 분 있습니다. 바로 최재형 감사원장입니다. 요즈음 정치적으로 가장 뜨거운 이슈의 중심에 서 있는 분이기도 하지요. 그런데 언론에서 그분을 보면서, 특히 국회에서 일부 국회의원들이 그분을 정치적인 의도를 가진 감사를 했다고 몰아붙이고 공격하는 그런 상황에서 너무나 담담하고 당당하게 자신의 소신을 말하며 오히려 상대를 비참하게 하는 그런 모습을 보면서 너무 인상이 깊었습니다.

더구나 문재인 대통령이 기자회견에서 "입양아에 대하여 부모가 아이를 바꿀 수도 있다."라는 식의 잘못된 언급을 했을 때, 그분이 두 아들을 입양한 사람이고, 그러면서 그 입양에 대한 자기의 생각을 말한 부분에 대한 기사가 다시 언론에 드러나는 것을 보면서, 그 당시의 현 집권 세력이 가장 불편한 사람이 바로 최재형 감사원장이었겠다 하는 생각이 확실하게 들었습니다.

그러면서 저는 최재형 감사원장의 종교, 그 신앙이 궁금해졌습니다. 저는 이렇게 세상에서 진짜 아름다운 어떤 사람을 보면, 그분이 그리스도인 아닐까 하는 그런 기대를 갖습니다. 아니 그리스도인이어야 한다는 그런 신념을 가지고 있습니다. 그래서 정말 떨리는 마음으로 최재형 감사원장의 종교에 대하여 찾아보게 되었는데, 역시, 아니 정말 감동스러운 결과를 얻었습니다. 서울 동교동의 신촌교회 장로님이셨습니다. 그것도 정치인 장로님들 중에 간혹 있는 바람직하지 못한 그런 장로님이 아니라, 그 교회에서 성장해서 그 교회에서 장로님이 되신 이런 표현이 무엇하지만, 진짜 장로님이셨습니다. 모두가 다 그 삶과 인격과 신앙이 일치되는 분이라고 말하는 그런 장로님이셨습니다. 그 교회 학생부에서 만난 소아마비 장애를 가진 친구를 2년간 업고 등하교를 해서, 나중에 같이 사법고시에 합격했을 때, 조선일보에 "신앙으로 승화한 우정 10년"이라고 소개될 정도로 신앙이 그 삶 가운데 아름다움을 만들어 내는 그런 분이셨습니다.

너무 은혜로운 이야기가 많습니다. 그냥 미화시킨 이야기가 아니라 우리처럼 그렇게 신앙인으로 이 땅을 살아가면서 만들어 낸 그런 이야기입니다. 정말 설교 내내 다른 이야기 하지 않고 그분 이야기만 하고 끝냈으면 좋겠다 싶을 정도입니다. 하지만 그럴 수 없으니까 궁금하시면 그분에 대한 내용을 여러분 각자 찾아서 꼭 읽으시기를 부탁드립니다.

결론처럼 말씀드리면, 최재형 장로님은 세상의 죄를 고발하는 진짜 신앙의 사람 가운데 한 분이십니다. 그분이 세상의 권력자들을 불편하게 하고 있는 것은 단지 그 감사원장의 직무와 직분 때문만이 아니라, 그리스도인의 본연의 모습인 '세상의 죄를 고발하는 사람들'의 그 모습 때문인 것입니다.

그렇습니다. 우리는 세상을 행복하게 하는 사람들이고, 세상에 아름다움을 가져다주는 사람들이지만, 동시에 세상을 불편하게 하는 사람들입니다. 세상의 불의에 대하여, 세상의 타락에 대하여, 우리가 믿는 이 믿음으로 그대로 고발하고, 그것이 틀렸다고, 부끄러운 것이라고, 드러내야 하는 것입니다.

엘렝틱스! 죄를 드러내는 것, 죄를 고발하는 것, 이것이 제대로 되기 위해서는 무엇보다 먼저 우리 속에 있는 이방인들에 대해 가장 정확하게 적용되어야 합니다. 우리 속에 있는 세상에 대하여 정말 엄격하게 적용되어야 한다는 것입니다.

그렇습니다. 우리 속에도 계속 이런 불의함이 있습니다. 그것에 대하여 그것은 불의라고 정확히 말할 수 있는 사람이 바로 신앙인이고, 그것이 가장 중요한 엘렝틱스인 것입니다. 그 죄 가운데서 우리가 구원을 받은 사람이지만, 그렇기에 더욱더 그 죄를 용납해서는 안 되는 것입니다. 그것이 우리 속에서 슬며시 올라올 때마다 그것은 죄라고, 그것은 부끄러움이라고 단호하게 고발할 수 있어야 한다는 것입니다. 이것이 바로 신앙입니다. 이것이 성령님의 역사인 것이지요.

바로 그것을 로마서에 바울 사도가 이야기하고 있는 것입니다. 이 이야기를 로마에 있는 성도들에게 말하고 있는 것은, 세상의 불의를 드러내는 것만큼 우리 안에 있는 그런 불의도 함께 단호하게 고발해야 한다는 것을 동시에 말하고 있는 것입니다.

그 가운데 오늘 말씀은 특히 영적인 타락에 대하여 세상을 고발하고 있는 부분입니다. 먼저 18절 말씀을 보겠습니다.

하나님의 진노가 불의로 진리를 막는 사람들의 모든 경건하지 않음과 불의에 대하여 하늘로부터 나타나나니.

우리가 죄에 대하여 가장 먼저 해야 할 고발은 바로 하나님의 심판이 있다는 것입니다. 죄는 그냥 그대로 잘 지낼 수 있는 것이 아니라 하나님께 반드시 심판을 받을 수밖에 없는 것이라는 사실을 드러내는 일이 정말 중요한 것입니다. "하나님의 진노가 반드시 임한다!" 그렇게 고발해야 하는 것입니다. 위로하는 것만이 복음이 아닙니다. 무조건 감싸주는 것만이 사랑이 아닙니다. 때로 필요하면 눈물이 쏙 나도록, 아니면 정말 관계가 끊어지는 그런 상처를 주고받을 수도 있지만, 그러나 하나님의 심판이, 그의 진노가 있다는 것을 스스로에게도, 또 다른 사람에게도 말할 수 있는 것이 신앙입니다.

우리의 신앙의 선배들은 바로 그런 사람이었습니다. 그것이 그들의 신앙의 모습이었던 것입니다. 그래서 믿음 장인 히브리서 11:7에 보면 노아의 신앙을 이렇게 말하고 있습니다. "믿음으로 노아는 아직 보이지 않는 일에 경고하심을 받아 경외함으로 방주를 준비하여 그 집을 구원하였으니 이로 말미암아 세상을 정죄하고 믿음을 따르는 의의 상속자가 되었느니라."

그렇다면 구체적으로 어떤 불의인가? 어떤 영적인 죄, 타락에 대하여 우리가 경고해야 하는가?

1. 하나님의 존재를 부정하는 불신앙에 대하여 우리는 고발해야 합니다. 19-20절 말씀입니다

이는 하나님을 알 만한 것이 그들 속에 보임이라 하나님께서 이를 그들에게 보이셨느니라. 창세로부터 그의 보이지 아니하는 것들 곧 그의 영원하신 능력과 신성이 그가 만드신 만물에 분명히 보여 알려졌나니 그러므로 그들이 핑계하지 못할지니라.

인간이 범한 영적인 타락 가운데 가장 안타깝고 악한 것이 바로 '하나님이 안 계신다.'고 하나님의 존재를 부정하는 것입니다. 특히 인간의 역사가 발달하면 할수록, 인간의 문화와 자아가 강해지면 질수록, 인간은 하나님의 존재 자체를 부정합니다. 그리고 그것이 옳다고 주장합니다. 과학이라는 이름으로, 이성이라는 이름으로, 인간이 자기 경험과 논리를 가지고 살아계신 하나님을 안 계신 것으로 부정하는 것이지요.

그런데 이것은 사실 너무나 악한 일입니다. 이것은 스스로를 속이는 것이기 때문입니다. 그렇습니다. 어쩌면 지금 자기의 느낌이나 생각으로는 하나님이 안 계신 것 같을 수 있습니다. 하지만 조금만 자세히 보면, 조금만 자기의 편견과 아집을 내려놓고 보면, 하나님이 안 계실 수가 없는 것입니다.

무엇보다 이 세상의 모든 것이 창조주 하나님을 이야기하고 있습니다. 진화론이니 우주에 대한 과학적인 사고니 하는 것들이 하나님 없이 이 모든 존재의 근거를 이야기하고 있지만, 그야말로 웃기는 이야기입니다. 정말 가장 비과학적

인 이야기를 과학이라는 이름으로 하고 있는 것입니다. 꼭 이런 과학적인 것이 아니어도 인간들은 자기 주먹을 들고서 하나님이 어디 있느냐고, 있으면 나와 보라고, 내 눈에 보이지 않으니까, 그러니까 하나님은 없는 것이라고 그렇게 참람한 말을 하는 것입니다.

그런데 성경이 말하고 있기 때문만이 아니라, 자기 자신을 포함해서 이 지구의 존재며 우주의 모든 것, 그리고 자연계와 생명의 모든 신비로움을 볼 때, 하나님이 안 계실 수가 없습니다. 이미 너무나 충분히 보여지고 알려진 것입니다. 핑계할 수 없는 것입니다.

그런데도 이렇게까지 부정하는 이유는 한 가지입니다. 불의하기 때문입니다. 자신이 스스로 자기 삶의 주인이 되겠다고 하는 그 교만, '휘브리스.'(Hybris) 때문인 것입니다.

바로 이런 불의함에 대하여 신앙의 사람은 아주 단호하게 고발을 하는 것입니다. 그것이 틀렸다고, 그리고 그것이 죄라고.

그리고 또한 이것은 동시에 우리 스스로에게도 이런 영적인 도전을 주고 있습니다. 우리가 신앙인이지만, 때로 우리가 직면할 수 있는 가장 불의함과 악함 중의 하나가 바로 하나님이 안 계신 것처럼 그렇게 생각하고 생활할 수 있다는 것 그것이라고, 그것을 깨닫고서 그것을 결코 용납해서는 안 된다는 점을 강조하고 있는 것입니다.

저도 목사이지만, 어떤 순간에 자기 감정에 빠지거나 자기 생각에 잠길 때 보면, 혹은 무감각하게 살아갈 때 보면, 하나님에 대한 생각이 없을 때가 있습니다. 하나님 없이 그냥 나의 삶을 내 생각대로 내 방식대로, 내가 원하는 대로 살아가려고 하고 있고, 살아가는 때가 있는 것입니다. 이것이 우리의 죄성입니다. 이것은 그런 생각이 일어날 때마다 반드시 고발되어야 할 그런 불의함인 것입니다.

그렇습니다. 신앙인이 첫 번째로 그의 신앙과 존재로 고발할 세상의 죄악은 바로 하나님의 존재를 부정하는 그 죄악입니다. 그들 앞에, 혹은 자기 자신에게, 분명히 말하고 보여주어야 합니다. 하나님이 이렇게 살아 계신다는 것을, 하나님 없이는 살 수 없다는 것을.

2. 우상숭배의 불의함에 대하여 우리는 고발해야 합니다.
21-23절 말씀을 보겠습니다.

하나님을 알되 하나님을 영화롭게도 아니하며 감사하지도 아니하고 오히려 그 생각이 허망하여지며 미련한 마음이 어두워졌나니 스스로 지혜 있다 하나 어리석게 되어 썩어지지 아니하는 하나님의 영광을 썩어질 사람과 새와 짐승과 기어다니는 동물 모양의 우상으로 바꾸었느니라.

하나님의 존재를 인정한다고 해도 다된 것이 아닙니다. 하나님을 하나님 되지 못하게 하는 것이 더 심각한 불의이고 죄악인 것입니다.
옛날에는 우상을 만들어서 하나님을 경멸했습니다. 그러나 지금은 그렇게 우상을 만드는 일은 많지 않습니다. 하지만 그처럼 눈에 보이는 우상은 없지만, 옛날보다 더 심한 우상숭배에 사람들이 빠져 있습니다. 그야말로 21절의 고발 내용 그대로입니다. "하나님을 알되 하나님을 영화롭게도 아니하며 감사하지도 아니하고."
하나님을 알면서도 하나님께 마땅히 드려야 할 그런 주권과 경배를 드리지 않고 오히려 무시하면서, 자기의 생각대로 그대로 살아가는 그런 인본주의가 훨씬 심각한 우상숭배인 것입니다. 그리고 이것은 신앙인에게도 훨씬 많이 있을 수 있는 그런 불의라는 것이 문제입니다. 하나님의 살아계심을 인정하면서도, 하나님을 영화롭게도 하지 않고, 감사하지도 않는 그런 우상숭배 말입니다.

하나님은 하나님이셔야 합니다. 하나님을 안다고 하면서 하나님을 자신의 삶에서 한 부분처럼 여기고 살아가는 그런 삶, 하나님을 자기 편의를 위해 이용하는 그런 삶은 잘못된 것이고 악한 것입니다.

그러므로 우리는 이런 것은 허망한 것이라고, 이것은 미련한 것이라고, 그렇게 고발해야 합니다. 그렇게 살아가는 것은 썩어지는 것을 가지고 썩어지지 않는 하나님의 영광을 대신하는 어리석음이라고 고발해야 합니다. 그것이 신앙인이 해야 할 중요한 고발인 것입니다.

맺는말

여러분, 하나님 없이 살아간다는 것이, 그리고 하나님 대신 다른 것을 섬기면서 살아가는 것이 얼마나 잘못된 삶인지, 그 삶이 얼마나 피곤하고 얼마나 허망한지, 우리는 그것을 제대로 보여주고 고발할 수 있어야 합니다. 그것이 바로 성도의 사명이고 성도의 아름다운 모습인 것입니다.

'세상의 죄를 고발하는 사람들.' 이것이 바로 우리의 모습이기를 바랍니다. 그렇게 단호하게 우리 안에 있는 세상과 그리고 우리가 변화시켜야 할 세상을 부끄럽게 할 수 있는 그런 사람이기를 바랍니다.

06
로마서 강해

상실한 마음대로 내버려 두사

롬 1:24-32

사람이 말을 하거나 글을 쓸 때 '파격적인 표현'을 할 때가 있습니다. 일반적으로는 그렇게 쓰지 않는데, 그야말로 격에 맞지 않는, 격을 파괴하는 그런 표현을 쓰면서 무엇인가 중요한 것을 강조하려고 할 때 그렇게 하는 것입니다.

오늘 본문에 바로 그 파격적인 표현이 나옵니다. 하나님의 성품과 역사하심을 말하면서 그런 표현을 쓰는 것이 언뜻 볼 때는 정말 격에 맞지 않는 파격이다 싶은 바로 그런 표현을 쓰고 있는 것입니다. 그것도 세 번씩이나! 우선 첫 번째가 24절 말씀입니다.

그러므로 하나님께서 그들을 마음의 정욕대로 더러움에 내버려 두사 그들의 몸을 서로 욕되게 하게 하셨으니.

두 번째는 26절입니다.

이 때문에 하나님께서 그들을 부끄러운 욕심에 내버려 두셨으니 곧 그들의 여자들도 순리대로 쓸 것을 바꾸어 역리로 쓰며.

그리고 세 번째는 28절입니다.

또한 그들이 마음에 하나님 두기를 싫어하매 하나님께서 그들을 그 상실한 마음대로 내버려 두사 합당하지 못한 일을 하게 하셨으니.

바울 사도는 왜 이렇게 파격적인 표현을 반복해서 쓰고 있는가? 무엇을 말하고 싶어서, 그리고 어떤 메시지를 주려고 했던 것일까요? 여러분! 오늘 말씀은 인간의 죄악을 고발하는 그런 말씀입니다. 지난주에 나누었던 앞부분에서는 영적인 타락을 고발했다고 한다면, 이제는 뒤이어서 윤리 도덕적인, 그리고 인간의 삶 전반에 걸쳐서 소위 '불의한 인간의 죄악.'을 고발하고 있습니다.

이 부분에서 바울 사도가 계속 반복적으로 "내버려 두셨다"(파라디도미)라는 말을 쓰고 있습니다. 세 번째는 그 앞에 "상실한 마음대로"라는 표현까지 덧붙이면서 말입니다. 왜 그럴까요? 무슨 메시지를 주기 위하여 이렇게까지 한 것입니까?

이것은 일종의 반어법입니다. 하나님은 당신이 지으신 인간을 포기하시는 법이 없습니다. 그들을 구원하기 위하여 친히 인간의 몸을 입고 오시고, 또 십자가에 달려 죽으시는 말도 안 되는 '스칸달론', 그런 일을 하실 만큼 우리 하나님은 절대 당신이 지으신 인간을 포기하지 않으시는 것입니다. 그것을 잘 알고 있는 바울 사도가 이런 표현을 쓰는 것은 너무나 중요한 메시지를 강조하기 위하여 반어법을 쓰고 있는 것입니다. 그러면 그 중요한 메시지가 무엇입니까?

1. 인간은 하나님이 없으면, 즉 하나님과 멀어지면 정말 처참하게 타락할 수

밖에 없다는 것입니다.

25절 말씀입니다.

이는 그들이 하나님의 진리를 거짓 것으로 바꾸어 피조물을 조물주보다 더 경배하고 섬김이라 주는 곧 영원히 찬송할 이시로다 아멘.

"이는." 이것은 말하자면 인간이 그렇게 타락한 이유는 바로 하나님을 버리고 떠났기 때문이라는 것입니다. 그렇습니다. 인간은 하나님이 없으면 절대적으로 타락하게 되어 있습니다. 왜냐하면 인간은 하나님 없으면 동물이 되기 때문입니다. 하나님의 형상대로 지음받은 것이 인간이라고 한다면, 거기에서 하나님이 빠져 버리면, 남는 것은 동물밖에 없는 것입니다.

"인간에게 의지가 있지 않은가?" 혹은 "이성이 있지 않은가?" 하실지 모르지만, 하나님이 없으면 인간의 의지는, 그의 이성은, 마치 전원 플러그가 뽑혀버린 전자기기 같아서, 혹시 배터리로 조금은 유지할지 모르지만, 그것은 이내 다 소진되고 작동되지 않는 것입니다. 이내 본능과 동물적인 욕심이 지배하는 그런 상태로 되고 마는 것입니다.

그래서 하나님이 없이는 인간은 타락할 수밖에 없는 것입니다. 그것을 가리켜 "내버려 두셨다"라는 표현으로 바울 사도는 강조하고 있는 것입니다. 그래서 케제만이라는 신학자는 로마서의 이 부분을 해석하면서 다음과 같은 통찰을 말했습니다. "여기에서 우리가 볼 수 있는 중요한 것은 도덕적인 남용은 하나님의 진노의 결과이지, 진노의 이유가 아니라는 것이다."

그렇습니다. 어떤 면에서 우리가 타락해서 하나님이 우리에게 진노하시는 것이 아니라, 우리가 하나님을 떠나서 우상숭배를 하고, 혹은 스스로 하나님이 되면서 하나님이 우리에게 진노하심으로써 우리가 타락하게 된 것입니다. 하나님과 관계가 끊어졌기 때문에, 이것이 영적인 분명한 통찰입니다.

미국의 아주 영향력 있는 목사님 중에 한 분으로 고든 맥도날드(Gordon MacDonald)라는 분이 있습니다. 이분은 목회도 하고, IVF 총재도 하고, 신학교에서 가르치기도 해서 유명하기도 하지만, 무엇보다 기독교 신앙 서적 베스트셀러 작가로 유명합니다. 특히 유명한 책은 〈내면세계의 질서와 영적성장〉이라는 책입니다. 그런데 이 책에서 그가 말했던 내용으로 많은 사람에게 공감을 주었던 것이 "싱크홀 현상", 즉 "함몰 웅덩이 현상"이라는 것입니다. 플로리다 같은 곳에서 일어나는 현상으로 지하수를 무분별하게 빼내거나 했을 때, 땅 밑에 엄청난 구멍이 생기고, 그러면서 어느 날 지표면이 그대로 함몰되어가는 그런 현상을 말하면서, 영적인 세계에서도 그런 일이 있을 수 있다는 것입니다. 즉 하나님과의 관계가 온전히 되어 있지 않게 되면, 당장에는 문제가 없어 보이지만, 어느 날 그 삶 전체가 내려앉는 그런 죄와 타락에 빠지게 된다는 것입니다. 그냥 실수로 그런 죄를 저지르고 무너지는 것이 아니라, 이미 하나님과의 관계가 끊어져서 그 내면이 비어버렸기에 그런 일이 일어난다는 것입니다.

그런데 이 책이 더 유명해진 것은 바로 이 책의 저자인 고든 맥도날드 목사님이 이 책이 나오고 몇 년 뒤에 책 내용 그대로 범죄하고 그 삶이 무너지는 일을 겪었기 때문입니다. 물론 그분은 그것을 온전히 회개하고 근신한 후에 다시 하나님의 부름을 받아 오히려 더 깊이 있는 사역을 했기에 이것이 참된 복음, 신앙의 이야기로 계속 남아 있는 것이지요.

그렇습니다. 하나님과 관계가 끊어지면, 인간은 타락할 수밖에 없습니다. 그러면서 어느 날 그야말로 무너져내리는 것입니다. 사도 바울은 "내버려 두셨다"라는, 하나님에 대해 좀처럼 사용하기 어려운 표현을 사용하면서 우리에게 바로 이 강력한 메시지를 주고 있는 것입니다.

2. 인간이 죄 가운데 빠지고 타락할 때, 우리 하나님의 마음이 그만큼 아프시다는 것을 강조해서 말하고 있는 것입니다.

"내버려 두셨다." 여러분은 이 표현에서 어떤 느낌을 받습니까? 가장 먼저 떠오르는 느낌은 '삐졌다.'라는 느낌일 것입니다. 하지만 하나님이 우리처럼 그렇게 삐지실 수는 없습니다. 그런데 그런 느낌이 아주 틀린 것은 아닙니다. 그렇습니다. 삐지신 것은 아니지만, 하나님은 지금 너무 마음이 아프신 것입니다. 속상하고, 안타깝고, 한탄스러운 것입니다.

창세기 6장에 보면, 노아의 홍수가 있기 전에 인간이 범죄하고 타락했을 때, 하나님께서 "한탄하셨다"(창 6:6)라고 표현하고 있습니다. 이것은 히브리어로는 "나함"이라는 말로, 그 뜻은 '강하게 한숨을 쉬는 것'을 말합니다. 너무 속상해하시면서, 아주 비통해하시는 그런 것 말입니다. 바로 그 한탄하시는 하나님의 그 마음이 그대로 담긴 것이 여기 "내버려 두셨다"라는 표현입니다.

저도 목회하면서 제가 사랑하는 사람들이 정말 제 마음을 아프게 하고 실망스럽게 행동할 때 종종 혼자 말로, 아니면 제 아내에게만, "내버려 둬." 혹은 "이제 상관 안 해.", "마음대로 살라고 해." 이런 식으로 말할 때가 있습니다. 그런데 그것은 절대로 진짜 포기가 아닙니다. 너무나 속상한 마음의 표현일 뿐이지요. 우리 하나님께 "내버려 두셨다"라는 표현을 쓰는 것도 바로 그런 의미인 것입니다.

여러분! 우리가 범죄할 때, 우리 하나님의 마음은 정말 아프십니다. 우리가 타락할 때, 우리 하나님의 마음은 찢어지시는 것입니다. 우리가 죄에 굴복하고 농락당할 때, 우리 하나님의 가슴은 미어지는 것입니다. 바로 그것을 성령께서는 오늘 말씀을 통하여 우리에게 말씀하고 있는 것입니다. 하나님의 그 마음을 잊지 말라고, 알아야 한다고.

그렇다면 하나님이 이렇게 "내버려 두셨다"라는 표현을 쓸 만큼 그렇게 안타까운 인간의 타락은 어떤 것인가? 어쩌면 바울 사도는 믿지 않는 인간의 이 죄와 불의를 고발하면서, 동시에 로마의 성도들에게 이것이 절대로 우리가 범해서는 안 되는 그런 것임을 강조하고 있는 것이 아닌가 합니다.

3. 하나님이 세우신 질서를 파괴하는 죄입니다.
26-27절 말씀을 보겠습니다.

이 때문에 하나님께서 그들을 부끄러운 욕심에 내버려 두셨으니 곧 그들의 여자들도 순리대로 쓸 것을 바꾸어 역리로 쓰며 그와 같이 남자들도 순리대로 여자 쓰기를 버리고 서로 향하여 음욕이 불 일듯 하매 남자가 남자와 더불어 부끄러운 일을 행하여 그들의 그릇됨에 상당한 보응을 그들 자신이 받았느니라.

이것은 어떻게 해석을 해도 동성애에 대한 고발입니다. 우리가 아는 것처럼, 로마 제국은 정말 동성애가 판을 치고 있었습니다. 그리고 그것이 로마의 타락에 대한 상징으로 그렇게 여겨집니다. 그 당시 동성애가 얼마나 성행했는가 하면, 네로 황제가 로마에 불을 지르고 기독교인들에 뒤집어씌우는 그런 폭정을 저질렀을 때, 네로를 몰아내고 갈바 장군이 쿠데타를 일으켰는데, 그가 황제가 되면서 네로에게 속한 모든 것은 다 정리하되 네로의 동성애 파트너는 자신의 파트너로 그대로 물려받았을 정도였습니다.

그런데 여기 말씀에서 이렇게 특별히 동성애를 이야기한 것은, 이 동성애 한 가지만 말하는 것이 아니라, 이것이 인간이 저지르는 불의함의 가장 대표적인 것이어서 그렇게 한 것입니다. 그리고 그 불의함은 바로 하나님이 세우신 질서를 파괴하는, 즉 선을 넘어가는 죄를 말하는 것입니다. 죄는 바로 선을 넘어가는 것, 즉 금을 밟는 것입니다. 이것을 헬라어로 "파라바시스"라는 말을 쓰는데, 넘어서는 안 되는 그런 선을 넘는 것을 말하는 것이지요.

그렇습니다. 하나님이 세우신 질서가 있습니다. 그 선을 파괴하고 넘어가는 것은 죄인 것입니다. 불의인 것입니다. 그래서 결혼한 사람이 외도하는 것은 죄인 것입니다. 단지 배우자에게 상처를 준다는 면에서만이 아니라 하나님이 세우신 선을 넘어간 것이기 때문입니다. 그런 면에서 가장 심각한 것은 바로 동성애입니다. 이것은 하나님의 창조 질서를 근본적으로 파괴하는 것입니다.

그래서 오늘 말씀에도 그 동성애의 죄를 고발하면서 "순리대로 쓸 것을 바꾸어 역리로 쓰며"라는 표현을 쓰고 있는 것입니다. "순리"는 바로 하나님의 질서입니다. 그런데 그것을 바꾸어서 역리, 즉 질서를 파괴하는 그런 방법으로 사용한다는 것입니다. 그래서 이것이 아주 심각한 죄인 것입니다.

그러면 왜 사람들이 그렇게 하나님의 질서, 즉 그 선을 넘어가려고 하는가? 그것은 바로 "부끄러운 욕심", 음욕, 즉 죄된 욕망때문에 그런 것입니다. 어떤 거룩한 의도도 아닙니다. 혹은 요즈음 말하는 것처럼 그렇게 타고난 것도 아닙니다. 오로지 타락한 욕망일 뿐입니다.

사실 저는 이 동성애 때문에 고통받는 사람들을 많이 알고 있기 때문에 무조건 그들을 죄악시하고 정죄해서는 안 된다고 생각합니다. 그것은 일종의 잔인함이요, 악함인 것입니다. 그들이 원하지 않게 그런 성적인 잘못된 취향이 생긴 것입니다. 여러 가지 이유를 말하지만 정확하게 규명할 수는 없습니다. 그러므로 그들을 도와주어야 합니다. 그런 잘못된 성적인 취향에서 벗어날 수 있도록 해야합니다.

하지만 도와주는 것이 이렇게 법을 바꾸고 하나님의 질서를 뒤흔들어 놓으면서 인정해주는 것을 말하는 것은 절대로 아닙니다. 왜냐하면 그것은 분명 하나님의 질서를 파괴하는 죄이기 때문입니다. 그대로 인정을 해주면 안 되는 것이기 때문입니다. 여하튼 가장 중요하게 다루어지는, 우리 하나님이 상실한 대로 내버려 둘 만큼 그렇게 안타까워하시는 죄는 하나님의 질서를 파괴하는 것, 하나님이 정하신 그 선을 넘어가는 것입니다.

4. 하나님의 성품에 어긋나고 반대가 되는 불의함을 말하는 것입니다. 28-31절 말씀입니다.

또한 그들이 마음에 하나님 두기를 싫어하매 하나님께서 그들을 그 상실한 마음대로 내버려 두사 합당하지 못한 일을 하게 하셨으니 곧 모든 불의, 추악, 탐욕, 악의가 가득한 자요 시기, 살인, 분쟁, 사기, 악독이 가득한 자요 수군수군하는 자요. 비방하는 자요 하나님께서 미워하시는 자요 능욕하는 자요 교만한 자요 자랑하는 자요 악을 도모하는 자요 부모를 거역하는 자요. 우매한 자요 배약하는 자요 무정한 자요 무자비한 자라.

여기에 구체적으로 열거하고 있는 21가지의 죄들, 사실 이것을 어떤 식으로 나누어 정리하는 것은 쉽지 않습니다. 이것을 나름대로 정리해 보려고 주석들을 있는 대로 다 찾아보고, 하나하나 그 의미들을 연구해 보았는데, 그야말로 혼돈 그 자체, 정말 안 되더군요. 그러다가 다시 말씀을 자세히 읽으면서 보니까, 여기에 이렇게 열거된 것들에는 하나의 공통점이 있었습니다. 그것은 우리 하나님의 성품과 반대되는, 하나님이 미워하시는 그런 것들이라는 것입니다. 그래서인지 28절에 보면, "그들이 마음에 하나님 두기를 싫어하매"라고 표현되어 있고, 30절에는 "하나님께서 미워하시는 자요"라는 표현이 나오고 있는 것입니다.

여기 사용된 "하나님께서 미워하시는 자"는 헬라어로 "테오스튀게스"라는 말인데, 이 말은 보통 열거된 죄악의 흐름에 따라 "하나님을 미워하는 자"라고 번역하기도 하지만 이 말의 본뜻은 우리말 성경에 번역된 그대로 "하나님께서 미워하시는 자"가 맞습니다. 그리고 저는 그것이 정확한 것이라고 봅니다. 그러면서 이것은 21가지 죄악의 성격을 그대로 다 말해주고 있는 것이라고 봅니다. 그러니까 여기 열거된 21가지는 딱 21가지만이 아니라 우리 하나님이 정말 싫어하시는, 하나님의 성품과 어긋난 그런 모습들을 생각나는 대로 열거한 것이라고 보아야 합니다. 소위 우리가 말하는 하나님 보시기에 미운 짓들을 죄다 모아 놓은 그런 것들이라는 말입니다.

여러분! 하나님의 사람은, 아니 하나님이 지으신 사람은 "하나님이 보시기에 참 좋았다."라고 하는 바로 그런 모습으로 살아야 합니다. 그런데 그가 하나님이 정말 미워하시는 그런 모습으로 살아간다면, 그것은 정말 안타깝고, 하나님이 정말 상실한 대로 내버려 두신다는 표현을 쓸 만큼 그렇게 속상하고 안타까운 것입니다.

맺는말

"상실한 마음대로 내버려 두사." 이것이 오늘 말씀의 제목입니다. 이것을 보면서 우리는 두 가지의 결심을 해야 합니다.

1) 무엇보다 먼저 이 말이 정말 우리 삶에 절대 있어서는 안 된다는 그런 결단입니다. 하나님이 나를 내버려 두는 그런 지경에는 절대로 들어가지 않겠다는 그런 결심 말입니다. 맞아도 하나님께 맞고, 혼나도 하나님께 혼나겠습니다. 야단을 맞아도 좋으니 하나님 절대로 저를 포기하지 말아주십시오. 그런 간구를 드려야 하는 것입니다.

2) 이런 안타까운 상황에 있는 사람들과 세상을 보면서, 우리도 하나님의 그 아픈 마음을 품고 그들을 섬기겠다는 결단입니다. 세상이 그냥 괜찮은 것이 아닙니다. 혹은 나하고 상관이 없는 것이 아닙니다. 정말 속상하고 안타까운 마음을 가지고 부르짖고 간구하고, 그리고 가능한 한 외쳐야 하는 것입니다.

우리 하나님의 마음으로 살아가시기를 주의 이름으로 축원합니다.

로마서 강해

남을 판단하는 사람아

롬 2:1-5

여러분! 이런 질문이 어떨지 모르지만, 생각을 열기 위해서 한번 물어 보겠습니다. "우리의 죄성 중에서 제일 나쁜 죄성은 무엇일까요?" 죄를 짓는 행위를 말하는 것이 아니라 인간이 가지고 있는 죄된 속성, 그 죄된 마음을 말하는 것입니다. 죄성이라는 것이 다 나쁜 것인데, 그중에서 제일 나쁜 것이 무엇이냐고 묻는 것이 말이 안 되는 것처럼 보일 수 있지만, 그래도 그중에서 가장 나쁜 것이 있습니다. 그리고 그것을 아는 것은 우리가 영적으로 바르게 서기 위해서 꼭 필요한 것입니다. 자, 인간의 죄성 중에서 가장 나쁜 죄성은 무엇입니까? 좀 더 직접적으로 말해서 우리들이 가지고 있는 죄성 중에서 가장 나쁜 죄성은 무엇입니까?

'칠죄종'(七罪宗)이라는 것이 있습니다. 이것은 중세 때부터 성경적인 죄의 씨앗, 즉 죄성에 대하여 일곱 가지를 교회가 정리해서 가르친 것입니다. 영어로는 'Seven Deadly Sins'라고 하는 것입니다. 이것을 들으면 언뜻 한국에서 통용되던 '칠거지악'이 떠오를 수 있겠지만, 사실은 전혀 다르지요. '칠거지악'은 부인을 내쫓으려고 만든 못된 것이고, 이 '칠죄종'은 인간이 가지고 있는 죄성을 성경을 근거로 일곱 가지로 정리한 것입니다. 그것은 ① 교만, ② 시기, ③ 분노, ④ 나태, ⑤ 탐욕, ⑥ 식탐, ⑦ 색욕입니다.

이 중에서 가장 먼저 나오는 것이 무엇입니까? 순서가 중요하지 않은 것 같지만, 사실은 중요합니다. 특히 가장 먼저 나오는 것은 특별한 의미가 있는 것입니다. 그렇습니다. '교만'이 모든 죄성 중에서 가장 나쁜 것입니다. '칠죄종'에 보면, 모든 죄성은 성경에 나오는 여러 마귀와 귀신들의 속성과 연결되어 있는데, 그중에 우리에게 알려진 것으로 예를 들면, 시기는 리워야단, 즉 간교한 뱀이고, 탐욕은 맘몬이고, 식탐은 바알세불이고, 그런 식인데, 교만은 '루시퍼'인 것을 보아도 교만이 가장 나쁜 죄성, 모든 죄악의 뿌리가 되는 죄성인 것을 알 수 있습니다.

그래서 C. S. 루이스는 그의 책 《순전한 기독교》에서 가장 큰 죄악으로 바로 이 '교만'을 꼽고 있습니다. 그리스도인들이 아닌, 세상 사람들은 그것이 죄악인 줄도 모르는 죄악, 그러나 사실은 가장 악한 죄악이 바로 '교만'이라고 말하고 있습니다. 여러분 그렇습니다. 우리에게 있는 죄성 가운데 가장 나쁜 것, 그것은 바로 '교만'입니다.

세상의 죄를 고발하는 것이 로마서 1:18-3:20의 말씀이라고 한다면, 그 가운데서 오늘 말씀은 가장 심각하고 중요한 죄악인 이 '교만'에 대하여 고발하고 경고하고 있는 것입니다. 여러분! 다시 말하지만, '교만'은 우리의 죄성 가운데서 우리가 주목해야 할 가장 중요한 죄입니다. 이유는 다음과 같습니다.

① 인간이 처음 범죄할 때, 그 죄가 바로 '하나님처럼 되려는 인간의 교만', 즉 '휘브리스(Hybris)였기 때문입니다. 그러니까 교만은 인간의 죄의 뿌리와 같은 것입니다.

② 이러한 교만은 인간에게 그렇게 큰 죄처럼 보이지 않지만, 사실은 가장

심각한 폐해를 끼치기 때문입니다. 인간이 참으로 행복할 수 있는 모든 것을 사실상 다 파괴하는 그런 죄이고, 그러면서 지속적으로 인간을 완전히 파괴하는 그런 죄이기 때문입니다. 교만은 특히 우리로 하여금 세 가지를 반드시 잃게 하는데, 그것은 바로 '하나님', '하나님이 내게 주신 사람(공동체)', '참된 자기 자신' 이렇게 세 가지입니다.

그렇습니다. 교만하면 가장 먼저 '하나님'을 잃어버립니다. 교만의 죄는 하나님과의 사이를 가로막는 가장 결정적인 죄이기 때문입니다. 아니, 교만한 자는 반드시 하나님을 부정하게 되어 있기 때문입니다. 그리고 교만하면 '주변에 있는 사람들'을 잃어버립니다. 서로 사랑하고 살아가라고 하나님이 주신 사람들을 다 잃어버리는 것입니다. 부부 사이의 갈등도 많은 경우 교만 때문에 오는 것이고, 부모 자식 간의 관계 파괴도 사실은 교만 때문에 오는 것입니다. 교만한 사람은 절대로 공동체를 누릴 수 없는 것입니다. 그래서 바울 사도는 빌립보서 2장에서 공동체를 세우기 위해 간곡한 권면을 하면서 "아무 일에든지 다툼이나 허영으로 하지 말고 오직 겸손한 마음으로 각각 자기보다 남을 낫게 여기고"(3절)라고, 겸손을 가장 중요한 것으로 강조하고 있습니다. 그리고 이어서 5-11절에서 "너희 안에 이 마음을 품으라"고 하면서 예수 그리스도의 마음을 소개하는데, 그 마음은 바로 "겸손"이라는 것을 강조합니다. 교만한 사람은 공동체를 이룰 수도 누릴 수도 없습니다. 교만한 사람은 주변에 하나님이 주신 사람을 잃어버리기 때문입니다.

그리고 교만한 자가 사실은 가장 결정적으로 자기도 모르게 잃어버리는 것이 바로 '자기 자신'입니다. 참된 자기를 잃어버리고, 가짜 자기를 붙들고 헤매게 되는 것이지요. 그것이 열등감이든, 헛된 자신감이든, 아니면 방어적인 자기포기이든, 혹은 완고한 자아이든, 다 가짜라는 말입니다. 진짜 자기를 다 잃어버리게 되어 있습니다.

③ 그런데 더 심각한 것은 이 같은 교만이 신앙인에게도 계속되는 가장 교

활하고 교묘한 죄라는 사실입니다. 신앙인이어서 의로움과 거룩함 가운데 있으면서, 그 은혜를 받아 누리고 있다고 여기는 순간에도 거기에 슬며시 들어와서 자리 잡고 그 모든 신앙을 헛것으로 만드는 것이 바로 교만이라는 죄입니다. 그래서 정말 무서운 죄인 것이지요.

바울 사도는 바로 그 교만의 죄를 이야기하고 있습니다. 로마에 있는 성도들에게 편지를 쓰면서 세상을 죄를 고발하는 가운데 너무나 중요한 것이기에 이 교만을 아주 엄중하게 경고하고 있는 것입니다. 그것이 오늘 말씀입니다.

1절 말씀을 보겠습니다.

그러므로 남을 판단하는 사람아, 누구를 막론하고 네가 핑계하지 못할 것은 남을 판단하는 것으로 네가 너를 정죄함이니 판단하는 네가 같은 일을 행함이니라.

여기에서 "남을 판단하는 사람아"라고 불렀는데, 이 사람은 누구를 말하는 것일까요? 많은 사람들은 단순하게 이것이 유대인들을 가리킨다고 해석을 합니다. 그러니까 1장에 나온 것은 이방인, 그리고 2장 여기부터는 유대인, 그렇게 나누어서 보는 것이지요. 물론 문맥상 보면 그렇게 볼 수 있습니다. 그러나 그것은 성경이 이방인과 유대인과 같은 민족이나 인종의 테두리를 넘어선 모든 인간에게, 그리고 모든 시대 가운데 적용되는 진리의 말씀이라는 것을 간과한 아주 표피적인 해석입니다.

만일 이것이 유대인들에 대한 고발에 불과한 것이라면, 이것이 로마에 있는 하나님의 사람, 즉 로마에 있는 성도들과 지금 이 말씀을 통하여 하나님의 음성을 듣는 우리에게 '유대인들도 다 똑같이 나쁜 놈들이야.'라는 단순한 의미 외에 아무것도 주는 것이 없을 것입니다.

성경이 과연 그것 한 가지를 말하려고 이렇게 말씀을 길게 쓰고 있을까요?

더구나 바울 사도가 아주 중요한 것을 강조할 때 사용하는 수사법인 논쟁적인 대화법까지 사용하면서 길게 쓰고 있는 이 말씀이 겨우 그것 한 가지를 위한 것일까요? 아닙니다. 여기서 말하고 있는 "남을 판단하는 사람아"는 유대인을 말하는 것인 동시에 소위 신앙이 있다는 사람, 더 깊이 들어가면, 신앙이 있다고 하는 우리 자신에게 직접적으로 주어지는 말씀입니다. 그러면서 여기에서 정말 강조하는 것은, 바로 우리에게도 언제든지 있을 수 있는 그 죄성, 즉 교만에 대한 아주 강력한 경고라는 것입니다.

여러분! 그렇습니다. 우리가 신앙인이 되면서 오히려 신앙이 없는 사람들보다 더 빠지기 쉬운 죄가 있다면, 그것은 바로 교만해지는 것입니다. 그리고 교만은 육신적인 욕망을 추구하면서 타락하는 것이나 우상숭배를 하는 영적인 무지에서 오는 죄악만큼이나, 아니 그보다 훨씬 더 심각한 죄가 되는 것입니다. 그러므로 오늘 이 말씀의 가장 중요한 메시지는 신앙인인 우리에게 주어진 것이고, 그것은 바로 "교만의 죄를 벗어나십시오!"라는 것입니다.

여러분! 우리가 정말 참된 그리스도인, 아름다운 신앙의 사람이 되기를 원한다면, 우리는 다른 어떤 것보다 교만의 죄에서 벗어나야 합니다. 우리가 정말 예수 그리스도를 통하여 하나님의 은혜로 구원받은 그런 참복음의 삶을 살고 누리기 원한다면, 반드시 교만의 죄에서 벗어나야 합니다. 우리가 정말 예수 그리스도의 십자가의 은혜를 온전히 누리고, 그것이 언제나 우리의 삶에서 죄를 이기고 승리하는 그런 영적인 역사가 되게 하려면, 교만을 그 십자가에서 처리하는 은혜, 즉 교만의 죄에서 벗어나야 한다는 말입니다.

은혜로 시작했다가 육체로 마치는 사람 대부분은 바로 교만을 벗어나지 못해서입니다. 하나님을 사랑한다고 하고 거룩하다고 하면서 결국 성령을 훼방하는 그런 악한 일을 행하는 사람들은 다른 것이 아니라 교만해서 그런 것입니다. 하나님을 사랑한다고 하면서, 은혜를 받았다고 하면서 어처구니없는 죄에 빠져서 타락하는 사람들, 특히 영적인 리더들은 다 스스로 교만해지면서 그런 일이 일어나는 것입니다.

교만해서 하나님의 사람이라는 자가 하나님의 공동체를 분열시킵니다.

교만해서 하나님의 사람이 마귀의 간계에 넘어가서 세속적인 타락에 빠져듭니다.

교만해서 하나님의 사람이라는 사람이 하나님이 그렇게 사랑하는 사람들에게 상처를 줍니다.

교만해서 믿음이 좋다는 사람이 이단에 넘어가고, 악한 이론에 미혹이 되는 것입니다.

교만해서 하나님의 사람이 은혜를 잃어버리고 영적으로 뒷걸음치며, 메말라가는 것입니다.

그러면 어떻게 이 같은 교만의 죄에서 벗어날 수 있을까요? 여러 가지가 있겠지만, 여기 로마서의 말씀을 통하여 주시는 가장 중요한 것은 한 가지입니다. 그래서 그것이 1절부터 계속 강조되어 있습니다. 1절을 다시 보겠습니다.

그러므로 남을 판단하는 사람아, 누구를 막론하고 네가 핑계하지 못할 것은 남을 판단하는 것으로 네가 너를 정죄함이니 판단하는 네가 같은 일을 행함이니라.

"판단하다"(크리노)라는 동사입니다. 이것이 계속 강조되어 있습니다. 1절에서도 그 단어가 세 번이나 직접 쓰였을 뿐 아니라, "정죄하다"라는 말도 "카타크리노"라는 동사로 "카타"라고 하는 '~에 의하여, ~을 향하여, ~을 따라서'라는 의미의 전치사가 "크리노"라는 동사에 붙은 그런 단어인 것입니다. 그리고 이어서 나오는 2절에서 말하고 있는 "심판"이라는 말도 "크리마"라는 명사로, 그것 역시 "크리노"라는 동사에서 파생된 단어입니다. 그러니까 오늘 말씀에 보면, 1-5절에 있는 "판단"이라는 어근이 직간접적으로 8번이나 반복해서 나오고 있습니다.

이것이 무엇을 말합니까? 바울 사도가 일부러 강조하고 있는 것입니다. 교만이 바로 무엇인지, 그것은 바로 자기가 판단하는 것입니다. 그리고 남을 정죄하는 것이고, 모든 것을 자신이 결론을 내는 것입니다. 그런데 그것은 역설적으로 하나님의 심판을 자신에게 쌓는 그런 죄라는 것입니다.

여러분! 교만의 죄에서 벗어나려면, 무엇보다 먼저 스스로 판단하려고 하지 마십시오. 자기의 판단을 앞세우지 말라는 것입니다. 왜냐하면 이 판단이라는 것은 자기 중심에서 자기의 생각을 가지고 세상과 모든 사람을 측량하고 통제하는, 스스로가 전지전능한 하나님이 되는 그런 교만이기 때문입니다. 물론 이 말이 우리보고 바보가 되라는 뜻은 아닙니다. 하나님이 우리에게 주신 이성의 기능을 무조건 사용하지 말라는 것은 아닙니다. 우리에게 있는 도덕적인 잣대와 가치관, 그리고 진리의 척도를 무조건 사용하지 말라는 것은 아닙니다.

사용해야죠. 생각하고 판단하고, 또 가늠하고 비교할 수 있어야 합니다. 그러나 그 모든 것을 하면서 아주 분명히 알아야 할 것이 있습니다. 자기 생각, 판단, 그것이 절대적으로 옳은 것이 아니고, 그것이 결코 전지전능한 것이 아니라는 것, 그것은 아주 잘 틀릴 수 있고, 상황에 따라 너무나 제한적이고 불완전한 것이라는 것입니다. 그러므로 하나님 앞에서 남을 판단하는 것은 교만입니다. 상황을 제멋대로 판단하는 것 역시 교만입니다. 자기 스스로 결론을 내는 것 역시 교만입니다. 그렇습니다. 교만하지 않기 위하여 정말 중요한 것은 '판단하지 않는 것' 입니다.

그것은 구체적으로,
1) 언제나 나는 무지하고 부족하다는 것을 인정하는 것입니다.
2) 언제나 나는 틀릴 수 있고, 잘못될 수 있다는 것을 인정하는 것입니다.
3) 그러므로 언제나 결론은 내가 내리는 것이 아니라 하나님이 주셔야 한다

는 것을 인정하는 것입니다.

    4) 그래서 하나님이 말씀하실 때까지 나는 기다린다는 것입니다.

    5) 그리고 하나님이 말씀하시면 언제든지 바꾸겠다는 그런 마음인 것입니다.

    그런데 이처럼 판단하지 않는 것, 그것을 다른 말로 이야기하는 구절이 있습니다. 그것이 4절 말씀입니다. 함께 보겠습니다.

    혹 네가 하나님의 인자하심이 너를 인도하여 회개하게 하심을 알지 못하여 그의 인자하심과 용납하심과 길이 참으심이 풍성함을 멸시하느냐.

    "회개"입니다. 회개는 단지 잘못했다고 인정하는 것만이 아니라, 자신이 틀렸다는 것을 인정하고, 자신이 무지하고 무력하다는 것을 고백하고, 하나님의 뜻과 섭리 앞으로 와서, 자신의 모든 생각을 내려놓고 하나님의 뜻을 받아들이겠다고 결단하는 그 모든 것을 다 포함한 말입니다. 그러므로 판단하지 않는 가장 구체적인 것은 바로 회개하는 것입니다. 교만의 죄에서 벗어나는 가장 구체적 방법은 바로 '회개하는 것'입니다.

    그렇습니다. 아름다운 그리스도인은 회개하는 사람입니다. 처음 예수 그리스도를 주로 영접하고 구원받을 때부터 우리의 출발은 바로 회개였기 때문입니다. 그리고 날마다 살아가면서 그 은혜 가운데 거하는 것도 늘 회개하는 마음으로 살아가는 바로 그것이기 때문입니다. 회개한다는 것은 내 판단으로 살지 않는다는 고백입니다. 회개한다는 것은 언제나 주님의 뜻을 구하는 겸손한 고백입니다. 그래서 참된 그리스도인들은 회개의 사람인 것입니다.

맺는말

"남을 판단하는 사람아!" 성령께서는 바울 사도의 로마서를 통하여 이 말씀을 우리에게 주셨습니다. 우리가 하나님 앞에서 깨어서 늘 들어야 할 그런 귀중한 메시지로 이 말씀을 주셨습니다.

여러분! 살아가면서 이 음성을 들어야 할 순간을 결코 놓치지 않고 이 성령님의 음성을 들을 수 있는 여러분이 되시기를 바랍니다. 그래서 교만의 죄에 빠지지 않고, 회개의 영성으로 늘 아름답게 서는 여러분이 되시기를 바랍니다.

스스로 하나님처럼 되는 것이 아니라, 하나님의 마음을 품고 하나님만을 의지하고 나아가는 참된 하나님의 사람이 되시기를 바랍니다.

08 로마서 강해

하나님은 중심을 보신다

롬 2:6-11

　로마서 말씀은 다 중요하지만, 그 가운데 로마서의 전개상 특별히 주목해야 할 부분들이 있습니다. 그중 하나가 바로 로마서 3:21입니다. "이제는 율법 외에 하나님의 한 의가 나타났으니 율법과 선지자들에게 증거를 받은 것이라."

　바울 사도가 자신의 신앙과 신학, 그리고 사역의 계획 등 자기의 신앙에 대한 모든 것을 소개하는 것이 로마서라고 한다면, 로마서 3:21은 바로 자신에게 임한 하나님의 은혜, 그 복음을 말하고 있는데, 그것을 다소 극적으로 소개하는 말씀입니다. "자, 오늘의 주인공 예수 그리스도께서 등장하십니다." 이런 식입니다.

　바울 사도가 그처럼 하나님의 구원의 은혜이신 예수 그리스도를 극적으로 소개하기 위하여 그 앞에 아주 길게 밑그림을 그리고 있는데, 그것이 바로 로마서 1:18-3:20에 나오는 '모든 인간은 죄인이다.'라는 부분입니다. 그중에서 1장이 이방인의 죄, 즉 하나님을 알지 못하는 인간들의 죄를 말했다고 한다면, 2장부터는 유대인의 죄, 즉 하나님을 안다고 하는, 신앙이 있다고 하는 그런 자들의 죄에 대하여 말하고 있습니다.

앞 장에서 살펴본 것처럼, 그와 같은 소위 선민, 혹은 신앙이 있다는 자들의 핵심적인 죄악이 '교만'인데 그 교만의 가장 두드러진 행동이 바로 '판단하는 것'이었습니다. 스스로 교만해서, 스스로 의롭다고 여기기에, 그래서 다른 사람들을 판단하고 있는 바로 그 모습에 대하여 아주 통렬하고 강력하게 말하고 있는 것입니다. 물론 이것은 누구보다 예수 그리스도를 만나기 전의 바울 자기의 모습이었던 것이지요.

바울 사도는 이렇게 "남을 판단하는 사람아!" 하면서 그 죄에 대하여 통렬하게 고발하는 한편 "네가 그렇게 혼자 의로운 척하며 다른 사람을 판단하고 있을 때, 사실은 하나님이 그런 너를 판단하고 계시고, 그래서 그런 너의 교만의 죄에 대해 결국 하나님의 심판의 날에 모두 값을 치를 수밖에 없다."라고 이야기하면서, 슬며시 '하나님의 판단하심'이라는 개념을 끌어내어 말하고 있습니다.

그런데 여기에서 바울이 말하는 '하나님의 판단'이라는 것은 단지 남을 판단하는 자들에 대하여 야단치고 경고하기 위해서만 가져온 개념이 아닙니다. 오히려 그것보다는 이 이야기를 통하여 바울 사도는 로마의 성도들, 그리고 우리에게 정말 아름다운 성도가 되기 위하여 죄악된 판단이 아니라 진정한 판단을 해야 한다는 것을, 그리고 그것을 어떻게 할 수 있는지를 말하고 있는 것입니다.

일대일 제자양육 성경공부에 보면 "하나님의 속성"이라는 과가 있는데, 거기에 '하나님께만 있는 성품, 즉 비공유적 속성'이라고 해서 여섯 가지, 그리고 "하나님과 사람에게 함께 있는 성품, 즉 공유적 속성"이라고 해서 네 가지가 나옵니다. 앞의 여섯 가지는 "주권, 영원, 불변, 전지, 전능, 편재"인데, 이것은 그야말로 하나님에게만 있는 속성입니다. 우리 인간에게는 없는 것입니다. 그래서 그와 같은 하나님의 속성으로 인하여 우리는 우리 하나님이 그런 분이시라는 사실을 감사하고 은혜를 누릴 수 있는 것입니다. 그리고 뒤에 나오는 네 가지는 '인자, 성실, 의로움, 판단'인데, 이것은 하나님과 하나님의 자녀인 우리가 함께 가지고 있는 속성으로서 바로 이 네 가지는 우리가 하나님의 사람이라면 반드시 가져야 하는 그런 속성입니다.

바로 그 속성 가운데 '판단'이 있습니다. 처음에 일대일을 공부할 때는 여기에 '판단'이 있는 것이 이해되지 않았습니다. 하나님이 그러신 것처럼 우리도 그래야 하는 성품으로 앞에서 나열된 '인자, 성실, 의로움' 등은 그냥 그대로 이해가 되고 수긍이 되는데, '판단'은 무엇을 말하는지 그것이 언뜻 이해가 안 되었고, 그리고 이것이 그렇게 중요한 것인지 납득할 수가 없었습니다.

그런데 그 후에 신앙의 눈으로 다시 보니, 다른 어떤 것보다 중요한 속성이 바로 '판단'이었습니다. 하나님의 사람으로 하나님의 사람답게 살아가기 위하여 가져야 하는 속성 중에 너무나 중요한 것, 그것이 바로 판단이라는 것을 깨달았습니다. 그렇습니다. 하나님의 사람은 하나님의 판단을 해야 합니다. 교만이 그 바탕에 깔려 있는 사탄의 판단 말고, 우리 하나님의 판단을 우리도 해야 한다는 것입니다. 그렇다면 바로 그 하나님의 판단이라는 것은 무엇입니까? 그것을 한마디로 표현한 것이 오늘 말씀에 나오는데, 바로 11절입니다.

이는 하나님께서 외모로 사람을 취하지 아니하심이라.

이 말씀을 다른 말로 하면, "하나님은 중심을 보신다."입니다. 그렇습니다. 우리 하나님의 판단, 그것은 바로 겉으로 드러난 모습, 외적인 어떤 것, 혹은 본질이 아닌 껍질에 해당하는 어떤 요소, 그런 것이 아닌, 중심을 보고서 내리시는 판단이라는 것입니다. 그리고 이것은 바로 하나님의 자녀들인 우리들의 판단이어야만 하는 것입니다.

목회하면서 공동체 가운데 정말 실망스럽고 속상한 것 가운데 하나가, 성도라는 사람들이 다른 사람들에 대하여 정말 제가 보아도 잘못된 판단을 외적인 요소를 기준으로 내리는 그런 경우입니다. 너무나 개인적이고 왜곡된 기억 하나만 가지고 다른 지체에 대하여 "그는 이러이러하다."라고 그야말로 무식할 만큼 단호하게 말하는 경우, 혹은 정말 개인적인 얄팍한 욕심 때문에 잘못된 사람에 대하여 옳다고 두둔하고 지지하는 경우, 정말 세상의 이익집단과 무엇이 다른지 알 수 없는 그런 경우, 정말 속상합니다. 하나님의 공동체가 정말 아름다운 공동체가 되기 위하여 너무나 중요한 것이 바로 이 판단입니다. 우리 하나님이 내리시는 판단과 똑같은 바로 그 판단, 그것은 바로 '중심을 본다'라는 것입니다.

그렇다면 중심을 본다는 구체적으로 무엇을 말하는 것입니까? 여러 가지가 있겠지만, 오늘 말씀을 중심으로 본다면 두 가지를 말할 수 있습니다.

1. 중심의 믿음을 보는 것입니다.

7절 말씀을 보겠습니다.

참고 선을 행하여 영광과 존귀와 썩지 아니함을 구하는 자에게는 영생으로 하시고.

때로 상황이나 감정이 너무나 좋지 않고, 또한 사람들은 갖가지 말로 모함하고 힘들게 하고, 그야말로 뒤집히게 만들어도, 그래서 현실적으로 너무 힘들고 어려워 다 포기하고 싶어도, 그러나 하나님이 주신 마음이 있기에, 그리고 하나님께 받은 은혜가 있기에, 참고 선을 행하면서, 세상의 것과는 다른 그 참된 영광과 존귀, 그 가치를 여전히 바라보고 나아가는 바로 그 믿음, 그 중심의 믿음을 우리 하나님은 보신다는 것입니다.

지난 주간에 직분자 선출을 위한 제직회의가 있었습니다. 제가 칼럼에도 썼던 것처럼, 너무 축복된 일인데 때로 너무 시험이 되는, 사실은 아주 힘든 그런 시간이었습니다. 특히 저처럼 관계 중심의 사람, MBTI로 보면 Feeler인 사람은 정말 힘이 듭니다. 왜냐하면 직분자로 피택된 사람들에 대하여 축하하고 축복하는 기쁨보다는, 꼭 되었으면 하는 사람들 가운데 피택되지 못한 사람들에 대한 마음이 더 아파서입니다. 지난주도 그랬습니다. 그중에 특히 피택이 되었으면 하는 분인데 그렇게 되지 못한 분이 있어서, 끝나고 저녁에 집에 가서 그분께 무거운 마음으로 전화를 드렸습니다. 역시 예상대로 많이 실망하시고 속상해하시더군요. 그런데 대화를 하면서 마지막에 그분이 제게 한마디를 하시는데, 그만 저는 거기에서 울컥하고 말았습니다. "목사님, 하지만 한결같이 계속 흔들리지 않고 주님을 잘 섬기겠습니다." 그때 생각했습니다. "사람들은 몰라도 우리 주님은 저 마음과 믿음을 아신다. 그리고 그 믿음에 반드시 응답하신다."

여러분! '하나님은 중심을 보신다.'고 할 때, 무엇보다 바로 그 중심의 믿음을 보신다는 것입니다. 그러면서 그 믿음에 가장 아름다운 것으로 반드시 응답하신다는 것입니다. 우리 예수님도 바로 그렇게 하셨습니다. 그래서 성경에 보면 주님께서 놀라운 치유의 은혜를 베푸실 때, "믿음을 보시고"라는 표현이 나오고 있는 것입니다. 바로 그런 이유로 우리도 하나님처럼 판단하기 위하여 사람의 중심에 있는 믿음을 볼 수 있어야 합니다. 겉으로 믿음이 있는 척하는 위선의 껍질에 현혹되지 말고, 그 중심의 그 믿음을 볼 수 있어야 한다는 것입니다.

그런데 그렇게 하기 위해서는 바로 '우리의 영의 눈이 밝아야 합니다.' 인간적인 각종 욕심이나 상처로 말미암아 영의 눈이 어두워져 있으면 결코 다른 사람의 중심에 있는 그 믿음을 제대로 볼 수 없습니다. 영적으로 깨어 있고 그 영성이 바르고 밝게 있어야 그 중심의 믿음을 보는 것입니다. 이런 판단이 있는 교회가 아름다운 교회입니다. 아름다운 하나님의 공동체입니다. 거기에 바로 감동이 있고, 따뜻함이 있습니다.

2. 중심의 죄악된 동기를 보는 것입니다.

'우리 하나님은 중심을 보신다.'라고 할 때, 또 한 가지 중요한 것은 그 중심의 동기, 의도를 보신다는 것입니다. 특히 그 죄악된 동기, 의도 그것을 간파하신다는 것입니다. 여러분! 우리가 무언가를 판단할 때 정말 중요하게 보아야 할 것이 바로 '동기'입니다. 영어로는 '모티베이션'(motivation)이라는 말을 씁니다. 정말 어떤 사람을 제대로 판단할 때, 겉으로 무슨 말을 하고 무슨 명분을 내세우든지 간에 그 중심에 어떤 동기, 의도를 지니고 있는지가 판단의 기준이 되는 것입니다. 아무리 선하고 거룩한 목적과 명분을 내세우고 있어도 그 동기가 악하고 추하고 욕된 것이라면, 그것은 추하고 악한 것일 뿐이고, 그 사람은 그런 사람일 뿐입니다.

지금도 그렇지만, 한때 유행했던 말 가운데 "예쁘면 용서가 된다." 혹은 "잘생기면 용서가 된다."라는 말이 있습니다. 아무리 잘못을 저질렀어도 그 사람의 외모가 매력적이면 그의 잘못이 용서되고 괜찮다는 그런 말이지요. 그런데 결국 이것은 이 시대의 왜곡된 사회상을 보여 줄 뿐입니다. 그러니까 이렇게 말하는 사람들의 그 마음의 중심 동기는 성적인 욕망일 뿐이라는 것입니다. 추한 욕심일 뿐이라는 것이지요. 정말 많은 사람이 스포츠 스타나 연예인들을 좋아하고 지지하는 이유를 보면, 그 동기가 정말로 이런 욕망 아니면 이기심, 이런 것들입니다.

저도 스포츠를 보는 것을 좋아하는데, 그중에 한 선수에 대하여 별로 좋아하지 않다가 갑자기 어느 날부터 굉장히 좋아하고 지지하게 되었습니다. 이유는 우연히 그 선수의 프로필을 보았는데 제 고등학교 후배였기 때문입니다. 물론 제가 다닐 때와 시기적으로 너무 차이가 나서 같은 고등학교라고 할 수도 없지만, 그래도 그것 때문에 그때부터 그 선수를 무조건 지지하고 응원하게 된 것입니다. 한마디로 웃기는 동기이지요.

그런데 여러분 생각에 "그것이 무엇이 그렇게 잘못되었는가? 사람은 다 그런 것 아닌가?"라고 말씀하실 수도 있습니다. 그렇습니다. 이것은 그렇게 잘못된 것은 아니고, 다들 당연히 그럴 수 있지요. 그런데 그것이 이런 개인의 취향이나 취미 정도에 그치는 것이 아니라, 공의를 굽게 하고 진리를 왜곡하면서 공동체를 무너지게 만드는 것이라면, 그것은 정말 잘못된 것입니다. 그 마음속에 있는 악하고 부패한 동기를 가지고 어떤 세력을 만들고 권력을 움켜쥐고 공동체를 그릇되게 무너뜨리는 그런 행동을 하는 것은 정말 잘못된 것이라는 것이지요.

바로 그처럼 악한 동기에서 비롯한 잘못된 행동의 대표적인 것이 공동체 속에서 당을 짓는 것입니다. 8절 말씀을 보겠습니다.

오직 당을 지어 진리를 따르지 아니하고 불의를 따르는 자에게는 진노와 분노로 하시리라.

당을 짓는다는 것, 그것은 공동체 속에서 자신의 악한 욕심을 이루기 위하여 사람들을 선동하고 서로 결탁하고, 그러면서 다른 사람들을 아프게 하고 공동체를 그릇되게 장악하는, 그야말로 불의한 것입니다. 나쁜 의미에서 정치적인 것이지요.

이런 자들이 겉으로 내세우는 명분은 너무 그럴듯합니다. 공의를 내세우기도 하고, 대의를 말하기도 하고, 진리를 표방하기도 하고, 하나님의 뜻과 영광을 들먹이기도 합니다. 하지만 그 중심에 있는 동기는 추한 권력욕일 뿐입니다. 자기가 인정받고 주목받고 지배하고 다스리고 싶은 그런 자기중심적인 욕심 말입니다.

여러분! 우리 하나님은 바로 이런 인간의 마음속에 있는 동기, 그 숨은 의도를 정확하게 보시는 분입니다. 그뿐 아니라 그것을 너무나 단호하게 처치하는 분입니다. 그래서 오늘 말씀에서도 바울 사도는 "오직 당을 지어 진리를 따르지 아니하고 불의를 따르는 자에게는 진노와 분노로 하시리라."라고 하면서, "진노와 분노"라고 같은 의미의 단어를 반복하면서 쓰고 있는 것입니다.

여러분! 어떤 인간도 우리 하나님을 속일 수 없습니다. 무슨 소리를 지껄이고, 아무리 포장을 해대도 하나님을 속일 수는 없는 것입니다. 우리 하나님은 바로 그 중심을 보시기 때문입니다.

우리 하나님이 그러하시듯 우리도 그렇게 판단해야 합니다. 우리의 공동체가 정말 아름다운 공동체가 되고자 한다면, 바로 이렇게 그 속에 있는 죄악되고 악한 동기를 간파하는 지혜와 영성이 우리에게 있어야 한다는 말입니다. 그런 악한 동기를 가진 자에게 넘어가서 함께 파당을 만들지 말고, 그 악함을 정확하게 파악하고 판단할 수 있어야 합니다.

그래야 깨끗한 공동체가 됩니다. 아름다운 공동체의 두 가지가 '따뜻한 공동체', '깨끗한 공동체'라고 한다면, 바로 중심의 믿음을 보는 것은 따뜻한 공동체를 이루는 것이고, 이렇게 그 중심의 악한 동기를 보는 것은 깨끗한 공동체를 이루는 것입니다.

맺는말

"하나님은 중심을 보신다!" 이것은 바울 사도가 인간의 죄 가운데, 특히 신앙이 있다는 인간들이 범하는 교만의 죄 가운데 대표 격인 '판단하는' 죄에 대해 말하다가 덧붙여서 말한 '우리 하나님의 판단'에 대한 아주 확고한 말씀입니다.

그렇습니다. 우리는 바로 중심을 보시는 하나님의 판단 앞에 서 있습니다. 이것을 알고서 실망하거나 낙담하지 말고, 또 간악한 마귀의 궤계에 넘어가지 말고 바르게 신앙생활을 해야 합니다.

　더불어 우리는 우리 자신의 판단을 바로 이와 같은 하나님의 판단에 맞추려고 힘써야 합니다. 비록 인간적으로는 부족하지만, 성령 안에서 늘 깨어서 중심을 보시는 하나님처럼 우리도 중심을 보고 판단을 해야 한다는 말입니다. 그러면서 아름다운 공동체를 이루어가야 합니다.

할례는 마음에 할지니

롬 2:12-29

한번은 독일 프랑크푸르트에서 열린 교회 연합 집회 참석차 독일에 갔다가 거기서 마르틴 루터의 종교개혁 현장을 둘러볼 기회가 있었습니다. 마음 같아서는 루터가 95개 조항을 붙이면서 종교개혁을 본격적으로 시작한 비텐베르크에 가고 싶었지만, 그곳은 너무 멀어서 바르트부르크성에 가보게 되었습니다. 아쉬웠지만 오히려 어떤 면에서 제게는 더 의미가 있는 곳이었습니다. 왜냐하면 바르트부르크성은 루터가 교황의 핍박을 피해서 프리드리히 선제후의 군사들에 의하여 납치되듯이 가서 숨어 있던 곳인데, 그 기간에 두 가지의 기억에 남을 작업을 한 곳이기 때문입니다.

하나는 "내 주는 강한 성이요, 방패와 병기 되시니"라는 유명한 찬송가를 만들어 불렀던 일입니다. 이것은 교황의 핍박 때문에 그렇게 농노로 위장하고 숨어 살아야 하는 그 모든 상황, 그 두려움에 대하여 신앙으로 싸워 이기면서 시편 46편 말씀을 가지고 지은 찬송가입니다.

그리고 또 하나는 신약성경을 헬라어에서 독일어로 번역한 것입니다. 말씀만이 참신앙을 만든다는 그런 확신으로, 라틴어로 된 성경은 성도들이 읽을 수 없으니까, 그들이 읽을 수 있는 독일어로 번역을 한 것이고, 이것은 정말 종교개혁을 온전히 이루어 낸 너무나 중요한 작업이었던 것입니다. 나중에 많은 사람의 도움을 받아서 구약성경도 히브리어에서 독일어로 번역하여 루터의 독일어 성경을 완성하지만, 그 출발이 되는 신약성경 전체를 혼자의 힘으로 이곳에서 11주 만에 번역해낸 것입니다. 말씀에 대한 열정과 믿음을 가지고 말입니다.

제가 그때 그 바르트부르크성에 가서 새삼스럽게 깨달은 것은 루터의 종교개혁이 한마디로 종교에서 신앙으로의 회귀였다는 사실이었습니다.

그렇습니다. 그 시대에는 구교, 가톨릭 교회도 기독교였습니다. 성경이 있고, 복음이 있고, 신앙의 전통이 있고, 믿는 자들의 신앙적인 헌신과 열정이 있었던 그런 기독교였습니다.

그러나 그것이 변질되면서 루터 당시에 그것은 이미 신앙이 아니라 종교였습니다. 여러 가지 외적인 전통과 형식, 그리고 인간적인 의식들과 미신적인 요소들로 변질되어 버린 그런 종교였습니다. 그리고 바로 그런 종교에 대하여 신앙으로 돌아가자고 외치면서 일어선 것이 바로 종교개혁이었던 것입니다.

그렇습니다. 우리가 신앙생활 하면서 정말 조심하고, 절대로 일어나서는 안 되는 일이 있다면, 그것은 종교가 되는 것입니다. 종교가 되면 거기에는 생명이 없습니다. 종교가 되면 그것은 더 이상 구원의 길이 아니게 됩니다. 아무리 그럴듯하게 포장하고 교묘하게 거룩함을 주장해도 그것은 심판을 받아 멸망할 수밖에 없는 그런 죄악일 뿐이라는 말입니다.

오늘 말씀에서 바울 사도는 유대교가 바로 이처럼 종교화된 것을 고발하고, 또 경고하고 있습니다.

이미 말씀드렸지만, 로마서 2:1 이하에 나오는 유대인들을 향한 고발은 단지 유대인들만을 염두에 둔 것이 아니라, 이미 신앙을 소유하고 있다고 주장하는 우리에게도 해당하는 경고입니다. 그러므로 이 말씀을 보면서 우리는 '그 당시 유대인들, 그들도 죄인이었다.'라는 결론만 볼 것이 아니라, 우리도 그렇게 될 수 있다는 점에 대해 경고를 받고, 절대로 우리의 신앙이 그렇게 되면 안 된다는 그런 결단을 해야만 합니다.

그렇다면 어떻게 해야 신앙이 종교로 변질되지 않을 수 있을까요? 어쩌면 이것이 종교적인 열정을 가지고 스스로 의롭다고 여기는 유대인들을 향한 고발보다도 우리에게는 훨씬 더 중요한 그런 말씀일 것입니다. 이에 대하여 사도 바울은 아주 상징적이고 비유적인, 그러면서도 의미 있는 표현을 사용하여 한 마디로 이야기를 하고 있습니다. 그것이 29절 말씀입니다.

오직 이면적 유대인이 유대인이며 할례는 마음에 할지니 영에 있고 율법 조문에 있지 아니한 것이라 그 칭찬이 사람에게서가 아니요 다만 하나님에게서니라.

"할례는 마음에 할지니!" 바로 이것입니다. 왜냐하면 이것이 12절 이하 29절까지, 아니 2:1부터 29절까지의 말씀 중에서 유일하게 주어진 행동 지침이기 때문입니다. 우리가 살펴본 것처럼 바울 사도는 2:1부터 유대인들, 즉 신앙이 있다고 하는 사람들이 범할 수 있는 죄에 대하여 다양한 각도에서 고발하고 있는데, 그 가운데 유일하게 '그러니까 어떻게 해야 하는가?'를 말한 것이 바로 이 한 구절, 즉 "할례는 마음에 할지니" 입니다.

그러므로 신앙이 종교가 되지 않으려면, 그래서 소위 믿는다고 하면서, 믿음의 열정이 있다고 하면서, 사실은 헛되고 잘못된 그런 삶으로 빠지지 않으려면, 그 비결은 바로 "할례를 마음"에 하는 방법뿐이라는 말입니다. 자, 할례를 마음에 한다는 것, 그것이 무엇을 말하는 것일까요? 이것은 일종의 상징적인 표현이고, 비유적인 표현인데, 거기에 담긴 영적인 의미는 무엇인가요?

우선 먼저 알 것은 이런 표현과 아이디어가 바울 사도에게서 여러 번 나오고 있다는 점입니다. 그러니까 이것은 여기에서만 쓰인 것이 아니라 바울 사도가 정말 그렇게 생각하고 항상 강조하는 그런 사상이라는 것입니다. 그것은 빌립보서 3:2-3에서 "개들을 삼가고 행악하는 자들을 삼가고 몸을 상해하는 일을 삼가라. 하나님의 성령으로 봉사하며 그리스도 예수로 자랑하고 육체를 신뢰하지 아니하는 우리가 곧 할례파라"라고 표현되기도 했습니다. 여기서 "몸을 상해하는 일"(카타토메)이라는 표현을 예전에 사용하던 개역한글 성경에서는 "손할례당", 다시 말해 할례의 기본 의미를 훼손하는 것이라고 번역했는데, 그것이 올바른 것입니다. 그러니까 참할례는 단지 몸의 일부를 자르는 것이 아니라는 말이지요. 오히려 '예수 그리스도 안에서 참신앙이 바로 진정한 할례인 것이다.'라는 뜻입니다.

또한 골로새서 2:11-12에서는 "또 그 안에서 너희가 손으로 하지 아니한 할례를 받았으니 곧 육의 몸을 벗는 것이요 그리스도의 할례니라. 너희가 세례로 그리스도와 함께 장사되고 또 죽은 자들 가운데서 그를 일으키신 하나님의 역사를 믿음으로 말미암아 그 안에서 함께 일으키심을 받았느니라"라고 말씀합니다. 우리의 신앙은 손으로 하는 외형적인 할례가 아니라 예수 그리스도를 주로 고백하면서, 십자가에서 우리 주님과 함께 죽고, 그리고 새 생명으로 다시 사는 그 역사, 바로 그리스도의 할례를 받는 일이라는 것입니다. 바울 사도의 이러한 생각은 사실 새로운 것은 아닙니다. 이것은 이미 신명기에서 강조한 내용입니다.

> 그러므로 너희는 마음에 할례를 행하고 다시는 목을 곧게 하지 말라(신 10:16).

> 네 하나님 여호와께서 네 마음과 네 자손의 마음에 할례를 베푸사 너로 마

음을 다하며 뜻을 다하여 네 하나님 여호와를 사랑하게 하사 너로 생명을 얻게 하실 것이며(신 30:6).

율법을 가장 집중적으로 선포한 신명기에서도, 그것도 할례라는 제도가 아브라함의 자손을 상징하는 정말 중요한 요소로 여겨지던 바로 그 시대에도 '진정한 신앙은 할례를 마음에 받는 것'이라는 통찰을 보여주고 있었던 것입니다. 그러므로 뒤에 나오는 예언서에서, 특히 신명기의 재해석이라고 여겨지는 예레미야서에서 "유다인과 예루살렘 주민들아 너희는 스스로 할례를 행하여 너희 마음 가죽을 베고 나 여호와께 속하라 그리하지 아니하면 너희 악행으로 말미암아 나의 분노가 불 같이 일어나 사르리니 그것을 끌 자가 없으리라"(렘 4:4)라고 갈파한 것은 전혀 새로울 것이 없다는 이야기입니다. 그만큼 '할례를 마음에 하라는 것'은 신앙이 죽은 종교로 변질되는 일을 막기 위하여 처음부터 강조한 내용이었던 것입니다.

그런데 제 개인의 생각으로는 바울 사도가 신앙을 잃지 않고 그것이 종교가 되어 버리지 않도록 "마음에 할례를 받아야 한다."라고 믿고 선포하게 된 직접적인 이유는 다른 데 있다고 봅니다. 그것은 바로 '스데반' 때문이라고 생각합니다.

사도행전 7장에 보면 스데반의 설교가 나옵니다. 그가 돌에 맞아 죽기 전에 했던 마지막 설교입니다. 그는 그 설교를 대제사장과 서기관, 바리새인들이 있는 공회 앞에서 했는데, 그 설교 중에 스데반이 질타하듯이 외친 것이 있습니다. 그것이 사도행전 7:51에 기록된 "목이 곧고 마음과 귀에 할례를 받지 못한 사람들아 너희도 너희 조상과 같이 항상 성령을 거스르는도다"라는 말씀입니다.

이 말을 그때 누가 들었을까요? 바로 사도 바울입니다. 그는 스데반과 논쟁을 벌였고, 그를 죽이기 위하여 사람들이 옷을 벗어서 증거를 삼을 때, 그 옷을 맡았던 사람이었습니다. 바울 사도에게 스데반은 예수님 다음으로 가장 강력한 영적인 영향을 준 사람입니다. 어쩌면 자신이 율법주의자, 종교인이었을 때, 바로 그 종교적 열정으로 예수 믿는 사람들을 잡아 죽였을 때, 그가 제일 처음 죽인 사람일 수도 있습니다. 그러면서 사도 바울에게는 스데반의 그 모습이, 그가 보여준 신앙의 그 아름다움이 그에게 아주 강한 충격으로 남았던 것입니다. 그렇기에 "목이 곧고 마음과 귀에 할례를 받지 못한 사람들아 너희도 너희 조상과 같이 항상 성령을 거스르는도다."라는 그의 그 질타를 바울 사도는 결코 잊을 수 없었을 것입니다. 그리하여 그는 회심한 후에 확신 있게 다음과 같이 선포할 수 있었습니다. "신앙이 종교가 되지 않으려면 할례를 마음에 받아야 한다."라고 말입니다.

그렇다면 구체적으로 어떻게 하는 것이 마음에 할례를 받는 일일까요? 분명한 점은 껍질이 아니라 본질이 중요하다는 것이고, 형식이 아니라 내용이 중요하다는 것인데, 모양만 있는 것이 아니라 의미 있는 것이어야 한다는 것이고, 무늬만 있는 것이 아니라 진짜여야 한다는 것인데, 그것이 도대체 무엇일까요? 오늘 말씀을 토대로 가장 중요한 것 세 가지만 나누도록 하겠습니다.

1. 신앙이 행동으로 이어지고 나타나는 것입니다.
13절 말씀을 보겠습니다.

하나님 앞에서는 율법을 듣는 자가 의인이 아니요 오직 율법을 행하는 자라야 의롭다 하심을 얻으리니

그렇습니다. 율법을 듣는 자는 의인이 아닙니다. 행하는 자가 의인입니다. 지금까지 수많은 신앙인이 드러낸 문제는, 듣기는 정말 많이 들었는데 그것을 행동으로 옮기지 못했다는 것입니다. 말로는 정말 여러 가지 고백도 하고 선포

도 하고 결단도 했지만, 실제로 행동을 그렇게 하지 못했다는 것입니다. 그러면 그것은 가짜입니다. 그것은 종교입니다. 그것은 할례를 마음에 받지 못한 것입니다. 여러분! 할례를 마음에 받는 것은 들은 말씀대로 행동하는 것입니다. 그렇게 사는 것입니다.

지난주에 칼럼을 쓰면서 "말씀을 들으면 뭐하나?"라는 안타까운 표현을 한 적이 있습니다. 그렇게 어떻게 보면 좀 심한 표현을 사용한 것은, 최근 하나님께서 계속하여 말씀을 아주 분명한 방향으로 주시는데, 성도들 가운데 그 말씀을 다 듣고 있으면서도 전혀 다른 방향으로 행동하는 분들이 계신 것을 보면서 너무 마음이 아파서 스스로 내뱉은 저의 신음이었습니다. "그래도 듣는 자는 듣는다."라는 성령님의 아주 강한 책망의 말씀 앞에 회개하면서 마음을 다시 추슬렀지만, 정말 말씀을 듣고 그것을 행동으로 옮기지 않는 신앙은 마음에 할례를 받지 못한 너무나 안타까운 신앙인 것입니다. 여러분! 다시 말합니다. 마음에 할례를 받는 것은 바로 들은 것을 행하는 것입니다. 말씀대로 사는 것입니다.

2. 말씀 앞에 스스로 먼저 솔직한 것입니다. 말씀 앞에서 스스로 부끄러워할 줄 아는 것입니다.

21절 말씀입니다.

그러면 다른 사람을 가르치는 네가 네 자신은 가르치지 아니하느냐 도둑질 하지 말라 선포하는 네가 도둑질하느냐?

말씀이 행동으로 이어지는 가장 첫 번째가 바로 이것입니다. 그렇습니다. 말씀은 가장 먼저 자신에게 적용이 되어야 합니다. 모든 신앙인은 말씀 앞에서 스스로 솔직해야 한다는 것이지요. 그것이 바로 마음에 할례를 받는 신앙입니다.

그런데 남들에게는 이렇게 저렇게 말씀을 가르치고 또 적용하면서 자기 스스로에게는 그것을 슬며시 바꾸고 혹은 뭉개버린다면, 그것은 신앙이 아닙니다. 그것은 아주 타락한 종교일 뿐입니다.

신앙은 스스로 부끄러워하는 것입니다. 신앙은 스스로 언제나 먼저 본이 되는 것입니다. 신앙은 그래서 언제나 '코람 데오', 하나님 앞에, 그 살아 계신 불꽃같은 시선 앞에 서 있는 것입니다.

만일 남들이 보지 않는다고, 혹은 자신의 욕심이나 유익을 위하여, 하나님의 말씀을 스스로 무시하고 뭉개버리면, 그것은 종교지 신앙이 아닙니다. 그것은 위선일 뿐입니다.

3. 말씀으로 어리석음을 이기고 참된 지혜로움으로 가는 것이 마음에 할례를 받는 것입니다.

18-20절 말씀입니다.

율법의 교훈을 받아 하나님의 뜻을 알고 지극히 선한 것을 분간하며 맹인의 길을 인도하는 자요 어둠에 있는 자의 빛이요. 율법에 있는 지식과 진리의 모본을 가진 자로서 어리석은 자의 교사요 어린 아이의 선생이라고 스스로 믿으니.

말씀이 그에게 있다는 표현의 의미는 바로 그 말씀이 지혜로움이라는 것입니다. 그것이 어리석음을 이기는 역사를 이루어야 한다는 것입니다.

그런데 그렇게 말씀을 받았다고 하면서도 여전히 어리석어서 하나님의 공동체를 무너뜨리고 하나님의 영광을 욕되게 하며 하나님의 사람들을 무너지게 하고 있다면, 그것은 그 마음에 할례를 받지 못한 것입니다.

지혜로워야 합니다. 하나님 말씀의 뜻이 무엇인지, 무엇이 하나님이 원하시는 것인지, 십자가의 용사로 악한 것들과 싸워 이기기 위해서는 어떻게 해야 하는지, 정말 소중한 것, 지켜야 할 것이 무엇인지, 그것을 말씀으로 깨닫고 분별하고 그 말씀대로 행해야 하는 것입니다.

맺는말

"할례는 마음에 할지니." 이 모든 것이 물론 쉽지 않습니다. 그래서 마음에 할례를 받는 것이라고 표현하는 것입니다. 할례가 자기의 생살을 베어 내는 일인 만큼, 살아 계신 하나님과 그 말씀 앞에서 자신의 의와 자랑, 이기심과 욕심, 자기의 감정까지 베어 낼 수 있어야만 할 것입니다.

참다운 성도, 아름다운 성도는 바로 '할례를 그 마음에 행하는 사람'이라는 것을 잊지 마십시오. 주님 때문에, 주님을 위하여, 그 마음을 베어 내는 사람인 것을 결코 잊지 마십시오.

우리는 다 죄 아래 있습니다

롬 3:1-20

드디어 결론에 도달했습니다. 로마서를 쓰면서 바울 사도가 1장 18절부터 시작한 그 이야기의 마지막 결론에 도달한 것입니다. 이 결론을 이야기하려고 바울 사도는 이방인의 경우, 유대인의 경우를 다 망라하면서 여러 가지 방향으로 지금까지 논리를 펼쳐 온 것입니다. 그것이 바로 9절 말씀입니다.

그러면 어떠하냐 우리는 나으냐 결코 아니라 유대인이나 헬라인이나 다 죄 아래에 있다고 우리가 이미 선언하였느니라.

"다 죄 아래에 있다." 이것입니다. 그러면 이 말이 무슨 의미인가? 이것이 왜 그렇게 중요한가? 이것이 그렇게 장황하게 이야기를 여기까지 끌고 올 만큼 그렇게 중요한 것인가? 우선 여기에서 우리가 반드시 알아야 할 것은 결코 이것이 "우리 그리스도인들 말고, 믿지 않는 다른 모든 사람은 다 죄 아래에 있다."라는 뜻이 아니라는 사실입니다. "유대인이나 헬라인이나"라고 말하는 것은 믿지 않는 사람들만을 말하는 것이 아니라, 이 세상에 있는 인간 모두를 이야기하는 것이기 때문입니다. 우리를 포함해서 말입니다.

그리고 이것이 로마에 있는 성도들에게 보내어진 말씀이기에, 그리고 이것이 성경에 기록되어서 지금 우리에게 주어진 하나님의 말씀이기에, 이것은 단지 일반적으로 모든 인간은 다 죄 아래 있다는 그런 이야기를 하고 싶어서 한 것이 아닙니다. 다시 말해 성경은 절대로 "인간은 다 죄인이야." 이 한마디를 하려고 이렇게 긴 분량의 말씀을 펼친 것이 아니라는 말입니다.

그러면 무엇인가? 그것은 바로 이것이 신앙인인 우리에게 너무나 중요한 메시지이기 때문이라는 것입니다. 정말 그 많은 이야기와 지면을 할애하면서라도 반드시 강조해야 할, 그런 아주 중요한 메시지이기 때문이라는 것입니다.

누가복음 18장에 보면, 예수님께서 소위 바리새인과 세리의 비유를 말씀하신 것이 나옵니다. 내용은 여러분이 다 아시는 것처럼, 성전에 기도하러 올라온 두 사람이 있었는데 하나는 바리새인이고, 또 하나는 세리였다는 것이지요. 그런데 바리새인은 따로 서서 "하나님이여 나는 다른 사람들 곧 토색, 불의, 간음을 하는 자들과 같지 아니하고 이 세리와도 같지 아니함을 감사하나이다. 나는 이레에 두 번씩 금식하고 또 소득의 십일조를 드리나이다."라고 하면서 자신이 의로운 자라는 것을 하나님 앞에서 자랑하고 과시하는 기도를 했고, 반면에 세리는 멀리 서서 감히 눈을 들어 하늘을 쳐다보지도 못하고 다만 가슴을 치며 "하나님이여 불쌍히 여기소서, 나는 죄인이로소이다."라고 기도를 했다는 것입니다. 그러나 정작 예수님의 마지막 평가는 이 두 사람 중에서 바리새인이 아니라 세리가 의롭다 하심을 받고 집으로 내려갔다는 것이었습니다.

이 비유에는 일종의 반전이 있습니다. 스스로 의롭다고 여기고 또 주변의 사람들도 그렇게 여기는 바리새인이 아니라, 스스로 죄인이라고 고백하고 또 주변에서도 다 그렇게 알고 있는 세리가 의롭다 여김을 받았다는 완전히 의

외의 반전 말입니다(우리 예수님은 반전을 참 좋아하십니다. 반전 매력을 아시는 분인 것 같습니다).

자, 그렇다면 도대체 무엇이 이런 반전을 이끌어내는 것일까요? 바리새인이 스스로 의롭다고 자랑하는 그와 같은 교만을 부린 것이 문제였는가? 아닙니다. 이 비유의 핵심은 '바리새인이 문제가 있다.'가 아닙니다. '세리가 의롭다함을 받았다.'라는 것이 반전의 핵심입니다.

그렇다면 세리가 의롭다함을 받은 것은 무엇 때문인가? 그것은 바로 "하나님이여 불쌍히 여기소서, 나는 죄인이로소이다", 이 고백을 그가 했기 때문입니다. 그는 분명 의롭지 못한 사람이었고, 그의 지난날이 죄로 얼룩진 문제가 많은 그런 삶이었지만, 바로 이 한마디, "하나님이여 불쌍히 여기소서, 나는 죄인이로소이다."라는 고백을 드리는 순간 그는 과거의 모든 죄와 상관없이 하나님 앞에서 의롭다고 여김을 받는다는 것입니다.

여기에서 우리는 아주 중요한 메시지를 받아야 합니다. 그것은 바로 '참신앙, 아름다운 신앙.'은 바로 이 고백에서부터 시작된다는 것입니다. 진정으로 하나님 앞에 나아가 하나님과 아름다운 관계를 맺기 위해서 우리 입술에서 언제나 나와야 할 고백이 있다면 바로 이것 "하나님이여 불쌍히 여기소서, 나는 죄인이로소이다."라는 고백입니다.

그렇습니다. 신앙의 출발은 바로 자기가 죄 아래 있다고 그렇게 고백하는 것입니다. 이 고백을 하지 않고는 하나님을 만날 수 없습니다. 이 고백이 없이는 하나님의 구원 역사가 절대로 시작될 수가 없는 것입니다. 그래서 성경을 보면 수많은 사람이 예외 없이 하나님을 만나는 순간, 하나님이 그의 삶으로 임하는 순간, 아니 하나님 앞에 그 삶이 펼쳐지는 순간, 모두가 한목소리로 "주여, 나는 죄인입니다."라고 고백을 하는 것입니다.

그렇습니다. "우리는 다 죄 아래 있습니다."라는 이 고백이 신앙의 출발점입니다.

그런데 그뿐인가요? 처음에 예수님을 믿을 때, 그때 한 번만 이 고백을 드리면 끝나는 것인가요? 아닙니다. 우리의 신앙이 계속 바르고 아름답게 유지되려면 우리는 계속 "나는 죄 아래에 있습니다."라는 고백을 잊지도 말고 잃어버리지도 않아야 합니다. 그의 모든 기도와 찬양, 그리고 주님 앞에 서 있는 영성, 그의 말씀 묵상과 하나님과의 관계, 그리고 그에게 주신 사명과 주어진 공동체를 이루는 그런 사역의 모든 출발이 언제나 "주님 나는 죄인입니다. 나는 죄 아래에 있습니다."라는 고백에서부터 시작되어야 한다는 것입니다.

때로 이 공동체 안에서 정말 아름답지 못한 갈등과 싸움, 비난과 정죄가 난무할 때는 우리 안에 바로 "우리는 다 죄 아래에 있습니다."라는 그러한 고백이 사라진 때입니다. 스스로 의로우니까, 자신이 얼마나 가망 없는 죄인인지를 잊어버리니까, 그렇게 사정없이 남을 정죄하고 비난하는 것이지요. 다시 말하지만 참된 신앙, 아름다운 신앙을 지키는 비결은 "나는 죄인입니다. 우리는 다 죄 아래에 있습니다."라는 이 고백을 놓치지 않는 바로 그것입니다.

바로 그런 이유에서 바울 사도는 로마에 있는 하나님의 사람들에게 '아름다운 성도는 이런 것이다.'라는 주제로 편지를 쓰면서, 로마서 1장 18절부터 인간의 불의와 하나님의 진노 이야기를 시작했고, 그리고 그 이야기를 쭉 펼쳐 와서 여기 3장 9절에서 "유대인이나 헬라인이나 다 죄 아래에 있다고 우리가 이미 선언하였느니라."라고 결론을 맺고 있는 것입니다.

그렇다면 "우리는 다 죄 아래에 있습니다."라는 이 고백과 선포가 구체적으로 어떻게 우리의 신앙에서 중요한 것이 될까요? 그것은 다음 세 가지의 부분에서 우리의 신앙에서 정말 중요한 것입니다.

1. 하나님의 심판을 잊지 않고 깨어 있는 역동적인 신앙생활을 할 수가 있습니다.

6절 말씀을 보겠습니다.

결코 그렇지 아니하니라 만일 그러하면 하나님께서 어찌 세상을 심판하시리요.

신앙인이 하나님의 심판에 대하여 잊어버리는 순간, 그의 신앙은 변질된 것이고, 타락한 것이고, 역동성을 잃어버린 것입니다. 그렇습니다. 우리가 늘 기억해야 할 신앙의 중요한 내용은, 우리 모두가 하나님의 심판대 앞에 선다는 것입니다. 하나님의 심판 앞에서 우리의 모든 것을 내어놓고 판단을 받아야 한다는 것입니다. 이 하나님의 심판에서 예외가 될 인생은 없습니다. 그래서 대충 살 수 없는 것입니다. 그래서 게으르게 신앙생활 할 수 없는 것입니다.

한 장로님이 계십니다. 이분은 제가 아는 분들 가운데 가장 열정적인 분이고, 정말 아름다운 그런 신앙인이십니다. 특히 복음을 전하는 일에서는 정말 쉬지 않고 열심을 다하는 그런 분입니다. 저는 그분을 볼 때마다, 나이도 있고 그러신데 어떻게 이렇게 열정적이고 아름답게 주님을 섬기실 수가 있을까? 불가사의한 느낌을 받을 정도였습니다.

그런데 어느 날 그 이유 중에 가장 주된 것 하나를 깨닫게 되었습니다. 그것은 그분이 전도에 대하여 간증과 강의를 하시는 것을 들으면서였습니다. 거기서 그분은 정말 여러 번 '베마'에 대하여 이야기를 했습니다. '베마'는 '심판대'를 말합니다. 헬라의 모든 도시마다 있었던 그런 무대와 같은 것입니다. 이 단어를 가져다가 바울 사도는 "그리스도의 심판대"(고후 5:10), "하나님의 심판대"(롬 14:10)라고 하면서, 우리가 반드시 서야 할 곳으로 그렇게 강조하고 있습니다. 그러니까 바울 사도가 그렇게 열심히 끝까지 아름답게 신앙을 지키고 사역을 할 수 있었던 비밀은 바로 이 '베마'를 늘 생각하고 살았기 때문이라는 말입니다. 그런데 바로 그 장로님도 그러셨던 것이지요. 언제나 바로 그 '베마', 그리스도의 심판대, 하나님의 심판대 앞에 자신이 서야 할 것을 생각하는 분이었기에,

조금도 편하게, 쉽게, 대충 살 수가 없었던 것입니다. 두려움 때문이 아니라, 주님을 사랑하는 마음 때문에 말입니다.

그렇습니다. 하나님의 심판대 앞에 우리가 선다는 것을 기억하는 것은 정말 우리의 신앙이 이대로 그저 대충 주저앉아 편하게 살 수 없게 하는 그런 영적인 긴장과 역동성을 갖게 하는 것입니다.

이것을 다른 말로 표현하면 "하나님을 두려워하는 영성"이라고 할 수 있을 것입니다. 그리고 이렇게 하나님을 두려워한다는 것은 참된 신앙의 모습이고, 바른 인생의 모습입니다.

체코 프라하에 갔는데, 거기에서 본 것 중에 기억이 남는 것은 거대한 메트로놈 조각상이었습니다. 그것은 실제로 움직이면서 작동되는 것인데, 그것이 무엇이냐고 물으니 가이드가 말하기를, 거기에는 한때 그곳을 지배했던 공산주의 상징이었던 50m 높이의 스탈린의 동상이 자리 잡고 있었는데, 그 후 그것이 흐루시초프 시절에 폭파되었지만, 체코가 해방된 후 그 자리에 이 메트로놈을 세운 것이라고 합니다. 그것의 의미는 인생과 역사는 모두가 다 이렇게 하나님의 정확한 심판 앞에 있다는 것을 말하려는 의도라고 합니다.

그 이야기를 들으면서 생각했습니다. 어쩌면 아직도 체코에는 얀 후스의 종교개혁의 영성이 흐르고 있는 것이 아닌가? 왜냐하면 이렇게 하나님의 '카운트다운'을 생각하는 것은 영성에서 아주 중요한 것이기 때문입니다. 나의 삶이 계속 이렇게 계수되고 있고, 그리고 언젠가 하나님의 시간에 하나님의 심판대 앞에 선다는 사실을 기억하는 것, 그것이 영성이기 때문입니다. 심판을 준비하는 신앙, 영성의 출발이 바로 자신이 죄 아래 있다는 것을 고백하는 일인 것입니다.

2. 날마다 실제로 벌어지는 영적인 전쟁을 제대로 감당하고 이길 수 있습니다.

영적인 전쟁에서 가장 큰 문제는 바로 무지입니다. 사람들은 영적인 전쟁에 대하여 정말 모릅니다. 그러니까 판판이 깨지는 것입니다. 그러니까 농락당하고 기만당하는 것입니다.

그런데 그런 영적인 무지 중에서 가장 큰 무지가 자기 자신을 제대로 모른다는 것입니다. 다들 자신은 괜찮은 줄 알고 있습니다. 자기 자신의 생각이 선하고, 판단이 옳다고 생각합니다. 그러니까 다른 사람을 정죄하고 비난하는 것입니다. 그래서 갈등과 미움이 우리를 지배하는 것입니다.

또한 사람들은 자기가 그런대로 믿을 만한 사람이라고 생각하고 있습니다. 자신의 의지를 신뢰하고, 그래서 자기가 말하고 자기가 결단하면 그것이 신뢰할 만한 것이라고 그렇게 여깁니다. 그래서 유혹에 넘어가는 것입니다. 그래서 마귀의 공격에 자신도 무너지고, 공동체도 무너지게 하는 것입니다.

우리는 절대로 믿을 만하지 않습니다. 그런데도 스스로 믿을 만하다고 생각하는 것은 정말 어리석음입니다. 그러므로 영적인 전쟁에서 우리가 제대로 바르게 서려면, 우리 스스로가 얼마나 본성상 타락한 존재인지를 자각하는 것이 중요한 것입니다.

바로 그런 이유에서, 이것이 이렇게 중요하기 때문에, 바울 사도는 9절에서 "다 죄 아래에 있다"고 선언하고 나서 10절부터 18절까지 일곱 가지 구약성경 구절을 인용하면서 아주 확실하게 우리의 본성을 확인해 주고 있는 것입니다. 10-18절 말씀을 보겠습니다.

기록된 바 의인은 없나니 하나도 없으며 깨닫는 자도 없고 하나님을 찾는 자도 없고 다 치우쳐 함께 무익하게 되고 선을 행하는 자는 없나니 하나도 없도다. 그들의 목구멍은 열린 무덤이요 그 혀로는 속임을 일삼으며 그 입술에는 독사의 독이 있고 그 입에는 저주와 악독이 가득하고 그 발은 피 흘리는 데 빠른지라. 파멸과 고생이 그 길에 있어 평강의 길을 알지 못하였고 그들의 눈 앞에 하나님을 두려워함이 없느니라 함과 같으니라.

이 단락에는 '카라즈'(Charaz)라는 기법이 사용되었습니다. 그것은 구약의 말씀을 마치 구슬에 꿰듯이 연결하여 말하는 기법입니다. 아주 중요한 것을 강조할 때 쓰는 방법이지요. 바로 이런 기법을 사용해서 우리의 본성을 아주 적나라하게 드러내고 있는 것입니다. 그것을 구체적으로 본다면, 다음 세 가지입니다.

1) 영적으로 무지하고 교만한 것. 예, 우리에게는 그런 경향이 늘 있습니다.
2) 성격과 본성이 무익하고 선하지 않은 것. 그렇습니다. 우리는 게으르고 동물적입니다.
3) 그 언어가 바르지 않고 악하고 교활한 것. 우리에게는 우리가 깜짝 놀랄 악한 경향이 있습니다.

그렇습니다. 이것이 우리의 본성입니다. 이것이 예수를 믿고 신앙생활을 해 나가고 있는 우리가 여전히 가지고 있는 우리의 본모습입니다. 예수님이 없으면 언제든지 튀어나올 수 있고, 지금도 교활하게 위장하고 활동하고 있는 우리의 본성입니다. 그러므로 이것이 우리가 신앙으로 나아가기 위하여 날마다 십자가에 못 박고 처리하고 이겨야 할 우리의 실존입니다. 바로 이런 우리이기에, 우리는 날마다 먼저 "우리는 다 죄 아래에 있습니다."라고 고백하고 나아가야만 하는 것입니다.

3. 하나님의 은혜의 복음을 온전히 붙들 수 있습니다.

그렇습니다. 어쩌면 이렇게 "우리는 다 죄 아래에 있습니다."라고 고백하는 일이 중요한 이유 가운데 이것이 결정적인 요소일 것입니다. 바울 사도가 여기까지 말씀을 끌고 와서 이렇게 결론을 맺게 된 그 주된 의도가 바로 이것일 것입니다. 본문으로 말하자면, 로마서 1:18에서 출발하여 여기까지 온 이유는 로마서 3:9에 나오는 선언, "우리가 다 죄 아래 있다"는 선언 때문이고, 이제 로마서 3:21 이하에 나오게 되는 바로 그 '은혜의 복음'을 소개하기 위해서였다는 말입니다.

그렇습니다. "우리는 다 죄 아래에 있습니다." 그래서 우리는 구원을 받아야 합니다. 그래서 우리에게는 예수 그리스도가 필요합니다. 그래서 우리에게는 십자가의 대속의 은혜가 필요한 것입니다. 자신이 '죄 아래에 있다'라는 자각이 없는 사람은 절대로 주의 은혜의 복음을 찾지도 않고, 또 주님을 영접하지도 않습니다. 그래서 신앙인이 "나는 죄인입니다. 나는 죄 아래에 있습니다."라는 이 고백을 잃어버리고 잊어버리면, 그에게 '은혜의 복음, 그 감격'은 사라지게 되는 것입니다.

맺는말

"우리는 다 죄 아래에 있습니다." 절대로 잊지 마십시오. 이것만 잊지 않으면 우리의 신앙은 결코 변질되지 않고 타락하지 않고 아름다울 수 있습니다. 십자가 복음이 능력 있게 역사할 수 있습니다. 그렇게 할 때 우리의 공동체, 하나님께서 사랑하라고 주신 사람과의 관계는 절대로 깨어지지 않고, 갈등하지 않고, 오히려 그런 모든 것을 이기고 아름다울 수 있습니다.

(11)
로마서 강해

이제는 하나님의 한 의가 나타났으니

롬 3:21-31

    신문 기사에 보니까 "그린비"라는 출판사에서 〈세계를 뒤흔든 선언〉 시리즈를 출판했다고 합니다. 그러면서 말하기를 역사의 물줄기를 바꾸는 것은 바로 위대한 선언들인데, 그중에서 정말 중요한 것을 골라서 다루었다고 했습니다. 그런데 〈세계를 뒤흔든 선언〉 시리즈에서 가장 먼저 다룬 것이 1848년에 출판된 마르크스와 엥겔스의 "공산당 선언"이었습니다. 그러면서 말하기를 이 선언이야말로 역사상 가장 유명한 선언인데, 그만큼 논란이 많은 선언이기도 하다는 것입니다. 저는 그 기사를 보면서 이런 생각을 했습니다. '공산당 선언, 이것이 역사상 가장 유명한 선언이라는 주장에는 절대 동의할 수 없지만, 정말 논란이 많은 선언이라는 데는 동의한다. 그러면서 이것은 인류를 정말 고통스럽게 만들었던, 있어서는 안 되는 선언이라고 생각한다. 역사의 물줄기를 바꾼 그런 선언인 것은 맞지만, 그 물줄기가 인간을 고통스럽게 하고 잘못된 방향으로 바뀌게 만든 그런 선언이다.'

제가 오늘 갑자기 이 '선언'을 가지고 말씀을 시작하는 이유는 오늘 말씀에 진짜 역사의 물줄기를 바꾼, 그것도 정말 아름답게 바꾼 참된 선언이 나오기 때문입니다. 그것이 바로 로마서 3:21입니다.

여러분! 로마서 3:21은 정말 위대한 선언입니다. 아주 역사적인 선언입니다. 그리고 신앙인의 삶을 완전히 바꾸어 놓은 정말 중요한 선언이라는 것입니다. 21절 말씀을 보겠습니다.

이제는 율법 외에 하나님의 한 의가 나타났으니 율법과 선지자들에게 증거를 받은 것이라.

제가 이 말씀을 선언이라고, 그것도 위대한 선언이라고 말하는 것은 이 말씀 속에 있는 두 개의 표현 때문입니다. 첫 번째는 "이제는"이라는 표현입니다. 헬라어로는 "누니 데"라는 말입니다. 이 중에서 "누니"는 'Now'라는 말이고, "데"는 'But'이라는 말입니다. 그러니까 이 말을 정확히 번역하면, "그러나 이제는"이라고 번역할 수 있겠지요.

그런데 이 표현은 보통 두 가지의 의미로 사용됩니다. 하나는 '논리적인 것을 뒤집어 버리는 표현'입니다. 지금까지 진행되어 오던 논리를 결정적으로 뒤집고 새로운 결론으로 가게 할 때 쓰는 표현이라는 것이지요.

그리고 또 한 가지는 '시간적인 반전의 의미'로 쓰입니다. 그동안 잠잠하던 것에서 드디어 때가 이르러 상상도 못 하던 어떤 것이 나타나는 사건을 가리키는 표현입니다. 그야말로 결정적인 역사가 일어나는 순간을 말하는 것입니다.

그러면 여기 로마서 3:21에서는 이 두 가지 가운데 어떤 의미로 쓰인 것일까요? 둘 다입니다. 논리적인 것도 맞고, 시간적인 것도 맞습니다.

그렇습니다. 그동안 '죄의 논리'가 진행되어 왔습니다. '사망의 논리'가 진행되어 왔습니다. 그래서 수많은 사람이 그 논리의 결과를 받아들일 수밖에 없는 그런 상황이었습니다. 누구도 여기에서 예외가 될 수 없는 그런 상황이었습니다.

"그러나 이제는" "누니 데", 그 사망의 논리를 뒤집는 논리적인 전환이 일어난 것입니다. 그 죄의 논리를 뒤집는 결론을 가져오는 논리적인 반전이 일어난 것이라는 말입니다.

그것이 복음입니다. 그것이 하나님의 역사입니다.

그리고 또한 이것은 시간적인 의미를 갖습니다. 역사 속에, 인간의 삶 속에 하나님의 때가 이른 것입니다. 하나님이 임하시고 간섭하시는 그 역사하심의 때가 이른 것입니다.

그동안 정말 오랫동안 기다렸습니다. 정말 그래서 영원히 이렇게 되는가보다 싶었습니다. 그냥 계속 이렇게 살아야 한다고 생각했습니다. 그래서 소망이 없고 희망이 없었습니다.

"그러나 이제는" "누니 데", 하나님의 역사가 일어난 것입니다.

그리고 두 번째로 "하나님의 한 의가 나타났으니"라는 표현입니다. 이것은 바로 "누니 데"라는 표현을 통해 죄와 사망의 논리를 뒤집으면서 나타난, 그리고 하나님의 때에 그 역사하심으로 나타난 바로 그것이 무엇인지를 말하는 것입니다. 그동안 있었던 의가 아닌 하나님의 한 의가 나타났다는 것입니다. 이것을 선언적으로 말한 것입니다.

그렇다면 그것이 무엇을 말하는 것일까요? 이 질문에 대답하기에 앞서 먼저 "의"라는 것이 무엇인지 알아야 합니다. '의', '의로움'이란 무엇입니까? 사전적인 의미는 '옳은 것, 바른 것' 그런 것이지만, 신앙적으로 우리에게 이 "의"라는 것은 무엇을 말하는 것일까요?

저는 이렇게 정의합니다. '의는 바로 하나님이 우리를 지으셨던 원래의 모습을 말하는 것이다.' 그러므로 '의는 죄로 망가지고 파괴되지 않은 하나님이 지으신 본래의 모습을 말하는 것이다.' 라고 할 수 있는 것이지요.

그렇기 때문에 그동안 인간에게는 그 의가 없었습니다. 그 의로 돌아갈 방법이 없었습니다. 나름 여러 가지로 노력하고 애썼지만, 어떤 인간도 죄를 이기고 하나님이 처음 지으셨던 바로 그 모습으로 회복될 수 없었던 것입니다. 그래서 '의로움'이라는 단어는 인간에게 '절망'이라는 의미였습니다. '불가능'이라는 의미였습니다. '소망이 없음'이라는 단어였다는 말입니다. 특히 율법이나 윤리적인 어떤 노력으로 의로움을 얻어 보려고 했던 사람들에게는 더욱더 심각한 좌절일 수밖에 없었던 것이지요.

그런데 이렇게 소망이 없고, 방법이 없었는데, 죄와 사망의 그 논리를 뒤집고, 하나님의 시간에 하나님이 전격적으로 그동안 있었던 의로움의 시도와는 전혀 다른 '하나님의 한 의'를 가지고 오신 것입니다. 이것이 바로 "누니 데", "그러나 이제는" 하면서 등장한 우리 하나님의 역사입니다. 그래서 이 말씀은 그야말로 위대한 선언입니다.

자, 이렇게 등장한 '하나님의 의', 그 선언과 역사! 그것이 무엇인지를 정확하게 말한 것이 22-26절의 말씀입니다. 수많은 학자들이 '역사상 가장 중요한 문장'이라고 말하는 다섯 문장입니다.

> 곧 예수 그리스도를 믿음으로 말미암아 모든 믿는 자에게 미치는 하나님의 의니 차별이 없느니라. 모든 사람이 죄를 범하였으매 하나님의 영광에 이르지 못하더니 그리스도 예수 안에 있는 속량으로 말미암아 하나님의 은혜로 값 없이 의롭다 하심을 얻은 자 되었느니라. 이 예수를 하나님이 그의 피로써 믿음으로 말미암는 화목제물로 세우셨으니 이는 하나님께서 길이 참으시는 중에 전에 지은 죄를 간과하심으로 자기의 의로우심을 나타내려 하심이니 곧 이 때에 자기의 의로우심을 나타내사 자기도 의로우시며 또한 예수

믿는 자를 의롭다 하려 하심이라.

우리에게는 소망이 없었습니다. 우리에게는 방법이 없었습니다. 그런데 하나님이 상상도 못한 방법을 쓰셨습니다. 그것은 예수 그리스도, 하나님의 아들이, 아니 하나님 자신이 친히 이 땅에 육신을 입고 오셔서 우리와 같이 되시고, 그리고 또 친히 우리를 위하여 대신 십자가에 달려 죽으시면서 우리의 죗값을 다 갚아 버리고, 그리고 그 사망에서 부활하심으로써 사망을 이기는 궁극적인 승리를 이루시는 그 방법이었습니다.

그러므로 이제 누구든지 예수 그리스도를 믿기만 하면, 예수 그리스도가 십자가에서 행하신 그 모든 의를 그대로 받을 수 있는 것입니다. 그래서 그 자신이 얼마나 훌륭하고 아니고와 상관없이 그는 의롭다고 여김을 받을 수 있게 된 것입니다. 이것이 바로 '하나님의 의'입니다. 그래서 헬라어에서 '디카이오쉬네'라는 말을 쓰고 있는 것입니다. 이 말은 그냥 '의로움'이 아니고 '의롭다고 선언하다.'라는 의미의 단어입니다. 다른 말로 번역하면 '칭의'라는 말이라는 것입니다.

여러분! 이것이 우리가 받은 복음입니다. 이것이 우리가 받은 은혜입니다. 이것이 지금 우리가 하고 있는 신앙생활의 핵심입니다.

그러므로 모든 인생에 반드시 한 번은 있어야 하는 그런 선언이 있다면, 그것이 바로 "그러나 이제는 하나님의 한 의가 나타났으니"라는 선언입니다.

인생을 살아가면서 이 선언이, 이 역사가 있었는지 아닌지는 그 삶이 성공인지 실패인지를 가르는 결정적인 요소입니다. 아무리 돈을 많이 벌고, 아무리 다른 것을 열심히 해서 다 이루었다고 해도, 그 삶을 조망하면서 "그러나 이제는 하나님의 한 의가 나타났으니"라는 말을 할 수 없다면, 그 삶은 아무것도 이룬 것이 없는 삶입니다. 결론은 실패이고, 결론은 사망이고, 저주일 뿐입니다.

그러나 예수 그리스도를 주로 믿고 영접함으로써 이제 그 삶에 "하나님의 한 의가 나타났으니"라고 말할 수 있다면, 그것으로 그 삶의 가장 중요한 역사가 일어난 것입니다. 그의 삶이 BC에서 AD로 전환된 것입니다.

그런데 저는 여기서 이 "이제 하나님의 한 의가 나타났으니"가 우리가 처음 예수 믿고 구원받을 때 한 번만 나타나는 것이라고 그렇게 생각하지 않습니다. 즉 평생에 한 번만 있는 것이 아니라는 것입니다. 이것은 바로 우리가 신앙생활 하는 내내 삶의 모든 순간에 계속 일어나는 그런 역사라는 것입니다. 삶의 모든 부분에서, 크고 작은 그런 일들 가운데서, 그러나 우리 힘으로는 할 수 없는 그런 일들 가운데서, 우리가 정말 믿으면, 믿음으로 하나님을 바라보고 나아가면, 반드시 그 삶에 바로 "이제 하나님의 한 의가 나타났으니"의 역사가 일어난다는 것입니다. 죄의 논리를 다 뒤집어 버리고, 하나님의 역사하심의 때가 임하는 바로 그런 역사가, 그런 은혜가, 삶의 구체적인 이야기 속에 있다는 것입니다.

어떤 부부의 이야기입니다. 결혼하고 십수 년이 되었는데, 서로에 대한 갈등이 전혀 해결되지 않고 있는 그런 상황입니다. 특히 남편이 다른 면서에는 다 좋은데, 성격이 좀 완고해서 신앙과 아내와의 관계에 있어서 전혀 변하지 않고 어렵게 하는 그런 사람입니다. 그래서 그 아내는 안 되나보다, 평생 이렇게 살아야 하나보다, 그런 생각만 하고 있었습니다. 그러나 신앙인이기에 그 아내가 포기하지 않고 기도하고, 남편을 위하여 중보하면서 매달렸습니다. 그러던 중에 정말 역사가 일어나서, 그 남편이 은혜를 받고, 그러면서 극적으로 변해서 부부 사이의 문제가 해결되기 시작하였습니다. 부인은 고백하기를, 정말 요즈음은 하나님의 은혜를 피부로 느끼고 살아간다고 합니다.

이런 역사가 계속 일어나는 것이 신앙생활입니다. 이런 역사가 계속되는 것이 신앙인의 삶입니다.

그러면 구체적으로 '하나님의 한 의가 나타나는 이 역사'가 일어나는 것은 어떤 것들입니까? 오늘 말씀을 보면, 바울 사도는 이것을 말하면서 세 가지의 비유적인 개념을 사용하고 있습니다.

   1. 법정 개념을 가지고 이야기하고 있습니다.
   '의롭게 여기다.'라는 말이 바로 그것입니다. 죄인이라고 그렇게 고발하는 상황 앞에서, 그리고 나 스스로도 죄인임을 인정할 수밖에 없는 그런 상황에서, 하나님의 의는 바로 우리를 의롭게 여김으로 우리를 고발하는 자의 그 모든 고발을 무력화시키는 것입니다.
   이것이 바로 우리가 받는 은혜의 한 이야기입니다. 삶 속에서 계속 사탄 마귀의 고발을 당하면서, 나의 죄책감이 나를 무너뜨릴 때 나는 거기에서 벗어날 수가 없습니다. 특히 지난날의 나의 실패와 실수의 이야기는 절대로 어떻게 해결할 수 없는 고발의 올무가 되어 나를 옥죄고, 그 속에 그대로 무너질 수밖에 없는 것이 우리 인생입니다.
   그런데 하나님이 나를 그저 의롭다고 하시므로, 다른 것은 아무것도 필요 없고, 오직 예수 그리스도를 주로 고백한 그 믿음, 하나님의 은혜를 믿고 의지한 것만 가지고 우리를 의롭다고 하시므로, 그 모든 고발을, 그 모든 죄책감을 다 잠재워 버리시는 것입니다.
   이것이 나의 삶 전체를 구원하시는 하나님의 의의 역사일 뿐 아니라, 나의 삶 속에서 순간순간 나를 고발하고 공격해 오는 죄로부터 우리를 지켜주시는 그런 하나님의 은혜의 역사이기도 한 것입니다.

   2. 종의 개념을 사용하고 있습니다.
   24절 말씀을 보겠습니다.

   그리스도 예수 안에 있는 속량으로 말미암아 하나님의 은혜로 값 없이 의롭다 하심을 얻은 자 되었느니라.

우리는 죄의 노예가 되었습니다. 그래서 거기에서 헤어 나올 수가 없었던 것입니다. 우리는 환경의 노예가 되어서 살아갈 수밖에 없었습니다. 우리는 현실의 노예가 되어 살아가고 있었습니다. 우리는 물질의 노예, 욕망의 노예가 되어 살아가는 존재였습니다. 우리는 끝없는 걱정과 근심, 두려움 속에 붙들려 살아가는 그런 존재였습니다. 결국 우리는 죄의 노예였고, 사망의 노예였던 것입니다.

이런 우리에게 '하나님의 한 의가 나타났습니다.' 그것은 바로 예수 그리스도께서 십자가에 죽으시면서 우리의 모든 죗값을 다 갚아 주시고 우리를 속량하신 바로 그 은혜입니다. 우리가 믿음으로 예수님을 영접하기만 하면, 우리에게는 자유가 주어지는 것입니다. 이것이 바로 우리에게 나타난 하나님의 의입니다.

수많은 믿음의 사람들이 이 은혜를 맛보았습니다. 수많은 신앙의 사람들이 지금도 이 은혜를 누리고 있습니다. 매임에서 놓여 자유케 된 그 은혜 말입니다. 더 이상 욕망의 노예도, 욕심의 노예도, 현실의 노예도, 걱정 근심의 노예도 아닌, 하나님의 아들, 딸로 살아가는 그 은혜, 그것이 우리 삶 속에서 "이제 하나님의 한 의가 나타났으니."의 역사 속에 일어나는 것입니다.

3. 제사의 개념을 가지고 이야기를 하고 있습니다.
25절 말씀을 보겠습니다.

이 예수를 하나님이 그의 피로써 믿음으로 말미암는 화목제물로 세우셨으니 이는 하나님께서 길이 참으시는 중에 전에 지은 죄를 간과하심으로 자기의 의로우심을 나타내려 하심이니.

여기에서 사용된 "화목제물"이라는 단어는 제사 개념입니다. 하나님과 우리 사이에 막히고 닫힌 것을 다시 회복하는 그런 영적인 역사 말입니다. 바로 그런 역사가 우리 가운데 은혜로 일어나는 것입니다. 우리가 죄인 되어서 하나님의 영광에 이르지 못하고, 하나님을 만날 수도, 하나님과 교제할 수도 없는 그런 상황이지만, 정말 하나님이 우리에게 은혜를 베푸셔서 어느 순간 우리에게 "하나님의 한 의가 나타나는 역사"가 일어나서, 하나님을 아바 아버지라 부를 수 있고, 예배가 드려지며, 기도가 상달되고, 말씀이 우리의 귀에 들어오는 그런 역사가 일어나는 것입니다.

그렇습니다. 어느 순간 정말 하나님은 우리에게 너무나 먼 그런 분이십니다. 우리의 생각과 이성을 가지고 볼 때, 하나님은 안 계시는 것입니다. 그런데 너무나 분명한 것은 하나님이 안 계시면 우리가 너무나 비참하다는 것입니다. 우리의 삶이 동물과 무엇이 다르며, 우리 삶에 참된 가치와 행복과 아름다움을 어디에서 찾겠습니까? 이렇게 살다가 그저 죽어버리는 것이 인생이라면, 이처럼 허무하고 답답할 노릇이 없습니다. 정말 우리에게는 하나님이 필요합니다. 하나님과 교제해야 합니다. 하나님의 그 사랑을 먹어야 합니다. 그런데 그것이 안 되니 얼마나 답답합니까?

하지만 우리가 그래도 하나님을 구하고 바라고 나아가면 우리 심령 속에 "이제는 하나님의 한 의가 나타났으니."의 역사가 일어나는 것입니다. 예수 그리스도를 화목제물로 삼으신 하나님의 그 은혜로 이제 정말 하나님을 아바 아버지라 부르며 그 사랑, 그 은혜 가운데 거할 수 있는 것입니다. 이것이 우리 삶에 일어나는 하나님의 의의 역사입니다.

맺는말

"그러나 이제는 하나님의 한 의가 나타났으니."

이 자리에 있는 모든 성도들의 삶 속에 그 삶을 구원하는 이 역사가 반드시 있었기를 바랍니다. 만일 없다면 반드시 가질 수 있기를 바랍니다.

그리고 우리 삶 속에서 날마다, 가장 필요한 순간에 이 역사가 일어날 수 있기를 바랍니다. 그래서 정말 이 세상을 하나님의 자녀로, 하나님의 그 은혜 속에 살아가는 아름다운 성도가 되기를 주의 이름으로 축원합니다.

로마서 강해

오직 믿음으로

롬 4:1-9

누가복음 16장에 보면, 예수님께서 '부자와 나사로' 비유를 말씀하신 것이 나옵니다. 그런데 거기에 보면, 아브라함이 아주 중요한 그런 존재로 나오고 있습니다.

우선 나사로는 죽어서 천국에 갔는데, 그것을 표현하기를 "천사들에게 받들려 아브라함의 품에 들어갔다"고 표현하신 것이 아주 눈길을 끕니다. 그리고 또한 부자는 음부에서 고통을 받고 있는데, 그때 아브라함을 보고 "아버지 아브라함이여!"라고 부르면서 자신을 불쌍히 여겨서 물 좀 조금만 달라고 그렇게 부르짖는 장면이 나옵니다. 결국 이 비유에서 보면, 예수님은 아브라함을 하나님과 거의 같은 그런 개념으로 사용하고 있는 것입니다.

어떻게 그럴 수 있는가? 그것은 유대인들에게 있어서 아브라함이 가지고 있는 아주 특별한 의미 때문에 그런 것입니다. 그것은 바로 비유에도 나오지만, '아버지'이기 때문입니다. 특히 혈통의 아버지만이 아니라 믿음의 아버지이기 때문에, 그래서 천국을 그리면서 하나님 대신에 아브라함을 이야기하고 있는 것입니다. 또 그렇게 말해도 유대인들에게는 전혀 이상할 것이 없는 것이지요. 왜냐하면 그들의 개념으로 천국은 하나님의 나라이고, 거기는 다른 누구보다 아브라함이 있는 곳이기 때문입니다.

아브라함! 성경에서 정말 중요한 인물입니다. 신앙의 역사에 있어서 가장 중요한 인물이라고 해도 과언이 아닙니다. 왜냐하면 그는 지금 우리가 가지고 있는 신앙을 처음 시작한 사람이기 때문입니다.

물론 아브라함 이전에 노아도 있고, 에녹도 있고 그렇지만, 그것은 소위 선 역사, 원 역사입니다. 역사 이전의 이야기라는 것이지요. 그러니까 그들의 그 신앙은 훌륭하고 놀라운 것이지만, 지금 우리의 신앙과 직접 연결되는 것은 아니라는 것입니다. 지금 우리의 신앙의 시작은 바로 아브라함입니다. 그래서 아브라함은 유대인만이 아니라 우리에게도 중요합니다.

자, 그 중요한 신앙의 원조인 아브라함을 가지고 바울 사도는 오늘 이 로마서 4장에서 아주 중요한 신앙의 요소, 복음의 핵심, 영적인 진리를 하나 강조하고 있습니다. 그것은 바로 '오직 믿음으로'입니다.

그렇습니다. 신앙의 근간은 바로 '오직 믿음으로'입니다. 신앙에 행위도 있고 전통과 율법도 물론 중요하지만, 그러나 그 가장 중요한 것은 '오직 믿음으로', 그것뿐입니다. 복음이 참된 복음이 되려면, 그것은 다른 것이 아니라 '오직 믿음으로'만 작동이 되어야 합니다. 만일 그것이 아닌 다른 것으로 복음이 적용되고 받아들여진다면, 그것은 이단이고, 사이비이고, 변질입니다.

여러분! 여러분이 그리스도인이 되기 위해, 그래서 하나님의 자녀, 하나님의 사람이 되기 위해, 여러분은 어떤 조건, 어떤 대가를 지불했습니까?

혹시 일정 금액을 계약금으로 내고 오셨나요? 아니면 어떤 과정을 통과하고 자격증을 따 가지고 오셨습니까? 아니면, 이런저런 경력과 실적을 쌓아서 면

접을 통과했습니까? 여러분이 일정 수준 이상의 학력이 있어서, 그래서 그리스도인이 되었습니까? 아니면 어느 정도 이상의 성숙한 인격이 있어서, 그래서 자격이 되어서 그리스도인이 되었습니까?

아닙니다. 오직 한 가지, 그냥 믿어서 그리스도인이 된 것입니다. 복음을 그냥 믿어서, 하나님을 그냥 믿어서, 우리 주님 예수 그리스도를 그냥 믿어서 그리스도인이 되고 하나님의 자녀가 된 것입니다. 그러므로 복음이 복음 되게 하는 가장 중요한 요소는 '오직 믿음으로'입니다. 신앙이 신앙 되는 그 기초는 바로 '오직 믿음으로'인 것입니다.

그래서 바울 사도는 로마서 3:21 이하에서, "이제는 율법 외에 하나님의 한 의가 나타났으니"라고 복음을 소개하면서, 4장에 들어서서 그 복음에 있어서 가장 중요한 요소인 '오직 믿음으로'를 말하기 위하여 신앙의 원조라고 할 수 있는, 우리의 신앙의 프로토타입(Prototype), 원형이라고 할 수 있는 아브라함을 그 실례로 이야기하고 있는 것입니다. 1-3절 말씀입니다.

그런즉 육신으로 우리 조상인 아브라함이 무엇을 얻었다 하리요. 만일 아브라함이 행위로써 의롭다 하심을 받았으면 자랑할 것이 있으려니와 하나님 앞에서는 없느니라. 성경이 무엇을 말하느냐 아브라함이 하나님을 믿으매 그것이 그에게 의로 여겨진 바 되었느니라.

행위가 아니라는 것입니다. 그가 선하고, 그가 무엇인가 훌륭한 일을 이루어서가 아니라는 것입니다. 구제를 많이 하고, 어려운 자를 잘 돕고 도덕적으로 완전해서가 아니라는 것입니다. 오직 믿음으로만 그는 의롭다고 여김을 받았다는 것입니다.

그것을 그대로 말해주고 있는 것이 바로 창세기 15:6 "아브람이 여호와를 믿으니 여호와께서 이를 그의 의로 여기시고"라는 놀라운 말씀이라는 것이지요.

한 청년과 이야기를 나누었습니다. 그는 신앙의 가정에서 태어난 그런 사람이었습니다. 그런데 그 자신은 신앙생활을 제대로 하지 않고 있었습니다. 교회는 나가지만, 본인 스스로 자신은 신앙인이 아니라고 생각하고 있었습니다. 그래서 그는 참 갈등하고 괴로워하고 있었습니다. 주변의 기대와 압력도 그렇고, 자신의 삶의 모든 시간도 그렇고, 절대로 쉽게 교회를 떠날 수는 없는데, 그런데 본인은 신앙인이 아니라고 하니 얼마나 괴롭겠습니까?

이야기를 하던 중에 마지막에 그 청년이 "나도 믿고 싶어요. 믿고 행복했으면 좋겠어요. 그런데 믿어지지 않아요. 그래서 괴롭습니다."라고 하고 눈물을 흘리는데, 제 가슴이 정말 아팠습니다. 그러면서 새삼 생각했습니다. '관건은 믿음이다.' 그 청년에게는 신앙의 경력이나 문화, 성경지식이나 다른 모든 것은 다 있는데, 믿음이 없는 것, 믿지 못한다는 것, 그것이 문제인 것이었기 때문입니다.

'오직 믿음으로.' 그렇습니다. 믿음 앞에는 '오직'이라는 말을 붙일 만합니다. 정말 다른 것은 다 아니고, 오직 믿음으로만 되는 것이 신앙이고, 복음이고, 그리고 우리의 구원과 행복이기 때문입니다. 그러면 믿음이라는 것이 무엇입니까? 너무나 잘 알 것 같으면서도, 막상 무엇이냐고 말해보라고 하면, "믿음이 믿음이지." 라고 말하는 것 외에 대답하기가 쉽지 않습니다.

그런데 성경은 아브라함을 그 믿음의 예로 들면서, 그 믿음이 무엇인지를 아주 잘 구체적으로 설명해 주고 있습니다. 우리가 알아야 하고, 우리가 가져야 할 그 믿음에 대해서 말입니다.

1. 믿음은 하나님과 인격적인 관계를 맺는 것입니다.

아브라함을 믿음의 조상이라고 하는 것은 바로 그가 역사 속에서 최초로 여호와 하나님과 인격적인 관계를 맺었기 때문입니다. 성경을 보면, 창세기 12장에 아브람이 하나님의 부름을 받고 본토 친척 아비의 집을 떠나 하란을 거쳐서 가나안 땅으로 온 이야기가 나옵니다. 그의 신앙 여정의 시작입니다. 그런데 거기에서 보면, 아브라함이 가나안 땅에 들어와서 하나님께 제단을 쌓고 예배를 드린 것에 이어서 또 하나 아주 중요한 표현이 나오는데 그것이 창세기 12:8 하반절에 나오는 "여호와의 이름을 부르더니"라는 말씀입니다.

이것은 무슨 의미입니까? 그가 바로 살아계신 하나님, 여러 신들 중 하나가 아닌, 구체적으로 역사하시는 여호와 하나님과 인격적인 관계를 맺었다는 것입니다. 그 당시에 사람들이 다 신을 믿었습니다. 소위 신심과 종교심이 다 있었습니다. 그러나 아브라함처럼 여호와 하나님과 인격적인 관계를 맺은 것은 아니었습니다. 그냥 신이었습니다. 우상이었습니다. 잡신들이었습니다. 정확히 말하면 마귀와 귀신이었습니다. 그래서 그 관계는 절대로 인격적이지도 않았고, 인격적일 수 없었던 것입니다.

그런데 아브라함은 여호와의 이름을 불렀습니다. 구체적으로 살아계신 하나님, 세상을 지으시고, 자신을 지으신 주 하나님의 음성을 들었고, 그리고 그분께 예배를 드렸고, 그러면서 그 이름을 불렀다는 것입니다.

여러분! 성경을 보면서, '여호와'라는 말과 그냥 '하나님'이라는 이름을 구분할 필요가 있습니다. 하나님은 '엘로힘', 다시 말해 신을 뜻하는 것입니다. 궁극적으로 참신은 우리 하나님밖에 없으니까 결국 '엘로힘'은 우리 하나님을 말하는 것이지만, 그 단어 자체는 그냥 신을 말하는 보통명사라는 것입니다.

하지만, '여호와'는 '고유명사'입니다. 우리 하나님의 이름인 것이지요. 그러니까 '여호와의 이름을 불렀다'는 것은 하나님과 인격적인 교제를 했다는 것입니다.

여러분! 믿음은 하나님과 인격적인 관계를 맺는 것입니다. 그래서 믿음을 갖는다는 것은 다른 말로 '하나님을 인격적으로 만나는 것'입니다.

2. 그래서 믿음은 또한 하나님과 사랑의 교제를 하는 것입니다.
4-5절 말씀을 보겠습니다.

일하는 자에게는 그 삯이 은혜로 여겨지지 아니하고 보수로 여겨지거니와 일을 아니할지라도 경건하지 아니한 자를 의롭다 하시는 이를 믿는 자에게는 그의 믿음을 의로 여기시나니.

그렇습니다. 믿음은 은혜를 받아들이는 것입니다. 하나님이 나를 사랑하시는 그 사랑을 받아들이는 것입니다. 그것이 바로 믿음입니다. 그래서 믿음의 또 다른 표현은 바로 "은혜를 받았다."입니다. 하나님의 그 사랑을 받아들이면서 그 존재와 삶의 모든 것이 다 변하는 바로 그 역사를 말하는 것입니다.

"은혜"라는 말. 이것은 헬라어로는 '카리스'이고, 히브리어로는 '헤세드'인데, 성경에서 가장 감동적인 단어입니다. 이것은 바로 우리를 향한 우리 하나님의 마음입니다. 진노도 아니고, 정죄도 아니고, 무관심도 아닌, 정말 불쌍히 여기시는 마음, 사랑하시는 마음, 그래서 용서하시는 마음, 그 마음입니다.

이것은 우리가 받아야 회복될 수 있는 마음이고, 받아야 행복할 수 있는 그 마음입니다. 그런데 인간이 죄 가운데 있어서 알지도 못하고, 때로 무시하고 거절한 바로 그런 마음입니다. 그 하나님의 마음, 그 사랑을 받아들이는 것, 그것이 바로 믿음입니다.

하나님이 나를 그렇게 사랑하신다는 것을 받아들이는 것이 뭐가 어려운가? 또 세상에 자기를 사랑하신다는데 그것을 거부하는 사람이 어디에 있겠는가? 그렇게 물을지 모르지만, 의외로 많습니다. 사람 가운데도, 결국 문제를 보면, 사랑을 제대로 받아들이지 않아서 오는 문제입니다. 부모가 자녀를 그렇게 사랑하는데, 자녀는 그 사랑을 제대로 받지 않습니다. 사랑할 리가 없다고 생각해서, 혹은 그 사랑이 자기를 속박하는 것이라고 생각해서, 아니면 나는 그런 사랑은 필요 없다고 생각해서, 혹은 자신은 그런 사랑을 받을 자격이 없다고 생각합니다.

하나님의 사랑에 대하여는 더합니다. 그 사랑을 제대로 받아들이면 역사가 일어나는데, 인간의 무지와 완고함, 그리고 완악함과 영적으로 미혹당한 것 때문에 그 사랑을 그렇게 거부하고 무시하는 것입니다. 그러므로 하나님과 인격적인 관계를 맺었다면, 그것은 당연히 하나님의 사랑을 받아들이는 것, 즉 은혜를 받는 것으로 가야 합니다. 그것이 믿음입니다.

3. 믿는다는 것은 하나님의 언약을 붙드는 것을 말합니다. 나를 향한 하나님의 그 계획, 그 꿈, 그 축복을 받아들이고 그 약속을 붙드는 것이 바로 믿음입니다.

여러분! 하나님은 우리에게 계획이 있으십니다. 하나님은 우리의 삶을 아름답게 하실 그런 꿈을 가지고 있습니다. 그래서 하나님은 우리에게 언약을 주시면서 물으십니다. 이것을 받겠냐고.

그 언약을 받는 것이 바로 믿음입니다. 그 약속을 붙드는 것이 바로 믿음입니다. 상황이나 현실이 정말 아닌 것 같아도, 그래서 스스로도 절대로 아니라고 확신이 들고 그래서 실망스러운 그런 상황이어도, 그래도 그 현실과 상황, 그리고 감정을 붙들지 않고, 그 말씀, 그 언약을 붙드는 것이 바로 믿음이라는 것입니다.

아브라함의 믿음을 이야기하는 대표적인 구절인 창세기 15:6은 아브라함이 나이는 먹어가고, 후사를 이을 자녀가 없어서, 기다리다가 지쳐서, 이제는 스스로 실망하고, 그래서 종인 다메섹 사람 엘리에셀을 양자로 삼아 상속자가 되게 하겠다고 그렇게 말할 때, 하나님이 그를 밖으로 이끌고 나가서 하늘의 별들을 보여주면서 네 자손이 이렇게 많을 것이라고 말씀하시는 그때, 그가 하나님의 그 약속을 붙드는 바로 그 장면입니다. 그렇습니다. 믿음은 하나님을 믿는 것이면서, 동시에 하나님의 그 약속을 붙잡는 것입니다. 그 언약이 반드시 이루어질 것이라고, 혹시 그렇지 않다고 하더라도, 나는 그 약속을 끝까지 붙들겠다고 그렇게 선택하고 결단하는 것이 바로 믿음입니다.

맺는말

"오직 믿음으로!"

그냥 구호가 아닙니다. 우리의 신앙의 근간이고, 지금 우리가 살아가는 신앙생활의 핵심입니다.

신학적인 단어나 신앙적인 용어가 아닌, 정말 하나님을 인격적으로 만나 교제하며 그 사랑을 받아들이고 감사하면서, 나도 사랑을 드리며 하나님의 약속, 그 꿈을 어떤 상황에서도 붙들고 살아가는 그런 아름다운 믿음의 사람이 되기를 주의 이름으로 축원합니다.

로마서 강해 13

의의 상속자

롬 4:10-25

　2015년부터 한국에서 많이 언급된 것이 '수저계급론'입니다. 이것은 원래 "은수저를 물고 태어나다"(Born with a silver spoon in one's mouth)라는 영어 관용구에서 유래한 것인데, 이것이 그때 한국 사회의 젊은이들 가운데서 세상과 사회에 대한 불만을 표출하는 그런 것으로 온라인 커뮤니티에서 사용되기 시작한 것입니다. 그러니까 어떤 사람은 태어날 때부터 좋은 집안에 태어나서 부모로부터 좋은 조건을 받아서 출발 자체부터 앞서가는데, 누구는 그렇지 못한 상태에서 시작하니까 억울하다는 그런 이야기입니다. 그래서 그렇게 좋은 조건을 물려받은 사람을 은수저가 아니라 그 위로 금수저라고 말하고, 그렇지 못한 사람을 흙수저라고 말한 것입니다. 그것도 부족해서 좀 더 자조 섞인 표현은 똥수저라고도 하지요. 상당히 안타까운 그런 이야기입니다.
　이 이야기가 더 안타까운 것은 소위 흙수저가 금수저를 욕할 수 없다는 것입니다. 왜냐하면 그것은 금수저의 축복이고 행운일 뿐, 조금도 잘못된 것이 아니니까요. 자녀에게 좋은 조건을 주고 싶은 것은 모든 부모의 소망이고, 그런 부모로부터 좋은 조건을 물려받는 것은 한 인간이 받을 수 있는 정말 좋은 축복이니까요. 그러니까 금수저가 나쁜 것이 아닙니다. 다만 그것은 흙수저에게 부럽지만 어떻게 할 수 없는 한계이고 현실일 뿐입니다. 그래서 더 안타깝습니다.

자, 이런 수저계급론에서도 보았지만, '상속자'가 된다는 것은 한 인간이 받을 수 있는 최고의 혜택이고, 축복이고, 선물입니다. 그래서 수많은 영화나 드라마의 주제가 상속자 이야기인 것입니다. 저는 그 영화나 드라마, 그리고 현실 가운데 나오는 상속자들을 보면, 정말 부럽습니다. 왕자이든, 재벌 2세이든, 어떤 뛰어난 혈통이든, 뭐 거기까지 갈 것도 없이 조물주 다음이라는 건물주의 자식이든, 여하튼 저는 부럽습니다. 그것은 하나님이 주신 축복이니까요. 그것이 궁극적으로 진짜 축복이 되고 아니고는 또 다른 이야기이지만 말입니다.

그런데 여러분! 사실은 우리도 상속자입니다. 그것도 세상에서 있다가 없어질 그런 물질이나 권력 그런 것의 상속자가 아니라, 그 상속자가 되어서 어쩌면 그 삶이 더 힘들고 피곤하고 망가질 수도 있는 그런 불완전한 축복의 상속자가 아니라, 우리 삶에 있어서 가장 귀하고 아름다운, 한시적인 것이 아닌 영원까지 이르는 '의의 상속자'인 것입니다. 13절 말씀을 보겠습니다.

> 아브라함이나 그 후손에게 세상의 상속자가 되리라고 하신 언약은 율법으로 말미암은 것이 아니요 오직 믿음의 의로 말미암은 것이니라.

아브라함과 그 후손, 즉 예수 그리스도를 믿는 우리 그리스도인에게 언약으로 주어진 것은 바로 이 세상 가운데서 우리가 하나님의 그 구원의 역사, 그 은혜를 받아 이어가는 '의의 상속자'라는 것입니다. 그렇습니다. "세상의 상속자"라는 말은 바로 그 말입니다. 이 세상을 구원하시는 하나님의 그 구속역사의 축복을 이어가는 그 의의 상속자 말입니다.

우리가 아브라함의 이야기를 보면서 주목해야 할 것이 몇 가지가 있습니다. 그것을 존 스토트는 네 가지로 정리해서 이야기했습니다.

1) 처음에 언약을 주시면서 그를 부르시고, 본토 친척 아비 집을 떠나게 하신 것.

2) 구체적으로 가나안 땅을 언약으로 주시면서 자손의 약속을 확인하신 것.

3) 그가 99세 때에 아들을 주시겠다고 확인하시면서, 이름을 아브라함으로 바꾸고, 할례를 행하게 하신 것.

4) 이삭을 번제로 바치라고 시험하시면서, 이 언약을 하나님이 이루신다는 것을 다시 확인하신 것.

그런데 이것은 결국 '언약의 확인과 구체화 과정'이라고 할 수 있습니다. 그러니까 처음에 언약을 주시면서 아브라함을 부르신 이후, 땅과 자손과 복의 근원이라는 그 언약을 구체화하면서 계속 확인하는 그런 과정이 바로 아브라함의 일생이었다는 것입니다.

이 과정에서 우리가 정말 주목해야 할 것 중에 하나가 세 번째입니다. 그 세 번째 이야기 중에서 그의 이름을 '아브람'에서 '아브라함'으로 바꾸신 것, 이것이 너무 중요합니다. 사람들, 특히 유대인들은 그때 할례를 행하게 하신 것을 더 중요하게 생각하고 강조하지만, 사실 그 할례는 그의 이름을 '아브라함'으로 바꾸신 그 언약을 확인하고 강조하는 그런 표식으로 행하게 하신 하나의 행동 지침일 뿐입니다.

그러면 이름을 아브라함으로 바꾸신 것은 그 언약의 구체화에 어떤 의미가 있는 것입니까? 그것은 바로 '아브람'(고귀한 아버지, 큰 아버지)에서 '아브라함'(열국의 아버지)로 바꾸시는 내용을 보면 그대로 알 수 있습니다. 이 이름의 변화는 기존의 아브람의 이름에 히브리어 철자 'ה'(헤)를 하나 더한 것입니다. 그래서 '아브람'이 '아브라함'이 되고, 그 뜻은 그냥 고귀한 아버지에서 열국의 아버지가 된 것입니다. 이것은 사라의 경우에도 동일합니다. 원래의 이름 '사래'(고귀한 부인)에 'ה'(헤)가 하나 더 붙으면서 '사라'(열국의 어머니)가 된 것입니다. 그렇다면 이 'ה'(헤)가 히브리어에서는 무슨 의미인가? 그것은 바로 '하나님의 숨, 소망'을 의미하는 그런 철자입니다. 그러니까 이것은 하나님이 불어넣으시는 비전이고 꿈이라는 말입니다. 그러니까 아브람이라는 이름에 비전이 더해지니까 그것이 '아브라함'(열국의 아버지)이 된 것이고 '사래'에 비전이 더해지니까 '사라'(열국의 어머니)가 된 것입니다.

이것은 대단히 의미가 있습니다. 무슨 말인가 하면, 우리 하나님의 언약, 그것이 바로 이 비전인데, 그 비전은 '열방, 모든 민족'이라는 것입니다. 그러니까 우리 하나님은 아브라함에게 언약을 주시면서, 혈통적으로 이스라엘 한 민족의 조상이 되는 것이 아니라 이 세상 가운데 있는 모든 민족 가운데 구속의 역사를 행하심으로 구원받은 모든 사람의 조상이 되는 바로 그 역사를 꿈꾸고 말씀하신 것입니다. 사실은 그래서 행하게 하신 것이 할례인데, 그 할례를 혈통적 이스라엘 민족, 그리고 유대인의 상징으로 주장하고 나가니 그야말로 웃기는 이야기인 것이지요.

그렇습니다. 세상의 상속자는 바로 예수 그리스도를 주로 믿고 고백한 우리 모든 그리스도인을 말하는 것입니다. 이것을 또한 너무나 잘 보여준 것이 바로 마태복음의 첫 부분입니다. 마태복음 1장에 보면, 아브라함부터 시작되어 예수 그리스도까지 이어지는 족보가 나오는데, 그 첫 부분이 대단히 의미심장하게 되어 있습니다. 마태복음 1:1 말씀입니다.

아브라함과 다윗의 자손 예수 그리스도의 계보라.

"다윗의 자손"은 바로 왕권의 상속자를 말하는 것입니다. 그런데 그 앞에 "아브라함과"를 먼저 언급했다는 것은 이 왕권이 단지 이스라엘이라는 세상의 나라의 왕권이 아니라, 바로 아브라함에게 주신 그 언약의 왕권, 그것을 상속한 상속자라는 뜻입니다. 즉 하나님이 아브라함에게 언약을 주시면서 시작된 그 구속의 역사의 왕권을 상속한 상속자가 바로 예수 그리스도라는 것입니다.

그런데 여러분! 마태복음에서 이렇게 예수 그리스도의 계보를 소개하는 것은 예수 그리스도의 혈통이나 출신만을 말하려고 하는 것이 아닙니다. 이것은 바로 예수 그리스도를 주로 믿고 구원받은 그리스도인 우리 모두가 어떤 사람인지, 즉 우리 모든 그리스도인들은 예수 그리스도를 통하여 다 그 구속의 왕권의 상속자임을 말하고 있는 것입니다.

여러분! 그렇습니다. 우리는 구속의 그 역사의 축복을 이어받은 '의의 상속자'입니다. 그리고 이것은 바로 우리가 받은 최고의 축복이고 능력입니다. '금수저' 정도가 아닙니다. 그 위에 '다이아몬드 수저, 플래티넘 수저' 이런 것과도 비교가 되지 않습니다. 무엇보다 '수저'가 아닙니다. 먹고사는 그런 수저, 그것이 아무리 좋아도 그저 먹고사는 도구일 뿐이니까요.

우리는 '금수저'가 아니라 '금 규'입니다. 왕권을 상징하는 그 금으로 만든 지팡이, 그 '금 규'를 쥐고 있는 사람들, 그것이 바로 우리입니다. 숟가락 정도가 아닙니다. 왕권을 쥐고 있는 하나님의 자녀, 하나님의 사람인 것입니다.

저는 우리가 신앙생활하면서, 정말 아름다운 신앙인으로 살아가기 위하여 바로 이 사실을 자각하는 것이 중요하다고 생각합니다. 지난 수요일에 나누었던 것처럼, 유혹을 이기기 위해서도 그렇고, 시련을 극복하기 위해서도 그렇고, 무엇보다 이 세상에서 정말 힘 있고 행복하게 살아가기 위해서 우리가 금 규를 움켜쥔 사람, 즉 '의의 상속자'라는 것을 기억하는 것이 정말 중요한 것입니다. 바로 이 점을 로마서를 통하여 바울 사도는 강조하고 있는 것입니다. 16절 말씀을 보겠습니다.

그러므로 상속자가 되는 그것이 은혜에 속하기 위하여 믿음으로 되나니 이는 그 약속을 그 모든 후손에게 굳게 하려 하심이라 율법에 속한 자에게뿐만 아니라 아브라함의 믿음에 속한 자에게도 그러하니 아브라함은 우리 모든 사람의 조상이라.

여기서 바울 사도는 우리가 상속자, 즉 아브라함의 영적인 자손으로서 의의 상속자가 되는 것이 믿음으로 된다는 것을 말하고 있지만, 그러면서 사실은 우리 모든 그리스도인이 예수 그리스도를 믿음으로 다 아브라함의 그 언약의 계보 속에 있는 '의의 상속자'가 된 사실, 그 축복, 그 특권을 강조하고 있는 것입니다.

여러분! 다시 말하지만, 우리는 다 '의의 상속자'입니다. 우리는 다 예수 그리스도를 믿는 순간 아브라함에게 언약을 주시면서 시작된 하나님의 그 구속의 역사의 왕권을 물려받은, 야곱이 그 아들 유다를 위하여 예언하면서 "규가 유다를 떠나지 아니하며 통치자의 지팡이가 그 발 사이에서 떠나지 아니하기를 실로가 오시기까지 이르리니 그에게 모든 백성이 복종하리로다"(창 49:10)라고 말했던 금 규를 움켜쥐고 있는 그런 의의 상속자가 된 것입니다.

이것을 기억하고 살아가는 것이 중요합니다. 이것을 온전히 누리며 살아가는 것이 중요합니다. 그것이 진짜 신앙, 그것이 참십자가 신앙, 부활 신앙인 것입니다.

저는 종종 성경을 읽으면서 그 성경을 기록한 저자들의 심장 고동 소리를 듣습니다. 그 가슴 벅찬 감격을 느끼기도 합니다. 특히 바울 서신을 읽을 때면 더욱 그렇습니다. 그중에 로마서는 정말 그 벅찬 감격의 심장의 고동을 너무나 생생하게 느낄 수 있습니다. 그중에 하나가 오늘 말씀 17-25절입니다.

기록된 바 내가 너를 많은 민족의 조상으로 세웠다 하심과 같으니 그가 믿은 바 하나님은 죽은 자를 살리시며 없는 것을 있는 것으로 부르시는 이시니라. 아브라함이 바랄 수 없는 중에 바라고 믿었으니 이는 네 후손이 이같으리라 하신 말씀대로 많은 민족의 조상이 되게 하려 하심이라. 그가 백 세나 되어 자기 몸이 죽은 것 같고 사라의 태가 죽은 것 같음을 알고도 믿음이 약하여지지 아니하고 믿음이 없어 하나님의 약속을 의심하지 않고 믿음으로 견고하여져서 하나님께 영광을 돌리며 약속하신 그것을 또한 능히 이루실 줄을 확신하였으니 그러므로 그것이 그에게 의로 여겨졌느니라. 그에게 의로 여겨졌다 기록된 것은 아브라함만 위한 것이 아니요. 의로 여기심을 받을 우리도 위함이니 곧 예수 우리 주를 죽은 자 가운데서 살리신 이를 믿는 자니라. 예수는 우리가 범죄한 것 때문에 내줌이 되고 또한 우리를 의롭다 하시기 위하여 살아나셨느니라.

아브라함이 정말 죽은 자와 같은 그런 상황 속에서, 육신으로는 아무런 소망이 없는 그런 상황 속에서, 믿음이 약하여지지 않고, 그 약속을 의심하지 않고 믿으므로, 그의 이름에 'ה'(헤) 즉 하나님의 호흡이 더해지면서, '아브라함, 즉 열국의 아버지'가 되는 그 언약이 그대로 성취되어 지금 우리에게까지 이른 것입니다. 그래서 우리가 다 '의의 상속자'가 되게 된 것입니다.

그런데 절묘하게 바로 우리가 그 의의 상속자가 되는 그것은 아브라함처럼 우리도 하나님이 죽은 자 가운데서 우리 주 예수 그리스도를 다시 살리신 것을 믿는 그 믿음으로 되는 것입니다. 그러니까 의의 상속자가 되는 그 신앙은 바로 부활 신앙이요, 참신앙인 것입니다.

바울 사도는 바로 이 엄청난 깨달음, 아브라함부터 흘러서 우리에게까지 이른 이 기막힌 영적인 흐름, 그 절묘한 영적 일치, 그런 것을 보면서 가슴이 뛰고 있는 것입니다. 그리고 그것을 벅찬 숨결로 로마에 있는 성도들에게, 그리고 우리에게 전해주고 있는 것입니다.

맺는말

여러분! 우리가 '의의 상속자' 된 사실을 다시 한 번 기억하고 붙들고 누리십시오. 상황이 아무리 힘들어도, 환경이 아무리 어려워도, 세상 사람들이 아무리 우리를 비교하고 조롱하고 깎아내려도, 우리는 상관없습니다. 왜냐하면 우리는 '의의 상속자'니까요.

하나님의 사람으로, 그 구속의 언약의 전달자로, 하나님의 왕권을 받은 자로, 그래서 금 규를 움켜쥐고 있는 자로, 의의 상속자로, 불의한 이 세상 가운데서 정말 아름답게 살아가십시오.

14
로마서 강해

하나님과 화평을 누리자

롬 5:1-11

　한번은 인터넷에서 문서를 검색하면서 읽는 가운데, 2018년에 작고하신 빌리 그레이엄 목사님에 대한 글을 읽게 되었는데, 그중에서 아주 인상 깊었던 것이, 그를 '역사상 가장 많은 사람에게 복음을 설교했던 사람'이라고 소개한 부분이었습니다. 그는 28살 때부터 복음 전도 집회를 시작해서 평생 400번이 넘는 대규모 전도 집회를 185개국이 넘는 곳에서 인도했는데, 그 과정에서 그의 설교를 들은 사람들의 수는 방송으로 들은 사람들까지 포함해서 22억 명이 넘는 것으로 알려져 있습니다. 정말 대단한 분이지요. 이런저런 논란도 조금 있었지만, 20세기, 아니 역사상 가장 뛰어난 복음 전도자, 복음 설교가 가운데 하나인 것은 분명합니다.
　그런데 그가 전한 복음 설교의 핵심 주제가 무엇인가 했을 때, 그것은 그의 설교를 모아서 만든 여러 권의 책 가운데 대표적인 책의 제목 그대로 '하나님과의 평화'(Peace with God) 그것입니다. 그가 평생 외쳤던 복음의 핵심 메시지는 바로 '하나님과의 평화'였습니다. 그는 복음을 그렇게 이해했고, 그래서 그 복음을 사람들에게 일관되게 선포했던 것입니다. 어떻게 보면, 바로 그 메시지가 그를 역사상 가장 뛰어난 복음 전도자가 되게 한 것입니다.

그러면 이 '하나님과의 평화'가 어떤 것이기에 이것이 그렇게 놀라운 메시지의 주제가 되는 것일까요? 그것은 바로 이 '하나님과의 평화'라는 것이 우리 신앙의 핵심일 뿐 아니라, 모든 인간이 정말 온전히 아름답게 살 수 있는 최고의 처방이기 때문입니다.

그렇습니다. 신앙의 핵심에 대하여, 성공적인 인생의 열쇠에 대하여 여러 가지를 이야기할 수 있지만, 그중에 가장 중요한 것 하나를 꼽으라고 한다면, 그것은 바로 '하나님과의 평화'인 것입니다. 하나님과 엇나가면, 그 인생은 타락한 것이고, 비참한 것입니다. 그리고 하나님과 화목한 것, 그것이 구원이고, 그 화평을 누리고 살아가는 것, 그것이 신앙생활입니다.

그런데 성경에서 바로 그 '하나님과의 평화'를 강조해서 이야기한 것, 그것이 바로 오늘 본문인 로마서 5:1입니다.

그러므로 우리가 믿음으로 의롭다 하심을 받았으니 우리 주 예수 그리스도로 말미암아 하나님과 화평을 누리자.

"그러면 어떠하냐 우리는 나으냐?"(롬 3:9)라고 물으면서 시작한 그 긴 이야기의 결론이 바로 5:1입니다. 그런데 복음의 결론, 그리고 신앙의 결론이 무엇인가 하면 바로 "우리 주 예수 그리스도로 말미암아 하나님과 화평을 누리자!"입니다.

여러분! 예수님이 왜 십자가에서 그 모진 고통을 당하셨다고 생각하시나요? 왜 그렇게 물과 피를 다 쏟으셨다고 생각하십니까? 왜 그렇게 고통스러운 신음 속에서 죽어가셨다고 생각하십니까? 그렇습니다. 우리를 구원하시기 위하여 그렇게 하신 것입니다. 죄 가운데 있는 우리를 구원하시기 위하여 그렇게 하신 것이지요. 그런데 그 구원을 이루는 가장 큰 비밀은 바로 '하나님과의 평화'입니다. 그러므로 예수님이 그렇게 십자가에서 고난을 당하시고 죽으신 것은 직접적으로 말하면 우리가 하나님과 화평을 이룰 수 있도록 죽으신 것입니다. 그래서 성경은 십자가의 예수님은 바로 '화목제물'이셨다고 말하고 있는 것입니다. 그것을 아주 분명하게 이야기하고 있는 것이 바로 오늘 본문입니다. 9-10절 말씀을 보겠습니다.

그러면 이제 우리가 그의 피로 말미암아 의롭다 하심을 받았으니 더욱 그로 말미암아 진노하심에서 구원을 받을 것이니 곧 우리가 원수 되었을 때에 그의 아들의 죽으심으로 말미암아 하나님과 화목하게 되었은즉 화목하게 된 자로서는 더욱 그의 살아나심으로 말미암아 구원을 받을 것이니라.

그렇습니다. 우리가 구원을 받았다는 것을 달리 표현하면 하나님과 화평을 이루었다는 말입니다. 하나님을 다시 아바 아버지라 부를 수 있게 되었다는 말입니다.

창세기 3장에 보면 첫 사람 아담과 하와가 선악과를 따 먹으면서 범죄하고 타락한 이야기가 나옵니다. 그때 그들은 벌거벗은 것이 두려워서, 더 정확히 말하면 하나님이 무서워서 하나님의 낯을 피하여 나무 그늘 사이에 숨었습니다. 그것이 바로 죄 가운데 있는 모든 인간의 모습입니다. 그것이 바로 죄 가운데 있는 모든 인간과 하나님의 관계입니다. 하나님을 인정하지 않고, 하나님 같은 것은 없다고 그렇게 하는 것부터, 하나님의 존재를 인정하기는 하지만, 하나님과의 관계를 멀리하거나 혹은 의도적으로 엇나가고 대적하는 그런 것까지, 무엇이든지 하나님과 관계가 단절된 죄악된 인간의 모습이 바로 그것입니다.

그런데 그런 인간이 예수 그리스도를 통하여 구원을 받게 되면 어떻게 되는 것입니까? 바로 그가 숨었던 나무 그늘에서 나오는 것입니다. 피하여 도망쳤던 바로 그 하나님 앞으로 나오는 것입니다. 그리고 와서 하나님을 다시 나의 하나님, 아바 아버지라고 부르는 것입니다. 다시 하나님의 자녀가 되는 것입니다. 이것이 구원입니다. 그리고 이것이 바로 '하나님과의 평화'인 것입니다. 그러니까 여러분! 우리가 신앙생활을 하면서 정말 온전히 제대로 신앙생활을 하기 원한다면, 한 가지 포인트만 점검하면 됩니다. 그것은 바로 '하나님과의 평화'입니다. 다시 말해 '내가 지금 하나님과 어떤 관계에 있는가? 하나님과 평화 가운데 있는가 아닌가?' 그것만 점검하면 되는 것입니다.

그런데 여기서 중요한 것은 이 하나님과의 평화를 헬라식 개념으로만 점검하면 안 된다는 점입니다. 비록 로마서 이 말씀은 헬라어로 쓰여 있지만, 바울 사도가 성령 안에서 말하고 있는 그 평화라는 개념은 헬라의 것이 아니라 히브리의 개념이거든요. '평화', '에이레네'라는 헬라의 개념은 '전쟁이 없는 것'을 뜻합니다. 싸움이 없는 것만을 평화라고 합니다. 그러니까 만일 헬라식으로 '하나님과의 평화'를 점검하면 지금 하나님을 내가 대적하고 있는지, 그래서 하나님과 싸우고 있는지, 그것만 점검하면 되는 것입니다. 그러나 '평화'의 히브리어 개념, 즉 '샬롬'은 그 의미가 훨씬 깊습니다. 이것은 단지 전쟁이나 싸움이 없는 것만을 말하지 않습니다. 이것은 축복을 말합니다. 또한 이것은 우정과 사랑의 관계를 말합니다. 그리고 이것은 질서와 조화로움을 이야기하는 것입니다.

그러므로 히브리적인 개념으로의 '하나님과의 평화'는 단지 하나님과 대적하지 않거나 싸우지 않는 것만을 말하지 않고, 하나님의 축복을 받아 누리는 상태를 말하며, 동시에 하나님과 정말 가깝고 깊은 우정과 사랑의 관계를 누리는 것을 말합니다. 그래서 그 삶이 하나님의 질서 속에서 조화롭고 아름답게 살아가는 것을 다 말하는 것이지요.

그러므로 '내가 지금 하나님과 평화 가운데 있는가 아닌가?'를 점검하는 것은 단지 지금 내가 하나님과 대적하고 엇나가고 있는가만이 아니라, '하나님이 지금 얼마나 나에게 가까운지, 그 사랑을 얼마나 내가 누리고 있는지, 아니 하나님이 정말 나의 하나님, 나의 아버지이신지', 그것을 다 포함하는 것입니다. 아무 일이 없어도, 그냥 하나님과 멀고 무덤덤하면 그것은 하나님과의 평화가 아닙니다. 특별히 문제가 없다고 하면서도 마음속에 하나님 앞에서 숨어 있는 내가 있다면, 감추고 있는 그 어떤 것이 있다면, 그것은 하나님과의 평화가 아닌 것입니다.

다른 말로 해서 하나님 때문에 행복하지 못하고, 하나님 때문에 즐겁지 못하다면, 그리고 하나님의 그 사랑 때문에 가슴이 뭉클하지 못하고, 하나님의 영광 때문에 가슴이 뜨겁지 못하다면, 그것은 진정한 하나님과의 평화 가운데 있는 것이 아니라는 것입니다.

"하나님과 화평을 누리자!" 이것은 신앙의 모토입니다. 이것은 신앙의 종착역입니다. 그리고 우리가 언제나 점검해야 하는 신앙의 체크 포인트입니다. 그러면 구체적으로 하나님과 평화 가운데 있다는 것은 무엇을, 어떤 역사를 말하는 것입니까?

1. 하나님의 그 은혜를 누리며 사는 것을 말하는 것입니다.

2절 말씀을 보겠습니다.

또한 그로 말미암아 우리가 믿음으로 서 있는 이 은혜에 들어감을 얻었으며 하나님의 영광을 바라고 즐거워하느니라.

여러분! 우리가 구원을 받고 하나님과 화평을 이룬 그런 자로서 늘 기억하고 알아야 할 것이 있습니다. 그것은 '이런 구원의 역사가 결코 우리가 의롭고 깨끗해서 일어난 것이 아니라는 것'입니다. 성경이 일관되게 강조하는 것은 우리는 여전히 죄인이었다는 것입니다. 우리는 여전히 가망이 없는 연약한 존재였다는 것입니다. 하나님과 대적하는 악한 자였다는 것입니다. 그것이 오늘 말씀 6절의 "우리가 아직 연약할 때에", 8절의 "우리가 아직 죄인 되었을 때에", 그리고 10절의 "곧 우리가 원수 되었을 때에"라는 표현을 통하여 계속 강조되고 있는 것입니다.

그런데 하나님이 여전히 이런 우리에게 하나님과 화목할 기회를 주신 것입니다. 여전히 우리가 죄인인데, 여전히 우리가 연약하고 악한 자인데, 여전히 우리가 하나님과 원수 된 그런 자인데, 하나님이 먼저 우리에게 하나님과 화해할 기회를 주신 것입니다. 이것이 바로 성육신입니다. 이것이 바로 십자가의 대속적 역사입니다. 그 십자가 위에서 피로 쓰신 우리를 향한 사랑의 고백이라는 것입니다.

그러므로 우리가 그 하나님의 공의이신 예수 그리스도를 나의 구주로 영접하고 믿는 순간, 하나님이 예수 그리스도로 말미암아 우리를 의로운 자로 인정해 주시고, 그러면서 우리는 바로 하나님과 화목함, 다시 말해 하나님과의 평화를 누리게 되는 것입니다. 그 하나님의 은혜를 통하여, 그 은혜를 누리면서, 그 은혜 안에 서 있게 되는 것입니다.

이것이 바로 '하나님과의 화평'입니다. 하나님의 은혜 가운데 들어가서, 그 은혜 가운데 서서, 그 은혜를 누리는 것, 그것을 말하는 것입니다.

올해 초 설날 즈음에 갑자기 메일이 하나 왔습니다. ANC 온누리교회에서 신앙생활을 했던 한 자매로부터 온 것이었습니다. 이 자매는 ANC 온누리교회에서 찬양팀으로 섬겼는데, 정말 신실하게, 그렇게 잘 섬겼던 귀하고 아름다운 자매였습니다. 그러다가 아주 성실하고 좋은 형제를 만나서 결혼을 했고, 이사를 하면서 ANC를 떠났습니다. 그런데 지금 섬기는 교회에서 저를 아는 목사님을 만나서 이야기를 하면서, 제게 그동안 미루었던 인사를 드려야 하겠다고 메일을 보낸 것입니다.

그런데 그 자매가 메일로 자신의 이야기를 나누면서, 영적인 고향과도 같은 ANC를 떠나면서, 결혼생활을 하면서, 거기에다가 그동안 몸까지 좀 아프면서, 정말 많이 힘들었다고, 그러다 보니 영적으로도 많이 떨어져 있었는데, 최근에 하나님이 다시 회복시켜 주셨다고, 그런데 그 회복시키시는 것의 핵심이 바로 '은혜의 발견, 은혜의 깨달음'이었다고, 그러면서 그 과정에서 자신이 들으면서 너무 은혜가 되어서 펑펑 울면서 듣고 불렀던, 그야말로 푹 빠져 있는 찬양이 있어서 제게 보내드린다고 하면서 링크를 걸어 보내준 찬양이 있었는데, 그것이 "은혜"라는 찬양이었습니다. 저도 들어보았던 찬양이었지만, 그 자매가 보내준 것을 들으면서, 정말 새삼스럽게 저도 은혜를 많이 받았습니다. 특히 "내가 누려왔던 모든 것들이, 내가 지나왔던 모든 시간이, 내가 걸어왔던 모든 순간이 당연한 것 아니라 은혜였소."라고 고백하면서, 모든 것이 은혜였다고, 한없는 은혜였다고 그렇게 선포하듯이 간증하듯이 부르는 찬양은 정말 그야말로 은혜로웠습니다.

여러분! 이것이 바로 '하나님과의 평화'입니다. 새삼스럽게 하나님의 은혜를 깨닫고, 그 은혜 안으로 들어가서, 그 은혜를 누리는 바로 그것, 그것이 바로 '하나님과의 평화'인 것입니다. 저는 여러분 모두가 바로 이렇게 은혜의 발견, 은혜의 깨달음, 은혜의 누림을 통하여 하나님과의 평화 가운데 아름답게 거하기를 주의 이름으로 축원합니다.

2. 소망 가운데 사는 것입니다.
3-4절 말씀을 보겠습니다.

다만 이뿐 아니라 우리가 환난 중에도 즐거워하나니 이는 환난은 인내를,

인내는 연단을, 연단은 소망을 이루는 줄 앎이로다.

요즈음 '희망 고문'이라는 말이 유행합니다. 어쩌면 이 시대 가운데 통용되는 가장 애절한 말 가운데 하나일 수도 있습니다. 어떻게 희망이라는 그 좋은 것이 고문이 될 수 있습니까? 정말 무엇이 잘못되어도 한참 잘못된 것입니다. 결국 여기에서 잘못된 것은 바로 그 '희망'입니다. 그것이 가짜 희망이라는 것입니다. 그것이 사람이 만들어 낸, 정말 무책임한 그런 말장난이라는 것입니다. 그러니까 그것이 고문이 되는 것이지요.

이 말씀에서 이야기하는 '소망'은 그런 인간의 헛되고 무책임한 희망을 말하는 것이 아닙니다. 단지 그랬으면 좋겠다는 바람이 아닙니다. 막연히 그럴 것이라는 기대도 아닙니다. 이것은 바로 하나님을 신뢰하는 믿음입니다. 그러면서 여전히 변치 않으시는 우리 하나님의 그 사랑을 온전히 누리는 그런 소망입니다. 그러니까 여기에서 말하는 소망은 '믿음, 소망, 사랑.' 다시 말해 우리 신앙의 3대 핵심에 등장하는 소망입니다.

그런데 여러분이 아셔야 할 것이 있는데, '믿음, 소망, 사랑.' 이 세 가지는 초기 교회 때부터 우리의 신앙을 세우는 세 기둥이었습니다. 그래서 이것을 우리 신앙의 '삼주덕'(三主德)이라고 부르기도 합니다. 그래서 '보른캄'이라는 신학자는 "믿음 소망 사랑의 삼주덕(三主德)은 그리스도 안에서 하나님께서 주신 생명의 진수"라고까지 말했습니다. 그런데 이것은 그냥 멋진 말로 해본 것이 아니라, 신학적인 정확한 근거가 있는 것입니다. 왜냐하면 바로 이 '믿음, 소망, 사랑.' 이 세 가지의 상호 역사는 마치 '성부, 성자, 성령.' 삼위일체 하나님의 역사하심처럼 서로 함께 연합하면서 우리의 신앙을 만들어 내기 때문입니다. 그러니까 이 '믿음, 소망, 사랑.' 이것은 서로 바꾸어 사용해도 전혀 문제가 되지 않습니다. 믿음이 소망이고, 소망이 바로 사랑입니다. 그리고 사랑이 또한 믿음이라는 것입니다.

바로 그런 이유에서 여기 오늘 말씀에서 말하는 소망 가운데 사는 것은 하나님과 화평을 누리는 일과 같은 것입니다. 이러한 사실을 기가 막히게 표현한 것이 오늘 말씀에 나옵니다. 정말 말씀 자체로 기가 막힙니다. 5절 말씀을 보겠습니다.

소망이 우리를 부끄럽게 하지 아니함은 우리에게 주신 성령으로 말미암아 하나님의 사랑이 우리 마음에 부은 바 됨이니.

하나님 안에서의 소망은 우리를 결코 부끄럽게 하지 않습니다. 우리의 기대대로 이루어지는가, 안 이루어지는가 하는 것이 중요하지 않습니다. 이미 그 소망 가운데, 하나님을 신뢰하는 가운데, 성령님의 역사로 하나님의 그 사랑이 우리에게 부어졌기 때문입니다. 그러니까 이 소망 가운데 거하는 것이 바로 하나님과의 평화입니다.

맺는말

"하나님과 화평을 누리자."

바울 사도가 모든 성도들에게, 아니 지금 우리에게 아주 강조하면서 주신 신앙의 지침입니다.

하나님과 화목하게 되면서 구원을 받은 여러분! 그러므로 살아가면서 더욱 더 이 하나님과의 화평 가운데 거하실 수 있기를 바랍니다. 그러기 위하여 특히 두 가지를 언제나 조심하시기를 바랍니다.

1) 하나님과 멀어지지 않도록. 아무리 바쁘고 힘들고 어려워도, 아무리 삶이 화가 나고 원망스러워도, 혹은 아무리 세상이 재미있고 달콤하고 평탄해도, 절대로 하나님과 멀어지지는 마십시오. 하나님을 하나님이라고 부르는데, 그

이름이 멀어서는 안 된다는 것입니다. 만일 멀어졌다면, 가슴을 뜯으며 회개하고 돌아와야 합니다.

   2) 하나님과 불편하지 않도록. 성령님을 근심하게 하는 어떤 죄악이든, 어떤 쓴 뿌리와 갈등이든, 어떤 욕심이나 교만이든, 하나님과 불편하게 하는 것이 있어서는 안 되는 것입니다. 하나님의 이름을 부르는 일에 주저함이 있어서는 안 되는 것입니다. 그 이름을 부르면서 마음에 걸리는 것이 있어서는 안 되는 것입니다. 절대로 하나님과 불편하지 않도록 해야 합니다. 만일 무엇이든, 아주 작은 것이라도 하나님과 불편한 것이 있다면, 다 회개하고 회복해야 합니다.

   신앙의 체크 포인트에는 여러 가지가 있겠지만, 적어도 이 두 가지만은 철저하게 점검해서, 하나님과 화평을 누리며 살아가는 우리 모두가 될 수 있기를 주의 이름으로 축원합니다.

15
로마서 강해

한 분 예수 그리스도를 통하여

롬 5:12-21

    한번은 제가 믿지 않는 어떤 분과 식사하면서 교제를 한 적이 있었습니다. 목사가 믿지 않는 사람과 만나서 교제하는 일이 많지 않은데, 그분의 친한 친구인 저희 교회 집사님이 저하고 함께 식사하는 자리를 만들어서 그렇게 식사 교제를 하게 된 것입니다. 그 집사님이 그렇게 한 이유는 그 친구에게 전도하려고 했는데 잘 먹히지 않으니까, 특히 그 친구가 소위 말발이 너무 세서 이기기가 쉽지 않으니까 저하고 붙여놓은 것 같습니다. 처음에는 너무 긴장된 그런 분위기였는데, 다행히 나이도 비슷하고 살아온 경험도 공유되는 것이 많아서 이야기가 잘 풀려나갔습니다. 그러다 보니까 그 믿지 않는 분이 저에게 좀 솔직하게 자기 생각을 돌직구로 날리게 되었는데, 그중에 제일 강력한 것이 "기독교인들은 왜 사람들은 다 죄인이라고 하느냐?" 그것이었습니다. "나름대로 열심히 바르게 살려고 하는데, 심지어 자기의 가장 친한 친구조차도 자꾸 자기를 죄인이라고 해서 정말 기분 나쁘다. 자기들은 의롭고, 우리는 죄인이고, 솔직히 그것이

기분 나빠서 나는 교회 다니고 싶지 않다." 이런 식으로 아주 강력하게 이야기를 해서, 제가 "대표님만이 아니고, 저를 포함해서 우리 모두 다 죄인입니다."라고 하면서 왜 우리 모두가 죄인인지를 정말 열심히 설명하면서 복음을 전한 적이 있습니다.

그런데 그때 제가 '우리가 다 죄인이다.'라는 것에 대하여 그렇게 자신 있게 설명을 할 수 있었던 것은 그것이 바로 제가 예수를 믿으면서, 아니 믿고 난 이후에도 가장 많이 고민했던 문제였고, 말씀 속에서 그 답을 얻으면서 너무 감사했던 것이기 때문입니다.

저는 예수님을 주로 고백하고 영접해서 거듭나고 구원을 받았음에도, 제가 사고형의 인간이어서 그랬는지, 이 구원에 대한 고민과 갈등은 계속 있었습니다. 믿지 못해서가 아니라, 정확히 어떻게 이해하고 받아들여야 하는지, 정말 제대로 믿고 싶어서 하는 그런 갈등과 고민이었습니다. 그중에서 제게 가장 먼저 부딪혀 온 것은 바로 '죄' 문제였습니다. 성경을 보고, 또 다른 사람들에게 들어보아도, 내가 구원을 받기 위하여 가장 먼저 통과해야 할 관문은 바로 '내가 죄인이라는 것'을 고백하는 것인데, 그것이 그렇게 쉽지 않다는 것이지요. 저는 제가 죄인이라는 것을 선뜻, 그리고 당연히 인정할 수 없었습니다. 그렇다고 제가 스스로 도덕적으로 완벽하다는 것은 아닙니다. 저 스스로 많은 죄를 지었고, 또 짓고 있는 존재라는 것은 인정합니다. 그런데 '바로 그래서 나는 죄인이다!'라고 하기에는 납득이 안 갔습니다.

청년부 시절에 성경 공부 시간에 한번은 이 문제가 나왔는데, 그때 함께 공부하던 자매가 "너 나쁜 생각 한 번도 안 해 봤어? 한 번이라도 했잖아, 그러니까 너는 죄인이지."라고 했을 때, 속으로 '치사하다.'라고 생각하면서 반감이 들면서 그렇게 말하던 그 자매도 마음에 들지 않았던 기억이 있습니다. 정말 예수 믿고도 한동안 "나는 죄인입니다."라고 진심으로 고백하는 것이 저에게는 쉽지 않았습니다. 말로는 나는 죄인이라고 그렇게 말하고 심지어 "나 같은 죄인 살리신"이라는 찬양도 천연덕스럽게 부르지만, 정말로 내가 죄인이라는 것에 대하여 전적으로 동의가 되지 않았던 것이지요. 그런데 이런 저의 갈등을 완전히 해결해 주는 그런 깨달음이 왔습니다. 말씀을 통해서 온 것입니다.

그 첫 번째는 죄인에 대한 정의의 변화였습니다. 그동안 저는 계속 죄인은 '죄지은 자'라는 생각만 하고 있었습니다. 그렇기에 내가 죄인이라는 것에 동의할 수가 없었고, 결국 동의할 수밖에 없을 때는 비참하고 절망적인 마음밖에 안 들었던 것입니다. 그런데 아닙니다. 성경적으로 본다면, 죄지은 자가 죄인이 아니고 '죄 때문에 고통받는 자'가 죄인이라는 것입니다. 그러니까 자신이 죄를 짓지 않았어도 지금 죄 때문에 그 삶 속에 어떤 고통과 한계, 절망과 헤어 나올 수 없는 허무함이 있다고 한다면, 그는 죄인이라는 것입니다.

제게 이 깨달음은 정말 대단한 반전이었습니다. 그리고 저 스스로 정말 확실하게 "그래요, 저는 죄인입니다."라고 고백할 수 있게 해 준 것이었습니다. 왜냐하면 저는 갈등 아래에 있었기 때문입니다. 한계 아래에 있었기 때문입니다. 도저히 사라지지 않는 '이기심과 욕심과 교만' 가운데 있었기 때문입니다.

그리고 또 하나는 바로 오늘 말씀, 로마서 5장에 나온 그 통찰이었습니다. 그것은 바로 '우리는 죄를 지어서 죄인이 아니라 죄인으로 태어나서 죄인이라는 사실'이었습니다. 그렇습니다. 우리가 선택하지 않았어도 우리가 한국에서 태어나면 한국 사람인 것처럼, 그래서 그 한국 사람의 모든 것이 자신에게 그 자신의 행위와 상관없이 그대로 적용되는 것처럼, 우리는 죄 가운데 태어났기에 죄인이고, 그 죄인의 모든 한계 속에서 살아갈 수밖에 없는 것입니다. 그것을 바울 사도는 아주 명쾌하게 이렇게 말하고 있습니다. 12절 말씀을 보겠습니다.

> 그러므로 한 사람으로 말미암아 죄가 세상에 들어오고 죄로 말미암아 사망이 들어왔나니 이와 같이 모든 사람이 죄를 지었으므로 사망이 모든 사람에게 이르렀느니라.

아담은 첫 사람이었습니다. 그런데 그가 죄를 범했습니다. 그러므로 모든 사람은 범죄한 아담의 후손으로 죄 가운데 태어난 것입니다. 그의 본성이 타락했고, 그의 내적인 질서가 뒤집혔으며, 그의 영이 하나님과 통할 수 없는 그런 상태였습니다. 그러나 더 결정적인 문제는 죽는다는 것입니다. 죄의 결과가 사망인데, 바로 그 사망 아래 놓여서 헤어 나올 수 없는 그런 운명이라는 것이지요. 이것이 죄인의 이야기입니다. 그러니까 성경에 나오는 인간의 모든 역사는 인간이 새삼스레 죄인이 되어가는 그런 이야기가 아니라 죄인으로 태어난 인간이 그 죄를 확산시키는 그런 이야기라는 것입니다. 그렇습니다. 우리는 죄인입니다. 죄의 어떤 모습을 가지고, 죄의 어떤 행동을 하기에 죄인이 아니라 신분적으로 죄인으로 태어난, 소망이 없고, 방법이 없는 그런 죄인인 것입니다. 이것이 성경이 말하는 기가 막힌 영적인 비밀입니다.

그런데 이것이 정말 놀라운 비밀이 되는 것은 바로 우리가 한 사람, 아담의 범죄로 인하여 죄인으로 태어난 것이라는 이 죄인 됨의 비밀 속에, 그러므로 우리가 어떻게 구원을 받을 수 있는지 그 더 놀라운 구원의 비밀이 담겨 있다는 것입니다. 그러니까 성경대로 그대로 말하면, 한 사람이 범죄함으로 모든 사람이 죄인이 되었기에, 이제 범죄하지 않은 한 사람을 통하여 모든 사람이 다 구원을 받는 그런 구원의 역사가 일어났다는 것입니다.

우리가 혈통으로 아담의 후손으로 태어났기에, 우리가 태어나면서 다 죄인이고, 그래서 죄 아래 종노릇하고, 사망의 운명 가운데 있었던 사람이라고 한다면, 이제 우리가 아담에 속하지 않은 죄 없으신 한 사람, 예수 그리스도를 주로 고백하는 순간, 우리는 그의 것이 되면서, 이제 우리의 신분이 바뀌어서, 우리의 행동이 어떠하든지 상관없이 그 예수 그리스도의 사람이기에, 죄인이 아닌 구원받은 하나님의 자녀가 되는 그 기가 막힌 구원의 비밀이 여기에 담겨 있는 것입니다. 이것이 바울 사도가 발견한 기가 막힌 비밀입니다. 그 스스로도 아무리 생각해도 놀라운 하나님의 구원의 경륜, 그 비밀인 것입니다.

그래서 바울 사도는 오늘 말씀에서 이 이야기를 반복하고 또 반복하고 있습니다. 바울 사도는 그런 경향이 있습니다. 자기 스스로 너무나 놀랍고 은혜를 받으면, 그 이야기를 여러 각도로 이야기하고 또 이야기합니다. 왜냐하면 자기가 은혜를 받았으니까, 자기가 그 말씀에 감동하고 있으니까요. 그러므로 우리도 그래야 합니다. 오늘 본문을 통하여, 그 놀라운 비밀을 반복하면서 그 말씀의 깊은 은혜를 체험해야 하는 것입니다. 15절 말씀을 보겠습니다.

그러나 이 은사는 그 범죄와 같지 아니하니 곧 한 사람의 범죄를 인하여 많은 사람이 죽었은즉 더욱 하나님의 은혜와 또한 한 사람 예수 그리스도의 은혜로 말미암은 선물은 많은 사람에게 넘쳤느니라.

한 사람의 범죄로 많은 사람이 죽은 것처럼, 한 사람 예수 그리스도의 은혜로 많은 사람이 구원을 얻은 것입니다. 17절 말씀도 보겠습니다.

한 사람의 범죄로 말미암아 사망이 그 한 사람을 통하여 왕 노릇 하였은즉 더욱 은혜와 의의 선물을 넘치게 받는 자들은 한 분 예수 그리스도를 통하여 생명 안에서 왕 노릇 하리로다.

한 사람 아담이 범죄하면서 사망이 모든 사람 위에 왕 노릇 했다면, 이제 한 사람 예수 그리스도를 말미암아 우리 모두가 생명 안에서 왕 노릇을 한다는 것입니다. 18절 말씀을 보겠습니다.

그런즉 한 범죄로 많은 사람이 정죄에 이른 것 같이 한 의로운 행위로 말미암아 많은 사람이 의롭다 하심을 받아 생명에 이르렀느니라.

한 사람 아담의 범죄로 모두가 정죄에 이르렀지만, 그러나 한 사람 예수 그리스도를 통하여 의롭다 하심을 받고 생명에 이른 것입니다. 구절구절 계속 반복되는 이야기, 그것은 바울 사도의 감격입니다. 그가 받은 은혜의 표현입니다. 누구보다 자기가 죄인 됨에 대하여 고민이 많았던 사람, 바울 사도가 자신의 죄인 됨의 그 비밀, 즉 죄를 지어서 죄인이 아니라 아담이 범죄함으로 죄 가운데 태어나서 죄인이라는 그것을 깨달으면서 거기에서, '그렇다면 그 반대도 성립된다.' 즉 한 사람 예수 그리스도를 주로 믿고 영접함으로 내가 아직 실수하고 실패하고 부족한 그런 존재지만, 나의 행위와 상관없이 존재로 구원을 받고 하나님의 자녀가 되는 그 비밀을 발견하고, 거기에서 왜 예수님이 성육신을 하셔야 했는지, 그리고 왜 동정녀에게 탄생하셔야 했는지, 그리고 십자가의 그 죽음의 역사가 무엇인지, 그리고 참된 부활의 의미가 무엇인지, 우리가 받은 구원의 의미가 무엇인지를 다 알게 될 것입니다. 정말 기가 막히게 모든 것이 다 맞아 들어가는 이 놀라운 비밀을 깨닫고, 그야말로 기뻐서 펄쩍펄쩍 뛰고 있는 그런 고백이 바로 오늘 말씀 14-21절까지 이야기입니다.

사랑하는 여러분! 오늘 말씀은 여러 가지를 말하려고 하는 말씀이 아닙니다. 오직 한 가지, 이 비밀을 나누고 이것을 누리고자 하는 것입니다. 그렇습니다. 이전에 우리는 한 사람 아담 때문에 죄인이었습니다. 그래서 자신이 인정하든 안 하든 죄 아래에서 죄인으로 정죄받고, 그 죄의 다스림 속에서 종살이하며, 결국 사망에 이를 수밖에 없는 그런 삶이었습니다.

그런데 이제 한 사람 예수 그리스도로 말미암아 우리는 구원을 받은 것입니다. 그 결과 지금 우리에게는 세 가지의 영적인 반전이 일어난 것입니다. 예수 그리스도로 말미암아 우리에게 임한 놀라운 구원의 이야기, 아담 아래에 있지 않고, 예수 그리스도로 말미암아 사는 바로 그 세 가지가 우리에게 있는 것입니다.

1. 우리는 의인입니다.

죄인이 아닙니다. 정죄에 시달릴 이유가 없습니다. 형벌을 두려워하지 않습니다. 이미 우리 하나님이 우리를 의롭다고 하셨습니다. 그리스도인들 가운데 아주 많은 사람들이 여전히 지난날의 실수와 실패, 범죄함의 기억 속에서 시달리고 있는 사람들이 있습니다. 물론 그런 죄와 잘못됨을 회개하고 다시는 그런 죄를 범하지 않겠다고 하는 것은 꼭 필요합니다. 그러나 거기에 매여 있으면 안 됩니다. 이미 의인이 된 사람이 죄인처럼 사는 것은 안 됩니다. 형벌을 두려워하고, 스스로에게 낙인을 찍어 놓고 사는 것은 아니라는 것입니다. 그렇습니다. 우리가 죄인이었고 죄인의 행동을 했지만, 그러나 지금 우리는 죄인이 아닙니다. 의인으로 살아야 합니다. 과거 죄의 이야기에 구애받지 말고, 당당하고 힘 있게 말입니다.

2. 생명 가운데 왕 노릇하며 사십시오.

종으로 살지 마십시오. 죄에게 매이고 지배당하고 끌려다니고, 그렇게 살지 마십시오. 생명으로 오히려 왕 노릇 하십시오. 통치하고 결정하고 선포하고 힘 있게 나아가십시오. 어떤 것이든 우리의 주권을 묶을 수 없습니다. 우리는 이미 예수 그리스도 안에서 하나님의 자녀가 되었고 자유이기 때문입니다. 돈에도 매이지 말고, 상황에도 매이지 말고, 과거에도 매이지 말고, 사람에게도 매이지 마십시오. 두려움에 떨지 말고, 걱정 염려 가운데 있지 마십시오. 우리는 생명 가운데 왕 노릇하는 구원받은 사람들입니다.

3. 우리는 영생을 얻은 사람입니다.

이 세상에서 육신은 죽을지 모르지만, 우리는 영원한 천국에서 영생을 얻은 사람입니다. 예수 그리스도로 말미암아 영생을 얻은 자로서 그렇게 힘 있게 아름답게 살아야 합니다. 사망은 그 어떤 모습이라도 두려워하지 마십시오. 그것이 절망이든 실망이든, 염려와 두려움이든, 무엇이든 예수 그리스도 안에 다 던져 버리십시오.

많은 그리스도인들이 영생을 얻었음을 믿는다고 하면서도, 그것이 다음에 죽어서 천국에 가면 그때 해당되는 것이라고 생각하면서, 지금 당장의 삶과는 상관이 없는 것으로 그렇게 여기고 있는데, 그것은 정말 잘못된 것입니다. 영생은 바로 지금 우리로 하여금 생명 가운데 살게 하는 것입니다. 곧 죽을 사람처럼 사는 것이 아니라 영원히 사는 사람으로 살아가는 것입니다. 사망을 이기고, 감사하면서, 찬양하면서, 모든 상황 속에서 그렇게 살아가는 것입니다.

맺는말

'한 분 예수 그리스도로 말미암아.'

정말 기가 막힌 비밀입니다. 그리고 가장 실제적인 은혜의 비밀입니다. 삶을 살아가면서 모든 순간에, 한 분 예수 그리스도를 통하여 구원받은 하나님의 자녀로서, 삶의 모든 순간을 한 분 예수 그리스도를 통하여 주시는 그 구원의 은혜 속에서 살아갈 수 있기를 주의 이름으로 축원합니다.

16
로마서 강해

예수 그리스도와의 연합

롬 6:1-11

하나님께서 우리 인간을 창조하신 그 이야기를 보면, 거기에 아주 파격적인 표현이 하나 나옵니다. 그것은 "사람이 혼자 사는 것이 좋지 아니하니"라는 말씀입니다. 이것이 왜 파격적이냐면, 언뜻 들을 때에는 하나님의 그 창조에 하자가 있다는 뜻으로 들리니까 그렇습니다. 전능자께서 창조하신 것인데, 그것이 "좋지 아니하다."라고 말하는 것은 정말 파격 중에서도 가장 심한 파격인 것이지요.

그런데 아닙니다. 이 표현은 하나님의 창조에 하자가 있다는 뜻이 아니라, 이제 소개하려고 하는 것이 이 창조의 모든 것을 완성하는 가장 중요하고 결정적인 것이라는 것을 강조하려고 하는 수사적인 표현입니다.

그러면 그것이 무엇입니까? 그것은 "내가 그를 위하여 돕는 배필을 지으리라"고 하시면서 '남자와 여자를 만드신 것'입니다. 이렇게 '아담' 한 사람이 아니라, 그것을 나누어 '이쉬와 이샤'로 만들어서 서로 돕고 보완하면서 함께 살게 하는 것이 우리 하나님의 창조의 최고 핵심이고 절정이라는 것이지요.

그런데 이 하나님의 창조의 핵심이 잘 작동되기 위하여 한 가지 그야말로 결정적으로 중요한 것이 있습니다. 그것은 바로 이 둘이 하나로 연합을 해야 한 다는 것입니다. 바로 그래서 인간에게 주어진 최초의 창조 명령은 "이러므로 남자가 부모를 떠나 그의 아내와 합하여 둘이 한 몸을 이룰지로다"(창 2:24)라고 하는 '연합의 명령'이었던 것입니다.

그러니까 이 '연합의 명령'은 단지 부부가 잘 지내라고 하나님께서 주신 명령만이 아니라, 하나님이 창조하신 이 세상이 정말 아름답게 돌아가고, 그 가운데서 하나님의 형상대로 지어진 인간이 정말 행복하게 살기 위해 하나님이 주신 열쇠와 같은 것입니다. 하나님의 창조 세계가 제대로 돌아가는 핵심 코드와 같은 것이라고 할 수 있는 것입니다. 그래서 이것은 '연합의 비밀'이라고 할 수 있는 창조의 비밀입니다. 자, 그런데 그 연합의 비밀은 창조의 비밀로만 끝나는 것이 아닙니다. 그것은 놀랍게도, 아니 당연하게도, 창조의 비밀이면서 동시에 구원의 비밀이며, 하나님의 역사하심의 비밀입니다.

이것을 제대로 꿰뚫어 본 사람이 바로 바울 사도입니다. 그는 에베소서 5:31-32에서 "그러므로 사람이 부모를 떠나 그의 아내와 합하여 그 둘이 한 육체가 될지니 이 비밀이 크도다. 나는 그리스도와 교회에 대하여 말하노라."고 하면서 창조 시에 주어진 그 연합의 비밀이 바로 구원의 역사 속에서도 동일한 그런 가장 중요한 영적인 비밀인 것을 이야기한 것입니다.

여러분! 그렇습니다. 하나님이 우리를 축복하시려고 만드신 이 세상, 그것이 제대로 돌아가기 위한 핵심이 되는 요소가 바로 '연합'이었던 것처럼, 우리 하나님이 우리를 구원하시고 회복시키셔서 정말 아름다운 하나님의 사람으로 살아가게 하시는 이 구원역사가 제대로 이루어지기 위하여 꼭 있어야 하는 가장 중요한 요소는 바로 '연합'인 것입니다.

그러면 창조의 비밀로서의 연합이 부부가 연합하는 것이라고 한다면, 구원의 비밀로서의 연합은 누구와의 어떤 연합인가? 그것은 바로 '그리스도와의 연합'입니다.

여러분! 하나님은 우리를 구원하시기 위하여 기가 막힌 이야기를 펼치셨습니다. 그것은 바로 하나님 당신이 직접 인간의 몸을 입고 이 세상에 오신 것입니다. 왜냐하면 아담의 후손들은 모두가 다 태어나면서부터 죄인이기 때문에 누구도 그 죄에서 벗어날 수 없기 때문입니다. 그래서 죄 없으신 한 새 사람이 필요했기에 하나님이 직접 육신을 입고 이 세상에 오신 것입니다. 그리고 오셔서 이제 죄인인 우리를 구원하기 위하여 우리의 죗값을 대신 갚으시려고, 죄 없으신 분이 십자가에 달려 고통당하시고, 죽으신 것입니다. 그러나 하나님이시기에 우리 예수님은 그 죽음에서 다시 살아나셨고, 그것으로 사망에 대한 승리와 새 생명의 역사를 선포한 것입니다. 정말 완벽합니다. 처음 세상을 만드셨을 때 그랬던 것처럼, 정말 완벽한 그런 구원의 역사이고, 대속의 이야기인 것입니다.

그런데 이 완벽한 하나님의 구원과 구속의 역사가 제대로 되기 위해서 딱 한 가지 꼭 있어야하는 것이 있어요. 그것은 바로 우리가 그 예수님과 연합이 되어야 한다는 것입니다. 아무리 완벽한 구원의 역사가 다 준비되어 있어도 우리가 그 주님과 연합되지 않고 있으면, 그것은 우리와 아무 상관이 없는 것이고, 그것은 우리를 구원할 수 없는 그런 것입니다.

여러분! 그러므로 '예수 그리스도와의 연합'은 우리 신앙생활의 핵심이면서 전부입니다. 구원도 그 연합이 있어야 받는 것일 뿐 아니라 그리스도인으로서 죄를 이기고 살아가는 비결도 바로 그 연합에 있는 것입니다. 바로 그것을 아주 감동적으로 변증하듯이 강조하는 것이 오늘 말씀입니다. 특별히 구원만이 아니라 그리스도인이 정말 참된 그리스도인으로 살아가기 위하여 '그리스도와의 연합'이 얼마나 중요한지를 말입니다. 오늘 말씀은 질문으로 시작하고 있습니다. 1절 말씀을 보겠습니다.

그런즉 우리가 무슨 말을 하리요 은혜를 더하게 하려고 죄에 거하겠느냐?

이 질문은 무슨 뜻인가 하면, 그 앞에 5장까지의 이야기가 행위가 아니고 하나님의 은혜로 구원을 받은 그것을 이야기한 것이기 때문에, 이제 그렇게 구원받은 우리가 어떻게 살아야 하는가? 즉 성화의 삶은 어떤 것인가? 그것을 말하기 위한 질문인 것입니다. 이 질문 자체로만 본다면, 행위가 아니고 하나님의 은혜로 값없이 구원을 받았으니, 혹시 그래서 그리스도인들이 '이제 우리가 마음 놓고 죄 가운데 살아도 문제없는 것이 아니냐?' '역설적으로 죄에 거할수록 은혜를 더 많이 체험하는 것이 아니냐?' 그렇게 생각할 수 있는 그런 가능성을 질문으로 제기한 것인데, 솔직히 우리 중에 누가 그런 식으로 유치하게 생각을 하겠습니까? 그런 생각은 초등학생도 안 합니다. 그러면 무엇인가? 왜 이런 유치한 질문을 던지는가? 여러분! 성경이 유치한 표현을 쓰면, 그것은 강조입니다.

그러면 여기서는 무엇을 강조하는가? 그것은 바로 구원받은 그리스도인으로서 어떻게 살아야 하는지, 그것을 강조하기 위하여 그런 것입니다. 구원받은 그리스도인이 얼마나 힘있고 아름답게 죄를 이기면서 살아야 하는지를 강조하기 위해서 그런 것입니다. 그래서 1절에서는 그처럼 유치한 질문을 던지고는 이어서 2절에서 주저 없이 다음과 같이 대답을 하고 있는 것입니다.

그럴 수 없느니라 죄에 대하여 죽은 우리가 어찌 그 가운데 더 살리요.

혹시라도 죄 가운데 살겠다고 하는 그런 인간이 있을까 봐 그러는 것이 아니라, 구원받은 우리가 정말 얼마나 힘있게 아름답게 죄를 이기고 살아야 하는지를 역설적으로 강조하기 위하여 이런 수사적인 질문기법을 사용하고 있는 것입니다. 그러면서 동시에, 성경이 언제나 그런 것처럼, 우리가 그렇게 아름답게 살 수 있는 그 비결, 방법을 이야기해주고 있습니다. 즉 은혜로 구원받은 우리가 우리를 구원하신 우리 하나님의 뜻대로 정말 아름답게 살 수 있는 그 구체적인 방법, 삶의 지침, 영적인 처방을 주고 있는 것입니다.

그것이 무엇인가? 그것이 바로 '그리스도와의 연합'입니다. 그렇습니다. 우리가 정말 그리스도인으로서 아름답고 귀하게 살기 원한다면, 그 확실한 방법은 바로 '그리스도와의 연합'입니다. 구원도 그리스도와의 연합을 통하여 값없이 은혜로 받은 것과 같이, 이제 그리스도인으로서 거룩하게 살아가는 이 성화의 삶도 우리의 의지와 노력으로 거룩하게 살겠다고 애쓰고 몸부림치는 것으로 되는 것이 아니라, 바로 그리스도와 연합을 통하여 영적인 그 구원의 은혜가 구원 이후의 삶 속에서도 계속 역사함으로써 가능해지는 것입니다.

저는 예수 믿고 진짜로 변화된 사람들의 간증을 들으면서, 다양한 그 이야기들 가운데 한 가지 공통적인 핵심이 있음을 발견했습니다. 그것은 바로 '그리스도와의 연합'입니다. 그렇습니다. 그들이 진정으로 변했다고 한다면, 그것은 바로 그들이 영적으로 '그리스도와 연합'하는 놀라운 체험을 했기 때문입니다. 다른 것이 아니라 바로 그것으로 그들은 죄를 끊고, 삶의 습관과 성품을 바꾸고, 진정으로 아름다운 그리스도인으로 살 수 있었던 것입니다. 자기의 의지가 아닙니다. 결단을 해서 되는 것이 아닙니다. 주님과 연합했기에 그렇게 되는 것입니다. 주님과 연합했기 때문에 그렇게 떨어버리지 못하던 죄성을 어느 날 배설물처럼 버릴 수 있게 되는 것입니다.

그렇습니다. 그리스도인들의 성화의 아름다운 삶의 비결은 자기 결단이 아니라 그리스도와의 연합인 것입니다. 왜냐하면 바로 그리스도와의 연합은 십자가 신앙, 그 십자가의 역사가 그에게 일어나게 하기 때문입니다. 3절 말씀을 보겠습니다.

무릇 그리스도 예수와 합하여 세례를 받은 우리는 그의 죽으심과 합하여 세례를 받은 줄을 알지 못하느냐?

우리 신앙에서 가장 대표적인 두 개의 성례전을 말한다면, 그것은 세례와 성만찬입니다. 가톨릭교회에서는 7개의 성례전을 말하지만, 그러나 그것은 성경적인 것이 아니기에, 종교개혁을 하면서 그것을 다 인정하지 않았습니다. 하지만 그중에서 세례와 성만찬은 그것이 성경적이고, 또 그러면서 정말 중요한 것이기에 그것을 개신교에서도 성례로 행합니다.

그런데 세례와 성만찬, 이것은 다 기본적으로 '그리스도와의 연합'을 그 근본 메시지로 가지고 있습니다. 세례도 그렇고 성만찬은 더욱더 그렇고, 다 주님과 연합하는 바로 그것입니다. 그리고 동시에 세례와 성만찬, 이 둘 다 예수 그리스도의 십자가와 연결되어 있는 것입니다. 세례도 그렇고, 성만찬도 그렇고, 예수 그리스도의 십자가의 그 은혜를 새롭게 누리는 바로 그런 성례전인 것입니다.

그렇습니다. 우리가 그리스도와 연합한다고 한다면, 그것은 바로 예수 그리스도의 십자가 역사에 참여하고, 그 십자가의 신앙 가운데 서는 것이라는 것을 말하고 있는 것입니다. 바로 그래서 구원만이 아니라 성화의 삶을 위해서 그리스도와의 연합이 절대적으로 중요한 것입니다. 그러면 그 십자가의 신앙, 역사는 구체적으로 어떤 역사를 일으키는가? 4절 말씀을 보겠습니다.

그러므로 우리가 그의 죽으심과 합하여 세례를 받음으로 그와 함께 장사되었나니 이는 아버지의 영광으로 말미암아 그리스도를 죽은 자 가운데서 살리심과 같이 우리로 또한 새 생명 가운데서 행하게 하려 함이라.

오늘 말씀에서 바울 사도가 11절까지 계속 반복하면서 강조하는 것이 있습니다. 그것은 십자가 신앙에서 일어나는 '죽는 것'과 '다시 사는 것'의 역사입니다. 그렇습니다. 우리가 죄를 이기고 승리하는 삶을 살려면, 먼저 반드시 죽는 역사가 일어나야 합니다. 우리의 옛 자아가 그대로 살아서는 절대로 죄를 이길 수 없기 때문입니다. 우리의 본성이 그대로 있으면 절대로 죄를 끊을 수 없기 때문입니다.

성경이 "죄의 삯은 사망"이라고 말씀하신 그대로 죄는 죽어야 끝이 나는 것입니다. 그래서 그리스도인이 죄를 이기고 살아가려면, 반드시 먼저 죽는 역사가 있어야 합니다. 그런데 그렇게 죽을 수 있는 곳이 바로 십자가입니다. 죄에게 패배하지 않고, 형벌로 사형당하는 것이 아니면서, 그러면서 죽을 수 있는 것이 바로 십자가입니다.

신앙인이 영성이 있다고 한다면, 그 영성의 절반은 바로 죽는 영성입니다. 어떻게 잘 죽을 수 있는가? 그것이 신앙이요 그것이 영성인 것입니다. 죽는 자가 승리자요, 죽는 자가 아름다운 것이 바로 신앙입니다. 그것이 우리 구주 예수 그리스도께서 보여주신 것이고, 그리고 우리가 주님과 연합하면서 누릴 수 있는 은혜인 것입니다. 그리고 동시에 살아나는 역사가 있어야 합니다. 죄를 이기고 승리하기 위하여 죽는 역사도 있어야 하지만, 반드시 살아나는 역사가 또한 있어야 하는 것입니다. 이것이 바로 십자가의 역사이고 십자가의 신앙인 것입니다.

죽음에서 다시 살아나는 것. 그것은 말씀 그대로 새 생명 가운데 행하는 것입니다. 정말 그 실망과 절망, 낙심과 포기, 두려움과 걱정, 그 모든 사망의 아류에서 분연히, 단호하게 다시 살아나는 그 영성, 그것이 십자가의 신앙이고, 그것이 그리스도인들의 모습인 것입니다.

그리스도인의 영성의 절반이 죽는 영성이라면, 그 나머지 절반은 살아나는 영성입니다. 분명히 죽었고 끝났다고 여겨지는 바로 그 상황, 그 마음에서 다시 살아나서 일어서는 그 부활의 신앙, 그것이 정말 그리스도인의 가장 아름다운 영성인 것입니다. 이것이 바로 그리스도와의 연합을 통하여 일어나는 십자가의 역사인 것입니다.

제가 미국에서 목회할 때, 한국의 온누리교회 때부터 알던 어떤 여자 성도님이 미국의 타주에 계시다가 LA의 ANC를 방문하셔서 주일 예배를 드리게 되었습니다. 왜 갑자기 오셨는지 이유는 말씀하시지 않았지만, 나름 힘들고 어려워서 오신 것 같았습니다. 그런데 예배를 드리고 나서 만났는데, 그분이 너무 은혜를 받아서, 얼굴의 화장이 다 지워지고 난리였지만, 그 얼굴이 너무 환해지고 행복해 보였습니다. 그래서 어떻게 된 것이냐고 물었더니, 그분이 "목사님, '포개고' 때문에 그래요." 그러는 것입니다. 무슨 소리인가 했더니, 그날 예배를 드리면서 먼저 경배와 찬양을 드리는데, 그 찬양 가운데 "주 보혈 날 정결케 하고"라는 찬양을 드렸는데, 그 찬양이 그대로 자신을 강타하면서 은혜를 받았는데, 특히 후렴에서 "주의 손에 나의 손을 포개고, 또 주의 발에 나의 발을 포개어"라고 고백하는 순간 눈물이 터지면서 정말 주님과 연합하는 깊은 은혜를 받았다는 것입니다. 그래서 그다음부터는 그 '포개고' 때문에 무슨 정신으로 예배를 드렸는지 모르겠다고, 계속 눈물이 나고 감동하는 가운데, 찬양 그대로 주님과 함께 죽고 주님과 함께 다시 살면서 자기 속에 있던 그 모든 문제가 다 사라지고 평강이 마음을 꽉 채웠다고 고백했습니다.

맺는말

사랑하는 성도 여러분! 우리는 모두 그리스도와 연합함으로 십자가 신앙을 살아가는 그런 주의 사람이 되어야 합니다. 우리의 신앙의 주제는 바로 그것입니다. '그리스도와의 연합.'

정말 날마다 모든 순간마다 말로만이 아니라 정말 확실하게 죄에 대하여 죽을 수 있기를 주의 이름으로 축원합니다. 그리고 동시에 예수 그리스도와 연합함으로 하나님께 대하여, 하나님의 사람으로 다시 살아나 새 생명 가운데 행할 수 있기를 주의 이름으로 축원합니다.

로마서 강해

당신은 하나님의 종입니다

롬 6:12-23

오늘 말씀 로마서 6:12-23을 보면, 여기에는 아주 두드러진 특징 하나가 있는 것을 볼 수 있습니다. 그것은 바로 '대조'입니다. 거의 모든 절마다 대조가 있습니다. 오늘은 성경공부하듯이 한번 같이 찾아보도록 하겠습니다.

13절에서는 "불의의 무기로 죄에게"와 "의의 무기로 하나님께"가 대조되고 있습니다.

14-15절에서는 "법 아래에"와 "은혜 아래에"가 두 번이나 반복해서 대조되고 있습니다.

16절에서는 "죄의 종으로 사망에"와 "순종의 종으로 의에"가 대조되고 있고,

18절에서는 "죄로부터 해방되어"와 "의에게 종이 되었느니라"가 대조되고 있습니다.

19절에서는 "전에 너희가 너희 지체를 부정과 불법에 내주어 불법에 이른 것"과 "이제는 너희 지체를 의에게 종으로 내주어 거룩함에 이르라"가 대조가 되고 있고,

20절에서는 "죄의 종이 됨"과 "의에 대하여 자유로움"이 대조가 되고 있습니다.

21-22절에서는 "그 마지막이 사망이라"와 "그 마지막은 영생이라"가 대조되고 있고,

22절에서는 "죄로부터 해방되고"와 "하나님께 종이 되어"가 대조되고 있습니다.

23절에서는 아주 분명하게 "죄의 삯은 사망이요"와 "하나님의 은사는 그리스도 예수 우리 주 안에 있는 영생이니라"가 대조되고 있는 것입니다.

바울 사도가 이렇게 집요할 만큼 두드러지게 매 구절마다 대조적인 표현을 하고 있는 이유가 무엇일까요? 바울 사도는 로마에 있는 사랑하는 성도들에게 정말 아름다운 성도로 살아가기 위하여 어떻게 하는 것이 중요한지, 그 메시지를 전하기 위하여 로마서를 쓰고 있는데, 이렇게 대조를 통하여 어떤 메시지를 말하고 싶어 하는 것일까요?

바로 그 대답이 오늘 우리가 들어야 할 메시지인 것입니다. 그것은 바로 '너는 누구의 종이냐?'라는 메시지입니다. 이 반복되는 대조를 통하여 바울 사도가 먼저 묻고 있는 것은 '너는 누구의 종이냐?'라는 질문입니다.

그런데 이것은 사실을 확인하고 싶어서 그런 것이 아니라 정말 강력한 도전이고 강조인 것입니다. 무엇을 강조하는 것인가 하면, 그것은 다음 두 가지입니다.

1) 모든 인생은 죄의 종이든지, 아니면 하나님의 종이든지, 둘 중에 하나입

니다.

사람들은 종종 자기는 아무의 종도 아니라고 생각할 수 있겠지만, 그것은 그야말로 무지한 것입니다. 요한복음 8장에 보면, 예수님께서 "너희가 내 말에 거하면 참으로 내 제자가 되고 진리를 알지니 진리가 너희를 자유롭게 하리라"(31-32절)라고 말씀하셨을 때 유대인들이 "우리가 아브라함의 자손이라 남의 종이 된 적이 없거늘 어찌하여 우리가 자유롭게 되리라 하느냐?"(33절)라고 반문한 것이 나옵니다. 정말 그들은 자신들이 아무의 종도 아니라고 그렇게 생각을 했다는 것이지요.

그랬을 때 예수님께서 아주 통렬하게 "죄를 범하는 자마다 죄의 종이라"(34절)고 말씀하시고, 마지막에는 "너희는 너희 아비 마귀에게서 났으니 너희 아비의 욕심대로 너희도 행하고자 하느니라"(44절)고까지 말씀하셨습니다.

여기에서 보여지는 대로, 자신이 아무의 종도 아니라고, 자신이 자유라고 생각하는 것은 정말 어리석은 것입니다. 인간은 혼자 스스로 아무에게도 속하지 않은 채로 살아갈 수 없습니다. 그렇게 생각하는 사람은 바로 자신도 모르게 죄에게 속한 자, 마귀에게 속한 자가 되는 것입니다. 이것이 정확한 우리의 실존입니다.

그러므로 '죄의 종'이든지, 아니면 '의의 종, 하나님의 종'이든지 둘 중에 하나입니다. 그런데 당신은 둘 중 어디입니까?

이 질문이 여러분을 매우 당혹스럽게 할 것을 압니다. 그래서 우리는 바울 사도가 이렇게 대조하고 있는 두 번째의 메시지를 들어야 하는 것입니다.

2) 우리는 이미 하나님의 종이고, 의의 종입니다.

우리는, 즉 예수 그리스도를 주로 믿고 고백한 그리스도인들은 이미 하나님의 종이고, 의의 종이라는 것입니다. 이것을 기억해야 한다는 것입니다. 이것을 붙들어야 한다는 것입니다. 그렇게 볼 수 있는 강력한 근거가 바로 13절에 나오고 있습니다.

또한 너희 지체를 불의의 무기로 죄에게 내주지 말고 오직 너희 자신을 죽은 자 가운데서 다시 살아난 자 같이 하나님께 드리며 너희 지체를 의의 무기로 하나님께 드리라.

여기에서 "죄에게 내주지 말고"라는 말과 "하나님께 드리라"라는 표현에서 사용된 동사가 똑같이 '파리스테미'라는 동사입니다. 그런데 '파리스테미'의 시제가 다릅니다. 앞에 "죄에게 내주지 말고"는 '현재 명령형'을 사용했는데, 뒤에 "하나님께 드리라"는 부정과거(Aorist) 시제가 사용되었습니다.

이 '부정과거'(Aorist) 시제란 우리 한글이나 영어에는 없고 헬라어에만 있는 아주 독특한 시제로, 어려운 말로는 '영단번'이라는 표현도 씁니다. 즉 영원히 한 번만 일어난 어떤 진리에 해당하는 그런 시제인 것이지요. 그러니까 이것은 과거도 현재도 미래도 아닌, 시제가 정해지지 않은 어떤 영적인 진리의 역사가 일어난 것을 말하는 것입니다.

그래서 성경에 나오는 하나님의 역사, 그 모든 영적인 역사들은 거의 다 이 부정과거 시제를 사용하고 있습니다. 왜냐하면 이것은 인간이 노력해서 계속 반복할 수 있는 것이 아니라 하나님의 역사로 초시간적으로 일어나는 것이기 때문입니다.

그래서 보통 이 부정과거 시제를 번역할 때 완료로 번역할 때가 많습니다. 이미 일어난, 이미 그런 역사가 된 것이라는 의미이지요. 그러므로 여기에서 우리가 우리 지체를 하나님께 드리는 것은 이미 드려진 자로서 그것을 계속 확인하는 것의 의미가 있는 것입니다.

그렇습니다. 이미 우리는 하나님께 드려진 자, 즉 하나님의 종입니다. 둘 중에 어디에 속했는지 아직 결정이 나지 않은 자가 아니라 이미 하나님께 드려진 하나님의 종으로서, 이제 죄의 종으로 절대로 넘어가지 말아야 할 그런 거룩한 사명을 가진 자들이라는 것이지요.
그래서 바울 사도는 자신 있게 17-18절을 선포하고 있는 것입니다.

하나님께 감사하리로다 너희가 본래 죄의 종이더니 너희에게 전하여 준 바 교훈의 본을 마음으로 순종하여 죄로부터 해방되어 의에게 종이 되었느니라.

그렇습니다. 우리는 이미 하나님의 종이 된 자로서 하나님께 순종하면서 살아갈지언정 다시 죄의 종으로 살지 않는 것이 바로 현재 우리가 계속해 나아가야 할 것이라는 말입니다. 이것이 바울 사도가 계속 대조를 하면서 던지고 있는 메시지인 것입니다.
여러분! 그렇습니다. 우리는 이미 하나님의 종입니다. 예수 그리스도를 주로 고백하고 하나님의 자녀가 되었으니 우리는 이미 하나님의 종인 것입니다.

여기에서 성경을 아는 사람들은 의문을 가질 수 있습니다. 그것은 바울 사도가 수없이 강조한 것이 우리는 하나님 안에서 자녀이지 종이 아니라고 한 것입니다. 그런데 우리보고 하나님의 종이라니 어떻게 된 것인가?
물론 그렇습니다. 우리는 하나님의 자녀이지 종이 아닙니다. 그런데 그것은 우리의 신앙의 모습이 율법에 속한 종교와 다른 것임을 강조하기 위하여 한 말입니다. 우리의 신앙은 종처럼 수고하고 노력하고 애쓰면서도 결국은 버림받을까 봐 두려워하고, 그리고 결국 아무것도 얻을 수 없는 그런 것이 아니라, 나의 행위가 비록 때로 실수하고 잘못될 수 있어도 결코 그것 때문에 버림받거나 그 관계가 흔들리는 것이 아니라, 상속자인 자녀라는 것이 분명 맞는 것입니다.
하지만 우리가 우리 하나님을 향하여 가지는 그 마음, 그 태도, 그 삶의 모습은 종이어야 합니다. 우리 하나님을 정말 사랑하고 순종하며 섬기는 그런 진정한 섬김의 종 말입니다. 그러니까 '하나님의 종'이라는 것도 잘못된 것은 아니라는 뜻입니다.

그러면 하나님의 종으로서 우리는 어떻게 살아야 하는가? 바울 사도가 오늘 말씀에서 하나님의 종은 이렇게 살아야 한다고 직접 이야기한 것은 없지만, 그러나 죄의 종과 대조를 하면서, 그리고 그 모든 이야기를 전개하면서 거기에 하나님의 종으로서 살아야 하는 중요한 모습 두 가지를 정확히 이야기하고 있습니다.

1. 하나님이 그 내면과 삶을 다스리셔야 합니다.
14절 말씀을 보겠습니다.

죄가 너희를 주장하지 못하리니 이는 너희가 법 아래에 있지 아니하고 은혜 아래에 있음이라.

그렇습니다. 복잡하게 이야기할 것이 없습니다. 지금 나의 생각에 꽉 차 있는 것이, 나의 감정에 가득 차 있는 것이, 내 삶을 지배하고 있는 것이, 그래서 말씀대로 나를 주장하는 것이 바로 나의 주인입니다.

이번에 공군 여중사가 성추행을 당한 것의 수치와 억울함을 풀지 못하고 결국 극단적인 선택을 하면서 그것이 언론에 터졌고, 그래서 정말 많은 사람이 안타까워하고 있습니다. 그러면서 소위 권력자들의 성추행 문제가 다시 한 번 이슈가 되면서 우리 모두를 부끄럽고 비참하게 하고 있습니다. 그냥 분노하고 비난하고 말 수 있는 것이 아닌 것은 그들 모두가 우리 사회의 리더십이고, 그런 사람들이 지도자로 있는 그런 사회에 우리가 살고 있기 때문입니다.

왜 그럴까요? 그렇게 배울 만큼 배우고, 그런 자리에 올라갈 만큼 능력 있고 분별력이 있는 사람들이 왜 그렇게 어처구니없는 어리석은 짓을 할까요?

결국, 답은 한가지입니다. 그들이 사실은 죄에게 잡혀 있었던 것입니다. 패러디할 때 많이 사용하는 말 그대로 '음란 마귀'에 잡혀 있었던 것입니다. 겉으로는 아닌 것 같지만, 그 내면은 바로 그런 욕망이 지배하고 있었던 것입니다. 그래서 그들 모두는 일종의 잠재적인 성 중독자였던 것입니다.

그런데 사실은 그들처럼 성 중독이 아니어도, 정말 수많은 사람이 사실은 죄의 종으로, 죄의 지배를 받으며 살아갑니다. 상처 속에, 과거 속에, 불안과 염려 가운데, 두려움 가운데, 헛된 욕망 가운데, 돈에, 일에, 사람에 온통 그 마음을 빼앗기고 그 생각이 그것으로 가득 차 있어서, 그것에 지배당하며 살아가는 그런 죄의 종들이 얼마나 많은지 모릅니다.

문제는 그리스도인들 가운데도 정말 많다는 것입니다. 예수 그리스도를 주님이라고 고백하고, 하나님의 자녀가 된 그리스도인들 가운데도 여전히 죄가 그 마음을 다스리는 그런 상태로 살아가는 사람들이 많다는 것입니다.

한번은 사람에게 상처를 받은 일이 있었는데, 나름 정말 억울하고 분한 일을 겪었는데, 문제는 계속 그 생각과 감정에 제가 잡혀 있다는 사실이었습니다. QT 하다가도 그 생각이고, 기도하다가도 그 생각이고, 심지어 설교를 하면서도 그 생각에 자꾸 돌아가서 잡히는 것이었습니다.

그런데 감사하게도 성령께서 그런 저의 안타까운 모습을 보게 하셨습니다. 그리고 정말 무섭게 책망하셨습니다. '네가 아무리 상처를 받았고, 그래서 억울하고 분해도, 거기에 계속 잡혀 있는 것은 절대로 안 된다. 왜냐하면 너는 그리스도인이기 때문이다. 하나님의 자녀이기 때문이다. 하나님만이 너를 다스리셔야 하기 때문이다.'

정말 무섭게 책망하셨습니다. 그렇게 혼자 자기 생각으로 분노하고, 잡혀 있는 것이 사실은 얼마나 무서운 죄인지를 아주 강력하게 지적하셨습니다.

여러분! 우리는 다 하나님의 종입니다. 그리고 하나님의 종으로 살아가는 것은 다른 것이 아니라 그 마음과 생각, 삶을 하나님이 다스리시는 것입니다. 마음과 생각에 다른 것이 올 수 있지만, 그것이 순간적으로 내 마음을 꽉 채울 수 있지만, 그러나 이내 그것을 예수의 이름으로 몰아내고, 그 모든 것을 십자가에 못 박아 우리 하나님께 올려드리는 바로 그런 역사가 있어야 한다는 것입니다.

2. 하나님이 사용하시는 도구이어야 합니다.
13절 말씀을 보겠습니다.

또한 너희 지체를 불의의 무기로 죄에게 내주지 말고 오직 너희 자신을 죽은 자 가운데서 다시 살아난 자 같이 하나님께 드리며 너희 지체를 의의 무기로 하나님께 드리라.

저는 여기에서 한 단어에 주목합니다. 그것은 "무기"라는 단어입니다. 헬라어로는 '호플론'이라는 말인데, 무기도 되지만, 더 정확한 뜻은 도구, 장비, 즉 'instrument'입니다. 주인이 당신 뜻대로 사용하는 도구, 그것이 바로 종입니다.

"사이먼 버치"(Simon Birch)라는 영화가 있습니다. 정말 작게 태어난 소년이 있었습니다. 열두 살인데 1m가 채 안 되는 핸디캡을 가지고 있었습니다. 그러나 그 영화에서 그는 온갖 장애와 어려움에도 불구하고 아주 아름답고 감동적으로 살아갑니다. 제가 특히 감동을 받은 것은 주인공 사이먼이 늘 외치는 말이었습니다. "나는 하나님의 도구입니다"(I'm God's instrument!). 그렇습니다. 하나님의 종은 하나님의 도구로 하나님을 섬기면서 살아가는 것입니다. 그 영광을 위하여, 그의 나라를 위하여, 그의 기쁨이 되기 위하여.

그러니까 하나님의 종은 언제나 하나님이 쓰시기에 좋아야 합니다. 그래서 깨끗해야 합니다. 그 안에 더러운 죄와 추한 욕심이 가득해서 하나님이 쓰실 수 없는 그런 것이 아니라, 정말 늘 회개하고 십자가 앞에 자신을 드리는 그런 성결의 고민으로 우리 하나님이 쓰시기에 좋은 그런 도구, 그릇이 되어야 하는 것입니다. 그리고 또한 순종하는 사람이어야 합니다. 자기의 고집이나 자기의 의가 충만해서, 하나님이 쓰실 수 없는 그런 자가 되어서는 안 되는 것입니다. 하나님 앞에 자신을 내려놓고, 그 뜻을 따르기 위하여 언제든지 자기를 바꿀 수 있는 그 순종의 모습이 바로 하나님의 종의 모습입니다.

맺는말

오늘 우리에게 주신 메시지는 바로 '당신은 하나님의 종입니다.'라는 것입니다. 이것을 잊지 말라고, 그리고 이것에 합당하게 살라고 그렇게 주신 것입니다.

그러기 위하여 늘 점검할 것은 '지금 나는 누구의 종인가?' 하는 것입니다. 순간 넘어갈 수 있고, 순간 흔들릴 수 있지만, 이내 곧 하나님의 종으로 굳게 서기를 바랍니다. 그러면 우리의 삶이 결국 아름답게 승리하는 삶이 될 것입니다. 왜냐하면 죄의 종은 결국 그 결론이 사망이고, 하나님의 종은 영생이기 때문입니다.

기억하십시오! 당신은 하나님의 종입니다!

로마서 강해

영적 초월

롬 7:1-6

    오늘 말씀은 사실상 로마서에 나오는 아주 독특한 부분입니다. 왜냐하면 이것은 여인의 결혼 생활의 예화까지 사용하면서 중요한 무엇인가를 논증하는 말씀이기 때문에 그렇습니다. 그래서 주석가들은 이 부분을 여러 가지 각도로 해석하고 있습니다.

    1) 어떤 사람은 이것은 바로 앞에 있는 6장의 주요 요점, 즉 죄로부터의 해방을 요약한 것이라고 보고 있습니다. 충분히 그렇게도 볼 수 있습니다. 하지만 그렇게 본다면 이 부분은 어떤 면에서 또다시 반복한 것에 불과하다는 느낌을 갖습니다. 이미 했던 이야기를 또다시 반복한 것 같다는 말입니다.

    2) 그래서 어떤 사람은 이것은 7장, 8장에서 다루게 될 것을 미리 소개한 것이라고 그렇게 보고 있습니다. 저는 이것이 더 옳다고 생각합니다. 왜냐하면 로마서 7-8장은 로마서 전체에서, 아니 바울 서신 전체에서 가장 실존적인 고백을 한 부분이기 때문입니다. 다른 것이 아니라 바로 '죄성'에 대하여 말입니다.

로마서 7:23에서 "내 지체 속에서 한 다른 법이 내 마음의 법과 싸워 내 지체 속에 있는 죄의 법으로 나를 사로잡는 것을 보는도다"라고 고백하고, 이어서 24절에서는 "오호라 나는 곤고한 사람이로다 이 사망의 몸에서 누가 나를 건져내랴?"라고 하는 정말 처절한 자기 갈등과 번민의 고백까지 했으니까요.

물론 이것으로 끝나지 않고 7장 마지막 부분과 8장에 들어가면서 "예수 그리스도 안에 있는 자는 결코 정죄함이 없다"고 선언하면서 그 죄성을 이기는 승리를 선포합니다. 그래서 로마서 7-8장은 성경에서 가장 실존적인 고백이면서 가장 감동적인 승리의 전환이기도 한 것이지요. 바로 이 내용을 미리 소개하면서 이야기를 시작한 것이 로마서 7:1-6 오늘 본문이라는 것입니다.

그러면 이 말씀, 로마서 7:1-6에 담겨 있는 중요한 메시지는 무엇일까요? 이것을 알기 위하여 이 말씀 가운데 가장 중요한 구절인 5-6절을 볼 필요가 있습니다.

우리가 육신에 있을 때에는 율법으로 말미암는 죄의 정욕이 우리 지체 중에 역사하여 우리로 사망을 위하여 열매를 맺게 하였더니 이제는 우리가 얽매였던 것에 대하여 죽었으므로 율법에서 벗어났으니 이러므로 우리가 영의 새로운 것으로 섬길 것이요 율법 조문의 묵은 것으로 아니할지니라.

이 말씀 속에는 우리가 정말 아름다운 신앙의 사람으로 잘 살아가기 위하여 꼭 필요한 두 가지 메시지가 담겨 있습니다.

1. 이 말씀은 '죄를 이기는 것에 대하여' 이야기하고 있습니다.

그렇습니다. 신앙인으로 살아간다고 하는 것은 기본적이고 궁극적으로는 '하나님을 섬기는 것'이지만, 현실적이고 구체적인 것은 바로 '죄와 싸워 이기는 것'입니다. 그러니까 신앙인은 하나님을 섬기는 자이면서 동시에 죄와 싸우는 자인 것입니다.

쿠팡 물류센터에 화재가 나면서 그 불을 끄려고 들어갔던 소방관 구조대장 한 분이 다른 대원들을 먼저 나가게 하고 맨 뒤에 나오다가 나오지 못하고 실종된 안타까운 뉴스가 전해졌습니다. 그러면서 그 소방대장의 평소의 모습, 그 일에 임하는 자세 등에 대한 이야기가 전해지면서, 새삼스럽게 소방관의 수고와 용기, 그 사명감에 대한 것을 다시 생각하게 되었습니다. 그러면서 영어로 소방관을 'firefighter'(불과 싸우는 사람)라고 하는 것에 대한 깊은 감동이 다시 한 번 올라왔습니다.

전에 설교하면서 말씀드린 적이 있지만, 제가 미국에 가서 얼마 안 되었을 때, 한인들을 상대로 하는 라디오 방송에 나온 한 아이가 "나는 커서 firefighter가 될 거야."라고 말하는데, 저는 솔직히 그때 firefighter라는 단어를 처음 들었습니다. 그전까지는 소방관을 'fireman'이라는 말로만 알고 있었는데, 'firefighter'라고 하니까 굉장히 신선하고 아주 깊은 의미로 다가오더군요. '불과 싸우는 사람', '그 불이 자신의 소중한 것을 먹어버리지 못하도록 그것과 포기하지 않고 끝까지 싸우는 사람', firefighter! 그 표현의 감동은 'sinfighter', 즉 '죄와 싸우는 사람'이라는 말로 연결되면서 아주 강력한 영적인 메시지로 제게 새겨진 것입니다. '그렇다. 우리 신앙의 사람은 다 sinfighter이다. 죄가 우리의 소중한 것을 먹어버리지 못하도록 포기하지 않고 그것과 싸워 이 소중한 것, 소중한 사람을 지켜내는 사람이다.' 그런 깨달음과 감동이 오면서, 이 sinfighter라고 하는 것이 저의 신앙인으로서의 또 하나의 정체성(identity)이 된 것입니다. 정말 중요한 신앙인의 또 다른 이름이 된 것이지요.

여러분! 그렇습니다. 예수 그리스도를 주로 고백하고 구원을 받았다고 하는 것은 바로 '하나님을 아빠 아버지라고 부르면서 하나님과 특별하고 친밀한 가운데 있는 하나님의 자녀'가 되었다는 뜻입니다. 그래서 이제는 예배를 드릴 수 있고, 그래서 이제는 기도를 할 수 있다는 뜻입니다. 하나님의 말씀을 들을 수 있고, 하나님의 마음을 품을 수 있다는 뜻입니다. 그래서 하나님의 꿈을 가슴에 품고, 그 역사를 이루기 위하여 나아갈 수 있게 되었다는 뜻입니다. 이것이 구원받은 성도들에게 주어진 축복과 의무인 것입니다. 그런데 여기에 또 하나 주어진, 꼭 기억해야 할 것은 바로 '이제는 죄와 싸워 이길 수 있고, 이겨야 한다는 것'입니다. 이것 역시 구원받은 우리에게 주어진 최고의 축복이면서 동시에 사명인 것입니다.

여러분! 우리 주님 예수 그리스도께서 이 땅에서 공생애를 사시면서 하신 일의 50% 이상이 죄와 싸워 이기신 것입니다. 처음 사역을 시작하시면서 광야에서 40일간 금식하면서 기도하신 것도 죄와 싸워 이기신 이야기입니다. 공생애 내내 말씀을 가르치고, 천국 복음을 전파하시고, 병든 자들을 치유하시면서, 동시에 호시탐탐 주님을 노리는 자들과 죄를 이기기 위한 치열한 싸움을 하셨습니다.

그리고 우리 주님의 공생애 가운데 가장 중요한 밤이었던 십자가를 지기 전날, 우리 주님은 겟세마네에서 정말 치열하게 죄와 싸우셨고, 마침내 이기셨습니다. 그리고 십자가에서 일곱 마디의 피맺힌 절규를 하시면서도 죄와 싸우셨고, 결국 이기셨습니다. 그리고 사망 가운데서 부활하심으로써 이 모든 이야기의 결론을 맺으셨습니다. 죄와 싸워 이기신 분이라고 말입니다. 그러므로 우리가 그리스도인이라면, 예수님처럼 그렇게 우리는 무엇보다 죄와 싸워 이기는 사람들이 되어야 합니다.

죄가 우리의 육신의 욕심을 통해서 공격을 하든, 아니면 마음의 상처를 통해서 공격을 하든, 혹은 삶의 환경을 통하여 공격을 하든, 아니면 이 세상의 모든 것을 가지고 공격을 하든, 우리는 무조건 죄와 싸워 이겨야 합니다. 어떤 이유로도 죄에게 지는 것은 용납할 수 없습니다. 그것은 우리 신앙에는 없는 것입니다. 아무리 상처가 많고 아무리 삶이 힘들고, 아무리 처절한 그런 일을 겪었다고 해도, 그리스도인이라면, 그럼에도 불구하고 죄와 싸워서 이겨야지 져도 괜찮을 수는 없는 것입니다. 여러분! 신앙인은 바로 죄와 싸워 이기는 사람이라는 것을 늘 기억하십시오.

2. '죄와 싸워 이기는 방법은 영적 초월에 있다'고 말씀하십니다.
2-3절 말씀을 보겠습니다.

남편 있는 여인이 그 남편 생전에는 법으로 그에게 매인 바 되나 만일 그 남편이 죽으면 남편의 법에서 벗어나느니라. 그러므로 만일 그 남편 생전에 다른 남자에게 가면 음녀라 그러나 만일 남편이 죽으면 그 법에서 자유롭게 되나니 다른 남자에게 갈지라도 음녀가 되지 아니하느니라.

바울 사도의 이 예화는 정말 당혹스럽습니다. 죄를 이기는 그 중요한 논리를 입증하려고 이런 비유를 사용한 것인데, 그 내용이 정말 민망합니다. 제가 만일 설교에서 이런 식의 예화를 들었으면, 아마 수많은 사람이 '유 목사가 맛이 갔다'고 생각을 할 수 있을 정도입니다.

그런데 그런 당혹스러움이 있음에도 이런 비유를 쓴 이유는 정말 그렇게 강조하고 싶은 것이 있어서 그런 것입니다. 그것은 바로 '벗어남'입니다. 즉 '영적 초월'을 말하려고 그런 것입니다. 그렇습니다. 바울 사도는 이 '벗어남'이라는 한 단어를 말하려고, 이 당혹스러운 비유를 말한 것입니다. 남편이 있는 여인이 그 남편에게서 벗어나는 방법은 오직 그 남편이 죽어야만 한다는 정말 당혹스러운 비유, 특히 남편 된 사람의 관점에서는 도저히 말이 안 되는 그런 비유, 그래서 이 말씀을 보고 나서는 자꾸 아내를 의심스럽게 쳐다보게 만드는 이 황당한 비유, 바로 이 비유를 통해서 성경이 강조하고 있는 것은 바로 '벗어남' 그것입니다.

여러분! 그렇습니다. 죄를 이기는 방법은 한 가지뿐입니다. 그것은 바로 영적으로 그 죄를 뛰어넘어야 한다는 것입니다. 죄와 같은 자리, 같은 입장, 같은 눈높이, 같은 논리 속에서는 아무리 치열하게 싸워도 죄를 못 이깁니다. 죄가 움켜쥐고 있는 것을 나도 함께 움켜쥐고 힘을 써서는 절대로 거기에서 벗어날 수 없는 것입니다.

결국 오직 하나, 어떤 모양으로든지 '영적 초월'을 이루어야 그 죄를 이길 수 있는 것입니다. 죄의 그 자리에서 벗어나야 한다는 것이지요. 단지 도망치고 회피하는 것이 아니라 초월해야 하는 것입니다. 그래서 영적인 초월이라고 부르는 것입니다. 그러면 구체적으로 영적인 초월이란 무엇을 말하는가? 어떻게 하는 것이 영적으로 초월하는 것인가? 그래서 어떻게 하는 것이 죄를 이길 수 있는 것인가? 그것이 무엇인지를 오늘 말씀 6절에서 아주 정확하게 이야기해 주고 있습니다.

이제는 우리가 얽매였던 것에 대하여 죽었으므로 율법에서 벗어났으니 이러므로 우리가 영의 새로운 것으로 섬길 것이요 율법 조문의 묵은 것으로 아니할지니라.

"죽었으므로." 바로 그것입니다. 더 구체적으로 말하면 "우리가 얽매였던 것에 대하여 죽었으므로." 이것입니다. 영적인 초월은 다른 것이 아니라 '죽는 것'입니다. 예수 그리스도와 함께 십자가에서 죽는 것이 바로 영적인 초월의 첫 단계이고, 기본입니다.

그러면 이 영적인 초월로서 '죽는다는 것'이 구체적으로 무엇입니까? 육체적인 죽음을 말하는 것이 아님은 분명한데, 그러면 그것의 영적인 의미는 무엇입니까? 그것을 알기 위해 이 죽음으로서 다른 것에서 벗어나는 것이 아니라 율법에서 벗어나게 되고, 그래서 죄를 벗어나고 이기게 된다는 오늘 말씀의 의미를 주목할 필요가 있습니다. 다른 것이 아니라 율법에서 벗어나는 것이라면, 율법은 자기 의와 자기 욕심, 그리고 자기의 틀을 말하는 것이기 때문에 이 영적인 초월로서의 죽음은 다음 두 가지를 말합니다.

첫째. 하나님 앞에 '내려놓음'입니다.

내려놓음. 그것은 영적인 초월입니다. 특히 그것은 욕망과 욕심을 통해서 우리를 붙들고 얽매고 있는 죄를 이기는 영적인 초월입니다. 신앙생활을 하면서, 어떤 경우에는 포기하지 말고 정말 힘들고 어려워도 붙들어야 할 때가 있습니다. 붙드는 것이 신앙일 수 있다는 것입니다. 그러나 정말 많은 경우, 특히 욕심과 욕망이 그 저변에 깔려 있는 싸움에서는 내려놓음이 절대적입니다. 일단 내려놓고, 그리고 주님이 붙들라고 하신 것을 붙드는 것이지, 내려놓음이 없이는 어떤 것도 붙들 수 있는 것이 없습니다. 이 내려놓음은 바로 죽음이라고 하는 영적 초월인 것입니다. 왜냐하면 이 내려놓음은 바로 십자가에 죽는 신앙을 말하는 것이기 때문입니다.

〈내려놓음〉의 저자인 이용규 선교사님은 하버드 대학교에서 학위를 받은 뒤에 모든 것을 내려놓고 몽골국제대학에 선교사로 가서 섬기신 분입니다. 그분이 자신의 간증을 책으로 낸 것이 〈내려놓음〉이라는 책이고 이 책을 통해 정말 많은 사람이 은혜를 받았습니다.

그런데 그분이 〈내려놓음〉 다음에 이어서 책을 썼는데, 그것이 〈더 내려놓음〉이었습니다. 그 책의 프롤로그에서 〈더 내려놓음〉을 쓰게 된 이유를 말한 것이 아주 신선했습니다. 말하기를, 자신이 〈내려놓음〉을 썼을 때 출판사에서 책을 홍보하기 위해서 '하버드 대학교의 박사학위를 내려놓고 몽골로 갔다는 것'을 강조했는데, 그러다 보니 내려놓는 것이 자신의 어떤 지위나 그런 것을 내려놓고 좀 낮은 곳으로 가는 것 정도로 사람들이 오해했다는 것입니다. 그래서 그것이 아니라고, 내려놓음은 바로 갈라디아서 2:20, 즉 "내가 그리스도와 함께 십자가에 못 박혔나니 그런즉 이제는 내가 사는 것이 아니요 오직 내 안에 그리스도께서 사시는 것이라 이제 내가 육체 가운데 사는 것은 나를 사랑하사 나를 위하여 자기 자신을 버리신 하나님의 아들을 믿는 믿음 안에서 사는 것이라"는 것을 강조하기 위해서 썼다고 말했습니다. 그렇습니다. 내려놓음은 바로 십자가에 그리스도와 함께 죽는 것입니다. 그래서 그것은 죄를 이기는 영적인 초월이 되는 것입니다.

둘째. 하나님께 대한 '전적인 순종'입니다.

그냥 내 생각에도 좋을 것 같아서 동의하는 그런 정도가 아닌, 그야말로 내 생각에는 정말 아닌 것 같고, 이해가 되지 않지만, 그러나 주님이 말씀하시므로, 그것이 하나님께서 원하시는 것이므로 전적으로 순종하는 그 순종은 바로 십자가의 신앙이고, 그것은 바로 죽음이라고 하는 영적인 초월인 것입니다.

계산하지 않습니다. 이해를 구하지 않습니다. 결과를 예상하지 않습니다. 내가 원하고 좋아하는 것인지 아닌지를 먼저 생각하지 않습니다. 다만 하나님의 말씀이고, 하나님의 뜻이므로 순종할 뿐입니다. 예수님이 하셨던 것처럼 말입니다. 이 순종 앞에 수많은 죄의 세력이 무너졌습니다. 이 순종 앞에 악한 마귀의 간계가 박살이 난 것입니다. 이것은 정말 위대한 영적인 초월입니다. 그렇습니다. 대책 없는 순종, 이해 안 되는 순종, 자신을 꺾는 순종. 그것은 다 십자가의 신앙이고, 그것은 바로 영적인 초월인 것입니다.

맺는말

Sinfighter 여러분! 비록 우리가 날마다 죄 가운데서 치열한 싸움을 하면서 살아가지만, 그러나 그 모든 순간, 그 모든 상황에서 십자가 신앙으로 '영적 초월'을 이루어 죄와 마귀의 궤계를 박살 내고 통쾌한 승리와 감동적인 신앙의 간증을 만들어 내는 우리 모두가 될 수 있기를 주의 이름으로 축원합니다.

로마서 강해

오호라 나는 곤고한 사람이로다 (1)

롬 7:7-25

성경의 표현들 가운데 보면 우리 자신에 대하여, 그 내면에 대하여, 그리고 영적인 상태에 대하여 정말 너무나 와 닫게 한 그런 표현들이 많이 있습니다. 그런데 저에게는 그중에 하나가 예레미야 2:22입니다.

주 여호와의 말씀이니라 네가 잿물로 스스로 씻으며 네가 많은 비누를 쓸지라도 네 죄악이 내 앞에 그대로 있으리니.

이 말씀을 처음 읽은 후부터 계속 생각이 났습니다. 그리고 새삼 공감하게 됩니다. 정말 아무리 애쓰고 노력해도 사라지지 않는 그런 내 안에 있는 죄성. 그것은 표현 그대로 '잿물로 씻고, 수많은 비누로 씻어도 없어지지 않는 그런 것'입니다. 어떻게 예레미야는 우리 안에 있는, 사라지지 않고 끊어지지 않는 죄성에 대하여 이렇게 정확하게 표현할 수 있었는지. 아마 이것은 예레미야 선지자 자신이 자기 속에 있는 상처와 죄악에 대하여 너무나 절망하고 아파했던 실존이기에 쓸 수 있었던 표현이 아닌가 합니다. 그러면서 동시에 우리를 향하여 정확한 생명의 말씀, 그리고 진리의 말씀을 해 주고 싶으신 하나님의 영에 감동된 사람이기에 그렇게 말할 수 있는 것이 아닌가 합니다.

여러분! 성경이 말하고 있는 가장 기본적인 두 주제가 있습니다. 성경은 신구약 66권 긴 말씀이지만, 그것이 정말 반복적으로 가장 강조해서 말하고 있는 기본적인 두 주제가 있습니다. 그 가운데 첫 번째는 바로 '하나님은 사랑이시라는 것'입니다. 하나님은 좋으신 분이라는 것입니다. 하나님은 우리를 사랑하시는 하나님이시라는 것입니다. 그것이 창세기 1:1부터 참 여러 가지 방식으로 계속 이야기되고 있는 것이 바로 성경입니다. 그리고 두 번째는 바로 '우리는 죄인이라는 것'입니다. 우리는 정말 악하다는 것입니다. 너무나 이기적이고, 너무나 세속적이고, 너무나 교만하고, 그리고 무력한 그런 존재라는 것입니다. 이것이 성경 전체에 창세기 3장부터 계시록까지 계속 나오고 있는 또 하나의 주제입니다.

그래서 이 두 주제가 함께 있기에, 이것이 만나면서 만들어지는 하나의 결론이 있는데, 그것이 바로 '구원의 은혜'입니다. 하나님은 사랑이시고, 우리는 죄인이기 때문에, 그래서 이 둘이 만나면 나올 수밖에 없는 결론이 바로 '구원의 은혜'입니다. 그 사랑이 죄인을 그대로 두지 않고 다시 살리시는 그 구원의 이야기, 하나님의 은혜, 그것이 성경이라는 것이지요.

오늘 말씀 로마서 7:7-25은 바로 그 이야기를 하고 있습니다. 그중에서 우리는 죄인이라는 것을 7-24절까지 정말 적나라하고 실존적으로 고백하고 있고, 25절에서는 그러나 하나님은 사랑이시라는 것을 복선처럼 한마디를 깔고 있는 것입니다. 8장의 본격적인 그 메시지를 말하기 위해서 말입니다.

사실 오늘 말씀은 겉으로 볼 때는 율법에 관한 이야기를 하는 것처럼 보입니다. 그래서 보통 주석들에서 말하는 것처럼, 바울 사도가 로마서 7:6까지 율법은 아니라고, 율법으로는 구원을 받을 수 없다고, 율법은 진노를 이루게 할 뿐이라고 그렇게 말하고 보니, 율법을 너무 몰아붙인 것 같더라는 것이지요, 그래서 '수습을 하려고 한 것이다.' 그렇게 보는 것이지요. 왜냐하면 로마서는 사실 일명 예루살렘 서신이라고 불릴 만큼, 로마에 있는 성도들에게 쓴 것이면서 또한 이것을 통해서 예루살렘 교회에게 자신을 말하는 그런 일종의 자기소개서와 같은 것이기 때문에 율법을 이런 식으로 몰아붙이면 안 되기 때문이라는 것입니다. 그래서 사실은 그렇지 않다고, 율법이 잘못된 것이 아니라 사실은 우리 속에 있는 죄성이 문제라고, 그렇게 율법을 향한 판단의 방향을 바꾸고 있는 것이라는 것입니다. 충분히 타당성이 있습니다. 그리고 겉으로 표현되고 있는 것은 분명 그것이 맞습니다. 7절 말씀을 보겠습니다.

그런즉 우리가 무슨 말을 하리요 율법이 죄냐 그럴 수 없느니라 율법으로 말미암지 않고는 내가 죄를 알지 못하였으니 곧 율법이 탐내지 말라 하지 아니하였더라면 내가 탐심을 알지 못하였으리라.

"율법이 죄냐? 그럴 수 없느니라." 바울 사도가 아주 강력한 주장을 펼칠 때 가장 잘 쓰는 표현인 수사적인 질문법을 사용해서 말하고 있는 것이 율법은 죄가 아니라는 것입니다. 오히려 그것은 거룩하고 선한 것이라는 것이지요. 12절 말씀을 보겠습니다.

이로 보건대 율법은 거룩하고 계명도 거룩하고 의로우며 선하도다.

다만 문제는 바로 우리 속에 있는 죄악이 문제라는 것입니다. 그것 때문에 선한 율법이 오히려 죄를 드러내는 것이 되고 말았다고 하면서 율법을 변호해주고 있는 그런 것이 바로 오늘 말씀의 드러난 논리라는 것입니다. 그런데 사실은 그렇지 않습니다. 오늘 말씀을 통해서 사도 바울이 하고 싶은 진짜 메시지는 율법의 변호가 아닙니다. 그것보다 정말 그가 말하고 싶은 것은 바로 '우리의 죄성의 발견', 그리고 '우리의 죄성의 고백', 그리고 '우리의 죄성을 고발하는 것.' 그것입니다. 여러분! 신앙이라는 것이, 영성이라는 것이, 하나님의 사랑을 발견하고 깨닫고 그것을 고백하는 것이라고 한다면, 그만큼 또한 우리에게 필요한 것은 우리가 얼마나 죄인인지를 알고 깨닫고 인정하고 고백하는 것입니다.

아무리 하나님의 사랑이 위대하다고 말해도, 그것이 그렇게 아름답다고 말해도, 내가 죄인인 것을, 내 죄성이 이렇게 끈질기고 악하다는 것을 깨닫지 못한 사람에게는, 그리고 인정하지 않는 사람에게는, 그 사랑은 한낱 미사여구일 뿐이고 아무 능력과 역사가 없는 공허한 것일 뿐입니다.

그렇습니다. 죄인에게만 칭의가 의미 있습니다. 자기 스스로 방법이 없고 가망이 없는 자에게만 구원이 감격이 되는 것입니다. 범죄한 자, 악한 자에게만 용서의 은혜가 감동이 되는 것입니다. 바로 그래서 바울 사도는 오늘 말씀을 쓰고 있습니다. 이것이 신앙생활하는 우리에게 너무나 중요하기 때문에, 우리가 반드시 알아야 하고 함께해야 하는 영적인 그런 것이기 때문입니다.

특별히 오늘 말씀을 보면서 우리가 주목해야 할 것은 바울 사도가 일인칭, 즉 "내가"를 주어로 쓰고 있다는 것입니다. 이것이 무슨 의미인가 하면, 바울 사도가 정말 굉장히 강력하게 강조하고 있다는 것입니다.

다른 사람들도 그렇지만, 바울 사도는 정말 중요한 것을 강조할 때는 꼭 자기의 이야기를 합니다. 자기 자신의 경험과 생각, 그리고 마음과 믿음을 고백합니다. 바울 서신에 보면 다 그렇게 되어 있습니다.

그런데 여기 오늘 로마서에서는 자기 이야기를 할 뿐 아니라, 다른 서신에 없는 더 강력한 그런 표현이 나옵니다. 일인칭을 쓰면서 자기의 이야기를 하는 정도가 아니라 자기 스스로 무너지는 것과 같은 그런 탄식을 하고 있는 것입니다. 그것이 24절입니다.

오호라 나는 곤고한 사람이로다 이 사망의 몸에서 누가 나를 건져내랴.

바울 서신의 다른 곳에는 없는 표현입니다. 그만큼 강력한 표현입니다. 그만큼 중요한 메시지를 강조하고 있는 것입니다. 그것이 무엇인가 하면, 우리는 자신이 죄인이라는 것을, 자신의 죄성을 언제나 분명하게 알고 파악하고 고백하고 인정하고 나아가야 한다는 것입니다. 그래야 참된 구원을 누릴 수 있습니다. 그래야 대속의 은혜, 구원의 은혜를 받을 수 있습니다. 그래야 진정한 하나님의 사랑을 체험할 수 있는 것입니다.

미국에서 목회하던 교회에 아주 신실하신 집사님 부부가 계셨는데, 그 부인 집사님이 하덕규 목사님의 누나이셨습니다. 하덕규 목사님! '시인과 촌장'이라는 그룹으로 활동했던, 그리고 정말 많은 유명한 노래를 만들어 히트시킨 유명한 싱어송라이터이신 분이지요. 대학에서 미술을 하다가 노래를 하게 되고, 그것으로 나름 성공을 했지만, 그러나 참 많은 갈등과 방황으로 무너진 상태에서 바로 그 누나의 인도로 교회에 나가게 되고 거기서 예수님을 만나면서 그야말로 꺼꾸러진 그런 분입니다. 그리고 나서 음악 활동을 계속하면서 가스펠 가수로도 활동하고, 목사가 되고, 실용음악 교수로 사역하고 있는 그런 분이지요. 그분을 만났을 때는 암 수술을 하고 항암치료를 받고 회복하고 있던 때였습니다. 제가 그분의 세대이기도 했지만, 그분에게 정말 궁금한 것이 있어서 만나고 싶었습니다. 그래서 만나서 교제하면서 그것을 물어보았습니다. 그것은 "가시나무"라는 노래에 대한 것이었습니다. 이 노래는 원래 유명한 노래이기도 했지만, 그 뒤에 조성모라는 가수가 리메이크해서 대박이 난 그런 노래입니다. 그래서 그 당시에는 여기저기 방송에서 이 노래가 계속 나왔는데, 제가 이 노래에 관심이 있었던 이유는 이것이 사실은 가스펠송이라는 점 때문이었습니다. 그러니까 하덕규 목사님이 은혜받고 자신의 신앙을 고백하며 쓴 노래라는 것이지요. 그러니까 이 노래의 가사는 예수님께 드리는 신앙적인 고백 그 자체입니다. 그런 신앙고백이 온통 방송에서 울려 퍼지니 목사인 제가 신이 나지 않겠습니까? 더구나 그 고백이 정말 실존적으로 리얼하거든요.

　　내 속엔 내가 너무도 많아 당신의 쉴 곳 없네.
　　내 속엔 헛된 바램들로 당신의 편할 곳 없네.
　　내 속엔 내가 어쩔 수 없는 어둠 당신의 쉴 자리를 뺏고
　　내 속엔 내가 이길 수 없는 슬픔 무성한 가시나무 숲 같네.

　　바람만 불면, 그 메마른 가지 서로 부대끼며 울어대고
　　쉴 곳을 찾아 지쳐 날아온 어린 새들도 가시에 찔려 날아가고
　　바람만 불면, 외롭고 또 괴로워 슬픈 노래를 부르던 날이 많았는데

　　내 속엔 내가 너무도 많아서 당신의 쉴 곳 없네.

주님 앞에서 늘 괴로워하는 그런 자기 갈등 스타일의 저에게는 정말 그대로 와닿는 아주 실감 나는 그런 가사여서 정말 은혜가 되기는 하는데, 그러면서도 한 가지 궁금한 것은 왜 거기까지만인가 하는 것입니다. 이것이 분명 하덕규 목사님이 예수님을 만나고 난 후, 그 은혜 가운데 있으면서 쓴 것이라는데, 왜 여기에 하나님의 그 사랑, 예수님의 그 은혜, 이런 고백이 나오지 않는지, 그러니까 가시나무 같은 자기의 내면에 대한 고백만 하고 있는지, 그것이 너무 궁금했습니다. 하덕규 목사님은 무슨 마음으로 이 노래를 만들었는지 그것을 듣고 싶었던 것이지요. 그래서 만나자마자 그것을 물었습니다. 그랬더니 간증 집회에서도 간략하게 말한 것이지만, 그것을 자세히 말씀하시더군요.

그 노래는 자신이 예수님 만나고 은혜받은 후, 한 2년 정도 후에 만들었는

데, 그 당시 자신은 예수님을 믿으면서 정말 은혜 가운데 행복하면서도, 자기 속에 여전히 올라오는 그 죄성을 보고 참 괴롭고 죄송한 그런 마음에서 갈등하고 있었다고 합니다. 여전히 가지고 있는 그 욕심과 추한 생각들, 그리고 사람에게 상처받고 그러면서 사람을 미워하고, 스스로 절망하고 낙심하고 좌절하는 마음, 그 어두움과 우울함, 외로움, 그러면서 정말 사랑하는 사람들에게 상처를 주고 그들을 내어 쫓는 악함과 어리석음, 이런 마음이 너무나 괴롭고 갈등스러웠다는 것입니다. 그런데 어느 날 새벽기도회에 갔다가 거기에서 환상을 하나 보았다는 것입니다. 그것은 가시나무 덩쿨 같은 곳에서 피 흘리고 계시는 예수님의 형상이었답니다. 그 순간 깨달아지는 것이, 이렇게 여전히 가시나무 숲같이 죄성이 얽히고설킨 자기의 마음 한가운데 여전히 계시면서 그 가시에 찔려 피 흘리시면서도 함께하시는 대속의 주님을 보면서 너무 죄송하고, 너무 감사하고, 그 은혜에 어떻게 할 수 없는 그런 마음에, 집에 돌아오자마자 10분 만에 가사를 쓰고 곡을 붙여 만든 노래라고 합니다.

그러니까 이 노래는 자기 죄성을 한탄하는 노래가 아니라 주님의 그 은혜와 사랑에 대하여 감격하며 고백하는 그런 노래라는 것입니다. 겉으로는 온통 자기의 괴로운 실존, 그 죄성을 말하고 있지만, 사실은 그런 자신을 구원하시고 여전히 사랑하시는 그 주님의 은혜를 노래한 그런 노래인 것이지요.

: 맺는말

사랑하는 성도 여러분! 여러분이 정말 아름다운 신앙의 사람이고자 한다면 언제나 무엇보다 먼저 "오호라 나는 곤고한 사람이로다."라고 고백할 수 있어야 합니다. 주님 앞에서 이 고백을 할 수 있는 사람이 참신앙의 사람이고, 그런 고백을 하는 신앙이 아름다운 신앙인 것입니다.

주변에 있는 신앙인들을 보면, 그중에는 믿음이 좋고, 신앙심이 강하다고 할 수 있는데, 아름답지 못한 그런 사람이 있습니다. 정말 헷갈리는 이야기이지요. 무엇이 문제일까요? 신앙이 좋은데 왜 아름답지 못할까요? 신앙이 좋은데 주변에 그를 싫어하는 사람이 왜 그렇게 많을까요? 그 주변에 있는 사람들 가운데 그에게 상처받고 힘들어하는 사람이 왜 그렇게 많을까요? 신앙이 좋은데 왜 그렇게 신앙 공동체를 세우는 것이 아니라 오히려 흔들고 어렵게 하는 것일까요? 신앙이 좋은데, 사실은 왜 그렇게 행복하지 못할까요?

답은 하나입니다. "오호라! 나는 곤고한 사람이로다." 이 고백이 없어서입니다. 주님 앞에서 자신의 죄성을 보고, 그 악함에 괴로워하면서 이 고백을 진정으로 해야 하는데, 그러지 않기 때문입니다.

여러분! 우리가 신앙인이라면, 결코 스스로 속이면 안 됩니다. 우리가 우리 안에 있는 우리의 죄성을 정확히 보고 알고 고백해야 합니다. 그래야 우리 주님의 십자가의 그 은혜를 제대로 알 수 있습니다. 그래야 그것을 십자가에 처리할 수 있습니다.

그러면 우리의 죄성, 그것은 구체적으로 어떤 것인가? 이것은 다음번에 보도록 하겠습니다.

로마서 강해

오호라 나는 곤고한 사람이로다 (2)

롬 7:7-25

　내적 치유 사역을 할 때, 사람들이 제게 자꾸 묻는 것이 있습니다. "그래서 어떻게 해야 합니까? 내적 치유 그것을 한마디로 정리해주세요."
　그런데 사실 우리의 내면이 복잡하고, 또 사람의 마음이라는 것이 그렇게 쉽게 다룰 수 있는 것이 아니기 때문에, 제가 아무리 족집게 과외 선생 출신이어도 그것을 한마디로 정리하는 일이 쉽지 않습니다. 하지만 내적 치유는 그냥 단지 마음을 다루는 심리 상담 같은 것이 아니라, 영적인 치유, 영적인 확립이기 때문에, 그래서 신앙의 분명한 영적 원리를 가지고 한마디로 정리할 수가 있는 것입니다.
　그것이 무엇인가? 바로 '알고, 파악하고, 결단하고'입니다. 어떻게 치유를 하는가? 바로 이렇게 '상처가 무엇인지를 알고, 내 속에 일어나는 이 마음이 무엇인지를 파악하고, 그것이 만일 상처에서 온 것이라면, 그 마음을 따르기를 거부하는 결단을 하는 것.' 바로 이것이 내적 치유라는 말입니다.

여러분! 우리는 늘 '알고, 파악하고, 결단하고.' 이 치유의 방법을 기억해야 합니다. 왜냐하면 이것이 단지 우리 내면을 치유하는 그런 방법만이 아니라, 말씀드린 대로, 영적인 삶을 제대로 살기 위한 신앙의 방법이기 때문입니다.

신앙생활을 어떻게 하는가? 원론적으로는 '하나님의 자녀로 이 세상을 살아가는 것'이지요. 그런데 그렇게 살기 위한 실제적인 것은 바로 '죄를 이기는 삶' 아닙니까? 십자가의 능력으로 죄를 이기고 살아가는 것, 그것이 바로 신앙생활의 실제적인, 정말 중요한 것입니다.

그런데 이렇게 '죄를 이기는 삶'을 살기 위해서는 우리 속에 있는 죄성, 그것을 제대로 파악해야 합니다. '알고, 파악하고, 결단하고.' 그중에서 '알고, 파악하고.' 여기에 해당하는 것입니다. 그래야 결단을 합니다. 그 죄를 이기는 신앙의 결단을 하는 것입니다. 그렇게 그 죄를 십자가에 못 박는 역사가 있는 것입니다.

제가 얼마 전에 "선한 능력으로"라는 찬양에 대하여 언급한 적이 있습니다. 최근에 새삼 수많은 사람에게 은혜를 주는 아주 귀한 찬양이지요. 그런데 그 찬양이 정말 은혜가 되는 것은 그 찬양의 가사를 본회퍼 목사님이 썼다는 것입니다. 그것도 본회퍼 목사님이 옥중에서 쓴 마지막 편지에 들어 있는 찬송시였다는 사실입니다. 저는 어느 날 이 찬양을 혼자 부르다가 문득 이런 감동이 왔습니다. '본회퍼 목사님이 얼마나 힘들고 무서웠으면 이런 찬송을 썼을까?'

그 선한 힘에 고요히 감싸여 그 놀라운 평화를 누리며
나 그대들과 함께 걸어가네. 나 그대들과 한 해를 여네.
지나간 허물 어둠의 날들이 무겁게 내 영혼 짓눌러도
오 주여 우릴 외면치 마시고 약속의 구원을 이루소서.
주께서 밝히신 작은 촛불이 어둠을 헤치고 타오르네.

그 빛에 우리 모두 하나 되어 온 누리에 비추게 하소서.
이 고요함이 깊이 번져갈 때 저 가슴 벅찬 노래 들리네.
다시 하나가 되게 이끄소서 당신의 빛이 빛나는 이 밤
그 선한 힘이 우릴 감싸시니 믿음으로 일어날 일 기대하네.
주 언제나 우리와 함께 계셔 하루 또 하루가 늘 새로워.

진짜 마음에 평화가 있어서, 어떤 기대와 소망이 있어서 이렇게 노래한 것이 아니지요. '마음이 너무 두렵고 불안하고 힘드니까, 주님이 자신을 외면하고 버리신 것 같은 의심에 마음이 너무 흔들리니까, 너무 캄캄하고 절망스러운 마음이니까, 그런 마음이 마음속을 꽉 채우니까' 그래서 이렇게 노래한 것입니다. 왜냐하면 그 마음을 받을 수 없으니까요. 그것은 자기 속에 있는 상처, 죄성에서 나온 마음이니까요. 그것은 마귀가 주는 마음이니까요.

여러분! 이것이 진짜 신앙입니다. 이것이 제대로 된 신앙의 방향이라는 것입니다. 절대로 죄를 따라가지 않는 것, 마귀가 시키는 대로 하지 않는 것입니다.
바로 그래서 우리는 먼저 우리의 죄성, 그것을 알고, 파악해야 하는 것입니다. 이것이 로마서에서 바울 사도가 "오호라 나는 곤고한 사람이로다!"라고 그렇게 리얼하게 고백하고 있는 이유입니다.
그러면 우리의 죄성, 그것은 구체적으로 어떤 것인가? 보통 죄성이라고 하면 윤리 도덕적인 것을 생각하는데, 우리의 죄성은 그것보다 훨씬 폭넓고 깊습니다. 그래서 우리가 그것을 제대로 알 필요가 있다는 것이지요.
그것이 무엇인가? 오늘 말씀을 통해서 본다면, 그것은 다음 세 가지입니다.

1. 연약함입니다. 무력함입니다.
24절의 "오호라 나는 곤고한 사람이로다 이 사망의 몸에서 누가 나를 건져내랴"라는 표현에도 나오지만, 우리의 죄성은 바로 우리의 연약함, 무력함입니다. 내가 원하는 대로 하는 것이 아니라 원하지 않는 것으로 끌려가고 사로잡혀 가고, 그러면서 다시 후회하고, 그렇게 하고 있는 그 연약함과 무력함이 바로 우리의 죄성인 것입니다. 그래서 이런 연약함과 무력함은 우리 속에 갈등을 가져옵니다. 그야말로 이러지도 저러지도 못하는 그런 갈등 말입니다.

존 스토트가 쓴 〈로마서 강해〉에 보면, 로마서 7:21-25 이 부분을 설명하면서 여기에는 네 가지의 두 개의 갈등이 있다고 했습니다.
1) 두 개의 자아가 있다. 선을 행하기 원하는 나와 악이 함께한 나.
2) 두 개의 법이 있다. 하나님의 법과 다른 법.
3) 두 개의 부르짖음이 있다. "오호라 나는 곤고한 사람이로다"와 "우리 주 예수 그리스도로 말미암아 하나님께 감사하리로다"라는 부르짖음.
4) 두 개의 종노릇이 있다. 하나님의 법을 섬기는 것과 죄의 법을 섬기는 것.
한마디로 정말 심각한 갈등이 있는 것입니다. 그리고 이것은 다른 말로 '연약함'입니다. '무력함'입니다.

여러분! 제가 여러 번 강조했지만, 연약한 것은, 무력한 것은 악한 것입니다. 그냥 괜찮은 것이 아닙니다. 신앙인들 가운데 종종 쓰는 말이 "마음은 원이로되 육신이 약하도다."라는 것이 있습니다. 겟세마네에서 잠자고 있는 제자들에게 주님이 하신 말씀을 인용하면서, 자기의 연약함을 합리화하는 그런 말입니다. 그런데 여러분! 이것은 정말 잘못된 것입니다. 이것은 절대로 주님이 그들의 그 연약함을 인정해주신 말씀이 아닙니다. 오히려 그래서는 안 된다고 야단치시고 강력하게 경고하신 말씀입니다. "시험에 들지 않게 깨어 있어 기도하라 마음에는 원이로되 육신이 약하도다 하시고"(막 14:38). 그렇게 약하면 안 된다는 말씀입니다. 그러면 마귀의 시험에 빠질 수밖에 없다는 것입니다.

여러분! 약한 것, 무력한 것, 그것은 죄성입니다. 그것은 우리의 아주 악한 죄성입니다. 그러니까 우리가 정말 십자가에 못 박아 처리해야 할 그런 것입니다. 절대로 연약함을 용납하지 마십시오. 절대로 무력함을 받아주지 마십시오.

옛날 가스펠송 가운데, 정말 가스펠송의 조상님에 해당하는 찬양 가운데 지금도 제가 종종 혼자 부르는 찬양이 있습니다. 그것은 "나는 비록 약하나 주 예수는 강하다"(I am weak but Thou are strong)입니다. 이것이 정말 감동이 되는 것은 이 가스펠송이 흑인영가에서 온 것이니까, 그러니까 노예 상태에서 스스로 너무 무력하고 무가치한 느낌이 드는 그런 상황에서, 그러나 선포하듯이 고백한 노래이기 때문입니다. 그렇습니다. 우리가 보아야 할 우리의 죄성, 그것은 연약함, 무력함입니다. 그래서 우리가 날마다 십자가에 처리해야 할 것도 바로 우리의 연약함, 무력함, 그것입니다.

2. 어리석음입니다.
15절 말씀을 보겠습니다.

내가 행하는 것을 내가 알지 못하노니 곧 내가 원하는 것은 행하지 아니하고 도리어 미워하는 것을 행함이라.

어리석음이 또한 우리의 죄성입니다. 선하고 바른 것을 따르지 않고, 악하고 잘못된 것을 오히려 따르면서도, 자신이 그렇게 하는지도 모르는 그런 어리석음이 바로 죄성인 것입니다. 또한 자신의 상태와 삶이 사실은 참 비참하고 허무한 것임에도 그것을 알지 못하고 그것이 괜찮은 것처럼, 심지어 멋있고 좋은 것처럼 그렇게 생각하는 것이 바로 어리석음이라는 죄성인 것입니다.
24절에 "곤고한 사람이로다."라고 고백하면서 쓴 "곤고한"이라는 단어가 신약성경에서 또 한 번 쓰인 곳이 있습니다. 그것은 바로 요한계시록 3:17에 라오디게아 교회에게 주신 말씀입니다. 거기에 보면, "네가 말하기를 나는 부자라 부요하여 부족한 것이 없다 하나 네 곤고한 것과 가련한 것과 가난한 것과 눈 먼 것과 벌거벗은 것을 알지 못하는도다."라고 나와 있는데, 바로 그 '곤고한'이 '탈라이포로스'라는 단어로 로마서에서 쓰인 그 단어입니다. 결국 자신의 곤고한 그 실상을 알지 못하는 것이 바로 라오디게아 교회의 문제이고, 그것이 바로 영적인 어리석음인 것입니다.

어리석음은 죄성입니다. 참된 것을 버리고 거짓을 택하고 따라가는 것, 그리고 그러면서도 그것을 알지 못하는 것, 지금 자신의 상태가 사실은 얼마나 곤고하고 가련한지를 깨닫지 못하는 것, 그것이 바로 죄성인 것입니다.

'어리석음.' 이것이 죄성이라고 확실하게 말할 수 있는 것은 이렇게 어리석게 되는 이유가 바로 죄에 속하는 것이기 때문입니다. 그것을 오늘 말씀에서 분명하게 이야기해 주고 있습니다. 11절 말씀을 보겠습니다.

죄가 기회를 타서 계명으로 말미암아 나를 속이고 그것으로 나를 죽였는지라.

죄가 우리를 속입니다. 그러므로 그 속임에 넘어가는 것은 어리석음이고, 바로 그것은 죄성인 것입니다. 그래서 우리에게는 깨닫게 하시는 성령님의 역사가 필요합니다. 우리의 눈을 밝히시는 주님의 은혜가 필요한 것입니다.

3. 거역함과 엇나감입니다.
19절 말씀을 보겠습니다.

내가 원하는 바 선은 행하지 아니하고 도리어 원하지 아니하는 바 악을 행하는도다.

"원하는 바"라는 이 표현은 '자기가 하고 싶은 것'이라는 말이 아니라 정말 '자신이 해야 하는 바른 것'이라는 의미입니다. 그러므로 "내가 원하는 바 선은 행하지 아니하고 도리어 원하지 아니하는 바 악을 행하는도다"라는 것은 하나님이 주신 바른길, 옳은 길, 당연히 있어야 하는 그 길을 벗어나서 자꾸 다른 곳, 잘못된 곳으로 가려고 하는 그런 거역함을 말하는 것입니다. 해서는 안 되는데, 안 되는 줄 알면서도 그렇게 행하는 바로 그런 거역과 엇나감의 속성이 바로 우리의 죄성인 것입니다.

이것을 정말 실감 나게 갈파한 사람이 있습니다. 바로 사무엘입니다. 그는 사울이 아말렉을 진멸하라는 하나님의 말씀을 어기고, 아말렉의 좋은 것들을 제물로 쓰겠다는 명목으로 살려두었을 때, 그런 그의 행동에 대하여 그것은 죄라고 그야말로 단호하고 무섭게 말했습니다. "이는 거역하는 것은 점치는 죄와 같고 완고한 것은 사신 우상에게 절하는 죄와 같음이라 왕이 여호와의 말씀을 버렸으므로 여호와께서도 왕을 버려 왕이 되지 못하게 하셨나이다 하니"(삼상 15:23).

여러분! 우리의 죄성은 바로 이 거역함과 엇나감이라는 것을 알아야 합니다. 나에게 그런 마음이 있다는 것을, 해야 한다고 하신 것은 하지 않고, 하지 말라고 한 것은 하려고 하는 존재라는 것을 알아야 합니다.

그래서 우리에게는 십자가의 대속의 은혜가 필요합니다. 우리의 이 죄성과 거역함으로 인해 우리에게 온 그 사망의 죗값을 대신 갚아주고 구원할 대속의 은혜와 지금도 끝없이 올라오는 이 거역의 마음을 죽여 없애야 하는 십자가의 은혜가 필요한 것입니다.

맺는말

"오호라 나는 곤고한 사람이로다 이 사망의 몸에서 누가 나를 건져내랴."

바울의 이 처절한 고백은 자기만의 탄식과 고백이 아니고, 우리에게 주는 메시지입니다. 우리도 그렇게 고백해야 한다는 것이지요.

그렇습니다. 우리는 죄인입니다. 우리는 그런 죄성을 가지고 있는 사람입니다. 자신 안에 있는 이 연약함과 무력함, 이 어리석음, 그리고 이 거역하는 마음의 죄성을 깨닫고 알고, 인정하고 고백하고, 그러면서 주님 앞에서 영적으로 날마다 고발할 수 있어야 합니다.

그러면 바로 거기에서부터 우리 하나님의 구원의 은혜가 임하는 것입니다. 구원의 감격이 느껴지는 것입니다. 참된 사랑을 체험할 수 있는 것입니다.

자신의 죄성을 늘 깨닫고 고백하는 그런 영성, 언제나 거기에서 출발하는 영성, 그래서 하나님의 구원의 은혜에 이르는 그런 영성의 사람이 다 될 수 있기를 축원합니다.

생명의 성령의 법

롬 8:1-11

　로마서를 잘 이해하기 위해서는 두 개의 접속사에 주목할 필요가 있습니다. 하나는 로마서 3:21에 나오는 '그러나'입니다. 우리말 성경에는 "이제는 율법 외에 하나님의 한 의가 나타났으니 율법과 선지자들에게 증거를 받은 것이라."라고 해서 '그러나'가 나오지 않지만, 헬라어 원어로 보면 '누니 데'라고 해서 '이제는'이라는 '누니'에 '그러나'라는 '데'가 붙어서 아주 강력한 영적인 역사의 새로운 장이 열리는 그런 표현을 하고 있습니다. 구체적으로 말하면, 우리 모든 인간은 다 죄인이라는 것을, 그래서 의인은 하나도 없다는 것을, 바로 그것을 아주 강력하게, 절망적으로 이야기하다가, '그러나 이제는'이라고 하면서, 하나님의 의가 되신 예수 그리스도를 새로운 역사하심의 장이 확 펼쳐지는 것으로 선포하듯이 소개하고 있는 것이 바로 로마서 3:21 말씀이고, 로마서 전반부의 가장 중요한 말씀이라는 것입니다. 그리고 또 하나는 로마서 8:1 오늘 말씀에 나오는 "그러므로"입니다.

그러므로 이제 그리스도 예수 안에 있는 자에게는 결코 정죄함이 없나니.

이 말씀의 "그러므로" 역시 "이제"와 같이 쓰였습니다. 앞의 3:21에서는 '이제는 그러나'(누니 데)라고 쓰였다면, 여기에는 "그러므로 이제"(아라 눈)라고 나오고 있는 것입니다. 그냥 접속사만 쓰고 있는 것이 아니라 거기에 "이제"라는 말을 함께 붙여 쓰면서, 하나님의 어떤 영적인 아주 중요한 역사가 일어나고 있는 것을 말하는 바울 사도의 특별한 표현인 것입니다.

그렇다면, 여기에서 '아라 눈'(그러므로 이제)을 사용하면서 말하고 있는 그 영적인 중요한 선포, 그 역사는 무엇입니까? 그것은 "그리스도 예수 안에 있는 자에게는 결코 정죄함이 없다!" 그것입니다.

영화나 드라마에서도 많이 다루는 이야기이지만, 사실은 실제로 많은 사람이 정도의 차이일 뿐이지 정말 고통받고 힘들어하면서 그 삶을 망가뜨리는 것이 '죄책감'입니다. 본인이 일부러 그랬든지, 아니면 어쩔 수 없이 그랬든지, 심지어 본인이 가해자가 아니라 피해자인 경우임에도, 그 죄에서 벗어나지 못하고, 수치와 죄책감에 잡혀서 그 삶이 행복하지도 못하고 힘들게 살아가는 사람들이 얼마나 많은지 모릅니다. 그러므로 정말 중요한 것은 이 '정죄함'에서 벗어나는 것입니다. 그것이 죄를 이기고 승리하는 아주 중요한 것입니다. 그래서 로마서 8:1에서 '그러므로 이제'라는 말로 시작하고 있는 이 선포가 중요한 것입니다. "그리스도 예수 안에 있는 자에게는 결코 정죄함이 없다!" 이것이 영적으로 우리에게 너무나 중요한 말씀입니다.

저는 개인적인 관점에서, 특히 저의 드라마적인 감수성과 상상력을 통해서 볼 때, 바울 사도는 다른 어떤 곳에서보다 이 "그러므로 이제 그리스도 예수 안에 있는 자에게는 결코 정죄함이 없나니"라는 말을 쓰면서 울컥했을 것이라고 생각합니다. 눈물이 핑 돌면서, 가슴이 뭉클하면서, 그 목소리가 떨렸을 것이라고 생각합니다.

여러분! 참신앙의 사람들에게는 다 이런 고백이 있습니다. 요셉의 경우에는 "나를 이리로 보낸 것은 하나님이십니다."라고 말할 때 그렇게 감동이 있었을 것입니다. 다윗의 경우에는 "여호와는 나의 목자시니 내가 부족함이 없습니다."라고 할 때 그런 감격이 있었을 것입니다. 요한 사도에게는 "하나님은 사랑이심이라"고 할 때 그런 감격이 있었을 것입니다. 그리고 바울 사도는 바로 이 고백, "그리스도 예수 안에 있는 자에게는 결코 정죄함이 없나니"를 말할 때 바로 이런 감격이 있었을 것입니다.

왜냐하면 바로 이런 고백은 공부를 통해서, 혹은 책을 통해서 배운 것이 아니기 때문입니다. 정말 삶의 한복판에서 수많은 고민과 번민의 밤을 보내고, 때로 정말 지옥 같은 그런 시간들을 보내면서, 그 가운데서 우리 주님을 만나면서, 구원받으면서 알게 되고 깨닫게 된, 바로 그런 고백이기 때문입니다.

분명 바울 사도에게는 '죄책감'의 문제가 있었습니다. 특히 그가 어릴 때부터 가말리엘 문하에서 엄격한 율법 교육을 받으면서, 어쩌면 그 이전에 그 어린 아들을 가말리엘에게 보낼 만큼 엄격한 아버지의 그 시선과 언어들 속에서, 그는 정말 감당 못할 '정죄함, 죄책감'에 시달리고 있었을 것입니다.

이런 면에서 종교 개혁자 마르틴 루터와 바울은 정말 비슷합니다. 제가 마르틴 루터의 전기를 읽으면서 발견한 것이, 루터에게 가장 큰 상처는 바로 '아버지'였다는 것이었습니다. 자수성가한 사람인 마르틴 루터의 아버지는 마르틴 루터를 정말 사랑했지만, 아주 엄격하고 무섭게 그를 키운 사람이었습니다. 장남인 마르틴 루터에 대하여 기대가 많았기에, 그만큼 그를 부담스럽고 힘들게 했던 사람이었습니다. 그래서 그는 내적인 고민과 갈등에 빠지게 되었는데, 그 주된 것은 바로 아버지에게서 온 두려움과 죄책감이었습니다. 그러다가 벼락이 치는 날 그 벼락에 맞아 함께 가던 친구가 죽는 일을 경험하고, 죽음의 공포에 떨며 법학을 그만두고 수도사가 되었지만, 참된 은혜를 받은 것이 아니었고,

오히려 더 심한 갈등과 정죄감, 두려움 속에서 고통했습니다. 그런 그의 고통을 가중시킨 것은 용서하지 않는 아버지였습니다. 그러다가 나중에 로마서를 통해서, '이신칭의' 그 복음의 비밀을 통해서, 그리고 바로 "그러므로 이제 그리스도 예수 안에 있는 자에게는 결코 정죄함이 없나니" 이 말씀을 통해서, 그는 참된 구원의 은혜를 받게 된 것입니다. 바로 그래서 마르틴 루터의 로마서 서문이 그렇게 생생한 은혜였던 것이었나 봅니다.

그렇습니다. 바로 그런 정죄함에서 해방되는 그 은혜. 그것이 바로 바울 사도가 구체적으로 체험한 구원의 역사였던 것입니다. 그가 가슴이 떨리고 눈물이 핑 돌도록 감사하고 행복하고 기뻤던 바로 그 구원의 은혜였던 것입니다.

그래서 언제든지, 다시 옛것이, 육체가, 세상이, 사탄 마귀가 죄 아래로 잡아가려고 할 때마다 그는 정말 고백하듯이 선포하듯이 "그러므로"뿐만 아니라, 그 뒤에 "이제"라는 종말론적 신앙의 선포인 단어를 사용하면서, 바로 이 영적인 진리를 외치고 있는 것입니다.

그러므로 이제 그리스도 예수 안에 있는 자에게는 결코 정죄함이 없나니.

여러분! 바울만 그런 것이 아닙니다. 우리도 그런 것입니다. 이것은 바울이 체험한 바울만의 구원이 아닙니다. 우리가 체험하고 우리가 받은 은혜입니다. '정죄함'(카타크리마)은 우리 주 예수 그리스도 안에서 절대로 우리에게 있을 수 없습니다. 사탄 마귀가 수없이 많은 방법으로 우리를 공격하고, 수십, 수백 가지의 논리와 증거들을 가지고 밀고 들어와도, 우리 주 예수 그리스도 안에서 그 정죄함은 절대 우리에게 있을 수 없습니다. 왜냐하면 우리가 예수 그리스도를 주로 믿는 그 순간 우리에게 이전과 다른 역사가 일어났기 때문입니다. 그 역사가 무엇인가? 그것을 정죄함이 없는 아주 분명한 이유로 2절에 이야기하고 있습니다.

이는 그리스도 예수 안에 있는 생명의 성령의 법이 죄와 사망의 법에서 너를 해방하였음이라.

그렇습니다. 예수 그리스도를 주로 믿고 고백하는 순간, 그리고 그 고백과 믿음이 우리 안에 있는 모든 시간 속에서 바로 어떤 역사가 일어났고 일어나고 있는가 하면, "생명의 성령의 법이 죄와 사망의 법에서 우리를 해방"하는 역사가 일어났고 일어나고 있는 것입니다. 이것이 바로 우리가 받은 구원입니다. 이것이 바로 우리 누리고 있는 은혜인 것입니다. 이것이 바로 예수 그리스도를 믿는 신앙의 사람의 내면과 존재 속에서 일어나고 있는 영적 역사인 것입니다.

"생명의 성령의 법!" 그것이 무엇인가? 이것은 바울 사도가 예레미야 31:33의 말씀인 "그러나 그 날 후에 내가 이스라엘 집과 맺을 언약은 이러하니 곧 내가 나의 법을 그들의 속에 두며 그들의 마음에 기록하여 나는 그들의 하나님이 되고 그들은 내 백성이 될 것이라 여호와의 말씀이니라"를 염두에 두고 이야기한 것입니다.

그렇습니다. 예수 그리스도를 주로 고백하면서, 하나님이 나의 하나님, 나의 아버지가 되셨습니다. 그러면서 우리 하나님의 법이 우리 마음속에 역사하기 시작하는데, 그것이 바로 생명의 성령의 법인 것입니다.

그런데 그 생명의 성령의 법이 무엇인가? 그것은 이 말씀 그대로 두 가지의 법인 것입니다.

1. 이것은 바로 성령의 법입니다.

성령의 법은 바로 영의 역사입니다. 이것은 바로 우리를 영에 속한 사람으로 만드는 역사입니다. 그리스도 예수 안에 있을 때, 우리는 바로 이 영에 속한 사람이 되는 것입니다. 더 이상 육에 속한 육적인 사람이 아닙니다. 바울 사도는 바로 이것을 3-11절에서 여러 가지로 계속 이야기하고 있는 것입니다.

여러분! 우리가 육에 있는 한 절대로 '카타크리마'(정죄함)에서 벗어날 수 없습니다. 죄의 법에서 벗어날 수 없습니다. 육적인 사고, 육적인 욕망, 육적인 감정, 육적인 논리 속에 있으면 결국 죄의 법 아래 있을 수밖에 없는 것입니다.

예를 들면, 쾌락과 즐거움을 삶의 가장 중요한 목적으로 삼고 사는 것이 바로 육적인 삶의 모습입니다. 수많은 집착이 여기에서 나오고, 중독이 여기에서 나옵니다. 삶을 허비하고, 그러고 나서 밀려드는 죄책감과 허탈함에 허우적거리는 것이 바로 여기에서 나옵니다.

소유와 명예와 사람의 인정에 집착하는 것이 바로 육에 속한 그런 삶입니다. 욕심과 교만이 여기에 가득합니다. 그래서 비교와 경쟁을 하게 되고, 그러면서 스스로 교만하기도 하고 때로 비참해지기도 합니다. 결국 그렇게 소유를 갈망하면서도 채워지지 않아서 허덕이고, 그렇게 명예와 인정에 집착하면서도 사실은 스스로 늘 비참함에서 벗어나지 못하는 것입니다.

걱정과 두려움, 염려와 불안 속에서 살아가는 것이 바로 육적인 삶입니다. 육체의 두 가지 가장 강한 특성이 만족과 생존을 위한 안전이라면, 바로 두 번째 것에 매여 있는 것이 염려, 걱정, 불안, 두려움입니다. 절대로 행복할 수 없는 그런 것입니다. 자유가 없습니다.

그러나 성령의 법은 육체에서 벗어나게 하고, 그래서 죄의 법에서 우리를 해방합니다. 왜냐하면 예수 그리스도를 주로 믿고 하나님의 자녀가 되는 순간 그 십자가에 우리의 육이 함께 못 박혀 죽은 것이기 때문에 더 이상 그것이 우리를 주장할 수 없는 것입니다.

이것이 무엇이냐고 묻는 사람은 아직 그 은혜를 체험하지 못해서 그렇습니다. 정말 주 안에서 그렇게 집요했던 욕망이 아무것도 아닌 것을 깨닫게 되고,

그 걱정과 염려, 두려움이 그대로 사라져 버리는 놀라운 체험, 그것이 바로 생명의 성령의 법이 죄와 사망의 법에서 나를 해방시키는 바로 그 역사입니다.

여러분! 분명히 육에서 우리는 해방될 수 있습니다. 비록 우리가 육을 입고 있고, 여전히 즐거움과 쾌락에 대한 욕망이 있고, 또 살아가야 하는 것에 대한 염려와 걱정이 있을 수 있지만, 그것이 절대로 궁극적으로 우리의 존재를 쥐고 흔들 수 없는, 즉 그것이 절대로 나에게 법이 될 수 없는 그런 역사가 분명히 일어나는 것입니다.

2. 이것은 바로 생명의 법입니다.
10-11절 말씀을 보겠습니다.

또 그리스도께서 너희 안에 계시면 몸은 죄로 말미암아 죽은 것이나 영은 의로 말미암아 살아 있는 것이니라. 예수를 죽은 자 가운데서 살리신 이의 영이 너희 안에 거하시면 그리스도 예수를 죽은 자 가운데서 살리신 이가 너희 안에 거하시는 그의 영으로 말미암아 너희 죽을 몸도 살리시리라.

세상의 법은 대부분 죽이는 법입니다. 이렇게 할 때는 이렇게 벌을 주고 저렇게 할 때는 저렇게 벌을 주고, 결국 죽이겠다는 것이지요. 죄의 법이 바로 그런 것입니다. 범죄한 자에게 사망을 선고하는 바로 그런 법입니다.

그래서 죄의 법 아래에 있으면 아무리 잘해도 죽음을 면할 수 없습니다. 단지 '조금 천천히 죽느냐?' 아니면 '빨리 죽느냐?'의 차이입니다. '좀 덜 심하게 죽느냐?', 아니면 '더 심하게 죽느냐?'인 것입니다. 이것이 바로 '카타크리마', 정죄함 속에 있는 삶의 모습입니다.

그러나 우리 하나님의 법은, 예수 그리스도를 통하여 우리에게 임한 그 성령의 법은 바로 살리는 법입니다. 생명의 법입니다.

그래서 생명의 성령의 법 가운데 있으면 비록 내가 실수하고 실패하고, 혹은 원하지 않는 고난과 고통 가운데에 있다고 할지라도, 거기에서 버림받음이나 절망이 아닌, 생명의 역사를 누리게 된다는 것입니다. 그래서 그렇게 비참하고 끔찍했던 이야기들이 감사와 은혜를 담는 그릇이 되어 아름답게 세워지는 것입니다.

왜냐하면 하나님의 그 법은, 생명의 성령의 법은 어떤 식으로 오든지 우리 가운데서 세 가지를 절대 포기하지 않기 때문입니다. 그것은 바로 '믿음, 소망, 사랑'입니다.

여러분! 믿음, 소망, 사랑은 우리가 하나님께만 갖는 것이 아닙니다. 오히려 하나님이 우리에게 주시는 것입니다. 우리 하나님의 법은, 그 생명의 성령의 법은 우리를 향한 믿음을 절대 포기하지 않습니다. 그렇게 여러 번 배신하고 하나님의 마음을 아프게 해도 여전히 다시 한 번 믿어 주시는 것입니다. 그것이 바로 생명의 성령의 법입니다.

또한 우리 하나님의 법, 생명의 성령의 법은 절대로 사랑을 포기하지 않습니다. 우리가 하나님을 향하여 원수가 되고 사탄 마귀의 앞잡이가 되어 행동해도, 우리 하나님의 마음을 그렇게 아프게 해도, 우리 하나님은 우리를 사랑하는 것을 절대 포기하시지 않습니다.

하나님이 전능하시지만, 할 수 없는 것이 두 가지가 있다고 합니다. 하나는 죽으실 수 없다는 것과 또 하나는 사랑하지 않으실 수 없다는 것입니다.

맞습니다. 그래서 우리 하나님의 법은 생명의 성령의 법이고, 그것은 바로 사랑하시는 것을 멈출 수 없는 법입니다. 그래서 살리는 법인 것입니다.

그리고 또한 우리 하나님의 법은, 그 생명의 성령의 법은 소망을 내려놓지 않습니다. 아무리 우리가 그렇게 여러 번 하나님을 실망시켜드려도, 그렇게 여러 번 반복해서 실수하고 실패해도, 우리를 향한 기대와 소망을 절대로 포기하지 않는 바로 그것이 우리 하나님의 생명의 성령의 법인 것입니다. 이것이 바로 살리는 법인 것이지요.

맺는말

"그러므로 이제 그리스도 예수 안에 있는 자에게는 결코 정죄함이 없나니." 이것은 바울 사도 자신의 아주 강력한 고백이면서 동시에 로마서에서 펼치고 있는 그 구원의 비밀의 결론과도 같은 선포입니다. 바로 이 말씀을 우리 하나님이 오늘 우리에게 주셨습니다.

그러므로 여러분! 늘 기억하십시오. 우리가 예수 그리스도 안에 있는 한 결코 정죄함은 없습니다. 왜냐하면 생명의 성령의 법이 죄와 사망의 법에서 우리를 해방하였기 때문입니다.

그러므로 여러분! 주님의 이름으로 권면합니다. 어떤 자리에, 어떤 상황, 어떤 환경 속에 있더라도 언제나 생명의 성령의 법이 다스리는 삶을 살기를 주의 이름으로 축원합니다.

22 로마서 강해

우리는 하나님의 자녀다

롬 8:12-17

한번은 운동경기 중계를 보는데, 거기서 선수를 인터뷰하는 것을 보게 되었습니다. 그런데 그 선수는 체력적으로 너무 많이 지쳐 있는 상태에서 너무나 중요한 결승전과 같은 경기를 해야 하는 상황이어서, 어떻게 할 것이냐고 인터뷰하는 사람이 물었을 때, "정신이 육체를 이기기를 바랄 뿐입니다." 그렇게 말하는데, 순간 '아니 왜 쉬운 말을 저렇게 어렵게 하지?' 그런 생각이 들었습니다. 제가 철학과 출신 아닙니까? 그러니까 쉬운 말을 어렵게 하는 것은 제 전공인데, 그 운동선수가 철학과 출신처럼 말을 하니까 순간 관심이 확 가더라고요. 그러면서 그 표현, '정신이 육체를 이긴다'는 것이 아주 의미 있게 다가왔습니다. 어렵게 말을 하기는 했지만, 참 중요한 말을 했다는 생각이 들었습니다. 왜냐하면 인간으로서 정말 바르고 아름답게 살기 위해서 가장 중요한 것이 바로 그것이기 때문입니다.

그렇기 때문에 이것은 신앙인인 우리에게는 그야말로 절대적입니다. 신앙인은 누구보다도 삶을 바르고 아름답게 사는 사람이니까, 이 '정신이 육체를 이 긴다'는 것이 중요한 것입니다. 바로 그래서 바울 사도는 로마서 오늘 본문에서 아름다운 신앙의 사람에 대하여 이야기하면서 먼저 "육체에 지지 말라!"라고 이야기를 하고 있는 것입니다. 12절 말씀을 보겠습니다.

그러므로 형제들아 우리가 빚진 자로되 육신에게 져서 육신대로 살 것이 아니니라.

논란들이 있지만, 동서고금을 막론해서 모든 사람에게 받아들여지는 중요한 진리는 정신과 육체의 이원론입니다. 서양 철학도 마찬가지이고, 동양 사상도 마찬가지이고, 사실은 이 이원론을 바탕에 깔고 있습니다. 그리고 이 이원론은 거의 대부분 육체는 저급하고 악하기 때문에 아름다운 삶을 제대로 살려면 정신이 육체를 다스리며 살아야 하지, 육체를 따라 살면 안 된다는 그런 생각을 가지고 있는 것입니다. 그래서 제가 처음에 이야기했던 그 운동선수의 인터뷰 같은 것이 나오는 것이지요.

그런데 사실은 이런 이원론은 성경에서 나온 것입니다. 성경은 처음에 인간이 창조될 때부터 타락, 구원에 이르기까지 모든 이야기를 바로 이 이원론적인 관점에서 이야기해주고 있습니다. 그리고 이것은 바로 우리 인간이 가지고 있는 너무나 중요하고 절대적인 영적인 진리인 것입니다. 세상의 이원론은 바로 이 영적인 진리에서 파생된 껍질들인 것이지요. 본질적인 영적인 진리를 알지 못하고 현상만 가지고 만들어낸 그런 것이지요.

성경을 보면, 인간은 처음 지어질 때부터 이원론적이었습니다. "여호와 하나님이 땅의 흙으로 사람을 지으시고 생기를 그 코에 불어넣으시니 사람이 생령이 되니라"(창 2:7).

"땅의 흙으로"(from the dust of the ground), 즉 '이 세상의 원소들을 가지고' 그렇게 육체를 만드시고 거기에 "생기(니쉬마트 하임)를 불어 넣으시니" 비로소 "사람이 생령이 되었다"는 이 말씀은 인간은 처음 지어질 때부터 두 개의 근원, 즉 땅의 흙에서 나온 '육체'와 하나님이 불어 넣으신 생기, 즉 '영혼'으로 되어 있다는 것을 말하는 것입니다.

그런데 이 이야기에서 우리가 보아야 할 또 하나 중요한 것이 있는데, 그것은 순서, 즉 질서입니다. 먼저 흙으로 육체를 만드시고, 거기에 하나님이 생기를 불어넣으시니까 사람이 생령(네페쉬 하야)이 되었다는 이것은 바로 사람이 하나님이 창조하신 그 뜻대로 바르고 아름답게 살기 위하여 어떤 순서, 질서 가운데 있어야 하는가를 그대로 보여 주는 것입니다.

그렇습니다. 하나님이 생기를 불어넣으시면서 우리 가운데 있게 된 그 영이 우리의 육체를 다스려야 하는 것입니다. 그래야 참된 생명의 존재, 참된 인생이 되는 것입니다.

그러니까 그 반대의 질서가 바로 타락입니다. 육체가 우리의 전 존재를 주장하는 것, 즉 육체의 그 욕망이 우리의 전 존재를 주장하는 것이 바로 타락입니다. 그것이 단순하게 식욕, 성욕, 수면욕 등등의 육적인 본능만이 아니라, 나름 고상하게 포장한 이기심과 교만과 소유욕과 권력욕과 같은 자아의 욕구라고 할지라도, 그 뿌리가 육체적인 본능에 있는 그것이 우리의 존재를 다 지배하고 있으면, 그것은 타락인 것입니다.

그런데 여러분! 육체 자체는 나쁜 것이 아닙니다. 육체의 본능은 악한 것이 아닙니다. 그 육체적인 욕망은 분명 하나님이 주신 것입니다. 그냥 주신 정도가 아니라 하나님이 주신 축복이기도 한 것입니다. 그러니까 신앙을 이유로 육체를 저급하다고, 그 본능과 욕망은 추하고 악한 것이라고 하는 것은 결코 바른 것이 아닙니다. 그러니까 무조건 육적인 욕망을 부정하고 그것을 억압하는 것이 경건이 아닌 것입니다.

이런 면에서 역사상 가장 철저했던 사람들 가운데 하나가 청교도(Puritan)들인데, 그 청교도 공동체에서 있었던 한 이야기가 있습니다.

청교도 공동체에 속한 한 사람이 세속적인 행동을 하므로서 신앙적으로 징계를 받게 되었습니다. 그래서 청교도 공동체의 리더들이 다 모여서 어떻게 징계할 것인지를 상의하면서, 그 사람이 범한 죄의 내용도 그렇고 하니까 그 사람을 가정에서 분리해서 따로 6개월간 근신하면서 혼자 살도록 그렇게 결정을 했는데, 그때 그 청교도 공동체의 리더 격인 원로 장로님이 아주 강력하게 그것을 반대했습니다. 그 이유는 범죄한 그 사람에게 그런 벌을 주는 것은 이해가 되지만, 죄가 없는 그 사람의 부인이 부부생활을 통하여 받고 누려야 할 축복을 누리지 못하게 하는 것은 옳지 않다고 하는 것이었습니다.

저는 미국의 초기 청교도들에 대한 이 기록을 보면서 정말 놀랐습니다. 그리고 그들이 진짜 성경적이었다는 것을 새삼 확인할 수 있었습니다. 청교도(Puritan), 순결과 경건을 철저하게 추구하는 그런 사람들이지만, 그들은 육체적인 욕망과 본성을 절대로 죄악시하지 않았던 것입니다. 오히려 하나님이 주신 축복으로 여겼던 것입니다. 다만 질서가 문제입니다. 그 육체적인 본성이 우리의 전 존재를 다스리는 뒤집어진 질서, 그것이 바로 타락인 것입니다.

그러면 어떻게 해야 육체에 지지 않을 수 있습니까? 어떻게 해야 육신에게 져서 육신대로 살아가는 그 타락한 모습에서 벗어나서 아름다운 그리스도인의 삶을 살 수 있습니까? 그 답을 바울 사도는 아주 정확하게 성경적으로 주고 있습니다. 13절 말씀을 보겠습니다.

너희가 육신대로 살면 반드시 죽을 것이로되 영으로써 몸의 행실을 죽이면 살리니.

영으로써 몸의 행실을 죽여야 합니다. 그것이 바로 육체에게 지지 않는 유일한 처방이고 비밀입니다. 우리의 의지로 하는 것이 아닙니다. 우리의 정신력으로 하는 것도 아닙니다. 우리가 나름 가지고 있는 지적인 능력이나 이성으로 하는 것도 절대 아닙니다. 그것이 얼마나 육체의 본성과 본능, 욕망 앞에 무력한지는 이미 많이들 경험해서 다 알고 있을 것입니다. 그러니까 오직 한 가지, 육체를 이길 수 있는 방법은 타락하면서 뒤집어진 그 질서를 다시 뒤집는 것, 즉 영이 우리 전 존재를 다스리게 하는 것, 그것뿐입니다.

사람들이 많이 쓰는 말 가운데 하나가 "세상에는 두 종류의 사람이 있습니다."라는 것입니다. 때로는 이것을 가당치 않은 것에 붙여서 농담을 하기도 합니다. 예를 들면 요즈음 제가 많이 쓰는 표현대로 "세상에는 두 종류의 사람이 있습니다. 손자가 있는 사람과 없는 사람." 이런 식이지요. 그런데 그런 농담이 아닌, 진짜로 중요한 의미에서 세상에는 두 종류의 사람이 있습니다. 그것은 '육에 속한 사람'과 '영에 속한 사람'입니다. 그렇습니다. 사람들이 세상을 살아가는 모습이 정말 다양하지만, 결국 둘 중 하나입니다. '육에 속한 사람' 아니면 '영에 속한 사람.' 그런데 이것은 너무나 중요한 것이지요. 정말 아름다운 삶을 제대로 살기 위해서는 너무 중요한 것입니다. 특히 신앙인이 제대로 된 신앙의 사람이 되기 위해서는 반드시 알아야 하고 점검해야 하는 너무 중요한 것입니다.

우리는 '영에 속한 사람'이 되어야 합니다. 그래야 '육에 속한 사람'이 되지 않을 수 있습니다. 육체에게 져서 육체를 따라 살아가는 안타까운 인생이 되지 않을 수 있다는 것이지요.

그런데 바울 사도는 오늘 말씀에서 이 중요한 비밀을 말하면서, 아주 구체적이고 독특하게 이 말씀을 전개하고 있습니다. 그것은 바로 '영에 속한 사람은 어떻게 되는 것이고, 누구인가?'라는 것을 무모하리만큼 단호하게 구체적으로 말하고 있는 것입니다. 14절 말씀을 보겠습니다.

무릇 하나님의 영으로 인도함을 받는 사람은 곧 하나님의 아들이라.

"하나님의 아들" 그것입니다. 영에 속한 사람은 영으로써 육의 행실을 죽일 수 있고 육체를 다스릴 수 있는 사람은 바로 '하나님의 아들'이라는 것입니다. 그러면서 아주 감동적으로 강력하게 자신이 정말로 하고 싶었던 이야기를 하고 있습니다. 15절 말씀을 보겠습니다.

너희는 다시 무서워하는 종의 영을 받지 아니하고 양자의 영을 받았으므로 우리가 아빠 아버지라고 부르짖느니라.

'너희는 하나님의 자녀이다!' 바로 이것입니다. 이것이 바울 사도가 오늘 말씀을 하면서 준비한 가장 중요한 회심의 메시지입니다. 우리가 정말 아름다운 그리스도인으로 제대로 살기 위하여 꼭 기억해야 할 너무 중요한 사실, 정말 우리가 육체라는 것으로 대표되는 이 현실과 상황을 이기고, 영에 속한 사람으로 이 세상 가운데서 진정으로 아름답게 살 수 있는 최고의 처방으로, '너희는 하나님의 자녀이다!'라는 이 구체적인 말씀을 주고 있는 것입니다.

미국의 어떤 기자가 쓴 글입니다. 너무나 감동이 되어 제가 정말 사랑하는 그런 이야기입니다. 이 기자는 자신의 가정과 출생의 배경 가운데 상처가 많아서 늘 불만인 그런 사람이었습니다. 그런데 어느 날 데스크에서 미국 중서부의 한 주의 주지사로 그 사역을 잘 감당하고 은퇴한 분을 인터뷰하고 기사를 쓰라는 명령을 내립니다. 멀리 시골까지 가야 하기 때문에 그렇지 않아도 불평이 많은 사람이 내심 툴툴거리며 갔는데, 그 은퇴한 주지사가 있는 마을은 그의 고향으로, 정말 작은 소도시였습니다. 거기에 도착해서 마을에 있는 작은 레스토랑에 가서 그 레스토랑 앞에 앉아 있는 노인을 보았는데, 첫눈에 그분이 주지사였던 분이라고 알아볼 수 있었습니다. 그래서 거기에서 인터뷰를 하게 되었는데, 그 주지사가 자기의 옛이야기를 해 주었습니다.

그는 그 마을 출신인데, 자기 어머니가 미혼모로 자기를 나았다고 합니다. 어머니가 말을 안 해 주어서 아버지가 누구인지도 모르는 상태로 성장했습니다. 그 당시에 미혼모는 정말 가십거리였습니다. 그래서 마을 사람들이 이 모자를 거의 가까지하지 않고 살아갑니다. 그러던 중에 그 마을에 젊은 목사님이 새로 부임해 오십니다. 그런데 그분의 말씀이 너무 좋다고 소문이 나면서, 10살 정도인 이 주지사도 그 이야기를 들었습니다. 그래서 정말 교회에 가서 그 목사님의 설교를 듣고 싶은데, 사람들과 교제를 하지 않고 있었기에 망설이다가 용기를 내어서 예배에 참석했습니다. 시작하고 나서 들어가서 예배가 끝나기 전에 먼저 빠져나오는 식으로 사람들과 부딪히지 않으면서 매 주일 가서 말씀을 듣는데 너무 은혜가 되었습니다. 그런데 그 목사님은 마을 사람들을 아직 잘 모르는 가운데, 주일 예배 때 한 소년이 와서 너무 말씀을 열심히 들으니까 그 아이가 누구인지 궁금해졌습니다. 하지만 예배가 끝나고 보면 먼저 가버려서 누구인지 물어볼 수도 없는 상황이었습니다.

그런데 하루는 그 아이가 그날 너무 은혜를 받아서 그만 먼저 도망가야 할 타이밍을 놓쳐버립니다. 그래서 예배가 끝나고 사람들이 나갈 때 같이 나가려고 하는데, 목사님이 그 아이를 부릅니다. "얘, 잠깐만 이야기 좀 하자!" 순간 당황한 아이가 어쩔 줄 모르고 있는데, 이어서 그 아이에게 질문을 합니다. "너는 누구니? 네 이름이 무엇이니?" 그리고 이어서 그 아이에게 가장 치명적인 질문을 합니다. "네 아버지가 누구시니?" 시골 마을이니까 아버지를 물어보면 누구인지 아니까 그렇게 물은 것인데, 이 질문은 그 아이에게 가장 아프고 고통스러운 질문이었던 것입니다. 그래서 그 아이가 너무 당황하면서 힘들어하니까, 순간 그 목사님이 그 마을에 미혼모가 있다는 이야기를 들었는데 그 미혼모의 아들이라는 것을 깨달으셨습니다. 그때 목사님이 성령의 감동 가운데 빙긋이 웃으면서 "아, 알겠다. 네 아버지가 누구이신지 알겠다. 네 아버지는 하나님이시다. 왜냐하면 너는 하나님을 닮았으니까." 순간 그 아이는 눈물이 핑 돌며, 그 교회당을 뛰쳐나왔지만, 그 말이 자기 속에 계속 울리는 너무나 강력한 메시지가 되었다는 것입니다. "네 아버지는 하나님이시다. 너는 하나님을 닮았다."

바로 이 메시지를 붙들고 그 뒤에 열심히 공부하여 나중에 그 마을이 속한 주의 주지사까지 되어 사람들의 존경을 받으며 살다가 은퇴해서 마을로 돌아온 것이라고 합니다.

그 이야기를 들으면서 그 기자는 기록을 하지 못하고 계속 그 아름다운 노신사를 쳐다보면서 울었다고 합니다.

여러분! 그렇습니다. 다른 것이 아니라 바로 이 한 가지 '우리는 하나님의 자녀이다!' 이것만 가지면 다 됩니다. 이 세상과 육체의 모든 유혹을 다 이길 수 있는 가장 강력한 힘이 바로 여기에 있습니다. 추상적이지 않고 구체적으로 말입니다. 16-17절 말씀을 보겠습니다.

> 성령이 친히 우리의 영과 더불어 우리가 하나님의 자녀인 것을 증언하시나니 자녀이면 또한 상속자 곧 하나님의 상속자요 그리스도와 함께 한 상속자니 우리가 그와 함께 영광을 받기 위하여 고난도 함께 받아야 할 것이니라.

우리는 살아가면서 수많은 유혹과 시험에 직면합니다. 때로 정말 감당할 수 없는 어려움을 겪을 수도 있습니다. 그래서 정말 넘어지고 무너질 수밖에 없는 그런 상황에 놓일 수 있습니다.

하지만 그 순간 성령께서 우리에게 증거해 주시는 것이 있습니다. 그렇게 감정이 요동치고 마음이 무너지고 있는 순간에 폭풍을 뚫고 들려오는 주님의 음성처럼 깨닫게 하시는 것이 있습니다. 그것은 바로 '아무리 그래도, 너는 하나님의 자녀이다.' 그것입니다. 예수 그리스도를 주로 고백하면서 우리가 이미 하나님의 자녀가 된 사실을 다시 한 번 깨닫게 하실 때, 우리는 유혹에 넘어갈 수 없습니다. 아무리 달콤한 것이어도 하나님의 자녀가 그렇게 추해질 수는 없으니까요. 우리는 또한 고난에 무너지지 않습니다. 우리는 하나님의 자녀니까요. 우리는 세상에게, 육체에게, 무릎 꿇지 않습니다. 왜냐하면 우리는 하나님의 자녀로 이미 천국과 영생을 상속받은 자이니까요.

맺는말

사랑하는 여러분! 늘 잊지 마십시오. 아니, 성령께서 항상 증거하시는 그 음성을 반드시 들으시면서 살아가십시오.

'우리는 하나님의 자녀이다!' 바로 이것을 말입니다.

로마서 강해

모든 것이 합력하여 선을 이루느니라

롬 8:18-30

지난 주간에 코로나 상황이 다시 심각해지면서 마음이 정말 답답하고 힘들었습니다. 충분하게 공급은 안 되고 있지만, 그래도 사람들이 백신을 맞으면서 코로나에서 벗어날 수 있겠다 싶었는데, 델타 변이가 나오면서 다시 코로나가 기승을 부리고, 그래서 4차 대유행이 시작되니까, 정말 안 그러려고 해도 마음 한편에서 낙심과 절망이 찾아왔습니다. 그야말로 사방으로 욱여쌈을 당한 것 같고, 사랑하는 모든 사람이 코로나로 신음하고 고통받고 있는 것이 그대로 느껴져서 너무 마음이 힘들었습니다.

그런데 그런 마음을 가지고 기도하는 가운데 마음속에 계속 떠오르는 찬양은 고형원 선교사님이 만든 "오직 믿음으로"라는 찬양이었습니다.

우선 이 찬양이 너무 실감나게 다가왔습니다. 그 찬양의 첫 가사인 "세상 흔들리고"라는 구절도 너무 실감나게 다가왔지만, 정말 더 실감나게 다가온 것은 2절의 첫 부분 "믿음 흔들리고"라는 구절이었습니다. 정말 상황이 믿음을 흔들고 있는 형편이니까요. 그런데 이 찬양이 제 속에 계속 울려 퍼진 이유는 현실에 대한 그런 실감나는 상황 묘사 때문이 아니라, 그런 상황 속에서 그것을 뒤집으면서 선포하고 있는 후렴 때문이었습니다. "오직 믿음으로"라는 선언 말입니다. "믿음으로 내가 살리라."라는 그 고백, 결단, 선포. 바로 그것 때문이었습니다.

그러면서 깨닫게 된 것이, 우리가 살아가면서 이 세상을 신앙인으로 제대로 아름답게 살기 위해서 가장 중요한 것이 바로 '믿음의 선포'라는 사실이었습니다.
그렇습니다. 다른 것이 아닙니다. 오직 믿음의 선포로만 우리는 신앙인답게 제대로 살 수 있습니다. 그것으로만 이 흔들리고 고통스러운 세상 속에서 우리는 승리하고 아름답게 살 수 있는 것입니다.
사도 바울은 바로 그런 믿음의 선포를 오늘 말씀에서 하고 있습니다. 18절 말씀을 보겠습니다.

생각하건대 현재의 고난은 장차 우리에게 나타날 영광과 비교할 수 없도다.

이것이 믿음의 선포라는 것을 어떻게 알 수 있습니까? 두 가지 근거로 이것이 정말 중요한 믿음의 선포라는 것을 확인할 수 있습니다.

1) 우선 "생각하건대"라는 단어 때문에 그렇습니다. 이 단어는 헬라어로 '로기조마이'라는 말입니다. 이 '로기조마이'는 바로 우리 믿음의 핵심 단어입니다.
일대일 제자양육 성경공부의 "구원의 확신" 부분에서도 언급했지만, 우리의 신앙에서 정말 중요한 단서를 주는 말씀이 바로 로마서 6:11입니다. "이와 같이 너희도 너희 자신을 죄에 대하여는 죽은 자요 그리스도 예수 안에서 하나님께 대하여는 살아 있는 자로 여길지어다."

여기서 "여길지어다"라는 말이 중요한 것인데, 이 말이 바로 '로기조마이'입니다. 그러니까 우리 하나님이 우리를 위하여 행하신 그 모든 역사, 우리 예수님이 십자가로 이루신 대속의 역사, 그 모든 것이 정말 나를 위한 역사가 되게 하는 핵심 단어가 바로 '로기조마이'라는 것입니다. 그렇습니다. 아무리 우리 주님이 갈보리 십자가에서 우리의 죗값을 다 갚아 주시고, 마귀의 그 모든 저주의 율법 조문을 다 도말하시고 승리를 거두셨어도, 우리가 그것을 '로기조마이'하지 못하면, 그것은 아무것도 아니게 되는 것입니다. 하지만 우리가 그것을 '로기조마이'하는 순간 그것은 바로 어떤 현재보다, 어떤 사실보다, 어떤 실제보다 강력하게 역사하는 것입니다. 그것이 바로 믿음입니다.

바로 그 '로기조마이'라는 단어를 바울 사도는 여기서 사용하고 있습니다. '생각하건대.' 그냥 한번 생각해보는 것이 아니라, 그냥 나의 견해가 아니라, 나는 믿는다는 것입니다. 나의 존재를 다 걸고, 아주 확실하게 믿는다는 것입니다.

2) 그리고 또 하나, 이것이 믿음의 선포라고 말할 수 있는 것은 그 내용 때문입니다. "현재의 고난은 장차 우리에게 나타날 영광과 비교할 수 없도다."

그렇습니다. 성경에서 "믿음장"이라고 불리는 히브리서 11장에 나오는 것처럼 소망으로 현재를 이기는 것이 바로 믿음이라는 것입니다. 약속으로 현실을 극복하는 것이 바로 믿음입니다. 말씀으로 나의 생각과 감정을 이기는 것이 바로 믿음입니다.

믿음의 조상 아브라함이 나이는 먹어가고 늙어 간다는 현실을, 그의 아내 사라 역시 늙고 폐경까지 되어서 더는 아이를 낳을 수 없다는 실제를, 그런데도 여전히 자녀가 없다는 그런 너무나 확실한 현실을 하나님의 언약이라는 소망과 미래를 가지고 이기고 나아갔던 것이 바로 믿음 이야기의 출발이었던 것처럼, 믿음은 언약과 거기에서 오는 소망으로 현재를 이기는 것입니다.

특히 오늘 말씀을 보면, 19-25절에 언뜻 이해하기 난해한 이야기가 나옵니다. 피조물이 하나님의 아들들을 고대한다는 말이나, 또 피조물이 허무한 데 굴복했다는 말씀, 그리고 그것이 또한 해방되어 하나님의 자녀들의 영광의 자유에 이른다는 말이나, 피조물이 지금까지 탄식하고 고통을 겪고 있다는 이야기 등등 무슨 말인지 쉽게 알 수 없는 그런 이야기가 나오고 있습니다.

그래서 많은 주석서들과 학자들은 이것을 우리가 구원받으면 자연계도 회복된다는 뜻이라고 이해하거나, 아니면 이것을 종말론적인 관점에서 주님의 재림 때에 온 세상이 회복된다는 말로 이해하는 해석을 해왔습니다.

그럴 수도 있겠지요. 하지만 저는 그렇게 보지 않습니다. 이것은 정확히 그 내용은 모르겠지만 바울 사도가 그 당시의 성도들은 잘 아는 어떤 이야기를 가지고 비유를 든 것입니다. 어떤 메시지를 강조하기 위해서 말입니다. 그 메시지가 바로 18절의 "현재의 고난은 장차 우리에게 나타날 영광과 비교할 수 없도다."라는 것입니다. 그 말씀을 대단히 강조하면서 다시 설명한 것입니다.

그러니까 피조물은 현재인 것입니다. 우리 앞에 보이는 실재라는 말입니다. 우리가 살고 있는 현실이라는 것입니다. 그런데 그것의 상황은 어떠한가 하면 고난이라는 것입니다. 탄식과 굴복이라는 것입니다. 답이 없고 길이 없어 보이는 절망이라는 것입니다. 이것이 피조물이라는 말로 나타내고 있는 현재의 고난입니다.

그런데 그것이 다른 것이 아니라 바로 우리의 소망을 통하여 회복된다는 말입니다. 하나님이 주신 언약의 말씀과 그것을 믿는 믿음을 통하여 그것이 회복된다는 것입니다. '현재의 고난에서 궁극적 영광으로.' 이것이 바로 모든 믿음의 역사입니다. 바로 이것을 아주 심오한 영적인 비유를 가지고 설명한 것이 바로 19-25절 말씀입니다.

여러분! 그렇습니다. 우리는 바로 이 믿음을 가지고 있는 사람들입니다. 우리는 이 믿음을 선포하는 사람들입니다. 우리는 이 믿음으로 승리해야 하는 사람들입니다.

그런데 이렇게 믿음으로 사는 것이 쉽지 않습니다. "생각하건대 현재의 고난은 장차 우리에게 나타날 영광과 비교할 수 없도다." 분명 믿음은 '고난에서 영광으로' 그렇게 가게 하는 것이지만, 그 고난 앞에 붙은 것이 바로 '현재'라는 점이 문제입니다. 그리고 영광 앞에 붙은 것이 바로 '장차 올'이라는 점도 또한 문제입니다. 그래서 믿음은 아름답고 믿음은 정말 강력한 것이지만, 믿음은 정말 치열하게 갈등을 불러일으키고 너무나도 힘든 것입니다.

정말 그렇기 때문에 "믿음으로 사세요."라는 말이 너무나 큰 축복이고 격려이기도 하지만, 때로는 정말 화가 날 만큼 무책임하고 허무한 말로 들리기도 하는 것입니다.

한번은 원치 않는 아주 안타까운 질병으로 고난받고 있는 성도님께 전화로 심방을 하면서, 마지막에 "성도님, 믿음으로 승리하십시오."라고 말하면서 전화를 끊는데, 갑자기 제 마음에 너무 미안한 생각이 드는 것이었습니다. 마치 그 어려운 자리에 사랑하는 자녀를 그냥 놓아두고 잡은 손을 빼는 것 같은 안타까움과 미안함 말입니다. 그러면서 믿음으로 승리하라는 말이 사실은 얼마나 고통스럽고 치열한 말인지를 생각했습니다. 그렇게 쉬운 것이 아닌데, 그렇게 간단한 것이 아닌데, 그런데 그 싸움을 해야 한다고 말하니까, 그것도 혼자서 해야 한다고 하니까 너무나 미안하고 안타까운 마음이었습니다.

바울 사도는 그것을 정말 잘 알고 있습니다. 믿음의 권면인 25절을 말하면서 그것이 얼마나 힘들고 어려운지를 잘 알고 있다는 것입니다.

만일 우리가 보지 못하는 것을 바라면 참음으로 기다릴지니라.

그렇습니다. "참음으로 기다릴지니라." 얼마나 힘든 이야기입니까? 얼마나 어렵습니까? "언제까지? 얼마나?" 하고 소리 지르며 묻고 싶을 정도로 힘든 이야기 아닙니까?

그런데 바로 그런 어려움을 잘 알고 있기에 바울 사도는 우리의 믿음을 위한 두 가지 격려를 아주 강력하게 이야기해주고 있습니다. 아무리 세상이 흔들리고 상황이 어려워도 절대로 변하지 않는 우리 하나님의 약속, 그 영적인 분명한 사실 두 가지를 말해주고 있는 것입니다. 이것은 우리가 정말 믿음으로 승리하기 위하여 반드시 알아야 하고 붙들어야 할 그런 것입니다. 이것만 기억하고 붙들면 반드시 믿음으로 승리할 수 있는 바로 그것입니다.

1. '성령님이 우리를 위하여, 우리의 믿음을 위하여 중보하고 계신다는 것'입니다.

26절 말씀을 보겠습니다.

이와 같이 성령도 우리의 연약함을 도우시나니 우리는 마땅히 기도할 바를 알지 못하나 오직 성령이 말할 수 없는 탄식으로 우리를 위하여 친히 간구하시느니라.

여러분! 그렇습니다. 우리 하나님은 우리에게 대책 없이 믿음을 가지라고 요구하고 모든 책임을 우리에게 떠넘기시는 것이 아니라, 정말 우리가 연약한 것을 아시고, 우리가 믿음을 가지도록, 정말 말할 수 없는 탄식으로 우리를 위하여 친히 간구하시는 것입니다.

저는 이것을 그대로 믿습니다. '성령이 간구한다는 것이 가능한가? 어떻게 하나님이 하나님께 간구하는가?' 구체적으로 어떻게 그런 일이 가능한지는 저도 모르겠습니다. 그러나 이 말씀 그대로 우리의 연약함을, 우리의 믿음의 연약함을 아시는 하나님께서 우리가 정말 믿음을 가질 수 있도록 역사하시고 도우시는 것은 분명합니다.

그러므로 믿음의 첫마디만 올려 드리면 됩니다. 믿음의 첫걸음만 떼면 됩니다. 아무리 힘들고 어려워도 그 믿음에서 떠나지만 않으면 우리 주님이 그 믿음으로 궁극적인 영광에 이를 때까지 도우시고 역사하신다는 것입니다.

"그러니까 믿음을 가지라!"고 하는, "포기하지 말고 믿음 가운데 서라!"고 하는 아주 강력한 격려를 이 말씀을 통해 하고 있는 것입니다.

2. '우리의 믿음을 받으시는 하나님의 그 섭리의 신실하심'을 이야기해 주고 있습니다.

28절 말씀을 보겠습니다.

우리가 알거니와 하나님을 사랑하는 자 곧 그의 뜻대로 부르심을 입은 자들에게는 모든 것이 합력하여 선을 이루느니라.

기가 막힌 말씀입니다. 성경 전체에서 우리의 가슴을 가장 따뜻하게 하는 말씀입니다. 정말 성경에 나오는 최고의 격려이고, 그리고 힘을 북돋아 주는 말씀입니다. 왜냐하면 신앙의 가장 큰 갈등인 현재, 세상, 내 생각과 판단에서 나오는 의심, 그 모든 것을 다 해결하는 열쇠이자 결론 같은 말씀이기 때문입니다.

"모든 것이 합력하여 선을 이루느니라." 이것은 우리 하나님의 변하지 않는 확실한 약속입니다. 너무나 신실하신 하나님의 섭리의 결론입니다. 지금 우리가 우리의 눈으로 볼 수 없고, 우리의 생각으로는 이해할 수 없어서 의심하고 갈등하고 흔들리는 그 모든 것을 일거에 다 잠재우는 우리 하나님의 확실한 약속이고 선언인 것입니다.

가이드포스트에서 읽은 이야기입니다. 신앙의 간증들이 때로 극단적이기는 하지만, 그 신앙의 기본만큼은 분명한 것이어서 많은 은혜를 받았습니다. 미국 중서부의 작은 마을에 사는 한 자매의 간증입니다. 이 자매는 참신앙이 좋은 자매로서, 신실한 믿음의 청년과 결혼해서 너무 귀여운 아들을 낳게 되었는데, 정말 믿음이 좋아서 이 모든 것이 하나님의 은혜요 축복인 것을 늘 감사하는 마음을 가지고 있었습니다. 하지만 아이를 낳아서 키우다 보니 이것이 그렇게 쉽지 않았습니다. 그래서 그 아이를 데리고 매 주일 교회에 가는 일도 만만치 않고 피곤했습니다. 그래도 믿음으로 예배는 매주 드려야겠다고 결단을 해서 힘들지만 해 나가고 있었는데, 어느 주일에는 교회에 가다가 차가 말썽을 부립니다. 그래서 그 차를 고치고 나니 예배 시간이 이미 조금 지나버렸습니다. 그래서 그냥 집으로 갈까 생각하다가 그래도 하나님께 약속한 것이 있으니까 교회에 가서 이미 예배가 시작된 예배당에 들어가서 평소 앉던 곳이 아닌 빈자리에 가서 앉았습니다. 그러면서 '이것은 무엇이지?' 하는 혼란스러운 마음을 가지고 있었는데, 예배가 끝나고 나서 자기 가족 뒷자리에 앉았던 한 신사분이 잠깐 이야기를 하자고 하셔서 무슨 말인가 했더니, 그분 말이 자기는 시카고에 사는 의사인데, 마침 이 근처에서 콘퍼런스가 있어서 왔다가 주일 예배를 드리려고 이 교회에 온 사람인데, 자기가 예배 중에 보니까 당신의 아들이 머리가 아직은 괜찮지만, 성장하면서 수술을 해 주어야 하는 것이라고, 자기가 그 분야 전공이라 확실하게 알 수 있다고, 원하면 연락을 하라고 해서 그 의사분을 찾아가 상담을 하고 성장하면서 몇 번의 수술을 통해서 전혀 문제가 없이 그 아들이 자라날 수 있었다고 합니다. 그러면서 정말 깨닫고 고백하게 되는 것이, 그날 그렇게 차가 말썽을 부린 것도, 그래서 예배에 늦어서 평소 앉던 곳이 아닌 그 자리에 앉게 된 것도, 그리고 그 뒷자리에 그 의사분이 그날 와서 계셨던 것도 신실하신 하나님의 섭리였다는 사실이었습니다.

좀 극단적인 이야기라는 것을 알지만, 저에게는 이 이야기가 정말 계속 떠나지 않는 간증이었습니다. 정말 확실한 것은 우리 하나님은 당신의 자녀들을 돌보고 계시고, 그래서 때로 우리 생각에 정말 이해가 안 되는 일이나 어려움이 있어도 그것도 다 뜻이 있어서 그렇게 하신 것일 수 있고, 정말 사소한 것을 통해서도 역사하셔서 그야말로 "모든 것이 합력하여 선을 이루게 하시는 것"은 분명하다는 것입니다.

여러분! 우리가 신앙의 사람이라면 이것을 분명하게 붙들어야 합니다. "모든 것이 합력하여 선을 이루느니라." 어떤 순간에도 의심하지 말고 믿음으로 고백하고 선포하면서 나아가야 합니다. 그렇습니다. 우리 하나님은 반드시 모든 것이 합력하여 선을 이루게 하십니다. 당장은 이해가 안 되고 너무 어렵게 꼬이는 것 같아도, 이 모든 것이 결국 합력하여 선을 이루는 것입니다. 이것이 우리의 믿음의 이야기입니다.

맺는말

"하나님을 사랑하는 자 곧 그의 뜻대로 부르심을 입은 자들에게는 모든 것이 합력하여 선을 이루느니라."

어떤 순간에도 의심하지 말고 이 말씀을 붙들고 승리하는 믿음의 사람들이 다 되시기를 주의 이름으로 축원합니다.

24 로마서 강해

부여잡는 믿음(1)

롬 8:28-30

　지난주에 믿음의 선포를 위하여 우리가 기억하고 붙들어야 할 말씀으로 로마서 8:28, "하나님을 사랑하는 자 곧 그의 뜻대로 부르심을 입은 자들에게는 모든 것이 합력하여 선을 이루느니라."라는 말씀을 드렸습니다. 그냥 그런 말씀이 있다고 소개한 정도가 아니라, 실제로 삶 속에서 이 말씀을 선포해야 할 때 그렇게 할 수 있도록 함께 고백하고 연습까지 했습니다. 그래서였는지 성도님 몇 분이 정말로 삶 속에서 이 말씀을 고백하면서 선포했더니 정말 흔들리던 마음, 두렵던 마음이 사라지면서 믿음이 새롭게 세워지는 은혜가 있었다고 간증을 해 주셨습니다. 한마디로 작동이 된다는 것입니다.

　그렇습니다. 우리의 믿음이 흔들릴 때, 원하지 않는 어려움과 두려움에 의심이 우리의 마음을 짓누르고 흔들 때, 하지만 마침내 이 모든 것이 합력하여 선을 이룬다는 것, 이것은 정말 힘이 되는 말씀입니다. 우리의 믿음이 참믿음으로 온전히 서게 하는 말씀이라는 뜻입니다.

너무 귀하고 중요한 말씀이니까, 다시 한 번 함께 이 말씀을 선포해보겠습니다.

하나님을 사랑하는 자 곧 그의 뜻대로 부르심을 입은 자들에게는 모든 것이 합력하여 선을 이루느니라.

그런데 지난 시간에 이 말씀 속에 있는 은혜를 나누면서, "모든 것이 합력하여 선을 이루느니라." 이 부분을 강조하다 보니, 이 말씀에 들어 있는 또 다른 기가 막힌 은혜의 메시지를 나누지 못했습니다. 뭐 그냥 넘어가도 되겠지만, 성령님께서 섭섭해하시는 것 같아서, 무엇보다 제가 정말 중요한 이 은혜를 여러분과 꼭 나누고 싶어서, 그것을 이 시간에 나누려고 합니다. 그것은 바로 이 말씀의 앞부분에 나오는 "하나님을 사랑하는 자 곧 그의 뜻대로 부르심을 입은 자들"이라는 말씀 속에 담겨있는 은혜입니다. "모든 것이 합력하여 선을 이루는" 그 기가 막힌 은혜를 받게 되는 사람이 누구인가를 말하면서 등장하고 있는 이 표현, 이것이 또한 기가 막힌 은혜라는 것입니다.

먼저 "하나님을 사랑하는 자.", 이 말은 그 당시 신앙인, 그러니까 믿음의 사람을 말하는 전형적인 표현입니다. 이것이 어디에서 나온 것인가 하면, 바로 '쉐마'에서 나온 것입니다.

이스라엘아 들으라 우리 하나님 여호와는 오직 유일한 여호와이시니 너는 마음을 다하고 뜻을 다하고 힘을 다하여 네 하나님 여호와를 사랑하라(신 6:4-5).

하나님의 백성, 말하자면 신앙인은 어떤 사람이고 어떻게 살아야만 하는가를 한마디로 정리한 이 쉐마의 말씀, 그래서 모든 이스라엘 사람들이 늘 암송하고 붙들고 살았던 바로 그 말씀, 우리 예수님이 참신앙의 계명이 무엇인지를 말씀하실 때 아주 분명하게 확인해 주셨던 바로 그 말씀, 이 말씀은 한마디로 '하나님을 사랑하라'는 것입니다. 그래서 신앙인은 누구인가? 참믿음의 사람은 누구인가? "하나님을 사랑하는 자"라고 아주 확실하게 말하는 것입니다.

여러분! 그렇습니다. 믿음은 하나님을 사랑하는 것입니다. 신앙고백은 하나님을 사랑한다고 고백하는 것이고, 믿음 생활은 하나님을 사랑하며 살아가는 것입니다. 믿음의 결단은 하나님을 사랑하기로 결단하는 것이고, 참된 믿음의 선포는 이 모든 상황, 나의 이 모든 감정에도 아랑곳하지 않고, 나는 그래도 하나님을 사랑한다고 선포하는 것입니다.

여러분! 신앙인의 또 다른 이름이 '하나님을 사랑하는 자'라는 것을 잊지 마십시오. 그리고 하나님을 사랑한다는 그 마음을 빼앗기지 말고 지켜 내십시오.

사랑을 하게 되면 그 순간 갑이 아니라 을이 됩니다. 그러다 보니 사랑을 한다는 것은 행복하기도 하지만, 때로 상처를 받고 고통스럽기도 한 것입니다. 진짜 상처를 받아서 그렇게 힘들 수도 있지만, 많은 경우 혼자 오해하고 곡해하고 상처받는 경우가 많습니다. 사랑을 하게 되면 그렇게 되는 것입니다. 우리들의 연약한 사랑의 실체가 이런 것입니다. 저도 그런 경우가 많은데, 예를 들면 아들 며느리와의 관계에서 그렇습니다.

한번은 제가 아들에게 '번팅'을 하듯이 저녁을 같이 먹자고 연락을 했는데, 아들이 답이 오기를 그날은 바쁘니까 다음에 하자고 했는데 그렇게 섭섭할 수가 없는 것이었습니다. 그러면서 자녀들을 향한 그 사랑의 마음이 싹 사라지면서 괘씸해지는 것이었습니다. '아니 이래 봬도 내가 호산나교회 담임 목사인데, 나하고 식사하고 싶어 하는 성도가 수없이 많은 사람인데, 내가 식사를 하자고 하는데 그것을 거부해?' 이런 생각이 들면서 한편에서는 그런 생각을 하는 내가 너무 어이가 없는 것이었습니다. 분명 제가 갑자기 연락한 것이고, 그러니까 그날 시간이 안될 수도 있고, 실제로 안되기도 했고, 분명 아들은 거절하거나 거부한 것이 아니라 다음에 시간을 잡아서 하자고 한 것인데, 이것에 대하여 이렇게 섭섭하고 괘씸하게 생각하면서, 속으로 '나도 너하고 밥 안 먹는다.' 그렇게 소심하게 복수하는 제 모습이 너무 웃긴 것이었습니다. 분명 아들은 사랑의 갑질을 하지 않았는데, 제가 혼자서 사랑의 갑질을 당하고 있었던 것이지요. 저의 사랑의 연약함 때문이지요. 그러면서 문득 영적으로 이런 깨달음이 왔습니다. '우리 속에 있는 죄성은 무엇보다 사랑하는 것을 흔들고 빼앗아 간다'는 것이었습니다. 그리고 이런 죄의 역사는 무엇보다 하나님을 사랑하는 것에 대하여 가장 집요하게 역사한다는 것을 깨닫게 되었습니다.

여러분! 우리가 정말 아름답고 행복하게 살아가려면, 바로 이 마음, '하나님을 사랑하는 마음'을 지키고 누려야 합니다. 왜냐하면 '하나님을 사랑하는 자.' 그것이 바로 우리의 진짜 이름이기 때문입니다.

그런데 이렇게 '하나님을 사랑하는 자'로서 그 사랑의 마음을 빼앗기지 않고 지키고 누리기 위해서 어떻게 해야 하는가? 그렇게 하고 싶지 않은데 자꾸 우리 마음속에 하나님을 향하여 '섭섭이'가, '삐돌이, 삐순이'가 올라오는데, 이것을 어떻게 하면 좋은가? 누구보다 그 고민과 갈등을 많이 해 본 자로서 바울 사도는 그래서 "하나님을 사랑하는 자"라는 표현을 하면서 바로 이어서 "곧 그의 뜻대로 부르심을 입은 자들에게는"이라는 표현을 덧붙이고 있는 것입니다. 그러니까 이 말은 "하나님을 사랑하는 자들"을 다른 말로 하면 "그의 뜻대로 부르심을 입은 자들"이라는 말이면서 동시에 "하나님을 사랑하는 자들"이 어떻게 되는 것이고 어떻게 해야 하는지 그것을 말해주는 기가 막힌 표현입니다.

여러분! 사랑의 시험에 드는 가장 주된 이유는 '혼자만 사랑하다가 거절당하는 것'입니다. 나 혼자만 일방적으로 사랑하고 있고, 그래서 이 사랑이 전혀 받아들여지지 않고 있다고 느낄 때, 좌절하고 지치고 절망하는 것입니다. 그런데 아닙니다. 우리가 하나님을 사랑한다는 것은 우리 혼자만의 일방적인 것이 아닙니다. 하나님은 나에게 관심도 없으신데, 혼자 난리 치고 있는 것이 절대로 아닙니다. "그의 뜻대로 부르심을 입은 자들!" 하나님의 마음도 우리에게 있습니다. 아니, 하나님이 먼저 우리를 택하시고 부르셨습니다. "야곱아 너를 창조하신 여호와께서 지금 말씀하시느니라 이스라엘아 너를 지으신 이가 말씀하시느니라 너는 두려워하지 말라 내가 너를 구속하였고 내가 너를 지명하여 불렀나니 너는 내 것이라"(사 43:1). 이것이 우리를 지으시는 순간부터 가지고 계시는 우리 하나님의 마음입니다. 바로 이것을 알고, 이것을 붙드는 것이 "하나님을 사랑하는 자"로서 그 믿음을 온전히 지키고 누리는 것입니다.

믿음에 대하여 우리가 행할 수 있는 몇 가지의 행동이 있습니다. 믿음의 행동이라고 할 수 있는 것이지요. 예를 들면,

'결단'입니다. 믿음은 결단입니다. 그냥 자연스럽게 되는 것이 아니라 결단을 하는 것입니다.

'선포'입니다. 믿음은 나의 감정이나 생각, 주변 상황이 어떠하든지, 때로 그 모든 것을 뚫고 선포하는 것입니다.

'순종'입니다. 믿음은 하나님께, 우리 하나님의 그 뜻, 말씀에 순종하는 것입니다. 때로 이해가 되지 않고, 때로 정말 동의할 수 없어도, 말씀하시니까, 그것이 하나님이 원하시는 것이니까, 그래서 순종하는 것이 바로 믿음입니다.

'헌신'입니다. 믿음은, 전문 도박 용어이지만, 말 그대로 '올인'하는 것입니다. 자신의 몸과 마음과 생명까지 다 드리는 것입니다.

그리고 한 가지 정말 중요한 것은 바로 '부여잡는 것'입니다. 믿음의 행동, 그것의 아주 중요한 것이 바로 부여잡는 것, 그것입니다. 그래야 흔들리지 않으니

까, 그래야 아름답게 설 수 있으니까요. '부여잡는 믿음' 이것이 바로 정말 귀한 믿음입니다. 우리가 정말 하나님을 사랑하는 이 마음을 지키고 누리기를 원한다면, 바로 우리 하나님을, 하나님의 그 손을, 하나님의 그 말씀을 '부여잡는 믿음'을 가져야 합니다. 그러면 구체적으로 어떻게 부여잡을 수 있는가? 그것에 대하여 바울 사도는 "그의 뜻대로 부르심을 입은 자들"에 대해 구체적으로 설명하면서 답을 주고 있습니다. 그것이 29-30절 말씀입니다.

> 하나님이 미리 아신 자들을 또한 그 아들의 형상을 본받게 하기 위하여 미리 정하셨으니 이는 그로 많은 형제 중에서 맏아들이 되게 하려 하심이니라. 또 미리 정하신 그들을 또한 부르시고 부르신 그들을 또한 의롭다 하시고 의롭다 하신 그들을 또한 영화롭게 하셨느니라.

여기 이 말씀에는 우리 하나님이 우리에게 행하시는 다섯 가지 내용이 나오고 있습니다. 그리고 바로 이 다섯 가지는 우리가 하나님을 붙들어야 하는, 그래서 하나님을 사랑하는 그 마음을 지켜 내고 누려야 하는 '부여잡는 믿음'의 다섯 가지입니다.

일대일 제자양육 성경공부 가운데 하나님의 말씀 부분에 가면, '성경을 연구하는 다섯 가지 방법'이라고 하면서 다섯 손가락으로 성경책을 붙드는 그림을 보여주고 있습니다. '부여잡는 믿음'은 바로 이 말씀에 나오는 것처럼 하나님이 우리를 향해 보이시는 그 다섯 가지를 부여잡는 것입니다. 좀 길지만, 그래도 기억해야 하니까 자신의 손가락에 하나씩 붙이면서 함께 보도록 하겠습니다.

1. '미리 아심'입니다.

종종 이것을 '예지'라고 말하면서 신학적인 여러 논쟁이 있는데, 저는 오늘 그런 신학적인 논쟁을 하려고 하지 않습니다. 오늘 이 말씀은 우리가 우리 하나님을 부여잡는 믿음을 가지기 위하여 첫 번째 기억하고 붙들어야 할 것이 바로 이 '미리 아심'이라는 것을 말하고 있습니다. 무슨 뜻일까요? 여러분! 성경에서 '안다'는 말은 가장 깊은 관계를 맺는 일을 가리키는 단어입니다. 그러니까 '미리 아심'은 '하나님이 우리를 먼저 사랑하심'이라는 말입니다.

우리가 일방적으로 혼자 짝사랑하고 있는 것이 아닙니다. 하나님이 먼저 우리를 사랑하셨습니다. 그리고 그 사랑은 지금도 계속되고 있습니다. 사랑하심에 있어서 우리 하나님은 갑이 아니고 을이십니다. 갑질은 우리가 했습니다. 하지만 하나님은 계속 사랑하셔서 십자가에 죽기까지 사랑하신 것입니다. 이것이 성경에 나온 우리 하나님의 사랑 이야기입니다. 그리고 이것을 그대로 강조하면서 말하고 있는 것이 바로 '미리 아심'입니다.

여러분! 이것을 잊지 마십시오. 이것을 기억하세요. 그리고 이것을 항상 붙드세요. 아무리 악한 마귀가 여러 가지 상황 증거들을 가지고 와서 그것을 들이대며 우리를 흔들어도, 우리는 단호하게 "아무리 그래도 하나님이 나를 사랑하시는 것을 나는 분명히 믿습니다." 그렇게 선포하면서 믿음을 부여잡아야 한다는 것입니다. 많은 믿음의 사람들이 간증하고 있는 것처럼, 제가 체험했던 것처럼, 바로 그때 감당 못할 은혜가 밀려오는 것입니다.

2. '미리 정하심'입니다.

이것은 '예정'이라는 말로 유명한 그런 말씀입니다. '예정론.' 신학 역사에서 이것처럼 중요하고 이것처럼 뜨거운 단어는 없습니다. 특히 종교개혁 이후 칼빈의 '이중 예정론'과 아르미니우스의 '예지 예정론'의 논쟁은 정말 지금까지고 해결되지 않는 뜨거운 논쟁입니다. 하나님께서 구원받을 자와 받지 못할 자를 미리 정하셨다고 하는 하나님의 예정하심의 주권을 강조하는 '이중 예정론'도 맞는 말이지만, 믿음으로 구원받을 자인 것을 미리 아시고 예정하신 것이라는,

다시 말해 하나님이 아무리 예정하셨어도 성도가 믿음으로 받아들이는 과정이 있어야만 구원을 받는 것이라는 교훈을 집어넣은 '예지 예정론'도 성경적으로 말이 되는 것이기에, 이 싸움은 지금도 해결이 안 되는 신학적인 논쟁입니다. 저는 물론 개혁주의 신앙을 가진 자로, 기본적으로 칼빈의 예정론을 지지합니다. 하지만 '예지 예정론'을 부정하지는 않습니다. 성경적으로 그렇게 말할 수 있는 부분이 분명히 있으니까요. 무슨 말인가? 엉거주춤인 것이지요.

그런데 제가 볼 때 이 말씀의 진짜 핵심은 그런 신학 논쟁이 아닙니다. 특히 오늘 말씀 그대로 '부여잡는 믿음'을 위해 두 번째로 주어진 '미리 정하심'의 의미는 그것이 아니라 '섭리'입니다. 그렇습니다. 우리 하나님이 전부 미리 정하신 것입니다. 우리에 대한 우리 하나님의 계획, 뜻이 다 있으신 것입니다. 갑자기 돌발적으로 일이 벌어진 것이 아닙니다. 원치 않는 사고를 당하는 것이 아닙니다. 비록 우리는 지금 이해할 수 없지만, 다 뜻하신 바가 있는 것이고, 그리고 이미 다 계획하시고 정하신 그대로 가고 있는 것입니다. 바로 그것이 지금 우리 가운데 역사하고 있는 하나님의 역사입니다.

이것을 부여잡아야 합니다. 그래야 믿음이 흔들리지 않습니다. 그래야 믿음으로 설 수 있습니다. 비록 지금 나는 알 수 없지만, 그러나 분명히 뜻하신 바가 있음을 믿습니다. "하나님의 생각이 나의 생각보다 깊으시고, 하나님의 계획은 완전하시니, 지금 나는 알 수 없고 이해할 수 없지만, 그러나 그런 우리 하나님을 신뢰합니다." 그렇게 고백하며 하나님을 부여잡는 믿음이 진짜 믿음인 것입니다.

신학교에서 공부할 때 칼빈의 예정론을 강의하면서 교수님이 하셨던 말씀이 기억납니다. 칼빈을 전공한 분이신데, 이 예정론을 설명하면서 "칼빈의 예정론은 감사와 감격이다." 그렇게 말씀하시는 것이었습니다. 그러니까 예정론을 말하고 있는 칼빈의 주된 정서는 하나님의 그 오묘한 비밀을 인간이 이것이다,

저것이다, 그렇게 설명하는 것이 아니라, 나 같은 것을 예정하신 그 구원의 은혜에 감격하며 감사하는 눈물이 가득한 고백이라는 것입니다. 그 강의를 하면서 교수님도 목이 메었고, 듣는 저도 함께 눈물을 흘렸습니다. 우리 하나님의 그 사랑 때문에 말입니다. 여러분! 우리가 두 번째로 부여잡을 것은 바로 '미리 정하심' 그것입니다.

그리고 세 가지가 더 남아 있는데, 이것은 다음 주에 이어서 하겠습니다. 그냥 빠르게 다 다루어 버리기에는 너무 귀한 것이어서 그렇게 할 수 없습니다. 궁금하시겠지만, 사모하면서 한 주간 기다리십시오.

로마서 강해 25

부여잡는 믿음 (2)

롬 8:28-30

요즈음 정말 힘들고 짜증이 나는 시간들의 연속입니다. 폭염 때문에 그렇고, 코로나 때문에 더욱더 그렇습니다. 하지만 그런 중에도 나름 감동적이고 시원한 시간도 있다고 이야기합니다. 그것은 올림픽 때문입니다. 물론 더 열받고 속상하게 하는 순간도 많았지만, 정말 감동을 주는 경우도 많이 있었습니다.

그중에서 아마 대표적으로 꼽을 수 있는 것이 양궁 같습니다. 특히 안산이라고 하는 젊은 선수. 금메달을 세 개나 따서 그런 것만이 아니라, 개인전에서 보여준 그녀의 경기 모습은 정말 사람들에게 많은 감동을 주었습니다.

그런데 안산 선수를 포함해서 우리에게 감동을 주는 선수들을 보면서, 제가 나름 분석해 보니까, 그들이 우리에게 감동을 주는 결정적인 요소는 바로 '흔들리지 않는 것' 그것이었습니다. 승리하고 메달을 땄다는 결론보다도 그 과정에서 엄청난 중압감 속에서도 흔들리지 않고 버텨내면서 이겨냈다는 그 모습에 정말 사람들이 감동하는 것입니다.

그렇습니다. 우리의 삶이 정말 감동적으로 그렇게 아름답게 승리하기 위해서 무엇보다 중요한 것은 '흔들리지 않는 것'입니다. 이것은 운동경기만이 아니라 삶에 그대로 적용되는 너무 중요한 진리입니다.

결혼생활에 관한 책 중에 노먼 라이트(Norman Wright) 박사가 쓴 〈흔들리는 당신에게〉(The Secrets of A Lasting Marriage)라는 책이 유명합니다. 그런데 이 책에서 강조하는 것은 우리말 제목 그대로 '흔들리지 않는 것'입니다. 정말 성공적인 결혼생활을 하기 위해서는 무엇보다도 흔들리지 않아야 한다는 것입니다.

인생도 그렇고, 신앙생활은 더욱더 그렇습니다. 흔들리지 않아야 제대로 설 수 있습니다. 우리가 인생을 묘사하면서 대부분 서 있다고 묘사합니다. 절대로 누워있다, 주저앉아 있다, 쓰러져 있다, 그렇게 말하지 않습니다. 맞습니다. 인생이든 신앙이든, 성공적이고 아름다운 것은 제대로 서 있는 것입니다. 그렇게 서서 어떤 공격, 바람에도 쓰러지지 않는 것입니다. 그런데 그렇게 서 있으려면, 흔들리지 않아야 하고, 그렇게 흔들리지 않으려면 다른 무엇보다 믿음이 있어야 하는 것입니다.

〈성경탐구〉라는 책을 쓰면서, 시가서 부분을 쓸 때, 그것을 제대로 이해하기 위하여 신학교 때 공부했던 '히브리 시'에 대한 문학적인 기법을 소개했습니다. 그중에 하나가 '언어유희'라는 기법입니다. 그러니까 시편만이 아니라 욥기, 잠언, 아가서, 전도서 등등의 말씀과 예언서까지 수많은 시가 성경에 나오는데, 그러다 보니 거기에서 히브리 시의 기법이 사용되었고, 그중에 하나가 '언어유희'라는 것인데, 이것은 그야말로 '말장난'이라고 할 수 있는 것입니다. 비슷한 발음의 뜻이 다른 말을 반복하면서 표현하는 것입니다. 한국말로 예를 들면 "돈 너무 쫓아다니다 보면 도는 수가 있다."와 같은 것입니다.

그런데 그 언어유희를 설명하면서 그 예로 제가 신학교에서 공부할 때 배웠던 이사야 7:9에 나오는 "만일 너희가 굳게 믿지 아니하면 너희는 굳게 서지 못하리라"라는 말씀을 예로 들었습니다. 왜냐하면 그 말씀의 히브리어 원어가 "임 로 타아미누 키 로 테아메누"이기 때문입니다. 그야말로 '언어유희'인 것이지요.

그런데 〈성경탐구〉에서 그 말씀을 소개하면서도 한동안 그 말씀이 사실은 그렇게 중요한 말씀인 줄 몰랐습니다. 단지 그냥 언어유희로 표현된 것인 줄만 알았습니다. 그러다가 이사야서 강해설교를 하면서 어느 날 그 본문을 다시 묵상하는데, 성령께서 '성경이 할 일이 없어서 말장난만 하려고 말씀을 했겠느냐?'라고 하시는 것이었습니다. 그 말씀이 얼마나 중요하면, 언어유희 같은 기법을 썼겠느냐? 그런 것입니다. 그리고 나서 다시 보니까 이 말씀은 정말 중요한 메시지를 강조하고 있습니다.

그렇습니다. '믿지 아니하면, 서지 못하는 것'입니다. 이것이 우리가 신앙생활을 하면서 인생을 살아가면서 반드시 알아야 할 너무 중요한 말씀입니다. 그것이 부부생활이든, 자녀와의 관계이든, 교회 생활이든, 직장 생활이든, 인생의 모든 부분에서, 그것이 제대로 설 수 있는 것은 다른 것이 아니라 '믿음'으로만 제대로 서는 것입니다. 특히 그 말씀을 그렇게 다시 보니까, 그 말씀이 주어진 배경이 아람 왕과 북이스라엘 왕이 동맹해서 공격해 온다는 소식이 유다 백성들에게 들려왔을 때입니다. 그 소식이 들리니까 성경의 표현, "왕의 마음과 그의 백성의 마음이 숲이 바람에 흔들림 같이 흔들렸더라"(사 7:2)라는 말씀처럼 그들이 정말 사정없이 흔들렸던 순간이었던 것입니다. 바로 그런 그들에게 하나님께서 그들의 공격은 결코 성공할 수 없다고 예언의 말씀을 주시면서 이어서 주신 말씀이 "만일 너희가 굳게 믿지 아니하면 너희는 굳게 서지 못하리라." 바로 이 말씀이라는 것입니다.

여러분! 그렇습니다. 믿음으로만 우리는 흔들리지 않을 수 있습니다. 그래서 믿음으로만 굳게 설 수 있습니다. 특히 우리의 삶을 흔들고, 그래서 쓰러뜨리려는 공격이 치열한 지금의 상황을 살아가는 여러분! "믿지 아니하면, 서지 못한다."라는 이 말씀을 반드시 기억하고 붙드십시오!

그러므로 우리에게는 믿음이 필요합니다. 무엇보다 '부여잡는 믿음'이 필요합니다. 그리고 그 부여잡는 믿음은 다섯 손가락으로 잡듯이 우리 하나님에 대한 다섯 가지 믿음의 고백으로 부여잡는 것입니다.

그중에 첫 번째는 '미리 아심'이라고 말씀드렸습니다. 한결같고 신실하신 '하나님의 그 사랑'을 말하는 것입니다.

그리고 두 번째는 '미리 정하심'이라고 말씀드렸습니다. '우리 하나님의 섭리'를 말하는 것입니다. 우리의 삶에 대한 계획이 있으신, 그 신실하신 예정하심을 말하는 것입니다.

3. 그리고 세 번째는 '부르심'입니다.

30절 말씀을 보겠습니다.

또 미리 정하신 그들을 또한 부르시고 부르신 그들을 또한 의롭다 하시고 의롭다 하신 그들을 또한 영화롭게 하셨느니라.

여러분! 우리가 신앙의 사람으로 살아가면서 반드시 기억해야 할 믿음의 언어는 바로 '부르심'입니다. '우리 하나님의 부르심.' 그렇습니다. 여기 이 자리, 이 상황, 이 관계, 이 역할, 이 모든 것이 바로 우리 하나님의 부르심입니다. 그 부르심을 기억하고 인정하고 그것을 붙들어야 우리의 삶이 흔들리지 않습니다. 그래야 우리가 제대로 온전히 설 수가 있는 것입니다.

제게 개인적으로 가장 큰 영향을 준 분, 진정한 의미에서 저의 멘토라고 할 수 있는 분은 우세근 목사님입니다. 이분은 제가 고등부 시절, 저의 모교회의 고등부 담당 전도사님으로 오셨습니다. 그러면서 저에게 신앙의 영향을 끼치셨고, 제가 신학을 하게 된 직접적인 계기를 주신 분이셨습니다. 제가 신학교에 가기 전에 연세대학교 철학과를 가게 된 것도 이분의 조언이었고, 학창 시절 어려울 때 직접, 그리고 주변 사람을 통하여 저를 많이 도와주셨습니다. 그런데 제가 이분에게 받은 혜택 중에 가장 귀한 것은 바로 참된 신앙, 그것이었습니다. 하나님 앞에서 고민하고, 진짜 하나님의 사람으로 살아가려고 몸부림치는 바로 그 모습, 그것이 그분이 저에게 준 가장 큰 혜택이었습니다.

그중에 가장 기억에 남는 교훈 중 하나가 그분이 미국에 유학을 가서 제게 보냈던 편지에 담긴 메시지였습니다. 그분은 정말 가난한 환경에서 자라나서 제대로 공부를 할 수 없었기에, 신학교를 졸업하고 목사 안수까지 받았지만 그래도 더 공부하고 싶어 하셨습니다. 그래서 결혼까지 하고 딸까지 있는데도 혼자서 미국으로 유학을 떠나신 것입니다. 그때 제가 그런 그분의 모습에 이것은 좀 심하지 않은가 싶어서 왜 그렇게 무리하시느냐고, 욕심이 아니냐고, 그렇게 물은 적이 있습니다. 그때 그분이 저에게 "진소야, 나는 하나님께 최선으로 드려지고 싶어, 이 마음을 포기할 수 없어, 그래서 이렇게 힘들어도 가는 거야." 하고 말씀하시는데, 정말 울컥했습니다.

그렇게 그분은 미국에 유학을 떠나셨는데 거기에서 제대로 공부하겠다고 학부부터 다시 시작을 하신 것이었습니다. 그러니까 얼마나 힘들었겠습니까? 그렇게 유학을 가서 제게 편지를 보내셨는데, 저는 그 편지의 첫마디를 지금도 잊을 수 없습니다. 그것은 "진소, 하나님의 나라에는 지원병은 없다네. 다만 징집되었을 뿐."이었습니다. 그 한마디로 저는 그 마음을 그대로 알 수 있었습니다. 자기가 원해서 그 자리에 간 것이라면, 벌써 그만두고 포기하고 싶은데, 그런데 자신이 지원한 것이 아니라, 하나님이 징집하신 것이기에, 하나님이 부르신 것이기에, 그래서 포기할 수 없다는 것, 그래서 견디고 있다는 것입니다. 그 이후에 그분의 그 편지 메시지는 제게 정말 중요한 메시지가 되었습니다. 제가 살면서, 제가 사역하면서, 항상 기억하고 붙드는 메시지가 되었습니다. 특히 어려울 때, 도망가고 싶을 때 되돌아보는 말씀입니다.

여러분! 우리가 항상 기억해야 할 정말 중요한 믿음의 고백, 그것은 바로 '부르심'입니다. 지금 이 자리, 상황, 이 모든 것이 우리 하나님의 부르심이라는 것을 기억하고 붙들 때, 어떤 순간에도 우리는 흔들리지 않을 수 있습니다.

4. 네 번째는 '의롭다고 하심'입니다.

여러분! 예수님께서 말씀하신 비유들 가운데 가장 핵심이 되는 비유가 무엇인지 아시지요? 바로 '돌아온 탕자의 비유'(눅 15장)입니다. 이것은 제 이야기가 아니라 모든 학자들, 모든 신앙의 선생들이 이구동성으로 말하는 것입니다. 그런데 그 '돌아온 탕자의 비유'를 통하여 예수님께서 말씀하시는 메시지는 무엇입니까? '용서하시는 하나님 아버지' 아닙니까? 아무리 엄청난 죄를 지었어도, 그래서 더는 하나님의 자녀라고 말할 수 없는 지경에 갔어도, 하나님 아버지는 이미 용서하셨고, 그래서 돌아오기를 기다리고 계시고, 돌아가기만 하면 그 모든 것을 다 회복시켜주신다는 것 아닙니까? 이것이 진짜 복음입니다. 이것이 복음의 핵심입니다. 그리고 이것이 바로 우리가 부여잡아야 할 믿음의 고백인 것입니다.

'의롭다고 하심.' 그렇습니다. 하나님은 우리가 어떤 죄를 지었고, 아무리 실패하고 망가졌어도 다 용서하십니다. 그래서 하나님께로 돌아가기만 하면 정죄하거나 거절하지 않으시고, 여전히 내 자녀라고 말씀하시면서, 의롭다고 하시면서, 우리를 받아 주시는 것입니다.

바로 그 하나님을 붙들어야 합니다. 이 죄악된 세상을 살아가면서 수많은 유혹에 실족하고 넘어지는 우리는, 여전히 우리 속에 있는 그 욕심을 이용하여 우리를 공격하는 마귀의 공격에 무너지고, 그 정죄에 매여서 죄책감과 열등감에 고통하는 삶을 사는 우리는, 이 삶이 흔들리지 않기 위하여 반드시 '의롭다고 하심' 이것을 부여잡아야 한다는 것입니다.

5. 다섯 번째는 '영화롭게 하심'입니다.

바울 사도는 특히 여기 로마서에서 '영광'(독사)이라는 단어를 강조합니다. "하나님을 알되 하나님을 영화롭게도 아니하며"(롬 1:21)라는 말씀도 그렇고, "모든 사람이 죄를 범하였으매 하나님의 영광에 이르지 못하더니"(롬 3:23)라는 말씀도 그렇고, "우리가 그와 함께 영광을 받기 위하여 고난도 함께 받아야 할 것이니라"(롬 8:17)라는 말씀도 그렇고, "생각하건대 현재의 고난은 장차 우리에게 나타날 영광과 비교할 수 없도다"(롬 8:18)라는 말씀도 그렇고, 계속 말하고 있는 것이 우리 신앙인으로 온전히 다다라야 하는 궁극적인 목표가 '영광' 바로 그것이라고 말하고 있습니다. 그렇습니다. 이 영광은 하나님의 영광입니다. 그리고 그것은 우리 하나님이 지으신 이 모든 세상의 궁극적 존재 이유와 목적입니다.

시편 가운데 토라 시편으로 유명한 시편 19편, C. S. 루이스가 "세상에 존재하는 가장 위대한 서정시 중에 하나"라고 말했던 바로 그 시편, 하이든의 '천지창조'라는 오라토리오의 가장 유명한 합창곡의 가사가 된 그 시편, 그 시편 19편의 첫마디는 "하늘이 하나님의 영광을 선포하고 궁창이 그의 손으로 하신 일을 나타내는도다"입니다. 너무나 장엄하고 감동적인 그 고백의 핵심은 바로 이 세상 모든 피조물이 하나님의 영광을 나타낸다는 것입니다. 그러니까 이 모든 피조물의 궁극적인 존재 이유, 그것을 지으신 분의 목적은 바로 하나님의 영광을 나타내는 것, 하나님의 영광이 되는 것이라는 말입니다.

그렇다면 그 모든 피조물의 중심인 우리 인간은 어떠하겠습니까? 우리 인간이 그 지으신 뜻 그대로 살아가는 것, 이 존재의 궁극적인 이유, 그것이 바로

'하나님의 영광' 아니겠습니까?

'영화롭게 하심'이라는 말은 헬라어로 '독사조'인데 그 뜻은 '영광에 참여한다'입니다. 그렇습니다. 우리 하나님은 우리를 반드시 영화롭게 하십니다. 당신의 영광에 우리를 참여하게 하신다는 것입니다. 이것이 바로 우리를 지으신 우리 하나님이 우리에게 행하시는 역사이고 우리에게 주신 언약입니다.

이것을 붙들어야 합니다. 반드시 영화롭게 하신다는 이것을 말입니다. 우리로 하여금 하나님의 영광에 참여하게 한다는 그것을 부여잡는 것이 믿음입니다. 이것을 의심하지 않고 부여잡아야 좌절하거나 절망하지 않습니다. 그래야 그 삶이 흔들리지 않고 제대로 설 수 있습니다.

여러분! 지난 신앙의 역사 가운데, 그리고 지금 우리 주변에도 정말 아름답고 귀한 삶을 산 사람들이 많이 있습니다. 그 삶으로 우리에게 감동을 준 귀한 사람들이 많이 있습니다. 그런데 우리가 정말 그 삶을 보면서 은혜받는 사람들, 그들은 바로 '독사조', 말하자면 '영화롭게 하심'의 역사를 누린 사람들입니다. 너무 힘들고 어려운, 무너질 수밖에 없는 상황 속에서 바로 '영화롭게 하심'이라는 것을 믿음으로 부여잡고 쓰러지지 않고 앞으로 나아가서 결국 하나님의 영광에 참여한 사람들이라는 것입니다.

그렇습니다. 우리 하나님은 반드시 영화롭게 하십니다. 당신의 영광에 우리를 반드시 참여하게 하십니다. 궁극적으로 천국에 가서 그렇게 하시겠지만, 이 세상에서도 반드시 그렇게 하십니다. 이 하나님을 믿음으로 부여잡으십시오.

맺는말

'부여잡는 믿음!' 어떤 때보다도 이 믿음이 필요한 시대입니다. 왜냐하면 정말 우리를 흔들고 무너뜨리려는 공격이 심하니까요. 손을 펴서 우리 하나님을 믿음으로 부여잡읍시다. 다섯 손가락 모두를 사용해서 말입니다.

1) 미리 아심
2) 미리 정하심
3) 부르심
4) 의롭다고 하심
5) 영화롭게 하심

26
로마서 강해

우리가 넉넉히 이기느니라

롬 8:31-39

지난 두 주간에 걸쳐서 부여잡는 믿음의 다섯 가지를 말했습니다. 흔들리지 않기 위해서, 제대로 서기 위해서, 믿음으로 부여잡아야 하는데, 그 부여잡는 믿음은 마치 다섯 손가락처럼 우리 하나님에 대한 다섯 가지 믿음의 고백, '미리 아심', '미리 정하심', '부르심', '의롭다고 하심', '영화롭게 하심' 그것이라고 말씀드렸습니다. 그것이 로마서 8:30까지의 말씀입니다.

그런데 그다음에 나오는 로마서 8:31-39에는 다섯 가지 질문이 나옵니다. 바울 사도는 다섯을 좋아한다는 생각을 순간적으로 하게 됩니다. 그것을 하나씩 살펴보면 다음과 같습니다.

1) 31절, "만일 하나님이 우리를 위하시면 누가 우리를 대적하리요."
2) 32절, "자기 아들을 아끼지 아니하시고 우리 모든 사람을 위하여 내주신 이가 어찌 그 아들과 함께 모든 것을 우리에게 주시지 아니하겠느냐."

3) 33절, "누가 능히 하나님께서 택하신 자들을 고발하리요."
4) 33-34절, "의롭다 하신 이는 하나님이시니, 누가 정죄하리요."
5) 35절, "누가 우리를 그리스도의 사랑에서 끊으리요."

그런데 이것은 정확히 말하면 '수사적인 질문'입니다. 그러니까 대답을 듣기 위하여 묻는 것이 아니라 무엇인가를 강조하기 위하여 묻고 있는 것이지요. 그것도 그냥 강조하는 것이 아니라 일종의 격한 감정까지 들어가 있는 강조라는 것입니다. 특히 여기서처럼 질문이 하나가 아니고 이렇게 다섯 가지나 계속되는 경우는 그야말로 감정이 격해져서 눈물까지 쏟을 만큼 그렇게 강조하는 경우입니다. 그렇다면 바울 사도가 강조하고 싶은 것이 무엇인가? 그것이 바로 37절입니다.

> 그러나 이 모든 일에 우리를 사랑하시는 이로 말미암아 우리가 넉넉히 이기느니라.

여러분! 그렇습니다. 그리스도인으로서 우리가 가지고 있는 최고의 축복, 최고의 능력, 최고의 영적인 역사, 그래서 우리가 반드시 알아야 하고 붙들어야 할 핵심 메시지가 있다면, 바로 이것 '우리는 이긴다'는 것입니다. 어떤 상황, 어떤 이야기 가운데 있어도 우리는 반드시 이긴다는 그것입니다.

요즈음 제가 이메일이나 카톡 메시지로 사람들에게 이런저런 소식을 전하거나 메시지를 전달하면서 가장 많이 쓰고 있는 표현이 바로 "승리하십시오."입니다. 이유는 상황이 어려우니까 그런 것이지요. 코로나19로 여러 가지 상황이 그야말로 어려우니까 이런 어려움, 죄에게 지지 말고 승리하시라는 말이 나오지 않을 수가 없는 것입니다. 하지만 사실 이 "승리하십시오."라는 말은 상황이 어렵고 힘들 때만 나누는 인사가 아니라, 우리 그리스도인들에게는 언제나 해당하는 인사입니다. 그래서 생각해보니 요즈음만이 아니라, 그동안 제가 정말 많이 사용했던 인사가 "승리하십시오."였고, 또 제가 가장 많이 받은 인사도 "승리하십시오."였습니다.

그렇습니다. 신앙인으로 살아가는 사람에게 마지막 한마디만 던지라고 한다면, 그것은 아마 "승리하십시오."일 것입니다. 왜냐하면 신앙으로 산다는 것은 바로 승리하면서 산다는 것을 말하기 때문입니다. 그래서 신앙인은 이 세상에서 바로 승리하는 사람이기 때문입니다.

성경을 보면 수많은 신앙의 사람이 나오는데, 그들에게 공통점이 있습니다. 그들이 진정한 신앙인이라면 다 이기는 사람이었다는 것입니다. 때로 패배할 수 있고 때로 비참할 정도로 무너질 수도 있지만, 그들이 진정한 신앙의 사람이라면, 그래서 그들이 그 신앙 가운데 제대로 서게 되면 그들은 모두 다 궁극적으로 이기는 사람이고 그 삶의 결론은 '승리'였다는 것입니다.

종교개혁의 도화선이 된 이탈리아의 순교자 지롤라모 사보나롤라(Girolamo Savonarola, 1452-1498년)라는 사람이 있습니다. 종교개혁을 주도한 마르틴 루터도 사보나롤라가 한 세기 앞서 행한 일들로 인해 자신이 큰 영향을 받았다고 말했을 정도로 영적인 영향을 끼친 사람이었습니다. 그는 당대의 타락한 교회를 꾸짖었고, 영적 각성 운동을 일으켰습니다. 그래서 정말 많은 사람의 존경을 받게 되자 교황이 그를 견제했고, 결과적으로 그는 고문 끝에 교수형을 당하게 되었습니다.

형 집행은 피렌체 광장에서 이루어졌는데, 그때의 이야기가 유명합니다. 형 집행자가 "교황의 대리인인 내가 그대를 전투적인 승리의 교회로부터 추방하노라."라고 하면서 심판을 선언하자, 사보나롤라는 "나를 '전투적인 교회'로부터 추방할 수 있을지는 몰라도, '승리의 교회'로부터는 추방할 수 없다."라고 대응하면서 당당하게 사형을 당했다는 것입니다. 저는 이 말, "승리의 교회로부터는 추방할 수 없다"는 말이 무슨 뜻인지 처음에는 이해가 되지 않았는데, 바로 오늘 말씀을 보면서 그것이 이해되었습니다.

그렇습니다. 신앙인은 그가 참신앙 가운데 있다면 어떠한 상황에 있든지 이기는 사람입니다. 마귀가 싸움을 걸어 올 수 있습니다. 그러나 절대로 우리를 이길 수는 없습니다. 우리가 신앙 가운데 있기만 한다면 말입니다. 그것을 사보나롤라는 아주 확신 있게 외치면서 사형을 당한 것입니다.

여러분! 이것을 기억하십시오. 이것을 붙드십시오. 어떤 상황, 어떤 이야기 속에 있든지, 심지어 지금 사보나롤라처럼 교수대 앞에 서 있는 상황이라고 할지라도 이것을 기억하고 선포하고 붙들고 나아가십시오. 이것이 예수 그리스도, 우리를 위해 십자가를 지신 분, 그리고 죽으셨으나 다시 사신 부활의 주님을 나의 주님으로 믿고 고백한 사람들이 반드시 붙들고 나아가야 할 핵심, 중심 메시지입니다.

그렇습니다. 우리의 신앙은, 그것이 참다운 신앙이라면 적어도 다음 세 가지를 반드시 이깁니다.

1) 우리의 죄악된 본성을 이깁니다. 욕심이든, 이기심이든, 교만이든 무엇이든, 우리의 죄악된 본성, 그것이 아무리 강하고 끈질기고 절대적인 것처럼 보여도 신앙은 그것을 반드시 이기는 것입니다. 그래야 신앙인 것입니다. "그리스도 예수의 사람들은 육체와 함께 그 정욕과 탐심을 십자가에 못 박았느니라"(갈 5:24). 이것이 우리의 신앙의 고백이고 역사이기 때문에 신앙은 우리의 죄악된 본성을 반드시 이기는 것입니다.

2) 세상을 이깁니다. 이 세상의 모든 사상이나 흐름, 관점이나 가치, 그리고 현실과 상황, 그것이 아무리 대단해 보이고 누구도 그것을 거부할 수 없는 것처럼 보여도, 신앙은 세상을 이깁니다. 세상의 이론을 파하고, 세상의 흐름을 거슬러 올라가고, 현실과 상황을 이기면서 세상의 협박 앞에서 단호하게 서는 것

입니다. 왜냐하면 "이것을 너희에게 이르는 것은 너희로 내 안에서 평안을 누리게 하려 함이라 세상에서는 너희가 환난을 당하나 담대하라 내가 세상을 이기었노라"(요 16:33)라고 말씀하신 예수 그리스도를 믿는 것이 신앙이기 때문입니다.

그리고 말씀에 분명히 "무릇 하나님께로부터 난 자마다 세상을 이기느니라 세상을 이기는 승리는 이것이니 우리의 믿음이니라"(요일 5:4)라고, 믿음이 세상을 이긴다고 나와 있기 때문입니다.

3) 마귀를 이깁니다. 사탄 마귀가 아무리 강하고 대단해 보여도 신앙은 마귀를 이깁니다. 마귀는 정말 교활합니다. 그리고 마귀는 정말 집요합니다. 그러면서 마귀는 세상과 우리의 죄악된 본성을 이용해서 아주 강력하게 우리를 흔들고 들어와 무너뜨리려고 합니다. 그래서 마귀를 이기는 것은 거의 불가능해 보입니다.

그러나 분명한 것은 우리의 신앙은 마귀를 이긴다는 것입니다. 왜냐하면 우리 주 예수 그리스도께서 이미 갈보리 십자가에서 마귀를 이기셨기 때문입니다. 그러므로 그 십자가의 신앙은 마귀를 반드시 이길 수 있는 것입니다.

그런데 수많은 신앙인이 그렇게 생각하고 있지 않습니다. 아무리 신앙이어도 본성은 못 이긴다고, 세상은 못 이긴다고, 마귀는 이길 수 없다고, 그렇게 스스로 생각하고 있는 것입니다. 이것이 정말 안타까운 것입니다. 이것은 정말 뿌리가 깊습니다. 그래서 정말 안타까운 것입니다. 그래서 바울 사도는 여기 로마서에서, 특히 믿음의 선포를 하는 로마서 8장을 마무리하면서, 이 말씀을 질풍노도처럼 강조하고 있는 것입니다.

그리고 그것도 부족해서 오늘 말씀에 더 적극적인 표현을 쓰고 있는 것입니다. '우리는 이긴다'는 이 영적인 사실을 강조하기 위해서 이런 표현까지 쓰고 있는 것입니다. 37절 말씀을 다시 보겠습니다.

그러나 이 모든 일에 우리를 사랑하시는 이로 말미암아 우리가 넉넉히 이기느니라.

"넉넉히 이기느니라"(휘페르니카오). 그냥 '니카오'가 아닙니다. '결정적으로 이긴다. 확실하게 이긴다. 넉넉히 이긴다'는 의미의 '휘페르니카오'라는 단어를 일부러 쓴 것입니다.

우리가 이기는데, 아니 이미 이겼는데, 그런데 그것을 모르고 있으니까 너무나 속상하고 안타까워서 바로 이 단어까지 쓰고 있는 것입니다. 이긴다는 것을 반드시 알아야 하니까, 그것이 신앙이고, 그것이 능력이니까, 그것이 우리 하나님의 사람의 모습이니까, 그래서 이렇게 강조된 단어까지 쓰고 있는 것입니다.

저는 여기서 이 '넉넉히 이기는 신앙'이 의미하는 바가 '그냥 쉽게 이긴다'는 말이 아니라, 다음 세 가지라고 생각합니다. 즉 신앙의 승리를 거두되 다음 세 가지 면에서 승리를 거두는 것이 바로 '넉넉히 이기는 것'이라고 생각합니다.

1) 소중한 것을 결단코 잃어버리지 않고 이기는 것입니다. 그렇습니다. 싸우다 보면 우리가 이런저런 피해도 보고 어려움도 겪을 수 있습니다. 우리의 본성 때문이든 세상때문이든 마귀가 절대로 호락호락하지 않으니까요. 그러나 우리가 신앙으로 이기는 것이라면, 아무리 치열하게 싸우고, 때로 이런저런 상처를 받아도, 정말 소중한 것, 하나님이 주신 축복, 관계, 꿈과 비전, 그런 소중한 것은 절대로 잃어버리지 않고, 반드시 지켜 내는 것입니다. 이것이 바로 "넉넉히 이기느니라."라는 말의 의미입니다.

2) 아름다움을 결단코 잃어버리지 않고 이기는 것입니다. 싸워 이겼다고 했는데, 그것 때문에 마음이 무너지고 본성이 피폐해지고, 사람이 독해지고, 억세지고 추해지면, 그것은 이긴 것이 아닐 수 있습니다. 그런데 싸우다 보면, 정

말 힘들게 살아가다 보면, 그야말로 자신도 모르게 피폐해지고 악해지는 것입니다. 그렇게 되면, 그것은 이긴 것이 아니라 패배한 것입니다. 당할 만큼 당한 것입니다.

"괴물과 싸우는 사람은 그 싸움 속에서 스스로 괴물이 되지 않도록 조심해야 한다."라는 유명한 말이 있습니다. 니체가 한 말인데, 원래 의미는 좀 다른 것이지만, 이 말 자체는 정말 맞는 말입니다.

"넉넉히 이기느니라." 그 의미는 이기되 그 아름다움을 결단코 잃어버리지 않고 이긴다는 의미입니다. 죄와 싸워 이기느라 독해지고 각박해져서 처음 사랑을 버렸던 에베소 교회 같은 승리가 아니라, 하나님의 사람의 그 아름다움을 결단코 잃어버리지 않고 이기는 것이 바로 '넉넉히 이기는 것'입니다.

3) 영적인 진보를 이루는 것입니다. 싸워 이겼지만, 그렇게 이기는 동안에 영적으로 오히려 퇴보하고, 시간과 삶을 낭비하고, 열정과 자원을 허비했다면 그것은 절대로 이긴 것이 아닙니다. '넉넉히 이기는 것'은 그런 싸움 속에서 오히려 영적으로 성장하고, 영적으로 앞으로 나아가고, 영적인 소득이 있고, 진보가 있는 것, 바로 그것을 말하는 것입니다.

저는 사무엘서의 다윗을 설교하면서 놀라운 것을 발견했습니다. 그것은 다윗이 10년 간 사울에게 억울하게 쫓겨 다녔는데, 놀라운 것은 그렇게 쫓겨 다니면서 오히려 다윗이 그 기간 동안 정말 아름답게 성숙했다는 것입니다. 신앙도, 인격도, 리더십도, 다 성숙해진 것입니다. 이것이 너무 놀랍고 감동이 되어서 책으로 낸 것입니다. 그 책 제목이 〈쫓기면서도 성숙해지고〉입니다. 정말 다윗은 '넉넉히 이긴 것'입니다. 그 치열한 싸움에서 말입니다.

신앙의 승리는 바로 그렇습니다. 어떤 싸움이든지 신앙으로 싸워 이긴 사람은 그만큼 성장합니다. 오히려 더 놀랍게 그렇게 영적으로 세워지는 것입니다. 그것이 바로 "넉넉히 이기느니라."입니다. 신앙의 승리인 것이지요. 그러면 우리가 어떻게 이렇게 이길 수 있을까요? 어떻게 이렇게 넉넉히 이길 수 있을까요? 그 대답 역시 37절에 들어 있습니다. 다시 한 번 보겠습니다.

> 그러나 이 모든 일에 우리를 사랑하시는 이로 말미암아 우리가 넉넉히 이기느니라.

"우리를 사랑하시는 이로 말미암아." 이것입니다. 이것이 우리가 넉넉히 이길 수 있는 유일한, 그리고 확실한 근거가 되는 것입니다. 다른 것이 아닙니다. 우리 힘이 아닙니다. 우리의 의지는 더더욱 아닙니다. 막을 수 없고 끊을 수 없는 우리 하나님의 그 사랑 때문에 우리가 넉넉히 이길 수 있는 것입니다. 바울 사도가 로마서 오늘 말씀에서 다섯 개의 질문을 던진 것도 다 하나님의 사랑, 그 막을 수 없고 끊을 수 없는 사랑을 강조하기 위하여 한 것입니다.

하나님이 우리를 위하시는데, 누가 우리를 대적하겠는가?
아들을 아끼지 않고 우리를 위하여 내주신 분이 어찌 그 아들과 함께 모든 것을 우리에게 주시지 아니하겠는가?
하나님이 우리를 택하셨는데 누가 우리를 고발하겠는가?
하나님이 우리를 의롭다고 하셨는데 누가 정죄하겠는가?
누가 우리를 위해 죽으시고 다시 살아나신 그리스도의 그 사랑에서 끊을 수 있겠는가?

모두 그 끊을 수 없고 막을 수 없는 하나님의 사랑을 강조하기 위하여 쓴 수사법입니다. 우리가 구원받은 그 모든 역사는 오직 하나님의 사랑 때문에 일어난 것입니다. 그 사랑이 일으키신 역사라는 것입니다. 그래서 우리가 구원받은 것은 바로 그 사랑을 받은 것입니다.

옥타비우스 윈슬로우(Octavinus Winslow)라는 사람의 글이 정말 마음에 와 닿습니다. "누가 예수님을 죽음에 내주었는가? 유다가 돈 때문에 내어준 것도 아니고, 빌라도가 두려움 때문에 내어준 것도 아니며, 유대인들이 시기심 때문에 내어준 것도 아니다. 바로 하나님 아버지가 사랑 때문에 그렇게 하신 것이다." 바로 그 사랑, 그것 때문에 우리가 '넉넉히 이길 수 있는 것'입니다.

그래서 바울 사도는 이렇게 다섯 가지 수사적인 질문으로 강조한 것, 그것도 부족해서 "그러나 이 모든 일에 우리를 사랑하시는 이로 말미암아 우리가 넉넉히 이기느니라."라고 선포한 후에 다시 덧붙이듯이 확신을 가지고 두 절을 또 이야기했습니다. 우리는 오늘 그것까지 들어야 합니다. 38-39절 말씀을 보겠습니다.

내가 확신하노니 사망이나 생명이나 천사들이나 권세자들이나 현재 일이나 장래 일이나 능력이나 높음이나 깊음이나 다른 어떤 피조물이라도 우리를 우리 주 그리스도 예수 안에 있는 하나님의 사랑에서 끊을 수 없으리라.

열 가지를 열거하면서 그 어떤 것도 우리를 하나님의 사랑에서 끊을 수 없다고 그렇게 쏟아 놓듯이 선포하고 있는 것입니다. 그렇습니다. 우리를 하나님의 사랑에서 끊을 수 있는 것은 없습니다. 절대로, 어떤 것도, 어떤 상황도, 어떤 죄악도, 어떤 실수도, 어떤 이야기도, 우리를 우리 주 예수 그리스도 안에 있는 하나님의 사랑에서 끊을 수 없는 것입니다. 그래서 우리는 그야말로 넉넉히 이기는 것입니다.

: 맺는말

코로나19, 정말 만만치 않습니다. 델타 변이까지 나타나고 그래서 이제 코로나19 바이러스를 벗어날 수 없다는 이야기까지 나옵니다. 한때 정치인이 터널의 끝이 보인다고 호기롭게 말했지만, 지금은 아무도 그렇게 말하지 못하고, 그야말로 당황하면서 낙심하고 절망한 채 우왕좌왕하고 있습니다. 하지만 저는 이런 상황 속에서도 한 가지는 분명히 말할 수 있습니다. "우리가 신앙의 사람이라면, 우리가 이깁니다. 그것도 넉넉히 이깁니다."

그냥 호기롭게 말하는 것이 아닙니다. 막연하게 희망 고문하듯이 해 보는 이야기가 아닙니다. 저는 우리 하나님의 그 사랑을 믿습니다. 당신의 사람들을 향한 막을 수 없고 끊을 수 없는 그 사랑을 믿습니다. 그래서 정말 이 코로나, 이 모든 상황도 '넉넉히 이길 것입니다.'

사랑하는 여러분! 늘 기억하십시오. 그리고 그렇게 사십시오. "그러나 이 모든 일에 우리를 사랑하시는 이로 말미암아 우리가 넉넉히 이기느니라."

27 로마서 강해

하나님의 말씀은 실패하지 않는다

롬 9:1-13

　사도 바울은 고린도후서 12장에서 "육체의 가시"를 고백했습니다. 자신이 교만하지 않도록 하나님이 주신 것이라고 했지만, 그러나 그것을 "사탄의 사자"라고 말함으로써 그것이 자신을 얼마나 힘들게 하는 고통스러운 것인지를 고백했습니다. 그러면서 그것이 너무 힘들어서 주님께 그것이 자신에게서 떠나가도록 세 번이나 간구했지만, 주님께서는 오히려 그것이 그리스도의 능력이 머물게 하는 은혜라고 하시면서 그대로 감당하라고 하신 그의 연약함이었다고 말했습니다.
　"육체의 가시." 그것이 무엇인지는 정확하게 모릅니다. 어떤 사람은 안질이라고 하고, 어떤 사람은 간질이라고 합니다. 혹은 두통이라고 말하는 사람도 있습니다. 어떤 사람은 언어장애라고 말하기도 합니다. 그런데 그것이 무엇이든지 그것은 분명히 "육체의 가시."라는 표현에 나온 그대로 '육체적인 질병, 육체적인 연약함'인 것은 분명합니다.

그런데 여러분! 사실 사도 바울을 정말 힘들게 했던 가시는 따로 있습니다. 저는 이것을 "육체의 가시"에 비교해서, "영혼의 가시"라고 부르고 싶습니다. 그것은 육신적으로 그를 힘들게 했던 것과는 비교할 수 없이 그의 내면과 영혼을 힘들게 했던 진짜 가시였습니다. 그로 하여금 주님 앞에 엎드리어서 어떻게 하면 좋으냐고, 때로는 죽을 것처럼 그렇게 간절하게 기도할 수밖에 없게 만드는 가시였습니다. 그것이 바로 오늘 말씀에 나오고 있습니다. 1절 말씀을 보겠습니다.

내가 그리스도 안에서 참말을 하고 거짓말을 아니하노라 나에게 큰 근심이 있는 것과 마음에 그치지 않는 고통이 있는 것을 내 양심이 성령 안에서 나와 더불어 증언하노니.

"나에게 큰 근심이 있는 것과 마음에 그치지 않는 고통이 있는 것." 이것이 바로 '영혼의 가시'를 말하는 것입니다. 영혼의 가시는 그렇게 마음에 큰 근심과 그치지 않는 고통을 가져오는 것입니다. 그래서 그를 정말 힘들게 하는 것입니다. 사람들에게는 대부분 이런 '영혼의 가시'가 있습니다. 육체의 가시와는 비교가 되지 않을 만큼 그의 마음과 삶을 쥐고 흔드는, 영혼까지 흔들어 놓는, 그래서 정말 마음을 힘들게 하는, 하지만 벗어나고 싶어도 벗어날 수 없게 하는 가시가 있습니다.

한번은 한 자매와 상담을 하는데, 이 자매는 여러 가지로 참 귀하고 좋아 보이는 자매였습니다. 신앙도 좋고, 공부도 많이 했고, 외적인 모든 조건이나 처한 상황이 정말 행복할 수밖에 없는 자매였습니다. 그런데 이 자매는 그때 너무 고통스럽고 죽을 것 같아서 그래서 제게 상담을 온 것이었습니다. 왜 그런가 들어 보니, 이 자매에게는 아버지가 문제였습니다. 아버지의 사랑을 많이 받았고, 자기도 그래서 아버지를 정말 사랑하지만, 아버지가 성격적으로 너무 상처를 많이 주는 사람이었습니다. 자기에게뿐 아니라, 어머니에게도 계속 상처를 주었고, 자기의 형제들에게도 그렇게 상처를 많이 주어서, 모두가 정말 마음이 다 닫히고 무너져 있는 상태였습니다. 그래도 그 자녀 중에서 자기가 가장 아버지와 가깝고 사랑을 많이 받았다고 했지만, 그래서 더 그 아버지가 정말 힘든 존재였습니다.

미국에 유학을 온 것도 사실은 그 아버지를 피해서 도망친 것이었고, 공부를 끝내고도 돌아가지 않고 그대로 남은 것도 그 아버지 때문에 그렇게 한 것이었습니다. 그러면서도 아버지를 버렸다는 미안함이 늘 있었고, 아버지에 대하여 미워하는 마음이 있는 만큼 그런 아버지가 불쌍하고 너무 안타깝고 속상한 마음이 늘 있는, 그야말로 애증의 관계였던 것입니다.

그러다 보니까 사실 이 자매는 아버지를 제대로 떠날 수 없었습니다. 몸은 미국에 와 있지만 수시로 아버지의 전화를 받거나 혹은 아버지에 관한 이야기를 다른 가족들에게 듣게 되면, 마음이 뒤집어지고 기도가 안 되고 너무 힘든 시간을 갖게 되는 것이었습니다. 이번에도 바로 그런 일이 또 있으면서 너무 힘들어서 제게 상담을 왔던 것입니다.

이 자매의 경우 그 아버지가 바로 '영혼의 가시'였습니다. 그리고 그 자매처럼 참 많은 사람이 그런 영혼의 가시를 가지고 살아갑니다. 어떤 사람은 그 자매의 경우처럼, 가족 관계에 영혼의 가시가 있습니다. 어떤 사람은 자기 자신 속에 있는 상처로 인하여 자기 자신, 자기의 지난날이 영혼의 가시인 경우도 있습니다. 어떤 사람에게는 교회가 영혼의 가시인 경우가 있습니다. 필립 얀시가 쓴 〈교회, 나의 고민 나의 사랑〉(Church, Why Bother?)이라는 책 그대로 정말 교회가 그 자신을 너무 고민스럽게 하는 영혼의 가시인 경우가 참 많은 성도에게 있습니다. 어떤 사람에게는 이 나라와 이 민족이 정말 영혼의 가시인 경우가 있습니다. 이 나라에 대하여 너무 분노하고 심지어 싫어하지만, 그러면서도 이 나라, 민족을 여전히 사랑하기에, 그래서 이 나라에서 벌어지는 일들과 정치가 돌아가는 꼴에 계속 상처를 받으면서 힘들어하고 분노하는 사람이 참 많습니다. 바울 사도에게 있는 '영혼의 가시.' 그것은 무엇인지? 3절 말씀을 보겠습니다.

나의 형제 곧 골육의 친척을 위하여 내 자신이 저주를 받아 그리스도에게서 끊어질지라도 원하는 바로라.

"나의 형제 곧 골육의 친척." 즉 자기의 동족입니다. 개인적으로 가까운 가족이 아니라, 자기의 민족, 이스라엘 민족을 말하는 것입니다. 바울 사도에게 동족 이스라엘은 정말 특별한 존재입니다. 너무나 사랑하고 귀하지만, 너무나 힘들게 하고 상처를 준, 그야말로 '애증의 존재'입니다. 동족 이스라엘을 향한 그의 마음이 어떠한지는 그가 여기서 사용한 표현만 보아도 알 수 있습니다. 자신에게 '큰 근심과 그치지 않는 고통'을 주는 존재이지만, 그러나 여전히 그들을 위해서라면 "자신이 저주를 받아 그리스도에게서 끊어질지라도 원하는 바로라"라고 말할 만큼 사랑하는 사람들입니다. 그러니까 바울에게 동족 이스라엘은 부산 사람들에게 롯데 자이언츠 정도가 아닙니다. '애증의 관계'지만 그것이 그의 전 존재를 다 흔들 수 있는 아주 깊은 영향을 미치는 존재라는 것입니다.

그런데 바울 사도는 오늘 로마서 9장 여기에서 왜 갑자기 자신의 '영혼의 가시'에 해당하는 '동족 이스라엘'을 말하고 있을까요? 솔직히 표면적으로는 이것이 도저히 연결이 안 되어서 많은 학자들은 이스라엘에 대하여 말한 로마서 9-11장은 삽입된 것이라고 이야기를 합니다(그들은 자기들 머리로 이해가 안 되면 다 삽입된 것이라고 말합니다).

그런데 그들이 그렇게 삽입된 것이라고 하는 나름의 근거가 여기 로마서에서는 아주 강력합니다. 그것은 로마서 8장 마지막에, 어떻게 보면 로마서에서

할 이야기는 다 했다는 것입니다. 바울의 그 기가 막힌 구원의 비밀, 교리를 8장까지 다 이야기했고, 그런 면에서 8장 마지막은 아주 확실하게 대단원의 막을 내리는 표현을 하고 있다는 것입니다. 그래서 실제로 로마서를 해석하거나 강해하는 사람들 가운데 8장까지만 하는 경우가 아주 많이 있습니다.

그러니까 8장 이후, 구원받은 자로 성화의 삶을 살아가는 것에 대하여 언급하고, 자신의 사역 계획에 대한 언급을 한 12-16장 사이에 동족 이스라엘에 대하여 말한 이 이야기는 그야말로 삽입된 이야기라고 보는 것이지요. 그런데 여러분! 삽입된 것이 아닙니다. 오히려 바울 사도가 도저히 말하지 않을 수가 없어서 마침내 입을 연 것입니다.

로마서 8장 마지막까지 말한 내용이 무엇입니까? 믿음 아닙니까? 아무리 우리가 여전히 죄 가운데 있고, 그래서 우리의 죄성을 가지고 우리를 흔드는 공격이 있어도, 그 모든 것을 이기고 아름답게 설 수 있는 믿음, 흔들리지 않는 믿음, 부여잡는 믿음, 그 믿음의 선포를 정말 감동적이고 강력하게 한 것이 바로 로마서 8장 아닙니까?

그런데 그렇게 말하고 나니까, 바울 사도의 마음속에 말하지 않을 수 없는 또 한 가지가 떠오른 것입니다. 그것이 바로 '영혼의 가시', '동족 이스라엘'입니다. 왜냐하면 바로 그 '영혼의 가시'가 사실은 바울 자신의 믿음을 흔드는 가장 아프고 힘든 것이기 때문입니다. 그러므로 로마에 있는 성도들에게, 그리고 오고 오는 시간 속에서 같은 믿음을 가진 우리 모두에게, 정말 아름다운 믿음의 사람으로 서게 만들기 위하여 이 '영혼의 가시' 이야기를 하지 않을 수 없는 것입니다. 왜냐하면 이 '영혼의 가시'는 그저 우리의 마음을 힘들게 하고 어렵게 하는 존재만이 아니라, 사실은 우리의 대적 사탄 마귀가 우리를 공격하는 가장 주된 통로이기 때문입니다.

정말 많은 믿음의 사람들에게 듣지만, 신앙으로 그렇게 힘있게 잘 서서 아름답게 살다가 한순간에 그 마음이 지옥같이 무너지고, 그러면서 신앙의 그 기쁨과 감사, 능력을 다 잃어버리게 하는 것이 바로 마음에 있는 그 가시, '영혼의 가시', 그것을 마귀가 건드리고 들어올 때입니다. 그것만 건드리면 기도도 안 되고, 찬양도 안 되고, 예배도 드릴 수 없고, 온통 마음이 무너지고, 그야말로 주저앉는 경우가 얼마나 많은지 모릅니다.

그러므로 우리가 정말 믿음으로 아름답게 서기 위해서는 이 영혼의 가시를 통하여 공격해 들어오는 마귀의 공격을 잘 이겨내야 합니다. 아니 이겨내는 정도가 아니라, 바울 사도가 '육체의 가시'를 말하면서 고백했듯이 그것이 주님의 은혜가 임하는, 그리스도의 능력이 나타나는, 그런 영적인 역사의 통로가 되게 해야 합니다.

사도 바울의 경우, 그의 영혼의 가시인 '동족, 이스라엘'을 통해 영적으로 공격해 들어오는 것의 첫 번째는 바로 '하나님의 말씀이 실패했는가?'라는 영적인 의심이었습니다. 왜냐하면 그의 동족은 그냥 동족이 아니라 바로 이스라엘이었기 때문입니다. 4-5절 말씀을 보겠습니다.

> 그들은 이스라엘 사람이라 그들에게는 양자 됨과 영광과 언약들과 율법을 세우신 것과 예배와 약속들이 있고 조상들도 그들의 것이요 육신으로 하면 그리스도가 그들에게서 나셨으니 그는 만물 위에 계셔서 세세에 찬양을 받으실 하나님이시니라 아멘.

그들이 바로 언약을 받은 사람들인데, 율법의 말씀을 받은 사람들인데, 그리고 그 말씀을 따라 산다는 사람들인데, 심지어 언약하신 대로 그리스도께서 그들 가운데 육신으로 나신 사람들인데, 그런 그들이 믿지 않고 오히려 복음을 핍박하는 자들이라는 것은 정말 '하나님의 말씀이 결국 역사하지 못하신 것인가? 하나님의 말씀이 무력한 것인가? 하나님의 말씀이 실패한 것인가?' 하는 의심을 품지 않을 수 없게 하는 것입니다.

여러분! 정말 많은 신앙의 사람들이 바로 이렇게 먼저 믿은 신앙의 사람이라는 영혼의 가시에 의하여 신앙이 흔들리고, 심지어 믿음을 떠나는 일들이 있습니다. 어떤 사람은 말하기를 이 시대 한국 교회의 최고 위기, 즉 젊은 세대가 교회를 떠나가는 문제의 주된 요인은 바로 "목사, 장로, 권사들이다."라고 합니다. 이것을 부정할 수 없는 것이, 정말 많은 목사, 장로, 권사의 자녀들이 신앙적으로 갈등하고 고민하다가 믿음을 떠나는 이유 중에 가장 많은 것이 바로 그들의 부모이니까요. 그들의 부모가 그들에게 '영혼의 가시'가 되었을 때 말입니다.

지금 바울 사도도 바로 동일한 영적인 공격을 받고 있는 것입니다. 동족 이스라엘 때문에, 그들이 자신의 영혼의 가시가 되면서, '하나님의 말씀은 실패한 것이 아닌가?' 하는 의심에 직면한 것입니다. 그런데 이런 의심에 대하여 바울 사도는 아주 단호하게 선포합니다. 그것은 결코 아니라고 말입니다. 6절 말씀을 보겠습니다.

그러나 하나님의 말씀이 폐하여진 것 같지 않도다 이스라엘에게서 난 그들이 다 이스라엘이 아니요.

여기 사용된 "폐하여진"이라는 표현은 헬라어로 '에크핍토'라는 말인데, 이것은 '실패하다.'라는 의미도 있지만, 원래의 의미는 '떨어지다.'라는 뜻입니다. 그러니까 여기서 바울 사도는 구약의 한 말씀을 기억하면서 이 표현을 쓴 것입니다. 그것이 "풀은 마르고 꽃은 시드나 우리 하나님의 말씀은 영원히 서리라 하라."(사 40:8)는 말씀입니다. 여기에서 "꽃은 시드나"라는 말은 '꽃이 떨어진다'는 의미입니다. 그래서 이 말씀을 인용한 베드로전서 1:24은 "그러므로 모든 육체는 풀과 같고 그 모든 영광은 풀의 꽃과 같으니 풀은 마르고 꽃은 떨어지되"라고 말씀하는 것입니다. 그러니까 그 식물이 아무런 열매도 맺지 못하고 시들고 말라버리는 것을 의미합니다.

　인생은 그렇다는 것입니다. 인간의 모든 것은 그렇게 무익하고 무력할 수 있다는 것입니다. 하지만 그럼에도 우리 하나님의 말씀은 그런 중에도 결단코 시들지 않고 그렇게 무력하게 떨어지지 않고 영원하다는 것입니다.

　지금 이스라엘이 하나님의 복음을 거부하고 오히려 믿음을 박해하고 있지만, 이 이스라엘, 그 사람들이 하나님의 말씀이 실패했다는 증거가 되지 못하는 것은, 그들이 진짜 이스라엘이 아니기 때문입니다. 무슨 말인가 하면, 참된 이스라엘은 혈통으로 그렇게 태어나면서 되는 것이 아니라, 하나님의 예정하심과 선택하심에 따라 언약을 받은 사람들이기 때문입니다. 그러니까 지금 혈통적으로 이스라엘이라고 하면서도 복음을 거부하고 구원을 받지 못하고 있는 그들은 이스라엘이 아니라는 것입니다. 그러니까 그들이 복음을 거부하고 오히려 핍박하는 것은 절대로 하나님의 그 언약과 말씀이 실패했다는 의미가 될 수 없습니다. 다만 여기서 직접 말하고 있지는 않지만, 예수 그리스도를 믿고 영접한 우리를 통하여 하나님의 말씀은 여전히 오히려 더 아름답게 역사하고 있는 것입니다.

∴ 맺는말

　여러분! 신앙생활을 하면서 절대로 사람 때문에 시험에 들지 마십시오. 우리가 참신앙의 사람이라면, 사람 때문에 하나님을 향한 마음이 흔들려서는 안 되는 것입니다. 말씀을 받았다는 사람이 아무리 무너지고 범죄하고 우리를 실망시켜도, 신앙이 있고 말씀 훈련을 많이 받았다는 사람이 그 인격은 전혀 변하지 않고, 오히려 그 말씀으로 우리에게 상처를 주어도, 우리가 그렇게 오래 기도하고 중보하고 있는데도 여전히 변하지 않고 있는 사람이 있어도, 하나님의 말씀은 여전히 역사하고 계십니다. 하나님의 그 사랑, 그 구원의 역사는 여전히 계속되고 있는 것입니다. 이것이 믿음이 흔들리지 않기 위하여 우리가 먼저 기억하고 붙들어야 할 너무 중요한 것입니다.

여러분! 다시 말합니다. "하나님의 말씀은 결코 실패하지 않습니다."

로마서 강해

하나님께는 불의가 있을 수 없다

롬 9:14-33

　지난주에 사도 바울에게 '영혼의 가시'가 있는데, 그것이 바로 그의 동족 이스라엘이라고 말씀드렸습니다. 그리고 이 영혼의 가시가 사도 바울에게 정말 힘들고 심지어 위험한 이유는 바로 그 영혼의 가시를 통하여 대적 마귀가 공격해 들어오기 때문이라고 말씀드렸습니다. 특히 그의 영혼의 가시가 다른 것이 아니라 '동족 이스라엘'이기에, 하나님의 선택받은 백성이라는 바울 자신에게도 너무나 귀하고 자랑스러운 '이스라엘'이기에, 그래서 그 영혼의 가시를 통하여 들어오는 공격 가운데 가장 무서운 것이 그의 신앙을 흔드는 영적인 공격이었다고 말씀드렸습니다. 그런데 사실 그것은 지금 우리에게도 동일하게 일어나는 공격이기 때문에 우리가 주목해 보아야 하는 것이지요.
　그 영혼의 가시를 통한 영적 공격, 그것은 먼저 '하나님의 말씀이 실패한 것이 아닌가?'라는 영적인 의심으로 들어왔습니다. 이스라엘인데 믿지 아니하고 그래서 구원을 받지 못한다고 하는 것은 하나님의 말씀이 결국 실패했다는 것 아니냐 하는 의심을 가져온다는 것이지요.

그런데 그것에 대하여 아니라고, 지금 혈통의 이스라엘이 진짜 이스라엘이 아니고, 하나님이 선택하신 영적인 이스라엘이 따로 있다고, 이스라엘은 원래 처음부터 하나님의 주권적인 선택에 의하여 세워지는 것이라고, 그러니까 지금 혈통의 이스라엘이 믿지 않고 구원을 받지 못한 것은 하나님의 말씀이 실패해서 그런 것이 아니라 그들이 처음부터 하나님의 선택한 백성들이 아니었기에 그런 것이라고, 다만 지금도 하나님의 말씀은 하나님의 선택하신 사람들 가운데서 여전히 역사하고 있다고, 실패하지 않는다고 그렇게 분명하게 대답하는데, 여기에서 대적 마귀의 공격은 멈추지 않고 계속됩니다.

여러분! 영적인 전쟁에서 우리가 알아야 할 것은 우리의 대적 마귀는 그렇게 간단하지 않다는 것입니다. 대단히 집요하고, 대단히 교활합니다. 그러니까 틈만 보이면 비집고 공격을 할 뿐만 아니라 결코 쉽게 포기하지 않습니다. 대단히 집요합니다.

여기에서도 바로 바울 사도가 혈통의 이스라엘이 하나님의 말씀을 거부하고 구원을 받지 못하는 것이 그들이 진짜 이스라엘이 아니기에 그런 것이라고 하면서, 하나님의 말씀은 결단코 실패하지 않는다는 것을 말하니까, 이어서 슬며시 밀고 들어오는 공격이 있었다는 것입니다. 14절 말씀을 보겠습니다.

그런즉 우리가 무슨 말을 하리요 하나님께 불의가 있느냐 그럴 수 없느니라.

"하나님께 불의가 있느냐?" 바로 이것입니다. 다시 말하면 하나님이 불의하신 것 아닌가 하는 공격이었습니다. 하나님이 당신 마음대로 택하시기도 하고 버리시기도 하고, 그야말로 일방적이고 불의한 것이 아니냐 하는 의심입니다.

그런데 '하나님이 불의하신 것 아닌가'라는 이 영적인 의심이 무서운 것은,

사실은 이것이 신앙인의 믿음을 흔드는 너무나 치명적인 공격이기 때문에 그렇습니다. 여기에서 말하고 있는 "불의"는, 원어로 '아디키아'라는 말인데, 이 말은 '디카이오쉬네'(정의, 공정)라는 말의 반대 개념입니다. 그런데 오늘 말씀에서 사용된 이 '아디키아'는 특별히 '불공정하다, 불공평하다.' 그런 뜻을 강조하고 있습니다.

여러분! 우리는 때로 하나님이 '불공정하다'고 생각할 수 있습니다. 이렇게 말하면, '우리가 어떻게 하나님이 불공정하시다고 생각을 합니까?' 하고 동의하지 않을 수 있는데, 어떤 일을 겪으면서 하나님께 억울하거나 섭섭하거나 '왜 나한테 이러십니까?' 그렇게 따지고 싶은 마음, '하나님 실수하신 것입니다. 잘못된 것입니다.' 그렇게 따지고 싶은 마음이 드는 것이 바로 하나님이 '불공정하다'고 생각하는 것입니다.

그런데 많이 그렇지 않습니까? 우리가 살면서 어떤 원하지 않는 어려움이 오면, 아니 어려움까지도 아닌데 그냥 내 마음대로 되지 않고 내 기대대로 되지 않으면, 바로 우리 마음에 들어오는 영적인 시험이 바로 하나님에 대한 이런 마음 아닙니까?(아니, 그런 마음이야 있을 수 있는 것 아닙니까? 힘드니까, 어렵고 당황하고 그러니까, 원하는 대로 잘 안 되니까, 하나님에 대하여 그런 생각을 할 수 있는 것 아닙니까?)

그런데 여러분! 아닙니다. 이것은 그냥 그럴 수 있다고 넘어갈 수 있는 것이 아닙니다. 이것은 우리의 믿음을 흔드는, 그래서 우리의 삶을 무너뜨리는 너무 심각한 영적인 공격입니다.

내적 치유 사역을 하면서 사람들을 보니까 사람들이 정말 무식하게 삽니다. 무슨 말인가 하면 가족들에게, 자녀들에게, 그것이 얼마나 큰 상처가 되고 그래서 치명적인 독이 되는지 모르고 하고 싶은 말을 막 해대는 경우가 너무 많습니다.

그런데 이런 무식한 것은 신앙생활에서 더 심각합니다. 때로 우리에게 올라오는 어떤 생각, 감정들이 치명적인 독이 되는데도 그런 생각과 감정들을 그냥 다 용납해주는 경우가 있습니다. 심지어 그것을 입으로 선포해서 확인까지 해주기도 하고, 그래서 영적으로 정말 치명타를 자신에게 입히는 것이지요.

하나님을 향해 억울하다고, 섭섭하다고, 잘못하신 것이라고, 이해할 수 없다고, 즉 '불의하다고' 생각하는 것이 바로 그런 것입니다. 이것이 정말 영적으로 우리에게 너무나 치명적인 해악이 되는데도, 그냥 막 저지르는 것입니다.

왜냐하면 '하나님을 향해 억울하다고, 섭섭하다고, 왜 이러시는지 이해할 수 없다고, 그렇게 생각하는 것'은 사실상 하나님의 권위를 부정하는 일이기 때문입니다. 하나님을 신뢰할 수 없는 그런 존재로 만드는 것입니다. 우리 속에 있는 하나님의 이미지를 깨뜨려 버리고, 하나님과의 관계를 끊어 버리게 하는 것입니다. 그러니까 그런 생각이 들어오면, 영적으로 우리는 무너질 수밖에 없습니다. 그것이 바로 마귀가 노리는 것이지요.

여러분! 우리가 참신앙의 사람이라면, 삶 속에서 아무리 힘든 일이 있어도, 하나님께 억울해해서는 안 됩니다. 섭섭해해서는 안 됩니다. 하나님이 틀렸다고, 잘못하신 것이라고 그렇게 생각해서는 안 됩니다. 그런 생각이 끊임없이 올라오려 해도 그것을 받아 주면 안 됩니다. 그런 마음과 생각을 십자가에 못 박아 처리해야 합니다. 그것이 진짜 믿음입니다.

제가 2000년도에 YWAM에서 CDTS를 받을 때, 그때 만났던 강사 중에 아트와 엘렌 샌본(Art & Ellen Sanborn) 부부가 있었습니다. 이 부부는 1967년에 결혼한 부부인데, 그때 아트는 플로리다에서 해상 구조대원으로 일하고 있었고, 그런 그를 보고 당시 10대였던 엘렌이 반해서 결혼하고 세 자녀를 두었습니다. 그리고 YWAM에 헌신을 해서 하와이에서 훈련을 받고 아시아에서 선교사로 사역을 했습니다. 그런데 1998년에 안식년을 맞아 선교지를 떠나 하와이 코나에 들어와 있으면서 해변에서 서핑하다가 갑자기 큰 파도가 오면서 사고가 나서 아트는 심각한 척추손상을 입고 걸을 수 없는 치명적인 부상을 당하게 되었습니다. 그 해변은 모자이크 비치(Mosaic Beach)라고 저도 거기서 해수욕을 해 보았지만, 그렇게 험한 곳도 아니고, 그때 아트가 했던 서핑도 서핑보드를 타고 하는 그렇게 위험한 서핑이 아닌, 물갈퀴만 차고 수영하면서 하는 바디서핑이었는데, 그렇게 수영을 잘하는 그가 그렇게 위험하지도 않은 해변에서 돌발적인 파도로 그렇게 치명적인 부상을 당하게 된 것입니다.

그래서 급히 하와이 호놀룰루의 병원으로 이송되어 거기에서 수개월을 치료를 받았는데, 의사는 확신을 가지고 그가 걸을 수 없을 것이라고 했지만, 아트는 아니라고, 기도 가운데 우리 하나님이 내가 걸을 수 있다고, 그래서 하나님의 영광을 나타낼 것이라고 말씀하셨다고 의사에게 말했고, 그러면서 1년 뒤에 내가 이 병원에 와서 당신하고 일대일 농구를 해서 이기겠다고 말했답니다. 결국 1년 뒤에 아트는 농구공을 들고 그 의사를 찾아갔고, 의사는 자신의 패배를 인정하면서 하나님께 영광을 돌렸다고 합니다.

그런데 이 간증 속에서 제가 정말 은혜를 받은 내용은 부인 엘렌이 전해주었던 아트의 흔들리지 않는 신앙이었습니다. 그렇게 어처구니없이 사고를 당하고, 그래서 그렇게 절망적인 상황 속에 있으면서도 아트는 단 한 번도 하나님께 "왜"(Why)라고 묻지 않았다고 합니다. 정말 그 모습을 보면서 부인인 자기가 너무 은혜를 받고 남편의 신앙을 존경하게 되었다고 말했습니다.

여러분! 이것이 진짜 신앙입니다. 이것이 참된 믿음의 모습입니다. 아트 샌본이 왜 억울하지 않았겠습니까? 하나님께 섭섭한 마음이 왜 들어오지 않았겠습니까? 선교사로 헌신해서 그렇게 열심히 섬겼고, 안식년에 잠깐 재충전을 위해서 코나에 돌아와 쉬는 중이었는데, 이렇게 말도 안 되는 사고를 당하다니, "하나님, 왜입니까?"라고 하나님께 따지고 싶지 않았겠습니까? 그런데도 한마디도 그렇게 하나님께 "왜입니까"라고 묻지 않은 것은 자기 속에서 계속 올라오는 생각, 그런 마음, 하나님이 불의하시다는 생각을 아예 용납하지 않은 것입니다. 그것이 바로 믿음이고, 믿음의 승리인 것이지요.

그러면 어떻게 그런 생각과 감정을 이길 수 있을까요? '하나님께서 불의하시다. 불공평하시다.'라는 원망의 마음, 억울한 마음, 그런 생각들을 어떻게 하면 이길 수 있을까요? 바울 사도는 오늘 말씀에서 그런 영적인 유혹을 이기는 두 가지 방법을 이야기하고 있습니다. 정확히 말하면 주된 것 한 가지와 거기에 뒤따라오는 것 또 한 가지입니다.

1. 하나님의 주권, 그것을 무조건 인정하는 것입니다.
20-21절 말씀을 보겠습니다.

이 사람아 네가 누구이기에 감히 하나님께 반문하느냐 지음을 받은 물건이 지은 자에게 어찌 나를 이같이 만들었느냐 말하겠느냐 토기장이가 진흙 한 덩이로 하나는 귀히 쓸 그릇을, 하나는 천히 쓸 그릇을 만들 권한이 없느냐.

토기장이 이야기. 이것은 구약의 대표적인 두 선지자인 이사야와 예레미야에 의하여 사용된 예화로서, 하나님의 주권을 강조하기 위해 사용한 이야기입니다. 그렇습니다. 하나님은 토기장이이십니다. 나는 진흙일 뿐입니다. 그러니까 하나님이 무엇을 어떻게 하시든지 그것에 대하여 내가 이렇고 저렇고 따질 수 없습니다. 그것은 정말 주제넘는 행동이고, 어리석은 짓입니다. 하나님의 주권을 인정하는 것! 이것이 바로 하나님께 불평하고 원망하고 억울해하고 섭섭해하는 마귀의 영적인 공격을 이길 수 있는 가장 중요한 방법이고 신앙고백입니다.

그렇습니다. 하나님이 주인이십니다. 내 삶의 주인이십니다. 이 모든 것의 주인이십니다. 이 세상의 주인이십니다. 그러니까 하나님이 뜻이 있는 것입니다. 그 뜻 가운데서 당신이 원하시는 대로 하실 수 있는 것입니다. 그래야 맞는 것입니다. 잘못된 것이 결코 아닙니다. 바로 이렇게 하나님의 주권을 인정하면서, 아무것도 스스로 판단하지 않고, 나의 생각과 감정을 십자가 앞에 내려놓는 사람, 그가 참신앙의 사람인 것입니다.

2. 하나님의 긍휼, 그것을 무조건 신뢰하는 것입니다.
15-16절 말씀을 보겠습니다.

모세에게 이르시되 내가 긍휼히 여길 자를 긍휼히 여기고 불쌍히 여길 자를 불쌍히 여기리라 하셨으니 그런즉 원하는 자로 말미암음도 아니요 달음박질하는 자로 말미암음도 아니요 오직 긍휼히 여기시는 하나님으로 말미암음이니라.

하나님의 주권, 그것을 인정하면서 혹시라도 하나님이 당신 마음대로, 당신이 원하는 대로, 일방적으로 행하시고 말 것이라고 생각한다면 우리는 불안해서 못 견딥니다. 사실 신앙인들 가운데 영적인 시험에 드는 아주 많은 경우가 바로 이 '일방적인 하나님' 때문이 아닙니까? '하나님이 당신 멋대로 하신다.' '전능자의 횡포.' 이런 불안이 영적인 두려움과 시험의 가장 큰 요소 중 하나라는 것이지요. 이것 역시 '불의함'인 것입니다.

그래서 하나님의 주권을 인정하면서, 동시에 우리가 해야 하는 또 하나의 신앙고백, 그것은 바로 '하나님의 긍휼'입니다. 우리 하나님은 우리를 사랑하시고, 우리를 불쌍히 여기시는 하나님이라는 바로 그 신뢰, 신앙고백이 또한 정말 중요한 것입니다.

여러분! 성경이 일관되게 말하고 있는 것이 무엇입니까? 바로 하나님이 우리를 사랑하신다는 것 아닙니까? 여러분! 복음의 선포에서 가장 먼저 나오는 것이 무엇입니까? 바로 하나님이 우리를 이렇게 사랑하셨다는 것 아닙니까?

맞습니다. 하나님은 토기장이이시고, 우리는 진흙입니다. 그러니까 토기장이이신 하나님이 원하시는 대로 그릇을 만들 수 있습니다. 그리고 만드시다가 어떤 그릇은 당신 마음에 들지 않으면 얼마든지 부수어버리실 수 있고(진노의 그릇), 어떤 그릇은 좀 부족해도 끝까지 살려서 아름다운 그릇으로 만들어내실 수 있습니다(긍휼의 그릇).

그런데 분명한 것은 바로 우리가 우리 하나님께는 긍휼의 그릇이라는 사실입니다. 23-24절 말씀을 보겠습니다.

또한 영광 받기로 예비하신 바 긍휼의 그릇에 대하여 그 영광의 풍성함을 알게 하고자 하셨을지라도 무슨 말을 하리요. 이 그릇은 우리니 곧 유대인 중에서뿐 아니라 이방인 중에서도 부르신 자라.

여러분! 그렇습니다. 우리가 진정으로 하나님을 나의 하나님이라고 부르는 순간, 그 하나님은 무조건 우리를 사랑하시는 하나님이십니다. 아무리 순간적으로 우리를 치시고 찢으셔도, 지금 우리의 생각으로 볼 때 우리를 버리시고 잊으신 것같이 보여도, 아닙니다. 우리 하나님은 우리를 사랑하시고, 그 사랑을 지금도 진행하고 계시는 우리 아버지이십니다.

하나님의 긍휼에 대한 신뢰! 이것이 바로 마귀의 유혹을 이기게 합니다. 이것이 '하나님이 불의하시다.'라고 속삭이고 들어오는 영적인 공격을 이기게 하는 것입니다.

: 맺는말

여러분! 신앙인으로 살아가면서 때로 삶의 어려움이나 혹은 주변에 그야말로 시험 들게 하는 것들 때문에 하나님께 섭섭해하거나 원망하거나 억울한 마음이 들어올 때, "우리 하나님께는 불의가 있을 수 없다."라고 단호하게 선포하면서 믿음으로 오히려 이기는 참신앙의 사람이 되십시오!

그렇게 끝까지 우리 하나님의 주권을 인정하고, 긍휼을 신뢰하면서 승리하시기를 주의 이름으로 축원합니다.

올바른 믿음

롬 10:1-13

　최근에 우리에게 아주 충격적이었던 뉴스는 미군이 아프가니스탄에서 철수하면서 곧바로 탈레반이 아프가니스탄 전역을 점령해 버렸다는 소식이었습니다. 특히 아프가니스탄 사람들 가운데 탈레반을 피해 탈출하려고 비행기에 매달렸다가 이륙하는 비행기에서 떨어져 죽는 영상은 정말 충격 그 자체였습니다. 그러면서 뉴스를 꽉 채운 내용이 탈레반이 얼마나 극단적이고 잔혹한가 하는 것이었습니다. 특히 여성들에게 얼마나 무지막지한지를 집중적으로 보도했습니다.
　그런데 저는 그 뉴스를 보면서 '탈레반 저것들이 무엇이지?' 하면서 다시 찾아보다가 정말 소스라치게 놀라게 되었습니다. 왜냐하면 탈레반의 모습 가운데 우리하고 겹치는 것이 너무나 많았기 때문이었습니다. 한마디로 탈레반은 나름 경건한 신앙인들이었습니다. 특히 '탈레반'이라는 용어가 '학생'을 뜻하는 것처럼, 그들은 이슬람의 율법을 공부하는 사람들이었고, 그 율법을 삶으로 그대로 살아내려는 사람들이었습니다.

그 열심, 그 신앙적인 견고함이 정말 대단한 사람들이었습니다. 이슬람이라고 하는 잘못된 믿음을 추구해서 문제인 것이지, 신앙의 모습 그 자체는 정말 대단하고 우리가 추구하는 신앙의 모습과 그 행위 자체는 너무 비슷한 것입니다.

그래서 경악한 것입니다. 스스로 너무 놀란 것입니다. 결국 잘못된 신앙은 이렇게 끔찍한 것이고, 나의 신앙이 잘못되면, 나도 이렇게 탈레반처럼 될 수 있겠다 싶어서입니다.

'나도 탈레반처럼 될 수 있다.' 이것은 우리가 신앙인이라면 반드시 생각해야 하는 정말 중요한 도전입니다. 신앙생활을 하면서 항상 점검해야 하는 중요한 체크포인트입니다.

혹시 이것에 대하여 '너무 심한 것 아닌가? 아무리 그래도 우리가 탈레반처럼 될 수 있는가?' 그렇게 생각할 수 있는데 그렇지 않습니다. 저는 정말 소위 잘 믿는다는 사람들 가운데서 탈레반을 많이 봅니다. 신앙이 있다고 하면서, 그 신앙으로 주변에 상처를 주되 정말 영혼을 죽이는 상처를 주고, 자신의 그 신앙을 이유로 공동체의 다른 사람들을 정죄하고 공격하면서 공동체를 분열시키는 탈레반 같은 사람들을 교회 안에서 정말 많이 봅니다. 때로 저 자신도 자기 아집과 자기 의에 충만해서 주변에 대하여 분노하는 모습 가운데 탈레반을 보기도 합니다. 끔찍한 것이지요. 그러면 무엇이 어떻게 잘못되면 우리가 탈레반처럼 될 수 있는가? 바로 그 물음에 대한 정확한 답을 오늘 말씀에서 바울 사도가 주고 있습니다. 2절 말씀을 보겠습니다.

내가 증언하노니 그들이 하나님께 열심이 있으나 올바른 지식을 따른 것이 아니니라.

사도 바울에게 영혼의 가시가 되고 있는 이스라엘, 그들은 신앙의 열심에 있어서는 나무랄 데가 없는 사람들입니다. 하지만 그들의 신앙이 잘못되고 있는 이유, 다시 말해 그들의 신앙이 탈레반처럼 되는 이유는 그것이 '올바른 지식을 따른 것이 아니기 때문'입니다.

여러분! 신앙에서 정말 중요한 것은 열심히 믿는 것보다 올바르게 믿는 것입니다. 올바르지 않은데 열심히 믿는 것은 오히려 훨씬 더 나쁩니다. 자기 자신에게도, 그렇게 열심히 믿었는데 정반대로 가 버렸으니 얼마나 허무하고 허탈하고 안타깝습니까. 또한 주변 사람들에게도, 신앙의 이름으로 주변 사람들을 판단하고 공격하면서 상처를 주고 공동체를 흔들고 무너뜨리니까요.

리더십에 대하여 쓴 어떤 신문의 칼럼을 보니까, 리더십에는 네 가지 유형이 있다고 합니다. 똑부, 똑게, 멍부, 멍게, 이렇게 네 가지입니다. '똑부'는 똑똑하고 부지런한 지도자, '똑게'는 똑똑한데 게으른 지도자, '멍부'는 멍청한데 부지런한 지도자, '멍게'는 멍청하고 게으른 지도자를 뜻합니다.

여러분 생각에 이 넷 중에서 가장 나쁜 지도자가 누구라고 생각하십니까? '멍부'입니다. 멍청한데 부지런하면 그야말로 그 공동체를 완전히 엉망으로 만드는 것입니다. 사람들을 완전히 혼란스럽고 힘들게 하는 것입니다. '멍게'. 즉 멍청하고 게으른 지도자는 차라리 사고라도 치지 않지만 멍부는 그야말로 사고를 치는 것입니다.

그런데 이것은 리더십에만 아니라 신앙에도 그대로 적용됩니다. 그렇습니다. 정말 나쁜 신앙은 '멍부'. 멍청한데, 올바르지 않은데, 정말 열심히 하는 신앙입니다. 이단에 빠져서 헤매는 사람들이 다 여기에 해당하고, 탈레반 같은 신앙이 바로 여기에 해당하는 것입니다.

여러분! 그렇다고 우리가 "그러면 우리는 멍게로 가자!" 그러시면 안 되지요. 신앙은 당연히 '똑부'입니다. 올바른 지식을 따라 열심히 믿는 것, 그것이 바로 참신앙입니다. 여러분! 신앙의 똑부가 되세요!

그러면 그 올바른 믿음을 만드는 '올바른 지식'은 무엇입니까? 이스라엘의 경우 율법의 말씀, 그것을 열심히 지켜서, 그래서 스스로 의로운 사람이 되는 것, 그것이 올바른 지식이라고 생각했습니다. 3절 말씀을 보겠습니다.

> 하나님의 의를 모르고 자기 의를 세우려고 힘써 하나님의 의에 복종하지 아니하였느니라.

그런데 아닙니다. 그것은 올바른 지식이 아니라 '하나님의 의를 모르는 어리석음'이고, '하나님의 의에 복종하지 않는 자기 열심'일 뿐이었습니다. 그러면 진짜 올바른 신앙을 만드는 올바른 지식은 무엇인가? 4절 말씀을 보겠습니다.

> 그리스도는 모든 믿는 자에게 의를 이루기 위하여 율법의 마침이 되시니라.

'예수 그리스도를 통하여서만 의롭게 된다는 것.' 바로 이것입니다. 이것이 진정한 올바른 지식이고, 이 지식을 따라야만 우리가 의롭게 되고, 구원을 받고, 아름다운 신앙인으로 세워질 수 있는 것입니다. 여러분! 어렵지 않습니다. 복잡한 것도 없습니다. 너무나 간단하고 너무나 분명한 것입니다. '예수 그리스도를 믿기만 하면 의롭게 된다.' 바로 이것이니까요. 다른 어떤 조건도, 어떤 요구도 없습니다. 무슨 신비로운 영적인 경지에 도달해야 하는 것도 아니고, 어마어마한 자기 수양과 노력이 있어야 하는 것도 아닙니다.

평생을 율법을 통하여 그 행함으로 의롭게 되어 보려고 그렇게 애쓰고 몸부림쳤던 바울 사도의 관점에서는 '예수 그리스도를 믿음으로 의롭게 된다'는 이 단순한 진리의 발견은 어떻게 보면 허탈할 정도로 기가 막힌 영적인 깨달음이었습니다. '이렇게 쉬운 것인데, 이렇게 분명한 것인데, 이렇게 명확하게 우리에게 주어진 것인데, 왜 그동안 이것을 모르고 그렇게 힘들게 살았을까?' 그러면서 이전의 자신과 동일한 모습으로 살아가는 유대인들, 동족 이스라엘을 보면서 너무 안타까워서 신명기의 말씀을 가지고 약간의 패러디를 하면서 이 올바른 지식을 강조하고 있습니다. 6-7절 말씀을 보겠습니다.

믿음으로 말미암는 의는 이같이 말하되 네 마음에 누가 하늘에 올라가겠느냐 하지 말라 하니 올라가겠느냐 함은 그리스도를 모셔 내리려는 것이요. 혹은 누가 무저갱에 내려가겠느냐 하지 말라 하니 내려가겠느냐 함은 그리스도를 죽은 자 가운데서 모셔 올리려는 것이라.

여기서 갑자기 하늘이 나오고, 무저갱이 나오고 그리스도를 모셔 내리고 올리는 이야기가 나오니까 이것이 무엇인가 싶을 텐데, 이것은 바울 사도가 신명기의 핵심 신학, 두 갈래 길을 말씀하면서 하나님께서 모세를 통하여 강조했던 그 말씀을 가지고 약간의 적용을 해서 말씀한 것입니다. 신명기 30:11-14 말씀입니다.

내가 오늘 네게 명령한 이 명령은 네게 어려운 것도 아니요 먼 것도 아니라 하늘에 있는 것이 아니니 네가 이르기를 누가 우리를 위하여 하늘에 올라가 그의 명령을 우리에게로 가지고 와서 우리에게 들려 행하게 하랴 할 것이 아니요 이것이 바다 밖에 있는 것이 아니니 네가 이르기를 누가 우리를 위하여 바다를 건너가서 그의 명령을 우리에게로 가지고 와서 우리에게 들려 행하게 하랴 할 것도 아니라 오직 그 말씀이 네게 매우 가까워서 네 입에 있으며 네 마음에 있은즉 네가 이를 행할 수 있느니라.

이 명령, 이 진리의 말씀, 이 올바른 지식, 그것은 어려운 것도 아니고 먼 것도 아니라는 것입니다. 하늘에 올라가야 이룰 수 있는 것도 아니고 바다, 즉 무저갱 같은 깊은 바다를 건너가서야 구할 수 있는 것도 아니라는 것입니다. 다만 이미 받은 이 말씀, 네 마음에 있고, 네 입술에 있는 이 말씀을 그대로 행하면 된다는 것입니다. 바로 이 신명기 말씀에서 말하는 "이 명령", 즉 하나님이 주신 말씀이 바로 '예수 그리스도를 주로 믿음으로 의롭게 되는 것'이라는 사실을 절묘한 패러디로 강조하는 것이 오늘 본문 말씀입니다.

그래서 자연스럽게 바울 사도는 성경에서 가장 중요한 말씀 가운데 하나, 우리의 구원에 대하여 가장 명확하고 확실하게 말해주는 말씀, 그래서 '기독교 최초의 신경'이라고 알려진 바로 그 말씀을 소개하고 있는 것입니다. 9-10절 말씀을 보겠습니다.

네가 만일 네 입으로 예수를 주로 시인하며 또 하나님께서 그를 죽은 자 가운데서 살리신 것을 네 마음에 믿으면 구원을 받으리라. 사람이 마음으로 믿어 의에 이르고 입으로 시인하여 구원에 이르느니라.

우리의 구원에 대하여 너무나 분명하고 확실한 말씀입니다. 이보다 더 명쾌할 수가 없지요. 이런 것이 진짜 '사이다 발언'입니다. 그냥 다른 사람에 대하여 속 시원하게 욕을 해 주어서 '사이다 발언'이 아니라, 영적인 모호함과 답답함 그 모든 것을 있는 그대로 다 시원하게 해결해주는 말씀이기에 '사이다 말씀'인 것입니다.

저는 개인적으로 구원받는 것에 대하여 참 많이 고민했던 사람입니다. 제가 모태신앙은 아니지만, 어려서 교회학교에 나가면서 신앙생활을 했기에, 자연스럽게 기독교인이 되었지만, 어떻게 해야 구원을 받는 것인지, 그 구원에 대한 고민은 제가 성장하면서 정말 저를 괴롭히는 고통이었습니다. 거듭났냐고,

구원받았냐고 그렇게 묻기도 하고, 또 그렇게 간증은 하는데, 제가 이미 교회 다닌 지 십수 년이 되어서 그리스도인이 된 것은 확실한데, 이제는 다시 옛날로 돌아갈 수는 없는데, 내가 구원을 받았는지, 그것에 대하여 확실하게 말할 수가 없어서 얼마나 고민하고 갈등했는지, 분명 신앙적인 체험이나 받은 은혜를 생각하면 구원을 받은 것 같은데, 그것은 감정적인 체험일 뿐 분명한 진리가 아니기에 정말 때로 많이 흔들리고 고민스러웠습니다.

그런데 바로 이 말씀, 이 영적인 사이다, 이것으로 해결되었습니다. 고민할 것이 없습니다. 예수 그리스도가 하나님의 아들이시고 나를 위하여 십자가에 죽으셨다가 다시 살아나셔서 나의 주가 되신 것을 마음으로 믿고, 입으로 시인하면 되는 것입니다. 영적인 선택입니다. '마음으로 믿어지고'가 아닙니다. 그렇게 믿는 것입니다. 그리고 그것을 입으로 고백하는 것입니다. 누가 시켜서 하는 것이 아니라, 어쩔 수 없이 그렇게 하는 것이 아니라, 하나님이 주신 나의 그 권위를 가지고 스스로 예수 그리스도를 주님으로 그렇게 영접하는 것입니다.

그러면 구원을 받는 것입니다. 그러니까 바로 그런 일이 있었으면, 나는 이미 구원을 받은 사람입니다. 감정이나 체험, 현상이나 삶의 모습을 가지고 절대 흔들 수 없습니다. 이미 하나님께서 예수 그리스도를 믿는 그 믿음을 통하여 나를 의롭다고 칭하시고 구원을 하신 것이니까요. 여러분! 이것이 바로 올바른 믿음입니다. 바로 여기에서 출발하는 것이 바른 신앙생활입니다.

그러므로 올바른 믿음은 다음 세 가지가 절대로 없습니다.

1. 불안과 두려움에 피곤하지 않습니다.

아직 구원을 받지 못한 것 같아서, 그러니까 더 열심히 해야 하는데, 아니면 버림받을까 봐, 그렇게 불안과 두려움에 떨면서 피곤하게 신앙생활하지 않습니다. 물론 신앙생활하면서 고민하고 갈등하고, 때로 절망하고, 그러면서 회개하고 그렇습니다. 하지만 이것은 구원을 받지 못할까 봐 그러는 것이 아니라, 구원받은 자로서 우리 주님에 대한 사랑, 그 은혜에 대한 감사, 바로 그것 때문에 하는 갈등입니다. 그러니까 이것은 정말 차원이 다른 것입니다.

2. 거짓과 속임에 미혹당하지 않습니다.

정말 수많은 영적인 악한 것들이 영혼을 미혹하고 노략질합니다. 정말 많은 이단과 거짓 종교가 판을 칩니다. 그것들은 이렇게 해야 진짜 구원을 받는다, 혹은 이것이 진짜 진리이다, 이런 식으로 미혹하면서 심지어 초자연적인 기적과 이적을 행하기도 합니다. 그러나 올바른 믿음은 그런 미혹에 절대로 넘어가지 않습니다. 이미 확실하게 구원을 받았는데, 이렇게 분명하게 말씀으로 구원을 받았는데, 그런 유혹에 흔들릴 이유가 없는 것입니다.

3. 영적 교만에 빠지지 않습니다.

자신이 잘나서 구원을 받은 것이 아닌데, 어떻게 교만하겠습니까? 그냥 예수 그리스도를 마음으로 믿고 입으로 시인한 것뿐인데, 무슨 잘난 척을 하겠습니까? 올바른 믿음의 사람은 절대 교만할 수 없습니다. 언제나 주님 앞에서 감사하고 죄송할 뿐 절대 스스로 잘난 척을 할 수 없습니다. 그렇기에 올바른 믿음은 절대 다른 사람을 판단하거나 비난하지 않습니다. 다른 사람에 대하여 분노하고 정죄하지 않습니다. 자신이 구원받은 그 비밀을 너무나 잘 알기에 그렇게 할 수 없습니다.

맺는말

'올바른 믿음.' 이것이 중요합니다. 우리의 믿음은 올바른 믿음이어야 합니다. 우리는 절대로 탈레반이 될 수 없습니다. 그렇게 해서 우리 주님의 마음을 아프게 할 수 없습니다.

나를 위해 십자가에 죽으신 우리 주님, 그 대속의 은혜를 늘 붙들고, 바로 그것을 늘 마음으로 믿고 입으로 시인하면서 바르게 아름답게 살아가기를 주의 이름으로 축원합니다.

30
로마서 강해

믿음은 들음에서 나며

롬 10:14-21

　한번은 무언가를 확인하기 위해 신문 기사들을 인터넷에서 검색하고 찾다가 라임 사태의 주범으로 잡혀서 감옥에 가 있는 김봉현이라는 사람의 기사를 읽게 되었습니다. 요즈음 신문 기사를 읽으면서 열도 받고 속상하고 화나는 일이 많으니까 새삼스러울 것은 없는데, 정말 이 기사는 차라리 안 볼 걸 그랬다 싶은 내용이었습니다. 목사인 저에게 그냥 충격적인 것 정도가 아니라 그야말로 멘붕이 오게 만드는 내용이기 때문입니다. 그것은 김봉현이라는 사람이 정말 질이 좋지 않은 기업 사냥꾼이고 사기꾼인데, 그가 그리스도인이라는 것입니다. 그것도 신앙이 엄청 좋은 그리스도인이라는 것입니다. 그냥 신앙이 좋은 정도가 아니라, 그야말로 제가 성도들에게 늘 강조하는 진짜 그리스도인의 모습을 너무나 잘 보여주는 신앙인이라는 것입니다. 아무리 바빠도 주일 성수는 철저하게 하고, 주일만 예배드리는 것이 아니라, 한 주일에 세 번 이상은 꼭 예배를 드리고, 같이 사기를 치는 사람에게 전도까지 했다는 것입니다. 룸살롱에

공무원들을 불러서 하루 술값 천만 원짜리 로비를 하면서, 자신은 신앙을 이유로 술을 전혀 마시지 않고 접대를 한다는 것입니다. 심지어 밤새 그렇게 술대접 로비를 하다가 새벽이 되면 혼자서 새벽 기도를 갔다고 합니다. 경찰이 그를 체포하면서 그의 수첩을 두 권 압수했는데, 거기에는 은혜받은 성경 말씀이 빼곡히 적혀 있었고, 심지어 성경 필사까지 하고 있었다는 것입니다.

이 기사를 보면서 제게 정말 강하게 들어온 생각은 도대체 이 사람에게 말씀은 무엇인가 하는 것이었습니다. 그렇게 말씀을 열심히 듣고 공부 했는데, 어떻게 이럴 수가 있는가? 정말 고민스럽고 정말 당혹스럽습니다.

그런데 저와 똑같은 고민을 오늘 말씀에서 바울 사도가 하고 있습니다. 자신에게 그야말로 '영혼의 가시'와 같은 유대인들을 보면서, 바로 이런 영적인 혼란과 고민을 바울이 하고 있다는 것입니다.

바울은 아주 분명하게 말합니다. 그가 알고 있고 믿고 있는 아주 분명한 영적인 사실 하나, 그 진리, 그것은 "누구든지 주의 이름을 부르는 자는 구원을 얻는다."라는 것입니다. '주 예수 그리스도를 마음으로 믿고 입으로 시인하는 것' 바로 그것을 말하는 것입니다. 이것은 예외가 없습니다. 유대인이나 이방인이나 누구나 동일한 것입니다.

그런데 바로 이렇게 주의 이름을 부르면서 구원을 받는 이 역사를 위하여 사실은 다섯 개의 역사가 있어야 합니다. 그것을 로마서 말씀에서는 다섯 개의 동사를 가지고 마치 사슬을 엇갈리게 엮듯이 묘사를 하고 있습니다. 14-15절 말씀을 보겠습니다.

그런즉 그들이 믿지 아니하는 이를 어찌 부르리요 듣지도 못한 이를 어찌 믿으리요 전파하는 자가 없이 어찌 들으리요. 보내심을 받지 아니하였으면 어찌 전파하리요 기록된 바 아름답도다 좋은 소식을 전하는 자들의 발이여 함과 같으니라.

언뜻 읽으면 무엇이 어떻게 되는지 좀 헷갈릴 수 있습니다. 그래서 일대일 양육자 반에서 이 말씀을 암송할 때 힘들어하시더군요. 하지만 내용은 분명합니다. 다섯 개의 동사! 그것입니다.
1) 부른다. 2) 믿는다. 3) 듣는다. 4) 전한다. 5) 보낸다.

사실 흐름상으로는 이것을 거꾸로 보아야 합니다. 요컨대 '보내니까 가서 전하고, 전하니까 듣고, 들으니까 믿고, 믿으니까 부를 수 있는 것'입니다. 바로 이것이 우리가 구원을 받는 흐름입니다. 우리가 구원을 받아서 신앙인이 되고, 또한 신앙으로 살아가게 되는 바로 그 영적 흐름 말입니다.

그런데 바로 이 다섯 개의 동사가 다 작동했는데, 그런데도 이스라엘은 구원을 받지 못했습니다. 주 예수 그리스도의 이름을 부름으로 구원을 받지 못한 것입니다. 그렇다면 무엇이 문제입니까? 어디가 잘못된 것입니까?

우선, 보내신 것은 분명합니다. 하나님께서는 복음을 전하라고 당신의 사람들을 분명히 보내셨습니다. 베드로와 사도들은 분명 보냄을 받은 자들입니다. 스데반도 그렇게 보냄을 받은 자입니다. 그리고 바울 자신도 그렇게 보냄을 받았습니다. 수많은 사도와 전도자가 있었습니다.

그리고 이처럼 보냄을 받은 자들이 전했다는 것도 분명합니다. 심지어 생명을 버리면서까지 전했습니다. 순교하면서까지 복음을 전파했습니다.

그런데 문제는 바로 들음에서 발생했습니다. 이스라엘은 듣지 않은 것입니다. 16-17절 말씀을 보겠습니다.

그러나 그들이 다 복음을 순종하지 아니하였도다 이사야가 이르되 주여 우리가 전한 것을 누가 믿었나이까 하였으니 그러므로 믿음은 들음에서 나며 들음은 그리스도의 말씀으로 말미암았느니라.

그렇습니다. 이스라엘이 듣지 않은 것입니다. 전파하는 자가 전했으나 그들이 듣지 않은 것입니다. 그래서 그들은 믿지 못한 것입니다. 예수 그리스도가 우리의 구원을 위하여 이 땅에 오신 하나님의 아들이시라고, 오셔서 우리의 죗값을 해결하시려고 대신 십자가에 죽으셨다고, 그러나 그 사망에서 부활하심으로 승리하셨다고, 그러니까 우리가 그 예수 그리스도를 주로 믿고 고백하기만 하면 우리는 구원을 받는다고 아무리 말해도 그들이 듣지 않으니까, 그러니까 믿지 못하고, 그래서 예수를 주로 부르지 못하고, 그래서 구원을 받지 못하는 것입니다.

여러분! 이것은 정말 중요한 영적 포인트입니다. 그렇습니다. '믿음은 들음에서 납니다.' 하나님의 말씀을 잘 들어야 믿음이 생기는 것입니다. 그래야 구원을 받고, 그래야 영적으로 승리하는 삶을 살 수 있는 것입니다.

앞에서 말씀드린 김봉현의 이야기를 계속하겠습니다. 하도 답답하고 황당해서 제가 하나님께 여쭈어보았습니다. "김봉현, 그 사람은 어떻게 된 것입니까? 그렇게 신앙생활을 열심히 하고, 특히 말씀을 열심히 듣고 은혜를 받았다고 했는데, 어떻게 그렇게 살 수 있습니까?"

그랬더니 제 마음에 성령님의 음성이 들렸습니다. '김봉현이는 말씀을 듣지 않았다. 겉으로 듣는 것처럼 했지만, 사실은 전혀 말씀을 듣지 않았다.' 그렇습니다. 김봉현은 말씀을, 복음을 듣지 않은 것입니다. 그렇게 많이 교회에 가서 설교를 듣고, 그렇게 성경 말씀을 나름대로 묵상하고 기록하고, 심지어 필사까지 하고 그랬어도, 그는 자신에게 임한 그 하나님의 말씀, 레마의 말씀을 전혀 듣지 않은 것입니다. 그러니까 그렇게 거짓의 죄악된 삶을 계속 산 것입니다.

여러분! 바울 사도가 아주 정확하게 말한 것처럼, 믿음은 들음에서 납니다.

이것은 바로 우리 신앙의 핵심 뼈대입니다. 보십시오. 하나님께서 세상을 창조하실 때 다른 것이 아니라 말씀으로 창조하셨습니다. 하나님이 말씀하시니 그 말씀대로 세상이 창조된 것입니다. 그리고 인간이 타락한 후 구속의 역사를 펼치시면서 하나님은 말씀으로 그 역사를 행하셨습니다. 아브라함에게 언약을 주시면서, 구속의 역사가 시작되었고, 그것이 예수 그리스도가 이 땅에 오심으로 이루어진 것입니다.

그리고 예수 그리스도께서 우리를 구원하시기 위하여 십자가에서 행하신 대속의 역사, 그 죽으심과 부활의 역사는 오직 말씀으로만 전해졌습니다. 그래서 그 복음의 말씀을 듣고 그것을 마음으로 믿고 입으로 시인하는 자는 구원을 받은 것입니다. 이것이 성경이고, 이것이 영적인 사실, 진리입니다.

그렇습니다. 믿음은 들음에서 납니다. 하나님의 말씀, 그 복음을 제대로 들으면 믿음이 생기는 것입니다. 이스라엘이 그렇게 영적인 혜택을 받고, 혈통상으로 선택된 백성이 되었음에도, 나름 신앙생활을 그렇게 열심히 했다고 하는데도 믿음이 없는 것은, 그래서 구원을 받지 못한 이유는 오직 하나, 그들이 듣지 않았기 때문입니다.

여러분! 이것은 바로 지금 이 말씀을 듣고 있는 우리에게도 너무나 중요한, 심지어 무섭기까지 한 도전입니다. '믿음은 들음에서 나는 것'입니다. 그러니까 정말 제대로 잘 들어야 합니다. 듣는 척만 하는 것이 아니라, 들었다고 하는데 사실은 듣지 않은 그런 것이 아니라, 정말 제대로 들어야 합니다.

김봉현 같은 엉터리 신앙인, 정말 우리를 황당하게 하고 안타깝게 하는 가짜 신앙인들이 존재하는 이유는 딱 한 가지입니다. 듣지 않아서 그렇습니다. 듣는 척은 하지만 실제로는 듣지 않아서 그렇게 된 것입니다. 그래서 진정한 믿음이 그들에게 없었던 것입니다.

그렇다면 어떤 경우에 말씀을 제대로 듣지 않게 되는 것일까요? 분명 물리적으로 그 말씀은 전파되었는데, 그것을 제대로 듣지 못하는, 영적으로 정말 안타까운 상황이 일어나는 것은 어떤 경우입니까?

여러 가지가 있겠지만, 중요한 것은 크게 두 가지입니다. 하나님의 말씀을 제대로 듣지 못하게 만드는 두 가지 장애물, 그것의 음성이 더 크게 들려서 하나님의 음성을 듣지 못하게 만드는, 심지어 하나님의 음성을 변질시켜서 가짜 하나님의 음성을 듣게 만드는 그 두 가지 장애물이 문제입니다. 그리고 그 두 가지가 바로 우리가 늘 치르고 있는 가장 치열한 영적인 싸움입니다.

1. 죄악된 욕망과 욕심

갈라디아서 5:24에 보면 "그리스도 예수의 사람들은 육체와 함께 그 정욕과 탐심을 십자가에 못 박았느니라"라는 말씀이 있습니다. 이것은 육체의 욕망과 성령을 대비시키고 '무엇을 따라 살 것인가?' 하고 물으면서 결론처럼 내린 말씀입니다. 한마디로 육체의 욕망을 따라 살지 않고 성령의 인도하심을 따라 삶으로써 성령의 열매를 맺는 삶을 살고자 한다면 바로 그 육체와 함께 정욕과 탐심을 십자가에 못 박아야 한다는 것입니다.

그런데 여기서 '육체와 함께 정욕과 탐심을 십자가에 못 박는 것'이 정말 중요한 이유는 그래야만 성령의 인도하심을 따라 살 수 있기 때문입니다. 하나님의 말씀을 제대로 듣고 온전한 믿음을 가져서 제대로 순종하는 삶을 살 수 있기 때문입니다.

여러분! 우리 속에 죄악된 육체의 욕망과 욕심이 가득하면 하나님의 말씀이 아무리 크게 들려와도 그것을 제대로 듣지 못합니다. 아예 듣지 못하든지, 아니면 자기 욕망과 욕심에 맞추어서 전혀 다르게 듣게 되는 것이지요.

저희 아버님은 충청도 분이십니다. 그런데 충청도 사람들이 말은 느리지만, 사실은 말하는 것을 좋아하고, 특히 재미있는 이야기하는 것을 좋아합니다. 제 아버님도 그러신데, 아버지가 많이 하시던 조크 중에 "사둔 장에 왔슈?"라는 것이 있습니다. 이것은 다른 사람이 말을 잘못 알아들을 때마다 놀리듯이 사용하시는 표현입니다.

내용은 이렇습니다. 시골에 한 영감이 장날이 되어서 일찌감치 장에 갔는데, 아직 오전임에도 먼 길을 걸어서 조금 시장했습니다. 그런데 장에서 개장국을 끓이는 집 앞을 지나가다 보니까 그것이 너무 먹고 싶은 것입니다. 하지만 돈도 그렇고 시간도 그렇고 해서 먹지 못하고 지나갔지만, 마음속에는 온통 그 개장국을 먹고 싶은 생각뿐인데, 거기서 마침 사돈을 만난 것입니다. 그런데 사돈이 그 영감을 보고 먼저 "사둔 장에 왔슈?" 하고 인사를 하는데, 그것이 이 영감에게는 "개장국을 같이 먹자."라는 말로 들린 것입니다. 그래서 대답하기를 "아이, 초장에 무슨 개장국은?" 그러면서 충청도 특유의 답을 한 것이지요. 그러니까 그 사돈이 어안이 벙벙했지만, 계속 묻기도 그래서 "그럼 댕겨가세유." 하고 인사를 했더니 이 영감이 "뭐, 주는 대로 먹지." 그랬다는 것입니다. 끝까지 개장국을 어떤 식으로 먹겠냐고 묻는 줄 알고 말입니다.

아버님의 이 조크를 저는 종종 생각합니다. 욕망과 욕심에 사로잡혀 있으면, 바로 이렇게 엉뚱하게 들을 수 있다는 점을 생각하면서 말입니다. 그런데 그것이 사돈과 개장국 정도라면 웃고 넘어가겠지만, 이것이 하나님의 말씀을 듣는 일에 관한 것이라면 정말 심각합니다.

김봉현의 경우가 바로 그런 것입니다. 돈과 출세의 욕망과 욕심 때문에 하나님의 말씀을 완전히 자기 멋대로 바꾸어 들은 것입니다. 그것을 잘 보여주는 예가 있는데, 김봉현이라는 사람이 원래 집 근처의 작은 교회에 다니다가 큰 교회로 옮겼는데, 그 이유가 어느 날 하나님께서 큰 교회에 가야 큰 하나님을 만난다고 하셔서 그랬다는 것입니다.

여러분! 우리가 하나님의 말씀을 제대로 듣기 위해서는 무엇보다 우리의 죄악된 욕망과 욕심을 십자가에 못 박아 처리해야 합니다. 그래서 그 욕망과 욕심 때문에 하나님의 말씀을 듣지 못하는 일이 없게 해야 합니다. 그리고 무엇보다 그 욕망과 욕심이 하나님의 말씀을 변질시키는 일이 없게 해야 합니다.

2. 자아와 교만

하나님의 말씀을 듣지 못하게 만드는 주된 장애물이 바로 자아입니다. 교만한 자아, 자기 생각, 고집과 편견, 바로 이것이 하나님의 말씀을 듣지 못하게 만듭니다. 오늘 말씀에서 이스라엘은 무엇보다 바로 이것이 문제였습니다. 19절 말씀을 보겠습니다.

그러나 내가 말하노니 이스라엘이 알지 못하였느냐 먼저 모세가 이르되 내가 백성 아닌 자로써 너희를 시기하게 하며 미련한 백성으로써 너희를 노엽게 하리라 하였고.

"너희를 시기하게 하며···너희를 노엽게 하리라." 결국 이스라엘이 하나님의 말씀을 듣지 못하는 주된 이유는 그들 스스로 가지고 있는 자기 의로움, 교만, 그런 것들 때문이라는 말입니다. 그래서 하나님은 이방인들을 통해서 그들을 시기 나게 하고 노엽게 하면서 그들을 흔들고 계신다는 것입니다.

복음을 전해도 받아들이지 않는 사람들의 이유를 보면, 바로 그들이 가지고 있는 편견과 고집, 자기 생각, 그런 것 때문입니다. 종류도 다양하지요. 어떤 경우는 교회 다니는 사람에게 받은 상처 때문이거나, 혹은 그런 상처받은 사람의 이야기를 전해 듣고서, 아니면 학교에 다니면서 들었던 무신론적이고 반신앙적인 그런 교육 때문입니다(그래서 공교육이 정말 문제입니다. 거기에서 객관적이고 과학적이라는 이유로 비신앙적이고 반기독교적인 이론들을 집어넣으니까요. 진화론이나 성평등 주장 같은 문제들은 관점과 가치에 있어서 객관적이거나 과학적인 것은 있을 수 없는데도 말입니다).

하여튼 자기의 자아, 자기 생각, 편견과 고집, 그것은 하나님의 말씀을 듣지 못하게 만드는 주범입니다. 그것은 처음 복음을 듣고 믿을 때만이 아니라, 신앙인이 신앙생활을 아름답게 만들기 위하여 말씀을 들어야 하는데, 그 말씀을 듣지 못하게 만드는 가장 주된 죄악입니다. 그래서 결국 두 가지의 치명적인 영적인 폐해를 가져옵니다.

1) 의심과 갈등, 번민과 회의에서 벗어나지 못합니다. 자기 의와 교만이 강하면, 하나님의 말씀을 온전히 듣지 못하기 때문에, 의심에서 벗어날 수 없습니다. 갈등에서 벗어날 수 없습니다. 번민과 회의 가운데 빠져서 헤맬 수밖에 없는 것입니다.

2) 왜곡된 신앙, 그릇된 종교인이 됩니다. 오늘 말씀에 나온 이스라엘처럼, 그 신앙이 왜곡되고, 그릇된 종교인이 되고 마는 것입니다. 지난번에 말씀드린 '탈레반'이 되는 것이지요. 이유는 바로 그 자아와 교만이 하나님의 말씀을 바꾸어 듣게 하기 때문입니다. 심지어 "살려라."라는 하나님의 말씀을 "죽여라."로 듣기도 하는 것입니다. "사랑하라."는 말씀을 "정죄하라."로 들으니까요.

그러므로 우리가 정말 참된 신앙의 사람이 되고, 참된 믿음을 갖기를 원한다면, 자기 의로움과 교만, 이것을 십자가에 못 박아 처리해야 합니다. 그래야 하나님의 말씀을 온전히 들을 수 있습니다. 그래서 온전한 믿음을 가질 수 있습니다.

맺는말

"믿음은 들음에서 나며." 이것이 바울 사도가 이스라엘을 보면서 안타까워하고 가슴 아파하는 가운데 내린 영적인 결론입니다. 그러면서 로마에 있는 사랑하는 성도들에게, 그리고 우리에게 주고 있는 메시지입니다.

(31)

로마서 강해

남은 자가 있느니라

롬 11:1-10

지금 코로나19로 참 많은 사람이 어려움을 겪고 있습니다. 상상조차 해 보지 않았던 팬데믹 현상 때문에, 이것만큼은 안 된다, 여기까지는 포기할 수 없다, 그런 것들을 다 포기하고 잃어버리는 어려움을 겪고 있습니다. 단지 불편하고 힘든 정도가 아니라, 그야말로 본질적인 부분까지 위협을 당하는 어려움입니다.

그중에 하나, 아니 어쩌면 가장 심각한 위협을 받는 곳이 바로 교회입니다. 교회는 말 그대로 모이는 곳입니다. 모여서 함께 예배하고 교제하고 훈련받고 사역해야 하는 것이 교회인데, 코로나19의 방역지침에 따라 제대로 모이지 못하니까, 교회는 아주 심각한 어려움과 위협에 처할 수밖에 없는 것입니다.

그런데 사실 지금까지도 어렵지만, 진짜 큰 위협은 앞으로 다가올 현실입니다. 여러 세미나를 들어보고, 전문가들의 진단을 보면, 이구동성으로 코로나가 끝났을 때 성도의 30% 이상은 교회를 완전히 떠나 돌아오지 않을 것이라고 합니다. 이것은 치명적이지요.

사실 코로나19 이전부터 한국 교회는 아주 심각하게 침체의 문제 가운데 있었습니다. 그리스도인이라고 하지만 교회에 나가지 않는 소위 '가나안 성도' 비율이 25%에 육박하고 있었고, 그중에 다수가 40대 이하의 젊은 세대라는 너무나 심각한 현상에 직면하고 있었습니다.

그런 가운데 코로나19가 터지면서 그야말로 결정타를 맞은 것입니다. 30% 정도가 교회를 떠날 것이라고 했지만, 제가 보기에는 그 이상일 수 있습니다. 그러면서 급격히 쇠퇴 현상을 보일 수도 있는 것입니다.

이런 상황 속에서 목회자인 저의 고민은 정말 심각합니다. 그야말로 밧모섬에서 무너지는 교회를 보면서 울부짖었던 사도 요한처럼 기도하지 않을 수 없는 것입니다.

그런데 한번은 한국 교회를 붙들고 기도하면서, "하나님, 이제 한국 교회를 버리셨습니까? 당신의 촛대를 한국 교회에서 옮기신 것입니까?" 그렇게 부르짖듯이 여쭈었을 때, 하나님께서 마음에 아주 분명하게 '아니다'라고 감동을 주셨습니다. '코로나로 인하여 정말 많은 사람이 교회를 떠나겠지만, 오히려 그래서 이 한국 교회 안에 "남은 자 영성, 남은 자 신앙"이 새롭게 일어날 것이다. 그러니까 내가 한국 교회를 버린 것이 아니라, 새롭게 하는 것이다.'

여러분! 우리의 삶에서 이 '남은 자' 신앙은 정말 중요합니다. 이것은 죄가 이 땅에 들어와 인간과 세상을 타락하게 만든 이후에, 그럼에도 당신이 지으신 사람들과 이 세상을 포기하지 않고 구원하고자 하시는 우리 하나님이 준비하신 회심의 카드이고, 전략이고, 대답이라는 것입니다.

홍수로 세상을 심판하시는 순간에도 노아에게 방주를 만들라고 하시고, 그 가운데 노아의 일가족 여덟 명을 남겨 두시고 구원하신 것부터 시작해서 하나님의 모든 심판의 이야기 가운데에는 언제나 '남은 자'가 있었습니다.

갈대아 우르라는 우상의 땅 가운데서 아브라함을 부르시고 언약을 주시면서 시작한 그 구속의 역사도 사실은 남은 자 이야기의 시작이고, 그 복의 근원이 되는 남은 자의 언약은 결국 예수 그리스도를 통하여 이루어진 것입니다. 바로 그래서 메시아를 집중적으로 예언한 이사야 선지자가 또한 그렇게 '남은 자'를 강조한 것입니다.

그러므로 '남은 자'는 참신앙의 사람을 말하는 것입니다. 이 세상의 죄악 가운데서 노아처럼, 아브라함처럼, 그리고 예수 그리스도 우리 주님을 믿는 모든 주님의 참된 제자들처럼 참신앙으로 살아가는 그들이 바로 남은 자입니다. 죄가 온 세상을 덮고 있어도 그 가운데서 결단코 포기하지 않고 이 세상을 구원하시는 우리 하나님의 그 사랑을 온전히 가슴에 품고, 그것을 다음 세대에게 전해주고 있는 참된 하나님의 사람, 그것이 바로 남은 자라는 말입니다. 바로 그 중요한 남은 자의 이야기를 오늘 말씀에서 바울 사도가 하고 있습니다.

사도 바울은 자신에게 '영혼의 가시'인 동족 이스라엘에 관해 이야기하는 가운데, 오늘 말씀에서는 정말 그동안 차마 하지 못했던, 그러나 하지 않을 수 없는 영적인 질문을 하게 됩니다. 1절 말씀을 보겠습니다.

그러므로 내가 말하노니 하나님이 자기 백성을 버리셨느냐 그럴 수 없느니라 나도 이스라엘인이요 아브라함의 씨에서 난 자요 베냐민 지파라.

동족 이스라엘이 복음을 받아들이지 않고 오히려 박해하는 가운데 성령의 감동으로 이 복음을 이방인에게 전하면서, 이스라엘 사람인 자신의 마음속에 계속 무겁게 밀려 들어오는 영적인 질문은, '그러면 하나님께서 자기 백성을 버리신 것입니까?'라는 것이었습니다. 아무리 혈통상의 이스라엘이 진짜 이스라엘이 아니라고 해도, 이스라엘은 분명 하나님이 선택하신 백성이었고, 그렇게 율법을 받았고 예수 그리스도께서 그 민족 가운데 나셨는데, 이들이 이렇게 복음을 거부하고 그 결과 구원을 받지 못한다는 것은 하나님이 이제 당신의 백성 이스라엘을 버리셨다는 뜻인가 하는 이 질문은 이스라엘 사람이었던 사도 바울 자신에게는 정말 묻기 두려운, 그러나 묻지 않을 수 없는 질문입니다.

그런데 사도 바울의 모든 질문이 그러하듯이 이 질문 역시 해답도 없이 그저 의심만 불러일으키는 그런 질문이 아닙니다. 바울 사도는 분명히 대답할 수 있으니까 이런 질문을 던진 것입니다. 그래서 바울 사도는 이 질문을 던지고는 구약의 한 말씀을 인용하면서 정말 확실하게 이에 답하고 있습니다. 2-3절 말씀을 보겠습니다.

하나님이 그 미리 아신 자기 백성을 버리지 아니하셨나니 너희가 성경이 엘리야를 가리켜 말한 것을 알지 못하느냐 그가 이스라엘을 하나님께 고발하되 주여 그들이 주의 선지자들을 죽였으며 주의 제단들을 헐어 버렸고 나만 남았는데 내 목숨도 찾나이다 하니.

엘리야의 이야기를 떠올린 것입니다. 그 엘리야 선지자가 지금 자신과 똑같은 고민을 품고 하나님 앞에 질문했던 그것을 떠올린 것입니다. 그러면서 그때 하나님께서 엘리야에게 대답해주신 그 말씀을 또한 지금 자신에게 주시는 말씀으로 받은 것입니다. 4-5절 말씀을 보겠습니다.

그에게 하신 대답이 무엇이냐 내가 나를 위하여 바알에게 무릎을 꿇지 아니한 사람 칠천 명을 남겨 두었다 하셨으니 그런즉 이와 같이 지금도 은혜로 택하심을 따라 남은 자가 있느니라.

"남은 자가 있느니라." 이것이 대답입니다. 하나님이 당신의 백성을 포기하지 않으셨고 버리지 않으셨다는 너무나 확실한 대답, 그것은 바로 그렇게 이스라엘 전체가 당대의 권력자인 아합과 이세벨을 따라 바알에게 무릎을 꿇어서 악하게 하나님을 거부하고 우상을 숭배하고 하나님의 선지자들을 죽이고 있지만, 그래도 그 가운데 바알에게 무릎 꿇지 않은 칠천 명을 남겨 두신 것처럼, 지금 이스라엘 가운데 남은 자가 있다는 말씀입니다.

그런데 여러분! 사도 바울이 지금 이 '남은 자' 이야기를 하는 것은 단순히 하나님이 이스라엘을 버리지 않으셨다는 사실을 논증하기 위해서만은 아닙니다. 로마서의 이 말씀이 로마에 있는 사랑하는 성도들에게 아름다운 그리스도인으로 서라고 권면하는 말씀이라면, 지금 여기서 '남은 자' 이야기를 하는 이유는 그들에게 바로 너희가 '남은 자'라는 것을 말하기 위해서였습니다. 그러면서 '남은 자 신앙'으로 살아가도록 그렇게 강조하고 있는 것입니다. 그렇다면 이것은 지금 로마서를 통해 하나님이 주시는 말씀을 듣고 있는 오늘날의 우리에게도 "너희가 바로 남은 자다. 남은 자 신앙으로 살아라!" 하고 권면하는 말씀이라는 것입니다.

'남은 자의 신앙.' 그것은 무엇입니까? 남은 자로 살아가는 것입니다. 그것은 어떻게 살아가는 것입니까? 오늘 말씀을 보면서 두 가지 중요한 포인트를 우리가 메시지로 받을 수 있습니다.

1. 은혜를 간직하고 살아가는 것입니다.
5-6절 말씀을 보겠습니다.

그런즉 이와 같이 지금도 은혜로 택하심을 따라 남은 자가 있느니라. 만일 은혜로 된 것이면 행위로 말미암지 않음이니 그렇지 않으면 은혜가 은혜 되지 못하느니라.

남은 자의 가장 큰 특징은 바로 "은혜"입니다. 그들이 남은 자가 된 사실에 대하여 분명하게 우리가 하나님의 은혜로 택하심을 받은 것이라는 사실을 알고 고백하는 사람이 남은 자입니다. 혹시라도 자기가 그들 중에 잘나서, 혹은 특별히 거룩하고 깨끗해서 하나님이 자기를 남은 자로 택하셨다는 생각이 있으면 그는 정반대의 의미에서 남은 자입니다. 7절 말씀을 보겠습니다.

그런즉 어떠하냐 이스라엘이 구하는 그것을 얻지 못하고 오직 택하심을 입은 자가 얻었고 그 남은 자들은 우둔하여졌느니라.

'남은 자'라는 말의 헬라어 원어는 '레임마'입니다. 여기서 'Remnant'라는 영어 단어가 나온 것입니다. 그런데 여기 7절에 나오는 "그 남은 자들"이라는 문구에서 "남은 자"라고 번역된 헬라어 단어는 앞에서 말한 것과 다릅니다. 7절에 사용된 것은 '로이포스'라는 단어이며, 앞에 나오는 '레임마'와는 다른 것입니다. '로이포스'는 선택받지 못하고 남아 있는 나머지들을 말하는 것입니다. 더 심하게 말하면 로마서 1:28의 "그 상실한 마음대로 내버려 두사"라는 묘사에 해당하는 것입니다.

진정한 남은 자는 무엇보다 자신이 하나님의 은혜로 택함을 받았다는 것을 알고 고백합니다. 그러면서 삶 속에서 그 하나님의 은혜를 온전히 가슴에 간직하고 살아가는 사람들입니다.

사랑하는 여러분! 그러므로 우리가 남은 자로 살아가려면, 어떻게 해야 할까요? 무엇보다 먼저 하나님의 은혜를 온전히 고백해야 합니다. 자신이 구원받은 것이 온전히 은혜라는 것을 고백할 뿐만 아니라, 자신의 삶 가운데 모든 것이 다 하나님의 은혜인 것을 진정으로 늘 고백하는 것, 그것이 바로 남은 자의 모습이고, 남은 자의 신앙인 것입니다.

마커스 워십에서 찬양 사역자로 섬기는 소진영 간사님의 간증을 읽었습니다. 4대째 신앙의 가문에서 태어난 그녀는 그냥 습관적으로 신앙생활을 하다가 25살에 만성 골수성 백혈병 진단을 받게 되었습니다. 그래서 항암치료를 위해 계속 약을 먹었고, 친오빠를 통해 조혈모세포 이식을 시도하지만, 그렇게 되면 아이를 가질 수 없다는 말에 그것을 포기하고 계속 약을 먹게 되었습니다. 그러면서 주님을 진정으로 인격적으로 만나서 찬양 사역을 하는 중에 30세 때 자신의 상황을 다 알면서도 청혼한 남편을 만나 결혼했습니다. 그리고 아이를 갖기를 원해서 위험을 무릅쓰고 기도하면서 항암 약을 1년간 끊어야 했는데, 계속 아이가 생기지 않아서 마지막으로 한 달만 기다리고 아니면 다시 약을 먹자고 의사가 권하는 상황에서 임신하였고 '엘'이라는 귀여운 딸을 얻게 되었습니다.

그처럼 어렵게 임신하게 되었는데, 그때 만든 찬양이 "오직 예수뿐이네"라는 찬양입니다. 정말 지독한 갈등과 두려움 속에서 그래도 기도하면 평안을 주시는 하나님의 은혜 아니면 살 수 없다는 고백을, 호흡마저도 다 주님의 것임을, 작은 고난에도 지치고 넘어지는 나를 그래도 견디고 버티도록 만들어 준 것이 바로 주님의 은혜임을 그렇게 고백한 찬양입니다.

그렇습니다. 남은 자는 은혜를 간직한 자입니다. 하나님의 은혜를 새삼스럽게 발견하고 고백하면서 그것을 가슴에 간직하고 살아가는 바로 그런 사람입니다. 바로 우리입니다.

2. 언약의 씨를 간직하고 살아갑니다.

'남은 자', '레임마', 'Remnant.' 이 말의 히브리어는 '쉐에리트'입니다. 그런데 이 말은 그 의미가 바로 '그루터기'입니다. 나무를 잘라내고 남는 그루터기, 잘라내어 버렸지만, 거기에서 다시 싹이 나고 그래서 그 나무가 자라나게 되는 바로 그 그루터기입니다.

남은 자는 바로 이렇게 언약의 씨를 그 가슴에 간직하고 있는 사람들입니다. 하나님의 역사가 중단되고 끊어지고, 그래서 실패한 것 같아도 그들 속에 바로 하나님의 언약의 씨를 품고 있는 남겨진 사람들, 그래서 그들을 통해서 결국 하나님의 역사가 이루어지는 바로 그런 사람들, 그들이 남은 자입니다.

독일의 호르스트 카스너 목사 가족의 이야기를 읽어 보았습니다. 카스너 목사는 1954년 베를린 장벽이 세워지기 전에 수많은 사람이 동독을 떠나 서독으로 밀려가고 있을 때 버려진 동독의 교회를 위해서, 그리고 분단된 독일 민족이 같은 신앙 가운데 회복되는 그 일을 위하여 독일 루터 교회의 발령에 따라 동독으로 가족을 데리고 떠났습니다. 함부르크에서 남부럽지 않게 생활할 수 있었지만, 동독의 버려진 교회와 성도들을 섬기기 위하여, 그 민족을 향한 거룩한 하나님의 뜻을 가슴에 품고 6주 전에 얻은 신생아 딸을 가슴에 품고서 동독으로 간 것입니다.

그리고 그의 가족은 동독의 공산주의 치하에서 살았지만, 그런 상황에서도 그 딸을 신앙으로 잘 키웠고, 그 딸이 나중에 통일된 독일에서 총리가 되어 나라를 섬겼는데, 바로 앙겔라 메르켈 총리입니다. 16년 동안 독일을 잘 섬기다가 얼마 전에 퇴임한 메르켈 총리 말입니다.

저는 이 이야기를 읽으면서, 그 어린 딸을 가슴에 품고 동독으로 가는 카스너 목사 가족의 모습이 바로 남은 자의 모습이라고 생각했습니다. 정말 상징적으로 그들의 가슴에 하나님의 언약의 씨를 품고 그 어두운 곳에 가서 신앙의 그루터기가 된 것입니다. 전형적인 남은 자입니다.

여러분! 우리가 남은 자로 살아간다는 것은 우리의 가슴에 하나님의 언약의 씨가 담겨 있다는 뜻입니다. 그리고 우리의 삶을 통하여 하나님의 언약의 역사가 이어져 간다는 것입니다.

　남은 자로서 이 사실을 잊지 마십시오. 가슴에 담겨있는 언약의 씨, 그 복음을 반드시 지켜 내십시오.

: 맺는말

"남은 자가 있느니라." 코로나로 무너지고 있는 한국 교회로 인해 가슴 아파하는 우리에게 오늘 우리 하나님이 주신 말씀입니다.

　여기에 응답하면서, 진정한 남은 자로 살아가시기 바랍니다.

32
로마서 강해

실족하여 넘어질지라도

롬 11:11-24

　예전에 라디오 방송을 들었는데, 그것은 음악방송 비슷한 것이었습니다. 그런데 그 프로그램을 진행하는 사람이 윤형주 장로님과 여자 아나운서였습니다. 윤형주 장로님을 잘 알고 있었기에, 굉장히 관심 있게 듣게 되었습니다. 그 때 제가 관심을 가졌던 것은 윤형주 장로님이 과연 거기서 신앙적인 이야기를 하는가 하는 것이었는데, 아쉽게도 한마디도 못 하시더군요. 일반 방송이기 때문에 신앙 이야기는 철저하게 못 하게 하는 것 같았습니다. 그런데 마지막 멘트를 듣다가 제가 씩 웃게 되었습니다. 그것은 마지막 인사말이었는데, "눈이 내리고 있습니다. 그러니까 집에 들어가실 때 실족하지 않도록 조심하세요."라는 것이었습니다. '실족'이라는 단어는 발을 헛디딘다는 뜻인데 일반적으로 쓰이기도 하지만, 교회에서 신앙인들이 너무나 많이 쓰는 말이기에 그래서 웃었습니다. 아마 윤형주 장로님이 자기도 모르게 신앙적인 용어를 쓰신 것 같습니다. 세상 사람들은 그러려니 하면서 넘어가겠지만, 믿는 사람들에게는 정말 확 다가오는 그런 용어지요.

'실족한다.' 이것은 신앙생활에 있어서 정말 중요한 단어입니다. 신앙의 실패, 그것이 주로 이 실족함 때문에 오기 때문입니다. 하나님의 자녀로 그렇게 아름답게 살다가 마귀의 간계에 넘어가면서 망하게 되는 것이 바로 이 실족함 때문에 일어나는 것입니다. 성도는 고난 때문에 무너지는 것이 아닙니다. 마귀의 공격이 있다고 해서 성도가 패배하는 것이 아닙니다. 실족해서 무너지는 것입니다. 실족함으로 패배하는 것입니다.

우리의 신앙생활에서 정말로 중요한 '실족'이라는 주제, 바울 사도는 오늘 말씀에서 바로 이것을 말하고 있습니다. 11절 말씀을 보겠습니다.

그러므로 내가 말하노니 그들이 넘어지기까지 실족하였느냐 그럴 수 없느니라 그들이 넘어짐으로 구원이 이방인에게 이르러 이스라엘로 시기나게 함이니라.

이스라엘 사람들이 하나님의 선택된 백성이었는데, 이렇게 복음을 거부하고 오히려 핍박하면서, 구원을 받지 못한 자가 된 이유가 바로 그들이 "실족"하였기 때문이라는 것입니다.

그런데 여러분은 이 말에 대하여 언뜻 이해가 잘 안 될 수 있습니다. 실족한다는 것이 무엇이기에 이스라엘이 구원받지 못하고 버려지는 결과를 가져오는 것인가? 그런 의문이 들 수 있습니다. 여러분! 이 '실족'이라는 것은 단순히 실수가 아닙니다. 실수로 발을 헛디뎌서 넘어지는 사고가 아닙니다. 이것은 바로 '범죄함'입니다.

신약성경에서 죄를 가리키는 말이 다섯 개가 있습니다.

1) 오페일레마: 빚을 짐.

2) 하마르티아: 과녁을 빗나감.

3) 파라프토마: 미끄러져 넘어짐.

4) 아노미아: 불법을 저지름.

5) 파라바시스: 선을 넘어감.

이 중에서 실족이 무엇인지 아시겠지요? 그렇습니다. 세 번째 나온 '파라프토마'입니다. 그러니까 이 '실족'은 실수가 아니라 죄를 범하는 것입니다. 그래서 우리 신앙생활에 아주 심각한 문제가 되는 그런 것입니다. 예수님께서 산상수훈에서 "만일 네 오른 눈이 너로 실족하게 하거든 빼어 내버리라." "만일 네 오른손이 너로 실족하게 하거든 찍어 내버리라."라고 무섭게 경계할 만큼 정말 우리의 삶을 파괴하는 무서운 범죄인 것입니다.

그런데 이것이 정말 우리에게 심각한 문제가 되는 것은 누구도 이 '실족'에서 자유로울 수 없기 때문입니다. 이 세상을 살아가면서 실족하지 않고 살 수가 없다는 것입니다. 예수님께서 바로 그래서 "실족하게 하는 일들이 있음으로 말미암아 세상에 화가 있도다 실족하게 하는 일이 없을 수는 없으나 실족하게 하는 그 사람에게는 화가 있도다"(마 18:7)라고 말씀을 하신 것입니다.

실족하는 것, 이것은 피할 수 없는 일입니다. 특히 신앙생활을 하면서 이것은 원하지 않아도 당하게 되는 그런 죄인 것입니다. 우선 내가 아무리 조심하고 애를 써도 주변에 있는 사람들이 나를 실족하게 할 수 있습니다. 그야말로 나는 제대로 똑바로 걷고 있는데, 옆에서 누군가가 나를 밀어서 쓰러뜨릴 수 있는 것입니다. 그래서 예수님도 '실족하게 하는 것'이라는 죄를 그렇게 강하게 경고하고 말씀하신 것입니다.

그리고 내가 아무리 집중하고 조심해도 나도 모르게 실족할 수 있습니다. 사람은 전능자가 아니기에 순간 딴생각을 하거나 혹은 부주의하면서, 아니면 이 정도는 괜찮겠다 하고 생각하면서 원치 않는 사고로 실족할 수 있는 것이 바로 우리의 영적인 실존입니다.

올해 초에 제 아내가 정말 심하게 넘어져서 꼬리뼈 세 곳에 금이 가는 부상을 당한 적이 있었습니다. 그런데 그렇게 다치게 된 내막을 듣고, 저는 정말 어이가 없었습니다. 무슨 등산을 하거나 운동을 하다가 다친 것도 아니고, 집 안에서 코트를 옷장에 걸기 위하여 스툴을 밟고 올라서다가 그것이 뒤집히면서 바닥에 그대로 엉덩방아를 찧었다는 것입니다.

이것이 정말 어이가 없었던 것은 제 아내는 나름 정말 조심성이 많은 사람이기 때문입니다. 평소에 좀 심하다 싶을 정도로 조심하고, 안전을 최우선으로 하는 사람인데, 그렇게 말도 안 되게 넘어져서 심하게 다친 것을 보면서, 저는 인간의 연약함, 그 실존을 다시 한 번 생각하지 않을 수 없었습니다.

'실족'이 바로 그런 것입니다. 영적으로 정말 심각한 죄인 실족이 바로 그렇게 우리에게 있을 수 있는 것입니다.

물론 그렇다고 해서, 우리가 노력해도 막을 수 없는 일이니까, 그냥 포기하고 닥치는 대로 살자고 해서는 안 됩니다. 우리 주님이 "실족하지 않도록"이라고 그렇게 경계하신 것처럼, 정말 우리는 실족하지 않기 위하여 늘 깨어서 영적 주의를 기울여야 합니다. 특히 "그의 마음에는 하나님의 법이 있으니 그의 걸음은 실족함이 없으리로다"(시 37:31)라는 말씀처럼 마음에 하나님의 법, 즉 역사하시는 말씀이 있어야 한다는 것입니다(그렇습니다. 실족하지 않는 최고의 처방은 말씀입니다. 나도 모르게 미혹당해서 실족하기 때문에, 말씀을 늘 묵상하면서, 그것이 내 속에서 나를 주장하고 있으면, 순간 삐끗하고 비틀거려도 넘어지지 않고 다시 설 수 있습니다).

그런데 이렇게 실족하지 않기 위하여 주의하는 것만큼 중요한 것, 아니 모든 사람이 실족하는 것은 피할 수 없기에 어쩌면 더 중요한 것, 그것은 실족하되 무너지지는 말아야 한다는 것입니다. 11절 말씀을 보겠습니다.

그러므로 내가 말하노니 그들이 넘어지기까지 실족하였느냐 그럴 수 없느니라 그들이 넘어짐으로 구원이 이방인에게 이르러 이스라엘로 시기나게 함이니라.

11절의 "넘어지기까지 실족하였느냐"라는 말씀에서 "넘어지기까지"라는 말의 헬라어는 '핍토'라는 동사입니다. 이 단어는 '떨어지다, 멸망하다, 붕괴하다.' 그런 뜻입니다. 특히 이것은 비유적으로 '불행이나 치욕에 빠진다'라는 의미를 내포하고 있는 것입니다. 그러니까 여기서 바울 사도가 말하고 싶은 것은 이스라엘이 분명 실족했지만, 그러나 '핍토.' 다시 말해 '넘어지기까지'는 아니다, 그런 말입니다. 하나님이 그렇게 하시지 않는다는 것입니다. 물론 인간이 끝까지 거부하면, 그야말로 완전히 무너질 수 있을지 몰라도, 하나님의 사람이 실족하여 넘어지는 순간에도 하나님은 역사하시기 때문에, 그렇게 실족하여 넘어질지라도 완전히 망하는 상태로까지 가지 않을 수 있다는 것입니다. 그리고 그것이 바로 신앙의 사람에게 있는 너무나 중요한 영적 포인트라는 것입니다.

여러분! 반복하여 말하지만, 사도 바울이 여기에서 이스라엘에 관해 이야기하는 것은 이스라엘을 위해서 하는 것이 아닙니다. 이것은 바로 로마에 있는 사랑하는 성도들에게 주는 메시지입니다. 이스라엘의 그 안타까운 실패의 이야기를 가지고, 그러니까 너희는 이렇게 바르게 믿어야 한다는 그 메시지를 주고 있는 것입니다.

그러므로 이 말씀은 동일하게 지금 우리에게 주시는 것입니다. 이스라엘의 그 안타까운 이야기를 들으면서 우리가 어떻게 해야 하는지, 바로 신앙의 메시지를 우리에게 주고 있는 것입니다.

여러분! 우리가 신앙생활하면서 실족하여 넘어질 수 있습니다. 그런데 중요한 것은 그렇게 실족하여 넘어질지라도 그것으로 인하여 완전히 망하면 안 된다는 점입니다. 신앙은 바로 그런 상황에서 오히려 놀랍게 다시 일어서고 '반전의 영광'을 우리 하나님께 올려드릴 수 있게 합니다. 왜냐하면 그렇게 우리가 실족하여 넘어지는 상황 속에서도 우리 하나님은 역사하시기 때문입니다. 아니 더 강력하게 역사하시기 때문입니다. 참십자가의 능력이 나타나는 것이 바로 그 순간이기 때문입니다.

그러면 우리는 어떻게 해야 합니까?

1. 오직 하나님만을 신뢰해야 합니다. 그리고 전적으로 맡겨야 합니다.

사람이 넘어질 때, 가장 크게 다치게 되는 것은 넘어지지 않으려고 몸부림치다가 그렇게 된다고 합니다. 그러면서 자신만이 아니라 주변까지 다 무너지게 만드는 경우가 있다고 합니다.

여러분! 실족하여 넘어지게 되었을 때, 신앙의 사람은 그 순간에 전적으로 하나님을 신뢰하고 의지해야 합니다. 오늘 말씀의 저변에 숨겨져 있는 것처럼, 실족하여 넘어지는 순간에도 우리 하나님의 역사하심이 있습니다. 그러니까 넘어지는 순간에 온전히 우리의 온몸을 하나님께 맡겨야 합니다. 하나님이 나를 넘어뜨리시는 것이라면, 넘어져야 합니다. 아등바등 버티고 서지 말고, 그냥 넘어져야 합니다. 하나님이 나를 바닥까지 내리시면 그 바닥까지 가야 합니다. 안 떨어지겠다고 몸부림치면 그야말로 마귀가 원하는 대로 무너질 수밖에 없습니다.

제가 아는 장로님은 1997년 IMF 사태 때 정말 건실하게 경영하던 기업이 망하게 되었습니다. 그런데 저는 그분이 망하시는 모습을 보면서 정말 은혜를 받았습니다. 그 어려운 순간에 그분이 제게 부탁한 기도 제목은 하나님을 끝까지 신뢰하게 해달라는 것이었습니다. 어려움을 겪으니까 자꾸 하나님께 원망하려 하고 의심이 생기는데, 이것이 정말 무섭다고, 그러니까 목사님, 다른 것 말고 하나님을 끝까지 신뢰할 수 있도록 기도해 달라고, 망해도 정말 장로답게, 그리고 하나님 안에서 망할 수 있기를 원한다고 하셨습니다. 저는 그날 그 기도 제목을 부탁받으면서 많이 울었습니다. 슬퍼서가 아니라 감동이 와서, 참신앙을 보면서 너무 감사해서 울었습니다.

여러분! 원치 않게 실족해서 넘어질 수 있습니다. 그러나 신앙의 사람은 바로 그 순간에도 하나님을 신뢰합니다. 아니 그 순간부터 더욱 강하게 주님께 온전히 다 맡겨드립니다. 그것이 바로 십자가 신앙인 것입니다.

2. 하나님의 뜻이 이루어지기만을 바라보아야 합니다.
12절 말씀을 보겠습니다.

그들의 넘어짐이 세상의 풍성함이 되며 그들의 실패가 이방인의 풍성함이 되거든 하물며 그들의 충만함이리요.

여기에 담겨 있는 분명한 사실, 하나님은 그들의 넘어짐을 헛되게 하지 않으신다는 것입니다. 그렇게 하나님의 사람이 실족하여 넘어지는 순간이 오는 것은 여러 가지 요인들로 인하여 그럴 수 있지만, 분명한 것은 그렇게 실족하여 넘어지는 것을 통하여 하나님은 당신의 역사를 행하신다는 것입니다.

여러분! 제가 신앙생활하면서, 목회하면서, 정말 확신하게 된 것은, 그래서 확실하게 말할 수 있는 것은 "우리 하나님은 당신의 자녀들이 고난받는 것을 절대로 헛되게 하시지 않는다"는 것입니다. 그것이 바로 우리가 잘못해서 오는 고난일지라도 하나님은 우리의 고난을 통하여 당신의 놀라운 역사를 이루신다는 것입니다. 우리가 믿음으로 그 고난을 하나님께 드린다면 말입니다.

미국에서 한번은 병실에 심방을 가게 되었습니다. 원치 않게 아주 심한 질병이 생겨서 고통받는 분이었는데, 제가 가서 기도하면서, 저도 모르게 "사랑하는 딸의 이 병을 통하여 하나님의 뜻이 온전히 이루어지기를 원합니다." 하고 기도를 드리게 되었습니다. 그러면서 기도 후에 말씀으로 그 성도님께 이 병을 통하여 성도님의 삶과 가정 가운데 하나님의 놀라운 회복의 역사가 있을 것입니다. 그런 뜻이 있지 않고는 우리 하나님이 이런 질병의 고통을 당신의 사랑하는 딸에게 주시지 않기 때문입니다. 그러니까 성도님은 다른 기도하지 말고 이 병을 통하여 하나님의 뜻이 이루어지기를 원합니다. 그런 기도만 하십시오. 그렇게 정말 가슴이 벅차게 권면했던 적이 있었습니다.

그렇습니다. 실족하여 넘어지는 순간에 우리는 하나님의 뜻이 이루어지기만을 바라보아야 합니다. 자신이 얼마나 힘든지, 억울한지, 분한지, 그런 것 생각하지 말고, 오직 이 일을 통하여 이미 이 일 가운데 하나님이 두신 그 뜻이 온전히 이루어지기를 바라고 기도해야 하는 것입니다.

이스라엘의 넘어짐은 이방인의 구원을 위한 것입니다. 그리고 이방인의 그 구원은 또한 이스라엘을 시기하게 해서 그들이 하나님을 믿게 할 것입니다. 이기가 막힌 하나님의 전략, 그 뜻이 바로 이스라엘의 넘어짐 가운데 있는 것입니다.

다시 말하지만, 하나님의 뜻이 없는 성도의 고난은 없습니다. 하나님의 뜻이 없는 성도의 실족함도 없습니다. 심지어 성도가 실패하여 넘어지는 것이라고 해도, 거기에 하나님의 뜻이 있습니다.

이것은 절대로 하나님이 우리의 실족함을 이용하신다는 뜻이 아닙니다. 이것은 바로 하나님이 우리의 실족을 의미 있고 아름답게 하신다는 말씀입니다. 죄를 이기는 십자가의 최고의 전략입니다. 그러므로 실족하여 넘어지는 순간에, 성도는 오직 하나님의 뜻이 이루어지기만을 바라보아야 합니다.

맺는말

"실족하여 넘어질지라도." 정말 우리 삶에 없었으면 하는 안타까운 상황입니다. 하지만 피할 수 없는 그런 현실이기도 합니다.

그러나 바로 이 순간에 참신앙이 나타나야 합니다. 참십자가 신앙을 보여주어야 합니다. 그래서 우리 하나님이 그 모든 것을 통하여 당신의 뜻을 이루시고, 죄에 대해 승리하심으로 영광을 받으셔야 합니다.

우리 모두가 그런 믿음의 사람이 되기를 바랍니다.

33
로마서 강해

하나님의 신비

롬 11:25-36

사도 요한은 황제 숭배를 강요하는 악한 세력에 대항하여 교회를 지키려고 하다가 결국 로마제국에 의하여 잡혀서 밧모라는 섬에 유배됩니다. 거기에서 노구의 몸으로 채석장 일꾼으로 노역을 하면서 정말 힘든 시간을 보내게 됩니다. 그런데 그때 사도 요한을 정말 고통스럽게 했던 것은 육체적으로 힘든 것, 그것이 아니었습니다. 그것보다는 교회가 흔들리고 있다는 소식이었고, 자신은 아무것도 할 수 없다는 무력감이었습니다. 로마 제국을 앞세운 어두움의 세력은 너무 강력해 보였고, 그들에게 잡혀서 이렇게 유배되어 있는 것처럼, 자신의 신앙은 정말 아무것도 아닌 것 같아서 마음이 흔들리고 있는 것, 그것이었습니다.

그런데 그런 그에게 어느 날 주님께서 나타나셨습니다. 고통하는 그를 위로하시고, 무너지는 그의 마음을 다시 잡아 주시려고, 주님이 친히 나타나셔서 이 세상의 역사에 대한 말할 수 없이 귀한 계시를 보여주셨는데, 그것이 바로 요한계시록이지요.

주님은 그에게 나타나실 때 아주 특별한 모습으로 나타나셨습니다. 그것은 오른손에 일곱 별을 들고 일곱 금 촛대 사이를 거니는 모습으로 나타나신 것입니다. 그러면서 친히 그것이 무엇을 의미하는지를 말씀하셨는데, 그것이 "네가 본 것은 내 오른손의 일곱 별의 비밀과 또 일곱 금 촛대라 일곱 별은 일곱 교회의 사자요 일곱 촛대는 일곱 교회니라"(계 1:20)라는 말씀입니다. 여전히 지금도 교회 가운데서 교회를 지키고 계시는 우리 주님의 모습이지요. 비록 세상에서 교회가 핍박을 받으면서 무너지고 있는 것처럼 보이지만, 그 교회의 본질은 우리 주님이 여전히 붙들고 계신다는 말씀입니다.

그런데 바로 이 교회를 향한 주님의 이 말씀 가운데 우리가 주목해야 할 한 단어가 있는데 그것이 바로 "내 오른손의 일곱 별의 비밀과"라는 말씀에서 언급하신 "비밀"이라는 말입니다.

"비밀"(뮈스테리온). 이것은 초기 교회 당시에 아주 특별한 단어였습니다. 모든 성도가 그냥 들어 넘길 수 없는 아주 특별한 단어입니다. 어떤 면에서 그런가 하면, 이것은 바로 '종말론적 신앙의 핵심'이기 때문입니다.

여러분! 아시는 것처럼 초기 교회는 종말론적 신앙 공동체였습니다. 다시 오실 주님을 기다리면서, 그 주님 앞에 서는 것을 늘 고대하면서, 현재의 고난과 어려움을 이기고, 세상의 유혹 앞에서도 믿음을 지키는 바로 그런 신앙 공동체였던 것입니다. 그래서 초기 교회 당시 성도들의 인사는 바로 "마라나타"(주 예수여 오시옵소서)였던 것입니다.

여러분! '종말론적 신앙'이라는 것, 이것은 단지 지금이 말세이고, 그러니까 예수님이 곧 재림하신다는 것을 믿고 신앙생활하는 것만을 말하지 않습니다. 그렇게 주님의 재림, 거기에만 집중하는 것은 '시한부 종말론'이라는 이단 때문에 오염되고 왜곡된 신앙입니다. 진짜 종말론적 신앙의 핵심은 눈에 보이는 이 세상과 역사가 다가 아니라는 것입니다. 살아계신 하나님께서, 알파와 오메가 되신 하나님께서, 이 역사를 주관하고 계신다는 것을 굳게 믿고, 그래서 세상이 아무리 제멋대로 난리를 치고 기승을 부려도, 이 험하고 어렵고 미혹이 많은 세상 가운데서 주님의 정결한 신부로 그 신앙을 굳게 지키는 것, 그것이 바로 종말론적인 신앙입니다.

그러니까 종말론적 신앙의 핵심 단어가 "비밀"(뮈스테리온)인 것입니다. 이 세상의 역사 뒤에서 지금도 진행되고 있는 우리 하나님의 역사하심, 그것을 바로 "비밀"이라고 말하는 것이니까요. 왜냐하면 그것은 인간의 생각으로는 깨닫거나 이해할 수 없는 것이기 때문입니다.

여러분! '계시'라는 말을 아시지요? 헬라어로 '아포칼립시스'라는 말입니다. 그런데 그 뜻은 '열어서 보여준다.'입니다. 자, 몇 가지 질문이 가능하지요? 누가 열어서 보여주는가? 바로 하나님이 열어서 보여주시는 것입니다. 절대로 인간이 열고 보는 것이 아닙니다. 그러니까 하나님이 열어서 보여주시지 않으면 인간은 도저히 알 수 없는 것입니다.

그렇다면 하나님이 누구에게 열어서 보여주시는가? 바로 당신의 사람들, 당신의 자녀들에게만 열어서 보여주시는 것입니다. 그들을 위로하기 위해서, 그들을 격려하시기 위해서, 그들을 사랑하시니까요.

그렇다면 하나님이 무엇을 열어서 보여주시는가? 바로 "비밀"(뮈스테리온)을 열어서 보여주시는 것입니다. 인간의 눈에는 보이지 않지만, 지금도 이 역사 가운데서 정확하게 행하고 계시는 하나님의 그 역사하심, 그 비밀을 말입니다.

그렇습니다. 계시는 하나님께서 당신의 자녀들에게 당신의 "비밀"(뮈스테리온)을 알려주시는 것입니다. 그러니까 '계시를 받은 자.' 다시 말해 그 하나님의 비밀을 알고 깨달은 자만이 진짜 하나님의 사람이고 종말론적 신앙을 가진 참 신앙인입니다.

그래서 초기 교회 공동체에서 가장 중요한 신앙의 단어는 바로 "비밀"(뮈스테리온)입니다. 그리고 그것은 지금 우리에게도 마찬가지입니다.

그런데 이 중요한 "비밀"(뮈스테리온)을 오늘 말씀에서 바울 사도가 말하고 있습니다. 25절 말씀을 보겠습니다.

형제들아 너희가 스스로 지혜 있다 하면서 이 신비를 너희가 모르기를 내가 원하지 아니하노니 이 신비는 이방인의 충만한 수가 들어오기까지 이스라엘의 더러는 우둔하게 된 것이라.

"신비"라는 말, 이것이 바로 '뮈스테리온'입니다. 바울 사도는 깨달은 것입니다. '어떻게 하나님의 선택된 백성 이스라엘이 이렇게 믿지 못하고 구원을 받지 못하가?' 그 해결되지 않는 고민에 괴로워하다가 마침내 그 답을 얻은 것입니다. 그것이 바로 "신비"(뮈스테리온)입니다. 그러니까 이방인들을 구원하시기 위하여 이스라엘을 우둔하게, 즉 영적으로 그렇게 완악하게 한 것이라는 말입니다.

이것을 좀 자세히 설명하면 이렇습니다. 온 세상이 죄악 가운데 있을 때, 그 모든 사람을 구원하시려고 먼저 아브라함을 부르시면서, 이스라엘을 택하셔서 구속의 역사를 시작하셨는데, 그들이 이렇게 믿지 않고 불순종하므로 하나님이 그 복음을 이스라엘을 넘어서 이방인들에게 전하게 하시고, 그래서 이방인들이 구원받는 일이 일어났다는 것입니다. 그러니까 이스라엘이 복음을 거부한 것은 이방인에게 그 복음이 가게 하기 위한 하나님의 역사하심이었다는 것이지요.

그러므로 이제 이방인들이 그 복음으로 구원을 받고 은혜를 받으면, 그것으로 인하여 이제는 역으로 이스라엘이 시기가 나서든지, 도전을 받아서든지, 마침내 복음을 받고 구원을 받는 역사가 있을 것이라는 말입니다. 이것이 바로 우리가 언뜻 알 수 없는 우리 하나님의 "신비"(뮈스테리온)입니다.

이러한 내용을 오늘 로마서 본문에서 계속 이야기하고 있는데, 저는 이 내용을 보면서 먼저 바울 사도가 동족 이스라엘이 복음을 거부한 것에 대하여 얼마나 마음이 아팠는지 그것을 느낄 수가 있었습니다. 그러니까 이것이 우리 하나님의 "신비"(뮈스테리온)라는 것을 알고 어떻게 보면 신이 나서, 강력하게 말하고 있는 것이지요.

그런데 로마서 전체가 그런 것처럼 이 '하나님의 신비'에 대한 언급도 단지 이스라엘의 불순종의 이유를 설명하기 위해서만 하는 것이 아닙니다. 바로 이것이 로마에 있는 성도들에게, 그리고 지금 우리에게 너무나 중요한 신앙의 메시지이기에 말하고 있는 것입니다.

여러분! 우리가 정말 참신앙의 사람이라면 우리는 반드시 하나님의 "신비"(뮈스테리온)를 알아야 합니다. 특히 이 세상 가운데서 참신앙을 가지고 온전히 바르게 살아가려면 우리는 바로 이 하나님의 뮈스테리온, 이것을 알고 이것으로 위로받고 힘을 얻으며, 이것을 신뢰하고 살아가야 하는 것입니다.

그렇습니다. 비록 세상은 제멋대로 가는 것 같고, 때로 정말 악이 승리하는 것처럼 보이고, 앞이 정말 캄캄한 순간이 온다고 할지라도, 그 한가운데서 여전히 역사하시는 우리 하나님의 역사하심이 있습니다. 그것이 인간의 눈에 보이지 않고, 인간의 머리로는 이해할 수 없기에 '뮈스테리온'(비밀)이라고 말할 수밖에 없지만, 그러나 그것은 믿는 우리에게는 감추어진, 알 수 없는, 그래서 답답하고 혼란스러운 의미에서 비밀이 아니라, 우리에게만 주어진 특별한 것이어서 '뮈스테리온'(비밀)인 것입니다.

여러분! 그렇습니다. 우리 신앙인의 다른 이름은 바로 '하나님의 신비, 그 비밀을 맡은 자'입니다. "사람이 마땅히 우리를 그리스도의 일꾼이요 하나님의 비밀을 맡은 자로 여길지어다"(고전 4:1). 우리 하나님이 우리를 구원하시면서, 바로 이 복음의 비밀, 그 역사하심으로 구원하셨고, 그러면서 이 복음의 비밀을 우리에게 맡기신 것입니다. 그러니까 구원받은 성도는 바로 그 비밀을 맡은 자로서 그 비밀을 의지하여 살아가는 것입니다.

부부 세미나에서 언급하는 아주 중요한 말씀이 있습니다. 그것은 "그러므로 사람이 부모를 떠나 그의 아내와 합하여 그 둘이 한 육체가 될지니 이 비밀이 크도다 나는 그리스도와 교회에 대하여 말하노라"(엡 5:31-32)라는 구절입니다.

무슨 이야기입니까? 바로 신앙인은 부부로 살아가는 구체적인 삶도 바로 이 하나님의 신비, 비밀을 의지하여 살아가야 한다는 것입니다. 세상의 부부들처럼 그렇게 사는 것이 아니라, 그리스도인 부부는 하나님의 신비, 그 뮈스테리온, 그 역사하심으로 산다는 것입니다.

부부생활만이 아니지요. 우리가 살아가는 모든 삶, 이 세상에서의 모든 삶은 다 '하나님의 신비' 그 놀라운 역사하심 가운데 살아가는 것입니다. 그래서 우리의 삶은 세상과는 다른 것입니다. 그래서 우리는 이 땅을 살아가지만, 천국을 사는 것입니다.

그러면 그 '하나님의 신비'는 구체적으로 어떤 것입니까? 우리가 알고 신뢰해야 하는 그 '뮈스테리온'은 구체적으로 어떤 것입니까? 비록 우리 인간의 생각으로는 도저히 이해할 수 없지만, 그러나 믿음으로 온전히 받아들이면서, 그렇게 믿고 의지하고 살아가야 하는 그 '하나님의 뮈스테리온' 그것은 구체적으로 무엇이란 말입니까?

너무나 풍성하고 깊어서 이것을 한두 마디로 표현할 수는 없지만, 오늘 로마서의 말씀을 통해서 볼 때 하나님의 신비는 크게 다음 두 가지입니다.

1. 하나님의 지혜입니다.

33절 말씀을 보겠습니다.

깊도다 하나님의 지혜와 지식의 풍성함이여, 그의 판단은 헤아리지 못할 것이며 그의 길은 찾지 못할 것이로다.

그렇습니다. 하나님의 신비, 그것은 바로 하나님의 지혜입니다. 하나님의 지혜는 인간이 도저히 이해할 수 없는 깊고도 놀라운 것이어서, 그래서 그것은 '뮈스테리온'입니다.

그렇기에 이것은 그 하나님의 지혜를 신뢰하는 하나님의 자녀에게는 말할 수 없는 평강과 확신을 주는 것입니다. 지금 당장 이해할 수 없어도, 궁극적으로 이 모든 것을 통하여 결국 승리하게 하시는 하나님의 역사이니까요. 성경이 말하는 대로 예수 그리스도의 십자가는 바로 죄의 모든 것을 다 뒤집는 하나님의 모략, 하나님의 지혜의 절정입니다.

안종혁 교수님은 〈길갈〉이라는 책을 써서 청년들에게 많은 도전을 주신 분입니다. 저는 JAMA(미국과 열방을 위한 예수 대각성 운동)를 통해 그분을 만나서 영적인 교제를 나누었습니다. 그런데 그분은 지금까지 제가 만나본 분 중에 정말 손에 꼽을 만큼 귀한 신앙의 사람입니다. 이분의 간증 중에 기억에 남는 것이 있습니다. 이분은 정말 가난한 환경에서 힘들게 생활했습니다. 그래서 고등학교를 졸업하고 한때 방직공장에서 일했습니다. 그러던 중에 그래도 어머니의 기도가 응답받아서 비전을 품고 공부하게 되었고, 조금 늦은 나이에 서울대학교에서 석사를 하고, 미국의 조지아텍에 박사과정으로 유학을 갔습니다.

그런데 거기에서 공부하면서 정말 힘든 시간을 보내는 중에, 은혜를 받고 유학생 교회를 정말 열심히 섬기게 되었습니다. 그러던 중에 일이 조금 틀어져서 전공을 정해야 하는 시기를 놓치게 되어 문제가 생겼습니다. 사람들이 보기에는 신앙생활에 너무 열심을 내다가 전공을 선택하는 과정을 소홀히 한 것밖에 안 되는 것으로 비칠 수도 있는 상황이었습니다. 안 교수님의 말씀으로는 솔직히 그런 측면도 있다고 합니다. 신앙적인 결단으로 하나님께 맡기고 교회를 위하여 헌신했던 부분이 있으니까요. 결국 다른 사람들이 가고 싶어 하는 분야는 이미 정원이 차서 가지 못하고 문제가 아주 심각한 상황인데, 그때 하나님께 기도하면서, 어찌 된 일인지 하나님의 영광을 가리게 되었다고 그렇게 기도하는데, 후배 중에 한 사람이 와서 새로 교수 한 분이 오셨는데 그분께는 아무도 지원을 안 해서 자리가 있다고 전해주었습니다. 그래서 그 교수님의 지도를 받아 새롭게 아무도 가지 않는 불확실한 분야에 발을 들여놓게 되었는데, 그 분야가 바로 '나노 테크놀로지'였습니다. 이것이 나중에 미국에서만 아니라 전 세계에서 가장 주목받는 분야가 되었고, 거기에 안종혁 교수님은 최고의 전문가로 명성을 날리게 되었습니다. 이것이 하나님의 지혜입니다.

제가 제대로 다 실감 나게 옮기지는 못했지만, 정말 안종혁 교수님의 말씀을 직접 들을 때, 저는 정말 은혜받아서 눈물이 났습니다. 우리 하나님의 역사하심 때문에, 그리고 우리 하나님의 그 지혜 때문에 말입니다.

건축자의 버린 돌이 모퉁이돌이 되게 하시는 그 십자가의 역사부터, 우리 하나님의 지혜는 세상이 이해하시고 못하고 또한 감당하지도 못합니다. 바로 그 하나님의 지혜가 하나님의 신비입니다. 그리고 그 하나님의 지혜가 하나님을 믿고 신뢰하는 당신의 자녀들을 위하여 지금도 역사하고 있습니다.

여러분! 이 하나님의 지혜, 하나님의 신비를 믿음으로 아멘 하면서 붙드시기를 바랍니다.

2. 하나님의 은혜입니다.
34-35절 말씀을 보겠습니다.

누가 주의 마음을 알았느냐 누가 그의 모사가 되었느냐 누가 주께 먼저 드려서 갚으심을 받겠느냐.

하나님의 은혜, 그것은 인간이 도저히 이해할 수 없는 '뮈스테리온'입니다. 찬송가 310장의 고백 그대로 "아, 하나님의 은혜로 이 쓸데없는 자 왜 구속하여 주는지 난 알 수 없도다." 그것입니다. 하나님의 은혜는 우리가 이해할 수 없는 신비입니다.

그 은혜의 깊이가 섭리입니다.
그 은혜의 높이가 소망입니다.
그 은혜의 넓이가 긍휼입니다.
그 은혜의 길이가 신실하심입니다.

모든 신앙의 사람은 바로 하나님의 신비, 그 은혜를 체험한 사람입니다. 그 은혜 앞에 고꾸라지고, 그 은혜 때문에 감격하여 우는 사람입니다. 그 은혜 때문에, 말이 안 되는 그 은혜 때문에 다시 일어서고, 주님께 삶을 기꺼이 드리는 사람들입니다.

맺는말

'하나님의 신비'(뮈스테리온). 그것이 바로 우리의 신앙의 핵심입니다. 오늘 이 시간, 이렇게 힘들고 어려운 시간 속에, 이렇게 오만방자한 세상의 권력과 문화 가운데서, 그래도 우리가 참된 신앙을 지키면서 하나님의 자녀로, 그리스도의 정결한 신부로 살아갈 수 있게 하는 그 영적인 핵심입니다.

"하나님의 신비로 살아가십시오!"

로마서 강해

항상 아름답게 변화하십시오

롬 12:1-2

한번은 우리 교회 장로님께서 저를 조금 격려하시는 말씀을 하신 적이 있습니다. 그런데 그 격려의 말씀이 약간 특이해서 기억에 남았습니다. 갑자기 밑도 끝도 없이, 원래 스타일이 좀 그러시지만, 이렇게 말씀하셨습니다. "목사님, 로마서 강해설교가 끝나고 나면, 성도들이 다 변할 것입니다." 듣는 순간 무슨 근거로 그렇게 말씀하시는지 이해를 할 수 없었지만, 그러나 저는 저도 모르게 "아멘." 그랬습니다. 아마 성령께서 주시는 마음이었을 것입니다.

정말 그랬으면 좋겠습니다. 아니 그래야만 한다고 믿습니다. 로마서 강해설교가 끝나고 나면, 성도들이 다 변화하고, 그래서 이 교회가 정말 더 아름다운 진짜 교회가 되었으면 좋겠습니다.

자, 그렇게 중요한 말씀, 로마서 강해를 하고 있기에, 오늘은 로마서 전체의 구조를 한번 보았으면 좋겠습니다. 그래야 우리가 지금 어디쯤 가고 있는지를 알 수 있고, 그래야 오늘 주신 말씀의 그 깊은 의미, 메시지를 제대로 깨달을 수 있으니까요.

로마서를 크게 두 부분으로 나누면, 1-11장과 12-16장, 이렇게 둘로 나눕니다. 바울 사도가 대단히 즐겨 사용하는 방법인 교리와 권면이라는 두 가지 부분으로 나누는 것이지요. '우리가 믿고 구원받은 영적인 진리가 이것이다.'라는 것이 교리라면, '그러니까 구원받은 우리는 이렇게 살아야 한다.'라는 것이 권면입니다. 바로 그 권면이 시작되는 말씀, 그 권면의 핵심, 그것이 로마서 12:1-2입니다.

그렇다면 로마서 12:1-2 말씀의 '핵심 주제', 혹은 '핵심 단어'는 무엇입니까? 1-2절 말씀을 보겠습니다.

그러므로 형제들아 내가 하나님의 모든 자비하심으로 너희를 권하노니 너희 몸을 하나님이 기뻐하시는 거룩한 산 제물로 드리라 이는 너희가 드릴 영적 예배니라. 너희는 이 세대를 본받지 말고 오직 마음을 새롭게 함으로 변화를 받아 하나님의 선하시고 기뻐하시고 온전하신 뜻이 무엇인지 분별하도록 하라.

권면에 해당하는 로마서 12-16장의 핵심인 12:1-2 말씀의 핵심은 무엇입니까? 로마서 12:1-2의 핵심 주제는 바로 "변화"입니다. 언뜻 볼 때는 "영적 예배"가 이 말씀의 주제처럼 보이지만, 사실은 이 말씀이 권면인 까닭에 그렇게 영적 예배를 드릴 수 있는 우리의 행동, 삶의 모습이 중요한데, 그것이 바로 "변화"라는 것입니다.

그렇습니다. 신앙이 정말 참된 신앙이 되려면 거기에는 진정한 변화가 있어야 합니다. 교회가 정말 아름다운 교회, 바른 교회라면, 그곳에는 걸어 다니는 간증이 가득해야 하는데, 그 간증은 바로 '변화의 이야기'인 것입니다. 왜냐하면 성령이 충만하게 역사하는 곳에서 일어나는 일은 "변화"이기 때문입니다. "주 예수 내 맘에 들어와 계신 후 변하여 새 사람 되고"라는 찬송가 289장의 가사가 진짜 신앙고백으로 온전하게 불리는 곳이 교회이기 때문입니다.

자, 신앙에서 변화가 이렇게 중요한데, 이 중요한 변화를 위하여 두 가지를 반드시 기억해야 합니다.

1. 변화여야 하지 변질되어서는 안 된다는 것입니다.

그렇습니다. 변화하되, 변질되어서는 안 됩니다. 왜냐하면 변질은 방향성을 잃은 변화이고, 핵심을 놓쳐버린 변화이기 때문입니다. 그래서 그것은 절대로 신앙인에게 있어서는 안 되는 것입니다. 교회에서는 결코 일어나서는 안 되는 것이라는 말입니다.

그렇다면 변질이 아닌 변화, 그것은 어떻게 가능한 것입니까? 그것을 아주 잘 보여준 말씀이 바로 요한 사도가 장로의 관점에서 흩어져 있는 사랑하는 성도들에게 간곡한 권면을 담아 쓴 서신인 요한 서신, 그중에서 세 번째인 요한3서에 나옵니다. 1:3-4 말씀입니다.

형제들이 와서 네게 있는 진리를 증언하되 네가 진리 안에서 행한다 하니 내가 심히 기뻐하노라. 내가 내 자녀들이 진리 안에서 행한다 함을 듣는 것보다 더 기쁜 일이 없도다.

"진리 안에서 행하는 것." 이것이 바로 변화입니다. 모습은 다양하게 변하지만, 상황에 따라 정말 유연하게 변하지만, 그러나 복음의 진리를 놓치지 않고, 십자가의 비밀을 이루어가면서 아름답게 신앙생활하는 것이 바로 진정한 변화입니다.

여기 로마서의 말씀에서도 바로 그러한 변화를 이야기하고 있습니다. 오늘 말씀에서 바울 사도는 "변화를 받아"라고 말하면서 '메타모르포우스테'라는 표현을 쓰고 있는데, 이것은 '현재 수동태 명령형'입니다. 무슨 말인가 하면, 자기가 원하는 대로 변화하는 것이 아니라 바로 "하나님의 선하시고 기뻐하시고 온전하신 뜻"대로 '변화되는 것'을 말하는 것입니다. 그러니까 하나님의 뜻, 즉 '진리 안에서 행하는 것'이 참된 변화라는 것입니다.

여러분! 우리는 변화해야 합니다. 우리가 정말 참된 신앙의 사람으로 살아가려고 하면, 우리의 신앙생활에 반드시 변화가 있어야 합니다. 그런데 그렇게 아름답게 변화하기 위하여 반드시 먼저 생각할 것이 복음 진리, 그것입니다. 우리 신앙의 중심인 그 복음, 피 복음, 그 십자가 신앙, 이것을 오히려 더 강하게, 그리고 확실하게 붙들어야 합니다.

저는 제 신앙생활과 목회에 있어서 가장 귀하게 들었던 메시지, 가르침 가운데 하나로 '복음주의가 무엇인가'에 대하여 하용조 목사님이 해 주셨던 말씀을 꼽습니다. 소위 복음주 4인방 중 하나로 꼽히는 분이기에, 그리고 한국교회에서 정말 새로운 교회의 모습을 향한 변화를 주도한 분이었기에, 복음주의에 대한 그분의 정의는 너무나 가슴에 깊이 와닿게 공감이 되고, 저의 신앙과 목회에 큰 영향을 주었습니다. 그것은 "복음주의는 문화에 대하여는 열려있지만, 복음 자체에 대하여는 타협이 없는 것이다."라는 것이었습니다. 그러면서 설명하시기를, 그러니까 문화적인 요소, 즉 어떤 방식으로 어떤 악기를 사용하고, 어떤 형태로 예배할 것인가 하는 문제에 관해서는 그것이 악하고 죄악된 것이 아니라면 다 받아들이지만, 그러나 성경 말씀은 기록된 그대로 믿고, 오직 예수 그리스도의 그 십자가 은혜로 구원을 받는 것, 그것만을 강조하는 신앙의 본질적인 부분에서는 절대 타협이 없이 고집해야 한다고 말씀하셨습니다. 그러면서 하 목사님이 언급했던 말 가운데 "피 복음"이라는 것이 있었는데, 그것이 정말 저에게 깊이 다가왔습니다.

다른 용어들도 그렇듯이 이 "피 복음"이라는 말도 이단들이 사용하면서 오염시켰지만, 그럼에도 저는 이 "피 복음"이라는 말을 온전히 붙듭니다. 세상의 흐름이나 상황, 문화가 아무리 바뀌어도 진짜 교회는 바로 이 "피 복음"을 붙들어야 한다고 믿습니다. 특히 지금처럼 여러 가지로 어렵고 힘든 시대 속에서는 오직 이 "피 복음." 다시 말해 예수 그리스도께서 십자가에서 우리를 위하여 피 흘려 죽으심으로 우리가 치유되고 회복되고 구원받는다는 이 십자가의 복음 외에는 다른 답이 우리에게는 없는 것입니다.

그렇습니다. 변질이 아닌 변화를 위해서는 무엇보다 먼저 참된 복음 진리, 그 피 복음을 온전히 붙들고 흔들리지 않아야 하는 것입니다.

2. 변화하되 끝없이 항상 변화해야 합니다.

참된 변화, 특히 신앙의 핵심을 이루는 변화는 끊임없이 항상 변하는 것이어야 합니다. 과거형의 변화는 참된 변화가 아닙니다. 과거 완료형 변화는 더더욱 아닙니다.

어떤 사람이 아쉬움과 상처가 많았던 자기의 삶을 돌아보면서 이야기하기를, 사랑은 절대 과거형으로 말해서는 안 된다고 말했습니다. "사랑했었다."라고 말하는 것은 회한이고, 아쉬움이고, 안타까움이라고 했습니다. 어떤 경우에도 사랑은 현재형이어야 한다고, 그것이 행복이라고 말했습니다.

맞습니다. 그러나 변화는 더욱더 그렇습니다. 무엇보다 신앙의 변화는 반드시 현재 진행형이어야 합니다. 과거에 변화했다는 옛날이야기를 우려먹는 것이 아니라, 계속해서, 언제나, 오늘 이 순간에도 변화하고 있는 것이 바로 참된 변화입니다.

도루묵이라는 생선에 얽힌 이야기입니다. 선조 임금이 임진왜란 당시에 피난을 가다가 한 마을에서 생선을 대접받고 너무 맛이 있어서 이름이 무엇이냐고 물었더니, "묵"이라고 대답했습니다. 선조 임금이 "아니, 이렇게 맛있는 생선 이름이 왜 그 모양이냐"고 하면서 "은어"라는 이름을 내려주었습니다. 그런데 그가 전쟁 후에 다시 궁으로 돌아와 피난 때 맛있게 먹었던 그 생선을 올리라고 하였는데, 다시 먹어보니 이번에는 너무 맛이 없어서 그 이름을 "도루묵"이라고 했다는 이야기가 있습니다.

그런데 이런 '도루묵 이야기'가 우리 인생에 참 많습니다. 인생은 그런 것이니까요. 그런데 문제는 도루묵 이야기가 신앙에도 있다는 것입니다. '도루묵 신앙' 이것이 문제입니다. 종종 사람들이 이렇게 말합니다. 예전에는 그렇게 힘든 환경에서도 새벽을 깨우면서, 마룻바닥에 무릎을 꿇고, 철야하면서 그렇게 은혜를 받았다고, 그런데 지금은 은혜가 없다고 말합니다. 결국 그 이유가 무엇인가 하면, 영적인 변화가 과거에 머물러 있기 때문입니다. 은혜를 받는 것이 현재형이어야 하는데, 과거의 기억으로 머물러 있기 때문입니다. 변화가 계속되어야 신앙인데, 그때 변화한 기억으로 끝나기 때문에, 그러니까 그렇게 좋았던 말씀이, 그렇게 은혜로웠던 찬양과 예배가, 그렇게 뜨거웠던 기도가 지금은 전혀 아니라는 말입니다. 도루묵 신앙이라는 말입니다.

여러분! 진정한 변화, 영적 예배가 되는 진정한 변화는 변화하되 항상 끝없이 변화하는 것입니다. 그래서 이 변화는 다른 말로 '성장, 성숙'이라고 부를 수 있습니다.

그러면 구체적으로 어떤 부분에서 계속 아름답게 변화할 것인가? 여러 가지를 말할 수 있지만, 오늘 말씀에서 나온 다음 4가지가 그리스도인들에게 필요한 변화의 핵심입니다. 이 네 가지는 서로 연결되어 있어서 어떻게 보면 나누기가 어려울 수도 있고 중복되는 것처럼 보일 수도 있습니다. 하지만 분명한 특징으로 나타나는 것이기에 우리가 우리의 변화를 위해 점검 포인트로 사용할 수 있는 것입니다.

첫째. 하나님과의 관계, 영적인 소속의 변화

"너희 몸을 하나님이 기뻐하시는 거룩한 산 제물로 드리라 이는 너희가 드릴 영적 예배니라"(12:1). 하나님을 사랑하고, 하나님을 섬기고, 하나님을 위하여 삶을 드리는 바로 그것, 나는 이제 하나님을 섬기는 하나님의 사람이라는 바로 그것, 이런 것들이 바로 우리 삶 속에서 계속 아름답게 변화되어 가야만 하는 첫 번째 포인트입니다.

예전에 하나님을 정말 뜨겁게 사랑하고 열심히 믿었고 섬겼다는 말은 의미가 없습니다. 아니 오히려 정말 안타깝습니다. 정말 바른 신앙은 계속 시간이 갈수록 더욱더 사랑하고 섬기고 순종하고 헌신하는 것이 되어야 하는 것입니다.

빌 게이더(Bill Gaither)의 예배용 뮤지컬 "알렐루야"에 나오는 찬양에는 삶을 많이 살아 온 노년의 고백이 담겨 있습니다. 바로 "더욱 섬길수록 귀한 주님"이라는 표현입니다. 찬송가 314장에는 이런 가사가 있습니다. "이 세상 떠날 때 찬양하고, 숨질 때 하는 말 이것일세, 다만 내 비는 말 내 구주 예수를 더욱 사랑 더욱 사랑."

이것이 참신앙입니다. 내가 주인이던 삶에서 이제 예수님이 주인 되시고, 그래서 그 주님을 사랑하고 섬기는 그 마음이 항상 더욱더 깊어지는 바로 그 변화가 계속되는 신앙입니다.

이것을 한마디로 표현하면 "자기 중심에서 하나님 중심으로"의 변화입니다.

둘째. 인격의 변화

"오직 마음을 새롭게 함으로 변화를 받아." 이것은 인격의 변화를 말하는 것입니다. 수도 없이 이야기하지만, 예수를 믿고 인격이 달라지지 않으면, 그것은 그 신앙에 문제가 있는 것입니다. 잘못된 것입니다. 성령의 아홉 가지 열매가 다 인격이고, 신앙인의 삶의 모습인 빛과 소금이 다 그 인격을 바탕으로 나오는 것이라는 점을 생각할 때 신앙과 인격은 분리될 수 없는 것입니다.

그러므로 신앙생활에서의 변화 가운데 두 번째 중요한 부분은 바로 인격의 변화입니다. 단호하게 말하지만, 그리스도인의 인격에 문제가 생기면, 절대적으로 그 신앙을 의심할 수밖에 없습니다. 신앙과 인격은 분리될 수 없습니다. 신앙의 여정은 인격 성숙의 여정입니다. 영적 전쟁의 내용 역시 인격 변화의 이야기입니다.

인격의 변화. 이것을 구체적으로 말한다면, 하나님이 사랑하라고 주신 사람인데, 그 사람을 사랑하기 힘든 상황이라 할지라도, 상처를 받았다 할지라도 오히려 그래서 더 사랑하는 결단으로 나아가는 것, 그것입니다.

결국 이것은 '자기 자신에서 다른 사람에게로' 나아가는 것입니다.

셋째. 가치관의 변화

"너희는 이 세대를 본받지 말고"(Do not conform any longer to the pattern of this world). 이 말씀은 가치관의 변화를 말하는 것입니다. 세상의 가치관과 다른 가치관을 갖는 것을 말하는 것입니다.

모든 행동 패턴의 근본에는 가치관이 자리 잡고 있습니다. 왜 그렇게 행동하는가 하면 바로 그것이 가치 있다고 생각하기 때문이죠. 그러므로 그 세상의 패턴을 따라가지 않으려면, 그 세상과는 다른 가치관을 지니고 있어야 한다는 것입니다.

목회자를 가장 낙심시키고 힘들게 하는 것은 '변화하지 않는 성도들'입니다. 이들은 예수 그리스도를 믿었음에도 아직 갈보리의 십자가가 죄를 온전히 이기지 못하고 있는 형편입니다. 말하자면 여전히 죄에게 농락당하고 있는 신앙인이라는 것입니다. 그래서 화가 나고 그래서 답답하다는 말입니다.

그런데 그것 가운데 아주 교묘하게 숨어서 위장하는 것이 바로 '가치관이 변하지 않는 것'입니다. 믿음이 좋은 것 같은데, 여전히 세속적인 가치관이 그대로 남아 있을 때, 요컨대 돈이며 명예며 자기 자존심이며 안락과 즐거움, 이런 것이 가장 중요한 가치로 여전히 남아 있을 때 너무 답답하고 화가 납니다.

결국 우리가 추구해야 하는 변화는 '자기 영광에서 하나님의 영광으로'입니다.

넷째. 비전의 변화

"하나님의 선하시고 기뻐하시고 온전하신 뜻이 무엇인지 분별하도록 하라." 비전은 나의 삶 속에서 하나님의 뜻을 이루는 것입니다. 내가 무엇인가를 하고 싶다고 생각하는 것은 비전이라고 할 수 없습니다. 그런 것들 가운데 상당 부분은 자기 야망이나 자기 선호와 취향에 불과할 것입니다.

비전은 신앙생활의 변화에서 절정을 이루는 요소입니다. 그것은 선택이 아니라 필수입니다. 그리스도인이 비전이 없다는 것은 그의 신앙생활이 무엇인가에 막혀서 중단되어 있고 망가져 있어서 작동이 잘 안 되고 있다는 뜻입니다.

비전이라고 하면 대단히 거창하게 생각들 하는데, 그렇지 않습니다. 비전은 거창한 것이 아닙니다. 다만 나의 삶을 향한 하나님의 뜻일 뿐입니다. 내 삶을 드려서 이루어야 할 하나님의 뜻 말입니다. 그것을 우리는 끝없이 항상 따라가야 합니다. 힘들고 어려워도, 당장 사는 문제가 가장 다급한 상황이라고 할지라도, 계속 꿈을 꾸고, 바라보고 나아가야 한다는 말입니다.

비전의 변화! 이것을 한마디로 표현하면 '자기 왕국 건설에서 하나님 나라를 이루는 것으로'의 변화입니다.

맺는말

'항상 아름답게 변화하십시오!' 이것이 우리가 오늘 묵상한 주제이고, 하나님이 저에게, 그리고 저를 통하여 여러분 모두에게 주신 말씀입니다.

영적으로 머물러 있지 말고, 후퇴는 더더욱 안 되고, 변질은 절대로 안 되고, 항상 아름답게 변화하는 모습을 우리 서로 주님 앞에서 끝없이 보여줍시다.

35
로마서 강해

좋은 교인이 되십시오

롬 12:3-8

로마서 12장부터 16장까지는 '권면'이라고 말씀드렸습니다. 그리고 그 권면의 핵심은 바로 '변화'라고 말씀드렸습니다.

이제 구체적으로 구원받은 그리스도인으로 어떻게 해야 하는지, 그것을 말하기 시작하면서, 바울 사도가 가장 먼저 말한 것은 "좋은 교인이 되십시오." 바로 그것입니다.

혹시 이것은 너무 심한 비약이 아닙니까? 목회자이니까, 목회자가 가장 원하는 것이 바로 그것이니까, 그렇게 말씀을 적용해가는 것이 아닌가? 생각을 할 수도 있겠습니다.

이런 우스운 이야기가 있습니다. 어떤 여자분이 몸이 좀 안 좋아서 병원에 가서 의사를 만났는데, 의사의 말이 특별히 나쁜 곳이 없고 다만 몸이 허약하니까 몸을 따뜻하게 하고 영양섭취를 잘 하라고 했습니다. 그런데 그 여자분이 집에 돌아왔을 때, 남편이 의사가 무엇이라고 말했냐고 물으니까, 이 부인이 대답하기를 "의사가 밍크코트를 사서 입고 고급 양식당에 가서 스테이크를 먹으라고 했어요."라고 말했다고 합니다. 자기가 평소 가지고 싶고 하고 싶었던 것을 의사의 이름을 팔아서 말한 것이지요.

그러니까 오늘 로마서에서 바울 사도의 첫 번째 구체적인 권면을 "좋은 교인이 되십시오."라고 말하는 것은 바로 몸을 따뜻하게 하라는 말을 밍크코트를 사 입으라는 말로 바꾼 것과 똑같지 않은가? 그렇게 생각할 수 있는데, 그렇지 않습니다. 제가 목사니까 제가 원하는 것을 사도 바울의 이름을 팔아서 말한 것이 아닙니다.

정말 바울 사도가 구원받은 그리스도인으로 바르고 아름답게 살기 위하여 가장 먼저 실천해야 할 덕목으로서, 너무 구체적인 것처럼 보이기는 하지만 "좋은 교인이 되십시오."라고 말한 것이 분명합니다. 5절 말씀을 보겠습니다.

> 이와 같이 우리 많은 사람이 그리스도 안에서 한 몸이 되어 서로 지체가 되었느니라.

이 말씀은 교회와 그 교회를 이루는 교인들 말고 다른 어떤 것을 가리키는 것으로도 해석할 수 없는 것입니다. "서로 지체가 되었느니라." 정말 구체적으로 교인을 말하는 것입니다.

그러니 너무 구체적인 것이 아니냐고 할지 모르지만, 그렇지 않습니다. 정확히 여기에서 바울 사도는 구원받은 성도가 정말 바르고 아름답게 살아가기 위한 가장 기본적인 덕목으로 "좋은 교인이 되십시오."라고 말하는 것입니다. 제가 목사니까 그렇게 해석한 것이 아니라는 말입니다.

제가 미국 칼빈대학(Calvin College)의 이사회 구성원으로 섬긴 일이 있었는데, 그때 총장이 게일런 바이커(Gaylen Byker)라는 분이었습니다. 그분은 신학자가 아니라 칼빈대학 출신의 변호사이자 성공한 사업가였던 분인데, 칼빈대학에서 학교를 살리려고 그분을 총장으로 모셔온 것이었습니다.

그런데 그 당시 칼빈대학의 교수들은 무조건 지역 교회에 출석하는 정도가 아니라 반드시 교회에서 사역해야 한다는 규정이 있었는데, 이것이 너무 심해서 좋은 교수들을 모셔올 수 없으니까 바꾸자는 논의가 그때 이사회에서 있었습니다. 그런데 그때 바이커 총장이 했던 말이 정말 제게는 충격이었습니다. "우리가 기독교 대학인데 무엇으로 세상을 바꾸고 영향을 끼치겠는가? 바로 우리의 신앙, 이 복음밖에 없지 않은가? 그러니까 학문적으로 훌륭한 교수를 모셔오는 것보다는 신앙적으로 바르고 훌륭한 교수님을 모시는 것이 훨씬 중요하다. 그런데 결국 신앙생활을 제대로 바르게 한다는 것이 무엇인가? 좋은 교인이 되어서 자기가 속한 지역 교회를 바르게 잘 섬기는 것이 아닌가? 나는 절대 이 문제에 있어서 타협할 수 없다!"

그렇습니다. 신앙생활을 바르고 아름답게 하는 가장 중요한 기본적인 포인트는 바로 '좋은 교인이 되는 것'입니다. 바로 이것을 바울 사도는 로마서의 구체적 권면의 첫 부분에 이야기하고 있는 것입니다.

그러면, 좋은 교인이 되려면 어떻게 해야 하는가? 바울 사도는 오늘 말씀에서 두 가지를 이야기하고 있습니다.

1. 믿음의 눈으로 보라.

3절 말씀을 보겠습니다.

내게 주신 은혜로 말미암아 너희 각 사람에게 말하노니 마땅히 생각할 그 이상의 생각을 품지 말고 오직 하나님께서 각 사람에게 나누어 주신 믿음의 분량대로 지혜롭게 생각하라.

분명 바울 사도는 좋은 교인이 되기 위한 신앙의 권면으로 "오직 하나님께서 각 사람에게 나누어 주신 믿음의 분량대로 지혜롭게 생각하라"고 말하는데, 이것이 무엇을 말하는지는 정확하지 않습니다. 왜냐하면 이 말씀 가운데 "믿음의 분량대로"가 무엇을 의미하는지 많은 논란이 있기 때문입니다.

일반적으로 많은 사람이 "믿음의 분량대로"라는 표현을 해석하는 방식은 바로 앞에 있는 "각 사람에게 주신"이라는 말과 연결 지어서, 사람마다 받은 믿음의 분량이 서로 다르다는 식으로 해석하는 것입니다. 그러니까 어떤 사람에게는 아주 큰 분량의 믿음을 주셨지만, 어떤 사람에게는 아주 작은 분량의 믿음을 주셨는데, 그 다양성도 주님이 주신 것이니까 그 믿음만큼만 생각하고 행동하라는 뜻이라고 보는 것이지요.

그런데 이렇게 이해하면 정말 문제가 많이 생깁니다. 신앙적으로 제대로 살지 않으면서, 그래도 나는 괜찮다고 하는, 말하자면 믿음의 분량이 본래 작아서 어쩔 수 없다는 식의 변명이 가능하다는 것이지요.

예전에 한국 교회는 주일 성수를 아주 엄격하게 지켰습니다. 특히 보수적인 교단에서는 아주 엄격했지요. 그래서 주일날 사업장을 쉬어야 하는 것은 당연하고, 거기에다가 물건을 사고 돈을 쓰는 것 자체를 금했습니다. 그래서 어떤 교회에서는 주일에 버스도 타지 말라고 해서 걸어오기도 하고 그랬습니다. 그러다 보니까 주일에 교회에서 봉사하면서 필요한 것을 구매하는 일도 당연히 못 하게 했지요.

그래서 벌어지는 재미있는 일들이 많이 있었는데, 그중에 여기 부산에 있는 모 교회에서 있었던 일입니다. 주일에 성가대가 모여서 연습을 하게 되었는데 대부분 젊은 청년들이었습니다. 찬양 연습을 하다 보니 시간이 많이 지나서 너무 목이 마르고 배가 고팠습니다. 간식을 사 와서 먹으면 좋겠는데, 주일 성수를 위반하는 일이라 할 수 없으니까, 결국 성가대원 가운데 가장 믿음이 없는 사람 한 명을 뽑았다는 것이지요. 그래서 너는 교회 나온 지 얼마 안 되고 믿음이 적으니까 네가 가서 간식을 사 와라. 그렇게 공식적으로 믿음 없는 사람을 골라 보내서 간식을 사다가 믿음 좋은 사람들이 함께 나누어 먹곤 했다는 것입니다.

여기서 "믿음의 분량대로"라는 표현을 믿음의 크기나 양으로 해석하면 이런 웃기는 일이 벌어질 수 있는 것입니다.

그러면 무엇인가? "분량대로"라고 번역된 헬라어 '메트론'은 '도량형'이라는 뜻으로, 여기서는 '척도, 잣대'를 뜻하는 것으로 이해해야 합니다. 그러니까 "믿음의 분량대로"는 '믿음의 척도로', 혹은 '믿음의 잣대로'라고 번역해야 한다는 것입니다. 우리에게 더 익숙한 말로 하면 '믿음의 눈으로'인 것이지요.

이런 해석이 확실하다는 것은 다음 말씀으로 확인할 수 있습니다. "너희가 비판하는 그 비판으로 너희가 비판을 받을 것이요 너희가 헤아리는 그 헤아림으로 너희가 헤아림을 받을 것이니라"(마 7:2). 이 말씀에서 "헤아림"이 바로 '메트론'입니다. 그러니까 공동체 안에서 다른 사람들을 보고 판단하는 눈, 그것이 바로 '메트론'인 것입니다.

여러분! 그렇습니다. 좋은 교인이 되려면, 무엇보다 '믿음의 눈'으로 바라볼 수 있어야 합니다. 우리 주님을 믿고 신뢰하는 바로 그 믿음의 눈, 우리 주님이 우리에게 주신 그 믿음의 눈, 그것으로 공동체를 바라보고, 특히 다른 지체들을 바라보고 나아가야 한다는 것입니다.

여러분! 교회는 사람들의 모임이 아닙니다. 교회는 주님의 몸 된 지체들이 모인 곳입니다. 그러니까 교회에서는 사람의 생각과 판단이 앞서서는 안 되는 것입니다. 자기의 생각과 판단으로 공동체나 다른 지체를 판단하고 비판하고 주장해서는 안 되는 것입니다.

그래서 오늘 말씀에서도 "오직 하나님께서 각 사람에게 나누어 주신 믿음의 분량대로 지혜롭게 생각하라"고 권면하면서 그 앞에 "마땅히 생각할 그 이상의 생각을 품지 말고"라는 말을 먼저 하는 것입니다. 특히 여기서 "(마땅히 생각할 그 이상의) 생각"을 가리키는 단어가 '휘페르프로네오'라는 것인데, 이 동사는 바로 '자신을 너무 높이 생각하다.'라는 뜻을 지니고 있습니다. 교만이지요. 스스로 정말 똑똑하다고 생각하는 그 교만, 바로 선악과를 따 먹었던 그 교만입니다. 그러니까 그처럼 교만한 생각으로 공동체를 바라보고, 그런 생각으로 다른 사람을 판단하면, 그 교회는 분열과 갈등, 싸움에서 벗어날 수가 없습니다.

정말 좋은 교인은 '믿음의 눈으로 바라보는 사람'입니다. 인간적으로 판단이 서고 모든 것을 다 알 수 있어도, 우리 주님이 주신 그 마음의 감동으로, 그리고 우리 주님을 믿는 그 믿음으로 그렇게 바라보고 나아가는 사람이 바로 좋은 교인이라는 말입니다.

여러분! 정말 좋은 교인이 되고자 한다면 절대로 잘난 척하지 마십시오. 똑똑한 척하지 마십시오. 자기가 최종적으로 판단하고 결정하지 마십시오. 우리 주님께 맡기십시오. 우리 주님을 믿고 자신의 모든 것을 일단 내려놓으세요. 먼저 믿음의 눈을 가지셔야 합니다. 그래야 주님의 몸 된 교회가 아름답게 설 수 있고, 하나님이 영광을 받으시는 것입니다.

2. 받은 은사를 가지고 섬겨라.
6-8절 말씀을 보겠습니다.

우리에게 주신 은혜대로 받은 은사가 각각 다르니 혹 예언이면 믿음의 분수대로, 혹 섬기는 일이면 섬기는 일로, 혹 가르치는 자면 가르치는 일로, 혹 위로하는 자면 위로하는 일로, 구제하는 자는 성실함으로, 다스리는 자는 부지런함으로, 긍휼을 베푸는 자는 즐거움으로 할 것이니라.

이것은 소위 '은사 목록'이라고 불리는 말씀입니다. 그런데 은사라고 하면 '초자연적 은사'와 '자연적인 은사', 이렇게 둘로 나눌 수 있는데, 초자연적 은사는 고린도전서 12:8-10에 나오는 대로 신유나 예언, 방언, 통변, 영 분별, 축귀 같은 영적인 은사를 말하고, 자연적 은사는 바로 오늘 말씀 로마서 12:6-8에 나오는 은사들입니다(예언이라는 말이 조금 혼동되는데, 로마서에 나오는 예언은 말씀을 가르치고 선포하는 설교와 같은 것으로 봅니다.).

그런데 성경에 나오는 모든 은사는 그것이 무엇이든지 한 가지 아주 분명한 공통점을 가지고 있습니다. 그것은 은사가 영적인 계급장이나 자기 자랑의 도구가 아니라는 점입니다. 그것은 바로 주님의 몸 된 교회를 잘 섬기라고 주신 영적인 도구라는 것입니다. 선물이지만 자기 혼자서 가지고 놀라고 주신 것이 아니라, 교회를 섬기라고 주신 도구입니다.

오늘 말씀에서 가르치는 대로 하나님께서 모든 사람에게 은사를 주셨습니다. 여러분이 주님의 몸 된 교회의 지체가 되는 순간 다 은사가 주어져 있습니다. 그러므로 정말 좋은 교인이 되는 길은 우리에게 주어진 그 은사를 잘 활용해서 주의 몸 된 교회를 잘 섬기는 것입니다. 이것이 중요합니다. 그러기 위해서 다음 세 가지 조언을 드립니다.

1) 자신의 은사가 무엇인지 발견하십시오! 분명히 있습니다. 받은 은사가 없을 수가 없습니다. 그것을 찾아야 합니다.

한번은 어떤 성도님이 자기는 아무리 보아도 은사가 없다고, 그래서 교회 생활하면서 특별히 봉사한 것도 없고, 남 앞에 나서서 무엇을 한 것도 없고, 그저 매 주일, 그리고 매 수요일 예배에 빠지지 않고 참석한 것뿐이라고 말씀하셨습니다. 그래서 제가 그랬습니다. 집사님에게는 출석의 은사가 있으시네요. 모임에 항상 참석하는 것, 그것도 정말 귀한 은사입니다. 그리고 평소에도 설교하면서 생각했지만, 이렇게 만나서 이야기하면서 또 확인하게 된 것인데, 집사님은 경청의 은사가 있습니다. 다른 사람의 이야기를 잘 들어주는 은사가 있네요. 그랬더니 그분이 정말 많은 깨달음을 가지고 감사하며 돌아갔던 적이 있습니다. 자신에게 분명히 은사가 있습니다. 그것을 찾아내는 것이 중요합니다.

2) 은사를 비교하거나 자랑하지 마십시오. 자신의 은사를 다른 사람과 비교하는 것은 정말 잘못된 것입니다. 그리고 은사를 받았다고 자랑하는 것은 그야말로 망하는 길입니다. 은사를 가지게 되면, 이 두 가지 유혹이 반드시 따라옵니다. 비교하고 싶고 자랑하고 싶은 마음, 이 둘의 뿌리는 하나입니다. 절대로 안 됩니다. 이것이 정말 중요합니다.

3) 은사를 사용하십시오. 은사는 주님의 몸 된 교회를 섬기라고 주신 것입니다. 그러니까 은사는 반드시 사용해야 합니다. 그대로 묵혀두거나 사장시키면 절대로 안 됩니다. 은사는 사용해야 더 개발됩니다. 사용해야 그것이 진짜 선물이 됩니다. 그래서 행복한 것입니다. 그리고 무엇보다 은사를 사용해야 은사를 주신 하나님께 제대로 영광을 돌리는 것입니다.

좋은 교인이 되는 두 번째 구체적인 방법은 주신 은사, 받은 은사를 가지고 섬기는 것입니다.

맺는말

좋은 교인이 되십시오!

이것은 구원받은 성도들이 정말 바르고 아름다운 신앙생활을 하기 위하여 가장 먼저 기본적으로 해야 하는 영적인 지침이자 권면입니다. 2천 년 전에 주어져서 지금까지도 계속되는 세부 지침입니다.

선으로 악을 이기라

롬 12:9-21

로마서의 권면 가운데 구체적인 첫 번째 것으로 '좋은 교인이 되십시오.'라는 말씀을 드렸습니다. 이것은 신앙생활에서 가장 중요한 덕목으로, 주님의 몸 된 교회의 지체로서 바르고 아름답게 살아야 한다는 뜻이었습니다.

오늘 그다음에 이어지는 또 다른 구체적인 권면을 생각하게 되는데, 그것은 바로 '사랑하라'는 것입니다.

이것은 어쩌면 사도 바울의 전형적인 패턴이라고 할 수 있습니다. 고린도전서 12장에서도 그리스도의 몸인 교회와 그 몸의 지체가 된 우리에 대해 이야기하면서, 각 지체가 몸 된 교회를 섬기기 위하여 각각 다르게 받은 독특한 은사에 대해 이야기를 하고 있는데, 서로 다른 지체들이 하나가 되기 위하여, 서로 연결되기 위하여 정말 중요한 것이 무엇인가 하면 그것이 바로 '사랑'이라고 말하고 있습니다. 그래서 고린도전서 13장, '사랑장'이 이어서 펼쳐지고 있는 것이지요.

여기 로마서에서도 마찬가지입니다. 먼저 주님의 몸 된 교회와 그 지체된 우리에 대하여 권면을 하고, 이어서 그렇게 좋은 교인이 되기 위하여 반드시 있어야 하는, 지체가 정말 바르고 아름답게 서기 위하여 반드시 있어야 하는 권면으로 '사랑하라.'를 말씀하고 있는 것입니다.

그런데 오늘 말씀에서 '사랑하라'는 권면을 하고 있는데, 여기서 우리가 먼저 살펴보아야 할 아주 중요한 것이 있습니다. 겉으로 볼 때는 아주 평범한 권면이지만, 그 속에 담겨 있는 깊은 비밀, 진리, 그런 것이 있다는 말입니다. 9절 말씀을 보겠습니다.

사랑에는 거짓이 없나니 악을 미워하고 선에 속하라.

자, '사랑하라'는 권면을 위해서 먼저 사랑을 언급하고 있는데, 여기에서 말하는 사랑은 헬라어 원어로 보면, '아가페'입니다. 조건이 없는 사랑, 아가페. 인간의 사랑이 아닌 하나님의 사랑을 말하는 아가페, 바로 이 단어를 썼습니다.
그런데 이어서 나오는 구체적인 권면의 내용에서는 이것이 바뀌기 시작합니다. 10절 말씀을 보겠습니다.

형제를 사랑하여 서로 우애하고 존경하기를 서로 먼저 하며.

"형제를 사랑하여"라는 표현은 헬라어로 '필라델피아'입니다. 말하자면 사랑이라는 말로 '필레오'라는 동사가 사용된 것입니다.
그뿐 아니라 이어서 나오는 "우애하고"라는 말에는 '필로스토르고스'라는 단어가 쓰였는데, 이 말은 보통 친구 간의 사랑을 말하는 '필레오'라는 단어와 가족 간의 사랑을 말하는 '스토르게'라는 단어가 합해진 것입니다.

결국 이것이 무엇을 말하고 있는가? '신앙생활이란 아가페, 즉 하나님의 그 사랑을 사람 사이의 사랑으로 바꾸어 내는 것이다.' 그런 말입니다. 그러니까 신앙생활이란 그가 하나님께 받은 사랑을 가지고, 하나님이 사랑하라고 주신 사람들 사이에서 구체적으로 사랑하면서 살아가는 것이라는 말입니다.

여기서 아가페가 필레오가 되고, 아가페가 스토르게가 되는 바로 그 이야기, 그것이 바로 사도 바울이 오늘 말씀을 통해서 하고 있는 정말 중요한 권면입니다.

찬양 가운데 "주의 사랑으로 사랑합니다."라는 찬양이 있습니다. 교회에서 교제송으로 많이 불리는 찬양입니다. 그러다 보니 저 개인적으로는 가장 힘들어하는 찬양 가운데 하나이기도 합니다. 저는 좀 내성적이고 부끄러움을 많이 타는 스타일이어서, 이렇게 서로 바라보면서 찬양을 하는 것을 너무 힘들어합니다. 게다가 어떤 때에는 서로의 눈을 바라보면서 하라고 하면 정말 죽을 맛입니다. 그런데 한 번 더 하라고 할 때는, 그러면 안 되는 줄 알지만, 어떤 때에는 분노가 막 치솟아 올라오기도 합니다.

그런데 사실 이 찬양은 그 가사가 기가 막힙니다. 우리 신앙의 핵심을 그대로 표현한 정말 기가 막힌 찬양입니다. 보십시오. "주의 사랑으로 사랑합니다. 주의 사랑으로 사랑합니다. 형제(자매) 안에서, 주의 영광을 보네. 주의 사랑으로 사랑합니다."

그렇습니다. 우리의 신앙생활의 핵심은 우리가 받은 주님의 그 사랑(아가페)을 가지고 주님이 우리에게 주신 사람(형제자매)을 사랑하는 것(필레오, 스토르게), 바로 그것입니다. 그러면서 우리에게 주신 그 사람의 삶 가운데서 우리 주님의 영광을 보는 것, 바로 그것입니다. 그러니 아무리 힘들어도 함께 찬양하겠습니다. 서로 주변의 형제자매를 보면서 찬양을 하겠습니다.

여러분! 우리가 신앙생활을 아름답게 잘 해내기 위하여 반드시 기억해야 할 것, 그것은 바로 우리가 받은 이 아가페의 사랑을 하나님이 주신 사람들 가운데서 우리 사이의 그 사랑으로 바꾸어 표현하고 누리는 것, 그것이 신앙생활이라는 것을 잊지 마십시오.

오늘 말씀에서 사도 바울은 바로 이 권면을 하는 것입니다. 그러니까 오늘 말씀에서 10절 이하의 모든 내용은 바로 그 이야기입니다. 도덕적인 권면 같지만, 사실은 '사랑하기'의 구체적인 내용입니다. 지체로서 서로 사랑하기 말입니다. 사도 바울이 친히 말씀으로 기록해 주신 것이니까 그것이 구체적으로 어떤 것인지 함께 살펴보도록 하겠습니다. 11-18절 말씀을 보겠습니다.

부지런하여 게으르지 말고 열심을 품고 주를 섬기라. 소망 중에 즐거워하며 환난 중에 참으며 기도에 항상 힘쓰며 성도들의 쓸 것을 공급하며 손 대접하기를 힘쓰라. 너희를 박해하는 자를 축복하라 축복하고 저주하지 말라. 즐거워하는 자들과 함께 즐거워하고 우는 자들과 함께 울라. 서로 마음을 같이하며 높은 데 마음을 두지 말고 도리어 낮은 데 처하며 스스로 지혜 있는 체 하지 말라. 아무에게도 악을 악으로 갚지 말고 모든 사람 앞에서 선한 일을 도모하라. 할 수 있거든 너희로서는 모든 사람과 더불어 화목하라.

이것이 바로 지체들이 주님의 몸 된 교회 안에서 서로 사랑하는 구체적인 내용입니다. 그래서 우리가 우리에게 허락하신 주님의 몸 된 공동체 가운데서, 특히 가정과 교회 가운데서 표현해야 할 표현이고, 해야 할 행동이고, 살아야 하는 모습입니다.

그런데 '사랑하라'고 권면하는 오늘 말씀에서 또 하나 생각해보아야 할 중요한 포인트가 있습니다. 9절 말씀을 다시 보겠습니다.

사랑에는 거짓이 없나니 악을 미워하고 선에 속하라.

바로 사랑을 이야기하면서 "악을 미워하고 선에 속하라"고 말하고 있다는 사실입니다. 그리고 이어지는 말씀들 가운데서 계속 선함과 악함에 대해 말하고 있습니다. 무슨 말씀인가요? 그렇습니다. '사랑하는 일은 영적인 싸움이다.'라는 것입니다. 특히 아가페 사랑을 우리 가운데서 구체적인 사랑으로 바꾸어 내는 일은 정말 치열한 영적인 전쟁입니다. 영적인 싸움에서 이겨내는 것이라는 말입니다.

제가 한번은 유진 벨 재단의 대표인 스티브 린튼 박사의 강연을 들은 적이 있습니다. 미국 사람이지만, 한국 선교사인 아버지와 어머니 사이에서 한국에서 태어나고 자라서 한국말이 정말 유창한 분이지요. 그분의 외할아버지가 바로 초창기 한국 선교사 가운데 유명한 '유진 벨' 선교사님이시고, 그래서 그분이 유진 벨 재단을 섬기고 있었던 것입니다. 그분은 여러 가지로 유명한 분이지만, 저에게는 특히 연세대학교 철학과 직속 선배여서 특별한 분이었습니다. 그래서 나중에 개인적으로 교제를 하기도 했습니다.

그런데 그때 그분의 강연 내용 중에 정말 기억에 남는 것은, 몇 해 전에 빌리 그레이엄 목사님의 통역으로 북한에 가셔서 경험하신 이야기였습니다. 린튼 박사는 말하기를 빌리 그레이엄이 왜 노년에 북한을 방문했는가? 그 이유를 말하면서 빌리 그레이엄 목사님은 예수 그리스도의 말씀, 특히 그의 제자도, 그 복음의 핵심을 산상수훈인 "나는 너희에게 이르노니 너희 원수를 사랑하며 너희를 박해하는 자를 위하여 기도하라"(마 5:44)라는 말씀으로 이해하고 있다는 것입니다. 그래서 미국인의 입장에서 가장 원수 된 나라, 적대적인 나라로 북한을 생각하고 그 가운데서 화해를 이루어 보려고 북한을 방문했다는 것입니다.

저는 그날 그 말을 들으면서 정말 충격과 도전을 받았습니다. 다른 것보다 복음과 제자도의 핵심을 그렇게 꿰뚫는 통찰 때문에 그랬습니다. 맞습니다. 우리 주님의 말씀, 그 복음의 핵심, 제자도의 절정은 '원수를 사랑하는 것', 그것입니다. 바로 이것이 우리 복음이 세상의 다른 종교의 가르침과 비교가 되지 않는 참된 진리인 이유입니다.

그런데 우리가 솔직히 말하지만, 원수를 어떻게 사랑할 수 있습니까? 우리에게 상처를 주고, 우리를 박해하는 사람을 위하여 어떻게 축복하고 기도할 수 있습니까? 이것은 불가능한 일이지요. 그런데 우리 주님은 그 불가능한 일을 우리보고 하라고 하시는 것입니다. 하라고 하는 정도가 아니라 그것이 복음의 핵심이라고 그렇게 말씀하시는 것입니다. 어떻게 하면 좋은가? 어떻게 해야 하는가? 바로 그 대답을 오늘 말씀에서 주고 있습니다. "사랑하라!"라는 권면을 하시면서, 복음의 핵심인 '원수를 사랑하는 것', 그 일을 어떻게 하는 것인지 그것을 말씀하고 있습니다. 19-21절 말씀을 보겠습니다.

> 내 사랑하는 자들아 너희가 친히 원수를 갚지 말고 하나님의 진노하심에 맡기라 기록되었으되 원수 갚는 것이 내게 있으니 내가 갚으리라고 주께서 말씀하시니라. 네 원수가 주리거든 먹이고 목마르거든 마시게 하라 그리함으로 네가 숯불을 그 머리에 쌓아 놓으리라. 악에게 지지 말고 선으로 악을 이기라.

"선으로 악을 이기라." 이것입니다. 원수를 사랑하는 방법, 그것은 바로 '선으로 악을 이기는 것'이라는 말입니다. 원수를 사랑할 수는 없습니다. 인간으로는 불가능한 이야기입니다. 나에게 상처를 주는 그 사람을 사랑할 수 없습니다. 나를 핍박하고 공격하는 사람을 사랑할 수는 없습니다. 우리의 감정이 그렇게 되지를 않습니다. 마음을 그런 식으로 조작할 수는 없습니다. 그러나 우리의 대적 마귀와 싸워 이기기 위해서라면 할 수 있습니다. 아무리 힘들어도 참고 견디고 품고 나아갈 수 있습니다. 얼마든지 축복할 수 있습니다. 싸움이니까, 이겨야 하니까요.

제가 미국에서 어떤 교회의 집회에 갔다가 그 교회의 장로님 가정에 식사 초대를 받았습니다. 거기서 제가 그 장로님 부부의 간증을 들었는데, 정말 너무 은혜가 되더군요.

그 장로님 부부에게는 정말 귀한 아들이 하나 있었습니다. 모든 사람에게 자식이 귀하지만, 이 부부에게 이 아들은 정말 그분들이 이민을 온 목적이고, 살아가는 이유일 정도의 아들이었습니다. 너무 잘 자라서 공부도 잘하고 그래서 정말 좋은 대학에 가서 이분들에게 자랑이 되었는데, 그만 이 아들이 어느 날부터 부모님과 엇나가기 시작한 것입니다. 물론 자라면서 부모님에게 받은 나름의 상처가 있어서도 그랬겠지만, 학교에서 잘못된 그룹에 가입하면서 문제가 생긴 것입니다. 그 그룹은 신앙을 부정하는 곳이어서, 이 아들의 경우 나름대로 가지고 있던 신앙의 테스트를 받게 된 것인데, 그만 이 아들이 완전히 거기에 넘어가서 너무 방탕하고 무절제한 생활에 빠져 버린 것입니다.

그러면서 부모와 너무 심하게 갈등하게 되었는데, 이 아들이 부모에게 정말 한 번도 하지 않았던 반항을 하면서 상처를 주어서 이 장로님 부부는 그야말로 죽는 줄 알았다는 것입니다. 아들이지만 너무 상처가 되고, 그래서 정말 용서가 안 되고 너무 미운 마음에 힘든 상태에서, 어느 날 또 한 번 대판 싸움이 붙었는데, 그날 아들이 정말 선을 넘어도 한참 넘는 식의 공격을 부모에게 해 대는 바람에 기가 막히더라는 것이지요. 그런데 그렇게 싸우면서 문득 그 순간에 이 장로님 부부가 동시에 같은 영적인 깨달음을 얻게 되었는데, 그것은 그 아들을 움직이는 어떤 악한 것들이 있다는 사실이었습니다. 그것이 어떻게 해서든지 아들을 부모로부터 떼어내고, 그래서 이 가정을 무너뜨리려고 그렇게 아들 가운데서 역사하고 있다는 사실을 깨달은 것입니다.

그 순간 두 분이 함께 느낀 생각이, 이 아들을 빼앗길 수는 없다는 것이었습니다. 그 악한 것에게 질 수 없다는 것이었습니다. 그래서 그때부터 그 아들이 어떤 상처를 주는 말을 해도, 아무리 실망스럽게 행동해도, 무조건 축복하고, 사랑하고, 감사를 선포하고, 참고 기다리고 받아주기 시작했습니다. 마음은 도저히 안 되지만, 마귀에게 질 수 없으니까, 악한 것에게 아들을 빼앗길 수 없으니까요.

결국 힘든 시간이 몇 년 지나고 나서, 어느 날 그 아들이 하나님께로 돌아오는 역사가 있었답니다. 그러면서 부모님께도 돌아온 것입니다. 그리고 지금은 너무 감사하게 행복한 삶을 살고 있다는 간증이었습니다.

여러분! 그렇습니다. "악에게 지지 말고 선으로 악을 이기라!" 이것이 바로 우리가 사랑하는 그 사랑의 핵심 비밀입니다. 아가페 사랑을 받은 우리가 이 세상에서 정말 온전히 그 사랑을 펼칠 수 있는 최고의 비밀입니다.

여러분! 자기 감정으로만 사랑하지 마십시오. 자기 생각으로만 사랑하지 마십시오. 자기의 의지로만 사랑하지 마십시오. 그렇게 되면 그 사랑은 실패합니다. 그 사랑은 사랑했던 만큼 실망하고 분노할 것입니다.

"선으로 악을 이기라." 바로 이 말씀, 이 신앙으로 사랑하십시오. 마음은 아니어도, 감정은 아니어도, 자신의 생각으로는 도저히 아니어도, 악에게 질 수는 없으니까, 악한 것을 이겨야 하니까, 우리 공동체를 지켜 내야 하니까, 그러니까 사랑하셔야 하는 것입니다. 그러니까 참고 견디고 용납하고 축복해야 하는 것입니다. 이것이 우리 신앙인이 사랑하는 이야기입니다. 이것이 바로 십자가의 신앙입니다. 그러면 반드시 우리 하나님께서 그렇게 할 수 있는 능력을 주실 것입니다. 우리 주님이 이미 십자가에서 바로 그 능력을 나타내셨습니다. 이미 악에게 승리하셨습니다. 그러니까 바로 그 능력을 우리에게 주실 것입니다.

맺는말

"악에게 지지 말고 선으로 악을 이기라!" 이것이 바로 주님의 몸 된 교회의 지체가 된 우리가 살아가는 모습입니다. 우리가 사랑하는 방법입니다.

로마서 강해

위에 있는 권세들에게 복종하라

롬 13:1-7

강해설교를 하면서 이번 본문만큼 고민이 되었던 적이 없었습니다. 이유는 본문이 이해하기 어렵다든가, 혹은 말씀의 적용이 힘들어서 그런 것이 아닙니다. 보통 다른 경우는 그렇지요. 본문이 무슨 뜻인지 그것을 몰라서, 그래서 거기서 주고 있는 메시지가 무엇인지 분명하지 않아서 고민이 되거나, 혹은 메시지는 분명한데 그것을 지금 우리의 삶에 어떻게 적용해야 하는지 그것이 어려워서 고민스러운 것입니다.

그런데 오늘 본문은 전혀 그렇지 않습니다. 오히려 그 반대로 오늘 말씀이 무슨 뜻인지, 그래서 그 메시지가 무엇인지가 아주 분명하고, 그리고 그 메시지는 지금 우리의 삶에 그야말로 그대로 적용되는, 피부에 와닿는 말씀입니다. 그런데도 고민이 되는 것은 이 메시지의 적용이 지금 우리 성도들의 삶의 자리에서 너무나 예민하고 갈등 유발의 요인이 되는 것이기 때문입니다.

자, 보십시오. 1절 말씀을 보겠습니다.

각 사람은 위에 있는 권세들에게 복종하라 권세는 하나님으로부터 나지 않음이 없나니 모든 권세는 다 하나님께서 정하신 바라.

그렇습니다. 여기 나오는 "위에 있는 권세들"은 달리 해석할 수 없습니다. 그가 지금 속한 그 나라의 통치자를 말하는 것입니다. 그러니까 이 말씀은 성도들이 지금 살아가고 있는 세상 나라의 정부, 그 통치자에게 복종하라는 것입니다. 다분히 정치적인 이야기입니다. 그것도 너무나 편향되고 구체적인 지침으로 보이는 말씀입니다.

존 스토트의 로마서 강해를 보면, 오늘 본문에 대해 강해를 하면서 "아프리칸 엔터프라이즈"(African Enterprise)의 설립자인 마이클 캐시디(Micheal Cassidy)의 경험담을 소개하고 있습니다. 그가 그 당시 남아프리카공화국의 대통령을 만나면서 상당한 기대를 했다는 것입니다. 인종차별 문제에 항의하는 넬슨 만델라 같은 사람들을 구속하면서 인권탄압을 하고 있으니까, 대통령을 만나서 그 문제를 이야기하고 인권탄압을 하지 않도록 이야기하려고 했는데, 실제 그에게 일어난 일은 다음과 같았다는 것입니다. 그는 보타 대통령을 만나려고 방에 들어가서 이내 그 만남이 자기가 기도했던 대로 진행되지 않을 것을 알았다고 합니다. 왜냐하면 보타 대통령이 그때 자기에게 로마서 13:1 말씀을 읽어주면서, 위에 있는 권세인 정부와 대통령에게 복종해야 하는 것이 바로 하나님의 뜻이라고 이야기했기 때문입니다.

존 스토트는 이 이야기를 로마서 13:1을 오용한 사례로 소개하고 있었습니다. 그런데 정확히 말하면 무조건 오용은 아니지요. 남아공의 대통령 말고도 정말 많은 사람이 이 말씀을 그렇게 해석하고 있고, 실제로 이 말씀은 그렇게 구체적으로 명령하는 것으로 보이니까요.

그래서 오늘 본문이 정말 고민스러운 것입니다. 더구나 지금은 우리나라가 정치적으로 너무 예민한 상황에 있습니다. 그야말로 온 국민이 '보수'와 '진보'로 나누어져 있습니다. 그리고 그것은 우리 교회 성도들도 마찬가지입니다.

그러니까 오늘 말씀을 보이는 그대로 설교하면, 성도들 가운데 어떤 분들은 "아멘!" 하면서 무지하게 은혜를 받겠지만, 그러나 어떤 성도님들은 '아무리 성경 말씀이라도 받아들일 수 없어!' 그렇게 거부할 것입니다. 정치 이야기는 요즈음 부모 자식 사이에서도 이야기하다가 밥상을 들어 엎게 만든다는데 말입니다.

그래서 이 말씀을 묵상하면서 정말 당황스러웠던 것입니다. 그러면서 들어오는 생각이 '바울 사도는 왜 여기에서 이런 말씀을 하고 있을까? 성도의 신앙을 위한 영적인 지침을 주는 이 말씀에서 왜 이렇게 세상적이고 구체적인 말씀을 지침으로 주었을까?' 이런 것이었습니다.

그런데 그때 성령께서 제 마음에 아주 강하게 말씀하신 것이, '어떻게 이 이야기를 하지 않을 수 있느냐?'라는 것이었습니다. '성도로 살아가기 위한 영적인 지침을 주면서, 어떻게 이 문제를 언급하지 않고 넘어갈 수 있느냐?'라는 말씀입니다. 성도가 살아가는 그 삶의 자리에서 정치적인 문제는 너무나 어려운 주제인데, 바른 신앙의 사람으로 살아가기 위한 영적인 지침을 주면서 어떻게 그 문제를 언급하지 않을 수 있느냐는 것입니다.

그렇습니다. 로마서의 원 독자(Original Reader)인 로마에 사는 성도들은 정말 갈등스러운 정치적인 상황 한가운데 있었습니다. 무슨 이야기인가 하면, 그 당시 로마에 있는 성도들은 대부분 유대인이든지, 아니면 이방인이라고 해도 기독교가 유대인의 메시아인 예수 그리스도를 믿는 것임을 알고 함께한 사람들이었습니다. 그런데 유대인들에게 로마 황제는 참 갈등스러운 존재였습니다. 여하튼 로마 제국이 이스라엘을 식민지로 지배하고 있었으니까요. 그러니까 그 로마 황제와 정부를 인정할 것인지 아닌지에 대한 엄청난 갈등이 유대인들 사이에 있었던 것입니다. 이것은 예수님도 친히 겪으셨던 갈등입니다. 예수님의 제자들 가운데도 반로마 독립운동을 하던 열심당원이 있었고, 예수님이 십자가에 달리신 죄목도 '유대인의 왕'이었으니까요. 로마 황제에 대한 반란죄로 처형되신 것입니다.

이렇다 보니까 신앙인으로 아름답게 살기 위하여 로마 황제를 어떻게 대할 것인가 하는 문제는 피할 수 없는 것이었습니다. 한편에서는 로마에 대하여 저항운동을 하는 것이 옳다고 주장하는 사람들도 있지만, 다른 한편에서는 교회가 참된 복음 진리 가운데 있어야지 정치적인 반로마 운동의 수단에 이용되거나 그런 일에 빠져 있어서는 안 된다는 주장도 있는 것입니다. 지금 우리가 처한 상황과 너무 비슷한 고민이 교회 가운데, 성도 가운데 있었던 것입니다.

그러니까 이 문제에 대한 답이 없이는 절대로 아름다운 성도로 제대로 살 수 없습니다. 그러니 사도 바울이 여기에서 이 문제를 언급한 것은 당연한 일이고, 그 영적 지침은 지금 우리에게도 너무나 중요한 것입니다.

어떻게 해야 합니까? 1절 말씀을 다시 보겠습니다.

각 사람은 위에 있는 권세들에게 복종하라 권세는 하나님으로부터 나지 않음이 없나니 모든 권세는 다 하나님께서 정하신 바라.

이것은 어떻게 보아도 "보수가 되라"는 말씀입니다. 이 세상의 정치적인 상황 속에서 살아가는 신앙인으로서 어떻게 하는 것이 바르고 아름다운 것인가 하는 질문에 대한 답으로 아주 단호하고 분명하게 주신 말씀은 "보수가 되라"는 것입니다. 1절의 이 말씀에 이어서 계속 이어지는 말씀에서도 계속 그렇게 이야기하고 있습니다.

정치에 대하여 사람들의 입장은 크게 두 가지로 나누어집니다. 그것이 '보수'와 '진보'입니다. 물론 이 보수와 진보라는 말은 근대 프랑스대혁명 이후에 나온 말이기는 하지만, 역사적으로 처음부터 정치에 대한 사람들의 입장은 '지키고 유지하려고 하는 보수'와 '바꾸고 변화시키려고 하는 진보', 두 가지였습니다.

그런데 성경은 아주 단호하게, 참된 그리스도인들이 이 땅 가운데서 세상의 권세들에게 가져야 하는 그 입장을 '보수'라고 그렇게 말하고 있는 것입니다. 그것이 맞다는 것입니다.

자, 여기에 문제가 생기는 것입니다. 당장 지금 우리 교인들만 하더라도 진보적인 입장에 서 있는 사람들이 많이 있습니다. 그런데 그들이 틀렸습니까? 잘못된 것입니까? 아니지 않습니까? 그런데 성경이 이렇게 말하면, 그들은 이 말씀을 받을 수가 없는 것입니다. 그러니까 이것은 아주 심각한 문제가 되는 것이지요.

그런데 여러분! 성경이 '보수'가 되라고 말씀하시는 것은 분명하지만, 그러나 성경은 지금 우리가 정치적으로 나누는 진보와 보수 중에서 보수가 되라고 말씀하시는 것이 절대 아닙니다. 성경은 우리에게 그냥 보수가 아니라, '참보수'가 되라고 하시는 것입니다. 세상의 정치적인 수준에서의 보수가 아니라, 세상을 창조하시고 역사를 주관하시는 하나님의 자녀, 하나님의 백성으로서 보수가 되라고 하시는 것입니다.

'보수'가 무엇입니까? 말 그대로 '보전하여 지키는 것' 아닙니까? 그런데 성경이 말하는 보수, 참보수는 세상에서 있다가 없어질 권세나, 헛되고 무가치한 것을 보전하고 지키는 것이 아니라, 진짜 참된 것을 보전하고 지키는 것을 말하는 것입니다. 그래서 참보수입니다.

그러면 참보수는 무엇을 보전하고 지키는가?

1. 하나님의 권위

오늘 말씀 1절에서 "권세는 하나님으로부터 나지 않음이 없나니 모든 권세는 다 하나님께서 정하신 바라."라고 이야기하고 있습니다. 그러니까 그 권세들에 복종해야 하는 이유가 그것이 하나님이 세우신 것이기 때문이라는 말입니다.

그러니까 참보수는 세상의 권력에 복종하는 것이 아닙니다. 참보수는 세상의 권력을 보전하고 지키려고 하는 것이 아닙니다. 하나님의 권위를 보존하고 지키는 것입니다.

한번은 제가 어버이주일에 설교하면서, 십계명의 다섯 번째 계명인 "네 부모를 공경하라."라는 말씀을 가지고 설교를 한 적이 있었습니다. 그때 말씀을 준비하면서 제가 정말 은혜를 받은 깨달음이 있는데, 그것은 '왜 부모를 공경해야 하는가?'라는 질문에 답을 찾으면서 묵상을 하다가 받은 감동 때문이었습니다.

왜 부모를 공경해야 하는가? 그때 성령께서 주신 감동은 '하나님이 그렇게 하라고 하셨으니까.'라는 대답이었습니다. 부모가 자신을 낳아주신 분이기 때문만도 아니고, 부모가 자기를 기르기 위해서 애쓰고 수고한 것 때문만도 아니고, 근본적으로 하나님의 말씀이니까 무조건 공경해야 한다는 것입니다. 하나님 때문에, 하나님의 그 말씀, 그 권위를 따르고 지키기 위하여 그렇게 해야 한다는 것입니다.

마찬가지입니다. 세상의 권세들에 복종해야 하는 이유는 그것이 하나님께서 세우신 것이기 때문에 그런 것입니다. 하나님의 권위를 보존하고 지키기 위하여 그런 것입니다.

그래서 여기에서 실제적으로 분명하게 언급할 것이 있습니다. 그것은 이 말씀이 세상의 권세들에 무조건 복종하라는 말이 절대로 아니라는 것입니다. 그 권세들이 너무나 명백하게 하나님의 뜻을 어기고, 하나님을 대적하고, 그래서 하나님께서 세우신 권세가 아닐 경우 참보수는 오히려 그래서 그 권세를 거부하고, 필요하면 그 권세를 끌어내릴 수도 있는 것입니다. 초기 교회의 모든 순교자들이 그렇게 순교한 것입니다. 한국의 일제 강점기와 독재정권하의 모든 신앙의 선배들이 다 그렇게 한 것입니다. 그들이 참보수이니까 하나님의 권위를 지키고 보전하기 위하여 세상의 악한 권세들에 단호하게 거부하고 저항했던 것입니다.

그렇기 때문에 이 말씀을 앞에서 남아공의 보타 대통령이 했듯이 권세자들이 자기들의 권력을 지키는 방편으로 이용해서는 안 됩니다. 그것은 신앙의 사람인 우리에게 주어진 말씀이지, 권세자들 그들에게 주신 말씀이 아니기 때문입니다. 그러니까 이 말씀을 자신의 권세를 지키기 위하여 사용하는 권력자가 있다면, 그것은 하나님이 세우신 권세가 절대로 아니라는 것입니다.

2. 하나님의 질서

참보수가 보전하고 지켜야 하는 것은 바로 '하나님의 질서'입니다. 2절 말씀을 보겠습니다.

그러므로 권세를 거스르는 자는 하나님의 명을 거스름이니 거스르는 자들은 심판을 자취하리라.

여러분! 이 세상에는 하나님께서 세우신 질서가 있습니다. 창세기를 보아도 알 수 있지만, 창조 이전의 상태는 바로 혼돈, 무질서였습니다. 그 가운데 질서를 만드신 것이 바로 하나님의 창조 역사입니다. 그리고 이런 하나님의 질서는 역사 속에서도 계속됩니다. 율법이나 계명은 다 질서의 명령이니까요. 하나님은 당신의 백성들을 아름답고 행복하게 살게 하시려고 질서를 주신 것입니다.

그래서 질서를 파괴하는 것은 범죄인 것입니다. 인간의 첫 범죄가 하나님이 먹지 말라고 하신 선악과를, 하나님의 질서를 파괴하고 따 먹으면서 시작된 것처럼, 모든 범죄는 바로 하나님의 질서를 파괴하는 것 그것입니다. 가정이고 사회이고 국가이고 할 것 없이 말입니다.

참보수는 하나님의 질서를 보전하고 지킵니다. 심지어 보는 사람이 없고, 세상에서는 처벌을 받지 않는 일이라 하더라도, 하나님의 질서이니까 그래도 지킵니다. 이것이 참보수입니다.

3. 하나님의 공동체
3절 말씀을 보겠습니다.

다스리는 자들은 선한 일에 대하여 두려움이 되지 않고 악한 일에 대하여 되나니 네가 권세를 두려워하지 아니하려느냐 선을 행하라 그리하면 그에게 칭찬을 받으리라.

"다스리는 자들." 이 문구를 통하여 말하고 있는 것이 무엇입니까? 바로 공동체입니다. 지금 그의 시각을 자기 자신이 아니라 공동체에 두고 있는 것입니다. 더구나 그다음 4절에서는 "그는 하나님의 사역자가 되어"라는 표현을 쓰고 있습니다. 위에 있는 권력자들을 "하나님의 사역자"라고까지 말하는 것입니다.

무슨 근거인가 하면, 그들이 다스리는 것이 바로 하나님의 공동체이기 때문입니다. 그러니까 그들은 목회자가 아니어도, 선지자나 제사장이 아니어도, 세상의 왕이라고 할지라도, 그 공동체가 '하나님의 공동체'라면, 그들은 "하나님의 사역자"라는 것입니다.

그러므로 참보수는 무엇보다 '하나님의 공동체'를 보전하고 지킵니다. 자기 개인의 이익보다 공동체 전체를 위하여 희생하고 헌신하는 것입니다.

오스 기니스(Os Guinness)의 〈소명〉이라는 책에서 제가 정말 큰 깨달음을 얻었던 것은 바로 '개인주의'(individualism)에 대한 그의 통찰입니다. 현대의 모든 문제의 근간에는 개인주의가 있다는 것입니다. 이전 사회가 여러 가지로 지금보다 열악했음에도 현재보다 사람들 가운데 문제가 많이 없었던 이유는, 그 때는 '집단주의'(collectivism)였기 때문이라는 것입니다. 아무리 힘들어도 자기 자신보다 그래도 공동체 전체를 생각하는 마음, 가족을 생각하고 자신의 부족이나 사회, 국가를 생각하는 마음이 앞섰던 것이지요.

그렇습니다. 참보수는 자기 자신보다 공동체를 먼저 생각합니다. 그러면서 그 공동체를 보전하고 지키기 위하여 자기의 생각을 내려놓습니다. 그래서 십자가가 진정한 공동체를 만드는 능력이 되는 것입니다. 그 십자가 앞에 자기의 욕심과 생각을 내려놓고, 자기의 자아를 못 박아 처리하니까요.

맺는말

참보수가 되십시오! 오늘 말씀의 분명한 메시지입니다.

여러분 가운데 이것이 불편하고 탐탁지 않은 사람이 있을 수 있는데, 그런 사람일수록 이 말씀을 온전히 받아야 합니다. 이 세상 가운데에서 신앙의 사람으로 살아가는 아름다운 모습이 바로 이것이기 때문입니다. 우리는 세상을 창조하시고, 지금 역사 속에서 이 역사를 끌고 가시는 우리 하나님의 사람, 우리 주 예수 그리스도의 제자들이기 때문입니다.

로마서 강해

오직 주 예수 그리스도로 옷 입고

롬 13:8-14

마태복음 22장에 보면 바리새인들과 사두개인들 등등 당시의 종교인들이 예수님을 시험하는 이야기가 집중적으로 나옵니다. 한마디로 개나 소나 다 나와서 예수님을 꺾어 보겠다고 도전하는, 그야말로 '시험하기 퍼레이드'가 펼쳐지고 있습니다.

그런데 그중에서도 절정은 다른 사람들이 덤볐다가 다 깨졌다는 소식을 듣고 이제 그 세계에서 나름 최고수인 한 율법사가 마지막 주자로 나서서 필살기를 날린 것입니다. 그가 날린 필살기가 무엇인가 하면, "율법 중에서 어느 계명이 큽니까?"라고 물으면서 예수님을 시험한 것입니다. 이 질문은 그야말로 간교한 수를 감추어 둔 채 던진 질문이지요. 우선 그 많은 율법 중에 가장 큰 것 한 가지가 무엇인지 대답한다는 것이 어려운 일이기도 하지만, 그것보다 더 교활한 노림은 어떤 계명 하나를 제시하면, "그렇다면 다른 계명은 중요하지 않다는 말이냐?" 하는 식으로 몰아붙이려고 던져놓은 술수라는 것입니다. 왜냐하면 율법은 서로 비교할 수 없이 다 중요한 것이니까요.

자, 그런데 그때 그 율법사의 공격을 한마디로 잠재워버린 놀라운 말씀이 나왔습니다. 시험하는 자가 더는 어떻게 말할 수 없게 만들어 버리는 결정타와 같은 말씀이었습니다. 그것이 바로 마태복음 22:37-40 말씀입니다.

예수께서 이르시되 네 마음을 다하고 목숨을 다하고 뜻을 다하여 주 너의 하나님을 사랑하라 하셨으니 이것이 크고 첫째 되는 계명이요. 둘째도 그와 같으니 네 이웃을 네 자신 같이 사랑하라 하셨으니 이 두 계명이 온 율법과 선지자의 강령이니라.

가장 큰 계명을 말씀하셨습니다. 그러면서 모든 계명을 한꺼번에 통합하는 바로 그 한 가지를 말씀하신 것입니다. 그것이 무엇인가요? '사랑'입니다. 하나님을 사랑하고 이웃을 사랑하는 것, 바로 '사랑'이라는 이 한마디로 시험하는 자의 가장 교활한 공격을 끝장내어 버린 것입니다.

여러분! 이것은 굉장히 중요합니다. 왜냐하면 이것은 예수님이 공생애 가운데 대적들의 공격을 받고 그것을 오히려 통쾌하게 이기신 수많은 이야기 가운데 하나에 불과한 것이 아니기 때문입니다. 이것은 바로 예수님의 그 많은 가르침의 핵심, 즉 복음의 핵심, 참신앙인의 삶의 핵심 메시지이기 때문입니다. 그 시험하는 자의 공격이 핵심을 파고든 것이었기에, 그것에 대한 대답으로 주신 이 말씀 또한 예수님 말씀의 핵심이 되는 것입니다.

이것이 얼마나 핵심인가 하는 것은 공관복음인 마태, 마가, 누가복음에 다 나오는 이 말씀을 요한복음에서는 조금 색다르게 소개하고 있다는 사실로도 알 수 있습니다.

그러니까 이것이 공관복음에는 다 나오는데 사랑의 사도인 요한이 쓴 복음서에는 직접 언급되지 않습니다. 하지만 사실은 나오지 않는 것이 아니라 훨씬 더 깊이 강조된 내용으로 나오는데, 그것이 바로 "새 계명"입니다. 요한복음 13:34-35 말씀입니다.

새 계명을 너희에게 주노니 서로 사랑하라 내가 너희를 사랑한 것 같이 너희도 서로 사랑하라. 너희가 서로 사랑하면 이로써 모든 사람이 너희가 내 제자인 줄 알리라.

최후의 만찬 자리에서 예수님께서 당신의 제자들에게 유언처럼 남기신 말씀, "새 계명"이라는 표현까지 쓰면서 말씀하신 주님의 말씀 가운데 핵심 중의 핵심인 말씀입니다.

그러니까 이렇게 추론할 수 있습니다. 그날 그 율법사에게 말씀하신 '사랑'이라는 이 말씀은 그날 그때 한 번 대적의 시험을 이기기 위하여 대답하신 말씀이 아니라, 우리 예수님의 계속되는, 일관된 말씀이었고, 그리고 이것은 주님이 제자들에게 마지막 유언처럼 주신 새 계명으로 그렇게 각인된 말씀이라는 것입니다.

바로 이런 흐름 속에서 바울 사도는 오늘 말씀을 쓰고 있는 것입니다. 로마에 있는 성도들에게 참된 그리스도인으로 어떻게 살아야 하는지, 그 권면을 하면서, 주님께 받은 우리 주님의 가장 중요한 핵심을 지금 말하고 있는 것입니다. 8절 말씀을 보겠습니다.

피차 사랑의 빚 외에는 아무에게든지 아무 빚도 지지 말라 남을 사랑하는 자는 율법을 다 이루었느니라.

'빚진다'는 말은 '오페일로'라는 동사인데, 이것은 또한 '죄를 짓는 것'을 뜻합니다. 그렇기 때문에 "사랑의 빚"이라는 표현은 아주 파격적인 것입니다. 좋은 것에 절대 붙일 수 없는 나쁜 표현을 붙여서 그것을 극대화하는 것이지요. 예를 들면, 요즈음 많이 쓰는 표현 중에서 "맛 깡패"라든가 "비주얼 깡패"라든가 하는 것처럼 말입니다.

그러니까 여기 이 말씀에서 바울 사도는 그만큼 사랑을 강조하고 있는 것입니다. 그렇습니다. "사랑 그 하나로 율법을 다 이루었다"는 말은 바로 바울 사도가 받고 이해한 우리 주님의 말씀 가운데 핵심, 복음의 핵심이라는 것입니다. 그것 하나면 된다는 것입니다. 이 복잡한 세상에서, 복잡한 인간관계 가운데 살아가지만, 그 가운데서 그리스도인답게 아름답게 살아가는 핵심, 그것은 바로 '사랑', 이 한 가지라는 말입니다.

그런데 여기서 바울 사도는 조금 더 깊이 들어갑니다. 사랑하는 일, 그것 하나면 다 되는 것인데, 그 사랑이 어떤 것인지, 어떻게 하는 것인지 알려 주려고 조금 더 깊이 말씀을 전개하고 있습니다. 10절 말씀을 보겠습니다.

> 사랑은 이웃에게 악을 행하지 아니하나니 그러므로 사랑은 율법의 완성이니라.

"사랑은 이웃에게 악을 행하지 아니하나니." 여기서 사랑한다는 것은 '악을 행하지 않는 것'이라고 말하면서, 이것이 영적인 싸움이라는 것을 보여주고 있는 것입니다.

그렇습니다. 이렇게 그리스도인으로서 아름답게 살아가는 그 핵심, 율법을 다 완성하는 그 한 가지인 '사랑한다는 것'은 치열한 영적인 싸움을 뜻하는 것입니다.

얼마 전에 야당의 당 대표로 젊은 사람이 뽑히면서, 취임사에서 파격적으로 인용해서 유명해진 가요가 있습니다. 그것이 임재범의 "너를 위해"라는 노래였습니다. 특히 취임사에서 인용했던 부분인 "내 거친 생각과 불안한 눈빛과 그걸 지켜보는 너 그건 아마도 전쟁 같은 사랑"이라는 부분은 정말 가사 그 자체가 느낌이 꽉꽉 옵니다. 불안하고 치열한 느낌 말입니다. 그래서 개인적으로는 좋은 노래는 아니라는 생각을 합니다. 마음을 힘들게 하니까요.

그래도 이 중에 정말 맞는 말 한마디가 있는데, 그것이 "전쟁 같은 사랑"이라는 표현입니다. 그렇습니다. 사랑하는 일은 전쟁을 하는 것과 같습니다. 쉬운 사랑, 편안한 사랑, 그것은 어쩌면 진짜 사랑이 아닐 수 있습니다.

예수님께서 제자도를 말씀하신 산상수훈 가운데 핵심은 "원수를 사랑하라."라고 말씀드린 적이 있습니다. 그런데 우리 생각에는 불가능한 말씀이라고 여겨지는 이 말씀이 사실은 진짜 사랑에서 너무도 중요한 핵심을 지적하고 있는 것입니다. 그렇습니다. 참사랑은, 신앙인의 진짜 사랑은 사랑할 수 없는 것을 사랑하는 것입니다. 본성과 감정이 도저히 사랑할 수 없다고 하는 그것을 신앙으로 치열하게 싸우면서 사랑하기로 결단하고, 필요하면 목숨까지 걸면서 사랑하는 것, 그것이 바로 진짜 사랑이라는 것입니다. 그래서 예수님은 "원수를 사랑하라."라는 말씀을 하시면서 "너희가 너희를 사랑하는 자를 사랑하면 무슨 상이 있으리요, 세리도 이같이 아니하느냐? 또 너희가 너희 형제에게만 문안하면 남보다 더하는 것이 무엇이냐 이방인들도 이같이 아니하느냐?"(마 5:46-47)라고 말씀하시는 것입니다. 쉬운 사랑은 진짜 사랑이 아니라는 것입니다. 신앙이 없는 자들도 다 하는 사랑은 진짜 사랑이 아니라는 것입니다. 신앙인의 사랑, 하나님의 자녀라고 그렇게 인정받을 수 있는 사랑은 바로 사랑할 수 없는 것을 사랑하기 위하여 신앙의 결단을 하고, 십자가를 지고, 치열한 영적인 전쟁을 하면서 사랑하는 것, 바로 그것이라는 말입니다.

그러면서 바울 사도는 사랑하는 성도들이 이런 사랑을 해야 하는 특별한 이유를 또한 여기서 말하고 있습니다. 11절 말씀을 보겠습니다.

> 또한 너희가 이 시기를 알거니와 자다가 깰 때가 벌써 되었으니 이는 이제 우리의 구원이 처음 믿을 때보다 가까웠음이라.

종말론적인 선포입니다. 지금이 바로 종말론적인 상황이라는 것입니다. 그런데 종말론적이라는 것은 시간상으로 주님이 다시 오실 종말이 가깝다는 의미보다는 치열한 영적 전쟁의 시간이라는 의미가 훨씬 강합니다. 그냥 순리대로 편안하게 살아가는 시간이 아니라, 우리의 대적인 악한 것들과 피 흘리며 목숨을 걸고 치열하게 싸워야 하는 시간이라는 뜻입니다.

그래서 우리는 전쟁 같은 사랑을 해야 합니다. 사랑하기 위하여 치열한 싸움을 해야 한다는 것입니다. 지켜야 할 것을 지키기 위한, 목숨을 건 싸움 같은 사랑을 해야 한다는 말입니다.

여러분! 이 세상을 살아가면서 제일 쉽게 사는 길이 무엇인 줄 아십니까? 그것은 미워할 사람 미워하고, 싫은 사람 싫어하고, 기분 나쁜 사람 욕하고, 보기 싫은 사람 보지 않고, 맘에 드는 사람하고만 교제하고 살아가는 것, 혹시 맘에 드는 인간이 없으면 그냥 혼자 사는 것, 그것이 제일 쉬운 인생입니다. 많은 사람이 가고 있는 넓고 편한 길입니다. 그런데 이것이 가장 확실하게 망하는 길입니다.

하지만 여러분! 우리는 그 길을 갈 수 없습니다. 주님의 사람은 그렇게 넓은 길로 가서는 안 됩니다. 좁은 길로 가야 합니다. 힘들어도 어려워도 좁은 길로 가야 합니다. 소중한 것을 지키기 위하여 전쟁 같은 사랑을 해야 한다는 것입니다.

어떻게 해야 할까요? 솔직히 자신이 없습니다. 원수를 사랑하는 것이 불가능해 보이는 것처럼, 이런 사랑을 한다는 것은 불가능해 보입니다. 할 수 없습니다. 어떻게 해야 합니까? 그 대답을 바울 사도는 오늘 말씀에서 비유 같은데 비유 아닌 말씀으로 주고 있습니다. 14절 말씀을 보겠습니다.

> 오직 주 예수 그리스도로 옷 입고 정욕을 위하여 육신의 일을 도모하지 말라.

"오직 주 예수 그리스도로 옷 입고." 주 예수 그리스도로 옷 입는 것, 이것밖에 없다는 말입니다. 그런데 "주 예수 그리스도로 옷 입는 것"이라는 말은 비유 같이 보이지만, 사실은 비유가 아닙니다. 영적으로 진짜 우리 주 예수 그리스도로 옷을 입어야 합니다.

우리의 본성은 여전히 죄 가운데 있고, 나의 지금 마음으로는 사랑할 수 없는 사람을 절대로 사랑할 수 없지만, 그러나 이런 나도 예수 그리스도를 옷 입으면, 바로 그 치열한 전쟁 같은 사랑을 할 수 있는 것입니다.

찰리 채플린에 관한 이야기입니다. 어느 연회에서 찰리 채플린이 오페라 아리아를 멋지게 불렀습니다. 사람들이 그에게 당신이 노래까지 잘하는 줄 몰랐다고 말했을 때 그는 아니라고, 나는 노래를 못한다고, 다만 오늘은 엔리코 카루소(Enrico Caruso)의 흉내를 낸 것뿐이라고 대답했다는 이야기입니다.

웃자고 만든 이야기겠지만 그래도 깊은 메시지를 던져줍니다. 우리의 본성은 여전히 아니지만, 육적이고 세상적이고 이기적이지만, 그래도 우리 주 예수님을 사랑해서 그분의 흉내를 낸다면, 어쩌면 우리는 그래도 괜찮은 그리스도인이 될 수 있지 않을까요? 이것이 우리 주 예수 그리스도로 옷 입는다는 말의 의미일 것입니다.

자, 그런데 저는 여기서 문득 이런 생각이 들었습니다. '우리 주 예수 그리스도로 옷 입는 것', 결국 이것은 영어로 표현하면 'The Fashion of the Christ'라고 할 수 있는데, 그러니까 떠오르는 것이 'The Passion of the Christ'(그리스도의 수난)입니다.

말장난처럼 보일지 모르지만, 저에게는 정말 강한 감동으로 다가왔습니다. '그렇다. 그리스도로 옷 입는 것은 바로 그리스도의 고난, 그 십자가에 동참하는 것을 말하는 것이다.'

그렇습니다. 십자가의 능력이 아니면 우리는 절대로 원수를 사랑할 수 없습니다. 우리의 본성을 거슬러 사랑을 할 수 없는 것입니다. 그러나 예수 그리스도의 십자가에 우리가 함께 죽고 다시 살아난다면, 그 능력이 우리를 붙드시면, 우리는 할 수 있습니다. 용서할 수 있고, 품어줄 수 있고, 기다려줄 수 있고, 섬길 수 있는 것입니다. 아무도 알아주지 않아도, 돌아오는 것이 없어도, 우리 하나님이 아시면 그것으로 충분하니까, 우리는 끝까지 사랑할 수 있는 것입니다.

맺는말

오늘 말씀은 아우구스티누스의 회심 이야기에 나오는 유명한 말씀입니다. 방황하던 그가 친구의 집 정원에서 고민하고 기도하던 가운데 갑자기 "톨레 레게, 톨레 레게"(집어 읽으라, 집어 읽으라)라는 아이들 노랫소리 같은 음성을 듣고 집안에 들어가 친구가 읽기 위해 펴 놓은 성경을 집어 들고 "낮에와 같이 단정히 행하고 방탕하거나 술 취하지 말며 음란하거나 호색하지 말며 다투거나 시기하지 말고 오직 주 예수 그리스도로 옷 입고 정욕을 위하여 육신의 일을 도모하지 말라"(롬 13:13-14)라는 말씀을 읽으면서 그야말로 고꾸라진 역사입니다.

그런데 우리는 아우구스티누스의 회심 이야기를 하면서 그때 그가 예수 그리스도를 처음 믿기 시작한 것으로 알지만 사실은 그렇지 않습니다. 그는 이미 예수님을 알고 있었고, 나름 믿고 있었습니다. 다만 그리스도를 온전히 인격적으로 경험하지 못했던 것입니다. 그래서 여전히 갈등이 많고 고민이 많았던 것입니다. 그러다가 바로 그날 그 말씀 가운데 예수님을 인격적으로 체험한 것입니다. 그러면서 그 빛이 그의 어두운 내면으로 비추어 들어오면서 참된 평강을 체험하는 역사가 일어난 것입니다.

그러므로 예수 그리스도로 옷 입는다는 것은 그분을 인격적으로 만나는 것을 말합니다. 그러면서 그 십자가의 사랑을 온전히 체험하고 그 능력을 힘입는 것을 말합니다. 그러면서 말씀에 있는 대로 "빛의 갑옷"을 입고 그 전쟁 같은 사랑을 온전히 감당할 수 있는 것을 말합니다.

사랑하는 성도 여러분! 주의 권면으로 말씀드립니다. "오직 예수 그리스도로 옷 입으십시오!" 어떤 본성, 어떤 상황, 어떤 과거가 있어도, 그것으로 아름다운 그리스도인이 될 것입니다.

로마서 강해

아름다운 교회 만들기 프로젝트(1) - 받아들임

롬 14:1-12

호산나교회의 목회적 모토가 무엇인지 아시나요? "아름다운 교회, 행복한 성도"입니다. '이 교회가 정말 아름다운 교회가 되어서, 성도들이 모두 다 행복했으면 좋겠다.'라는 것입니다.

그렇다면 어떤 교회가 '아름다운 교회'입니까? 교회 건물이 아름다운 교회입니까? 아니면 주일 예배에 많은 성도가 모이는 교회가 아름다운 교회입니까? 헌금이 많이 나오고 이런저런 사역이 많은 교회입니까? 아니면 양육 프로그램이 다양하게 발달한 교회입니까? 이들 모두가 아름다운 교회의 한 가지 요소일 수 있지만, 결정적인 한마디로 표현하자면, 아름다운 교회는 성도들이 아름다운 교회입니다. 다른 어떤 것보다 바로 이것, 그 교회의 성도들이 아름다우면 그 교회는 아름다운 교회입니다.

'아름답다.'라는 말은 무엇을 뜻하는 것일까요? 솔직히 알 것 같으면서도 명확하게 말하기 쉽지 않은 것이 바로 '아름다움'이라는 말입니다.

그런데 저는 소위 '아름다움에 미친 목사'로서 이 아름다움에 대하여 성경적으로 이렇게 단호하게 말합니다. '하나님의 오리지널 디자인'(God's Original Design)이라고 말입니다.

몇 년 전에 하와이 열방대학에서 열리는 부부 세미나에 참석한 적이 있었습니다. 그런데 거기에서 'God's Original Design'이라는 사역을 하는 사람들이 와서 강의도 하고 여러 가지 행사도 진행한 적이 있었습니다. 성령의 역사 가운데 하나님이 우리를 지으시면서 원래 디자인하신 그 모습을 찾아내는 것입니다. 삶 속에서 왜곡되고 상처로 망가진 것이 아닌, 원래 하나님이 나를 지으신 바로 그 모습을 찾아내어 그것을 회복하는 사역이었습니다. 나름 굉장히 강력했습니다.

그런데 그때 제가 깨달은 것이 바로 '아름다움의 의미'였습니다. '그렇다. 아름다움은 하나님이 원래 의도하신 바로 그 모습이다.' 그러니까 하나님이 원래 디자인하신 바로 그 모습을 나타내는 것이 아름다운 교회이고, 하나님이 원래 우리를 지으신 그 모습, 즉 '하나님의 형상'을 교회 공동체 가운데서 나타내는 성도가 바로 아름다운 성도라는 것입니다.

로마서는 크게 두 부분으로 나눌 수 있다고 말씀드렸습니다. 1-11장의 교리와 12-16장의 권면으로 말입니다. 물론 다른 식으로 좀 더 세밀하게 나누는 사람들도 많지만, 크게 보아서 그렇게 구분할 수 있다는 것입니다.

그런데 이 중에서 교리는 "우리를 구원하는 영적 진리가 이런 것이다."를 말하는 것이라면, 권면은 "그렇게 구원받은 자로서 우리는 이렇게 살아야 한다."를 말하는 것입니다. 요컨대 성도로서 제대로 바르게 살아가는 모습, 바로 '아름다운 성도'의 모습을 이야기하고 있는 것이지요.

그중에서 오늘 말씀인 로마서 14장, 여기서부터는 특히 '아름다운 교회'를 만드는 '아름다운 성도의 모습'에 대하여 이야기하고 있습니다. 그래서 저는 오늘부터 그 '아름다운 교회를 만드는 아름다운 성도의 모습.' 그것을 3주에 걸쳐서 함께 나누려고 하는데, 이것의 제목을 '아름다운 교회 만들기 프로젝트'라고 붙이려고 합니다.

그렇습니다. 이 말씀은 바로 우리가 우리 호산나교회를 정말 아름다운 교회로 만들기 위하여 반드시 보여주어야 할 우리의 모습입니다. 우리가 이런 모습만 보여주면, 우리 호산나교회는 정말 아름다운 교회가 됩니다. 그래서 '아름다운 교회 만들기 프로젝트'인 것입니다.

로마서의 권면 부분의 마지막 단락인 로마서 14:1-15:13, 여기에 '아름다운 교회를 만드는 아름다운 성도의 모습'이 나오는데, 그것이 세 가지로 표현되어 있습니다.

1) 로마서 14:1-12: 받아들임(Acceptance)
2) 로마서 14:13-23: 배려(Consideration)
3) 로마서 15:1-13: 격려(Encouragement)

그런데 이 세 가지를 영어로 표현하고 보니까 그 스펠링의 첫 글자가 ACE입니다. '에이스'라는 말이지요. '에이스'는 말 그대로 에이스입니다. 최고를 말하는 것이지요. 그러니까 저의 작위적인 해석이기는 하지만, 바로 이 세 가지의 모습을 보여주는 아름다운 성도, 그가 아름다운 교회를 만드는 '에이스'라는 것입니다. 정말 아름다운 교회를 만드는 사람은 돈이 많은 사람이나, 능력이 많은 사람이나, 사회적인 지위가 높은 사람이나, 지식이 많은 사람, 이런 사람이 아니라, 바로 이 세 가지 모습, 그 성품을 가지고 공동체를 섬기는 사람, 바로 그 사람이라는 것입니다. 그 사람이 진정한 아름다운 교회의 에이스라는 것입니다.

그 세 가지 중에서 첫 번째를 먼저 보겠습니다. 1절 말씀을 보겠습니다.

믿음이 연약한 자를 너희가 받되 그의 의견을 비판하지 말라.

여기 나오는 "받되"라는 말, 이것이 바로 '받아들임'(Acceptance)을 말하고 있습니다. 정말 아름다운 교회를 이루는 아름다운 성도의 첫 번째 모습, 그 성품은 바로 '받아들임'입니다. 그래서 그 공동체 안에 바로 이 영성이 가득하게 하는 사람인 것입니다.

교회건, 가정이건, 직장이건, 혹은 어떤 사회건, 그 공동체가 정말 아름답고 훌륭한 공동체가 되려면, 그 안에 이 받아들임의 정서와 분위기가 가득해야 합니다. 그렇지 않고 배타적이고 밀어내는 분위기의 공동체는 그야말로 나쁜 공동체이고 추한 공동체입니다.

여러분! 지금도 아주 심각한 사회문제가 되는 것 가운데 하나가 바로 학교에서 일어나고 있는 '왕따' 문제 아닙니까? 해당이 없는 사람들은 별로 그렇게 심각하게 생각하지 않지만, 그 고통을 당한 사람들, 그 부모나 가족에게 이것은 살인보다 무서운 단어입니다. 얼마나 힘들게 하는지, 자녀의 인격과 인생을 다 망가뜨리는 것이니까요.

그런데 이 '왕따'가 미성숙한 아이들이 모이는 학교에만 있습니까? 아니지요. 모든 공동체에 다 있습니다. 심지어 교회에도 있습니다. 다만 그 형태가 좀 다르고, 더 교활할 뿐이지요. 왜냐하면 이것은 바로 죄성에서 오는 것이기 때문입니다. 마귀의 사주를 받은 악한 본성의 표현이기 때문입니다.

바로 그래서 무엇보다 중요한 영성은 바로 '받아들임'의 영성입니다. 그것이 가득한 것이 진짜 아름다운 공동체인 것입니다.

그러면 구체적으로 이 받아들임은 무엇을 받아들이는 것인가? 여러 가지가 있겠지만, 아름다운 교회를 이루기 위하여 받아들이는 영성의 주된 것은 다음 두 가지입니다.

1. 서로 다름을 받아들여야 합니다.
1-2절 말씀을 보겠습니다.

믿음이 연약한 자를 너희가 받되 그의 의견을 비판하지 말라. 어떤 사람은 모든 것을 먹을 만한 믿음이 있고 믿음이 연약한 자는 채소만 먹느니라.

여기에서 "믿음이 연약한 자"가 누구를 말하는가에 대하여 많은 논란이 있습니다. 그런데 대부분의 주석서에서는 말씀의 흐름으로 볼 때나 사도 바울이 고린도전서 8장 등 다른 곳에서 말한 것으로 볼 때 이것은 우열의 문제라기보다는 다름의 문제라고 보고 있습니다. 그러니까 여기서 "믿음이 연약한 자"를 잘못된 자로 보는 것이 아니라 우리와 다른 자라고 보고 있다는 것입니다.

그래서 이어지는 말씀인 3절에도 "먹는 자는 먹지 않는 자를 업신여기지 말고 먹지 않는 자는 먹는 자를 비판하지 말라 이는 하나님이 그를 받으셨음이라."라고 말하면서 다만 서로 다른 것이라는 것을 말하고 있는 것입니다.

그렇습니다. 교회는 그것이 제대로 된 교회인 한 그 안에 다양한 사람이 함께하는 것입니다. 그야말로 성격이나 배경이나 환경이나 심지어 믿음의 정도, 경력까지 정말 다양한 사람들이 모이는 곳입니다. 그러므로 정말 아름다운 교회는 다양함이 수용되어 하나가 되는 교회입니다. 서로 다르다는 이유로 편 가르고 배척하고 비판하고 심지어 정죄까지 한다면, 그것은 정말 잘못된 교회이고, 아주 추하고 악한 교회입니다.

ANC온누리교회에서 목회할 때, 새가족 반을 하고 나서 그 새 가족들을 그룹으로 묶어서 이런저런 발표를 하게 했었습니다. 그중에서 한 그룹이 교회의 새 가족을 가지고 콩트를 했는데, 너무 재미있으면서도 참 도전이 되었던 적이 있었습니다. 내용은 한 새 가족이 한국에서 교회에 갔을 때 일어나는 이야기를 가상으로 만든 것입니다. 그런데 가상이지만, 실제와 같은 것이었습니다. 그 새 가족이 전라도에 있는 한 교회에 갔더니, 그 교회에 다니던 교인 하나가 와서 이리저리 살피더니 말을 걸면서, "거그 초짜여?"라고 물어서 크게 상처를 받습니다. 그 후에 경상도로 이사를 해서 또 교회에 처음 가게 되었는데, 누군가가 다가와서 다짜고짜 "어이 신뺑." 그렇게 부르더라는 것입니다. 너무 상처가 되어 화가 나기까지 했습니다. 그런데 이번에는 다시 서울로 이사를 해서 교회에 처음 나갔는데, 가서 앉아 있으니까 누군가가 다가오기에 자기를 무엇이라고 부를까 두려워서 쳐다보았는데, 아예 말을 걸지 않더랍니다. 그야말로 투명 인간 취급을 받은 것입니다.

새 가족이 만든 이 짧은 콩트는 저에게 너무 오래 남는 충격과 도전이었습니다. 너무나 선명하게 진짜 교회, 아름다운 교회는 어떤 교회인가, 그것을 보여주었고, 너무나 구체적으로 우리가 어떻게 아름다운 교회를 만들 수 있는지 그것을 알려주었습니다.

다름을 받아들여야 합니다. 그것이 나에게 불편하고 때로 나의 관점을 내려놓아야 하는 것이라도 그 다름을 예수님의 사랑으로, 십자가의 그 신앙으로 받아들여야 진정 아름다운 교회가 되는 것입니다.

2. 연약함을 받아들여야 합니다.

진정 아름다운 교회는 서로 다름을 받아들이는 것도 정말 중요하지만, 거기에서 끝나면 안 됩니다. 다름을 받아들여야 할 뿐만 아니라 연약함을 받아들여야 합니다. 이것이 진짜 교회의 모습이고, 이것이 진정으로 아름다운 성도의 능력입니다. 왜냐하면 이것은 그야말로 죄를 이기고 영혼을 회복하는 참된 복음의 역사이기 때문입니다.

"믿음이 연약한 자." 이것은 신앙이 아직 어린 사람을 말하기도 하지만, 죄의 영향력 아래에서 아직 온전히 벗어나지 못한 사람을 말하기도 합니다. 우상숭배의 습관이나 세상적인 욕심이나 그런 것을 아직 온전히 버리지 못한 사람들도 있고, 지난날 죄를 범했던 부끄럽고 안타까운 낙인을 여전히 가지고 살아가는 사람들도 있는 것입니다. 상처가 많아서 그것 때문에 그 내면이 여전히 혼란과 아픔 가운데 뒤틀린 사람들도 있고, 죄인들과의 관계를 온전히 정리하지 못한 사람들도 있는 것입니다.

바로 이처럼 믿음이 연약한 자를 받아주어야 합니다. 정죄하고 판단하고 내어쫓기 전에 먼저 받아주어야 합니다. 주님의 그 사랑으로 용서하고 품어야 합니다. 물론 이것은 죄를 용납하라는 말이 아닙니다. 죄와 타협하라는 것이 절대로 아닙니다. 다만 그 죄 가운데 있는 영혼을 용서하라는 것입니다. 죄에게 그 영혼을 내어주지 말고 구원하라는 것입니다. 그렇게 죄를 이기라는 것입니다.

맺는말

아름다운 교회 만들기 프로젝트! 그 첫 번째는 바로 '받아들임'(Acceptance)의 영성을 가진 아름다운 성도가 되자는 것입니다. 배타적이고 비판적이고 편 가르고 정죄하는 성도가 아니라, 받아들임의 영성이 가득한 성도가 이 교회 안에 가득할 때, 이 교회는 진짜 아름다운 교회가 되는 것입니다.

그런데 어떻게 하면 우리가 받아들임의 영성을 가질 수가 있을까요? 솔직히 말해서 이 '받아들임'이라는 것이 그렇게 쉬운 것이 아니지요. 받아들이고 싶지만 우리의 생각과 기준이, 고집이, 그리고 상처가 도저히 받아들이지 못하게 만들기 때문에 이렇게 때로는 공동체를 지옥으로 만들고 그 가운데서 함께 고통당하는 것 아닌가요? 어떻게 해야 받아들임의 영성을 가진 아름다운 성도가 될 수 있습니까?

그 대답을, 그 받아들임의 비밀을, 아름다운 성도가 될 수 있는 비결을 오늘 말씀에서 사도 바울이 주고 있습니다. 7-8절 말씀을 보겠습니다.

우리 중에 누구든지 자기를 위하여 사는 자가 없고 자기를 위하여 죽는 자도 없도다. 우리가 살아도 주를 위하여 살고 죽어도 주를 위하여 죽나니 그러므로 사나 죽으나 우리가 주의 것이로다.

십자가 신앙입니다. 십자가에 예수 그리스도와 함께 자신의 자아가 죽고, 이제 예수 그리스도로 사는 바로 그 십자가 신앙의 비밀이, 그 역사와 능력이, 아름다운 성도가 되는 유일한 길인 것입니다.

맞습니다. 우리의 본성은 안 됩니다. 우리의 본성은 너무나 배타적이고 완고하고 속이 좁아도 너무 좁습니다. 그래서 우리는 결코 다른 지체를, 특히 죄 가운데 있는 그 영혼을 받아들일 수 없습니다.

그러나 예수님의 그 십자가에 내가 죽으면 됩니다. 그러면 받아들일 수 있습니다. 어떤 다름도, 어떤 연약함도 품을 수 있습니다. 나의 자아가 이미 죽었기 때문입니다. 나 같은 것도 용서하시고 품어주신 그 사랑이 내 안에서 역사하기 때문입니다.

참된 십자가의 신앙으로 우뚝 서는, 진정으로 아름다운 성도가 되시기를 주의 이름으로 축원합니다.

로마서 강해

아름다운 교회 만들기 프로젝트(2) - 배려

롬 14:13-23

우리는 지금 아름다운 교회 만들기 프로젝트를 진행 중입니다. 이 호산나 교회를 정말 아름다운 교회로 만들기 위하여 우리는 어떻게 해야 할까요? 그 대답으로 '우리가 아름다운 성도가 되어야 한다'고 말씀드렸습니다. 왜냐하면 아름다운 성도가 바로 아름다운 교회를 만드는 것이니까요.

그러면서 아름다운 교회를 만드는 그 아름다운 성도 가운데 ACE를 말씀드 렸습니다. 받아들임(Acceptance), 배려(Consideration), 격려(Encouragement).

그 가운데 오늘은 두 번째 '배려'(Consideration)에 대하여 나누겠습니다.

아름다운 교회를 만들기 위한 아름다운 성도의 배려, 그것은 무엇입니까? 13절 말씀을 보겠습니다.

그런즉 우리가 다시는 서로 비판하지 말고 도리어 부딪칠 것이나 거칠 것을 형제 앞에 두지 아니하도록 주의하라.

여기서 "주의하라."라는 말이 바로 배려를 뜻하는 것입니다. 그런데 무엇을 주의하라고 했습니까? 바로 "부딪칠 것이나 거칠 것을 형제 앞에 두지 아니하도록" 주의하라는 것입니다. 그러니까 오늘 말씀에서 강조하는 배려, 다시 말해 아름다운 교회를 세우기 위한 아름다운 성도의 모습으로서의 배려는, 무엇보다 '다른 지체가 시험 들지 않도록 하는 것'을 뜻합니다.

여러분! 우리가 함께 공동체를 이루게 되었을 때, 우리는 서로에게 정말 귀한 행복의 통로, 축복의 통로가 되는 것입니다. 그것이 공동체의 의미입니다. 정말 그렇습니다. 하나님이 당신의 자녀를 축복하시고 그래서 행복하게 할 때, 다른 어떤 것보다 함께 공동체를 이루고 있는 지체들, 가정이면 가족들이고, 교회이면 성도들, 바로 이들을 통하여 그렇게 축복하시고 행복하게 하시는 것입니다. 이것이 바로 "사람이 혼자 사는 것이 좋지 아니하니 내가 그를 위하여 돕는 배필을 지으리라"(창 2:18)라고 하시면서 공동체를 만드신 우리 하나님의 뜻, 그 하나님의 '오리지널 디자인'이라는 말입니다.

그런데 여러분, 그렇게 하나님께서 공동체를 만드신 다음에 창세기 3장의 타락 이야기에서 사탄의 유혹이 결국 누구를 통해서 들어옵니까? 바로 하나님이 그렇게 공동체를 이루도록 하신 지체를 통하여 오지 않습니까? 그렇다면 하나님이 잘못 만드신 것입니까? 제가 어릴 때 얼핏 잘못 생각했던 대로, "하나님은 왜 굳이 여자를 만들어서 사탄의 유혹에 넘어가게 하셨는가? 그냥 아담 혼자 두셨으면 타락할 일이 없었을 텐데." 그렇게 말할 수 있습니까? 절대 아니지요. 비록 사탄 마귀의 유혹이 다른 지체를 통하여 들어왔지만, 그것은 그 공동체의 디자인이 잘못되어서 그런 것이 아니라 원래 영적인 진리가 그렇게 되어 있기 때문입니다. 무슨 말인가 하면, 누군가를 사랑하는 그 순간 상처를 받을 가능성도 함께 열리는 것처럼, 축복의 통로가 바로 마귀의 시험의 통로가 될 수도 있다는 것입니다. 그것이 영적인 진리입니다.

그러니까 공동체를 아름답게 세우고자 하는 사람들은 가장 먼저 기본적으로 자신이 다른 지체들에게 시험의 통로가 되지 않게 하는 것, 그것을 생각해야 한다는 것입니다. 자신의 행동이 다른 지체들에게 걸림돌이 되거나 그들을 실족하게 만드는 방해거리가 되지 않게 하는 것, 이것이 정말 중요한 일이라는 것입니다. 이것이 아름다운 교회를 만들기 위한 아름다운 성도의 배려에서 기본이 되는 자세입니다.

오늘 말씀에서 바울 사도는 그 당시 초기 교회 공동체에서 가장 예민한 문제인 먹는 문제를 예로 들어 배려를 이야기하고 있습니다. 지금 우리에게는 그렇게 와 닿지 않는 문제이지만, 그 당시 교회 공동체 속에서는 정말 심각한 문제였습니다.

여러분! 사도행전에도 자세히 나오는 것처럼, 초기 교회 공동체의 첫 번째 과제는 율법에서 벗어나는 것이었습니다. 분명 예수 그리스도는 유대인의 메시아로 오신 분이었기에, 그 예수 그리스도를 믿고 구원을 받는 사람들도 당연히 먼저 유대인의 율법을 다 지켜야 한다고 다들 처음에는 그렇게 생각했고, 그 당시 초기 교회 성도들은 모두 유대인이었기 때문에 거기에는 전혀 논란이나 이의가 없었습니다.

그런데 복음이 이방인에게 전파되면서 이제는 그들이 생각해왔던 것이 진리가 아니라는 점을 성령의 감동 가운데 확실하게 깨닫게 됩니다. 바로 그 선봉에 서 있었던 사람이 바울 사도이지요. 한때 율법에 미쳤던 사람인 바울이 이방인에게 복음을 전하면서 성령의 역사를 통해 깨닫게 된 사실은 율법을 지킬 필요가 없다는 것입니다. 율법에 매일 필요가 없다는 말입니다. 오직 예수 그리스도를 주로 믿고 영접하기만 하면 구원을 받는다는 바로 그 복음으로 충분하다는 것입니다. 그래서 이방인에게 복음을 전하면서, 먼저 유대인이 되어 율법을 지키라고 하지 않고, 그냥 예수 그리스도만 믿고 구원을 받으라고 선포하고 가르쳤던 것입니다. 율법을 지키는 것이 구원의 선결 조건이 아니라고 그렇게 가르치면서 이방인 그리스도인들 앞에 놓여있는 장애물을 완전히 치워주었던 것입니다.

그런데 바로 이 일 때문에 초기 교회 공동체 안에서 대단히 시끄러운 논란이 일어났습니다. 율법을 지켜야 한다는 고정관념을 가진 자들의 반발이 정말 대단했습니다. 이것이 어떻게 보면 초기 교회 공동체 가운데 있었던 첫 번째 갈등이었습니다.

하지만 성령께서 역사하시면서 이 갈등은 사도행전 15장에 보도된, 주후 50년에 열렸던 예루살렘 회의에서 완전히 정리됩니다. 이방인들이 율법을 지킬 필요가 없다는 것입니다. 예수 그리스도만 믿으면 된다는 것입니다. 다만 네 가지, "우상의 더러운 것과 음행과 목매어 죽인 것과 피를 멀리하라"는 조건만 부과했던 것입니다.

그런데 예루살렘 회의로 교회 공동체 안에서 율법의 문제가 다 해결되었지만, 그렇다고 완전히 끝난 것은 아니었습니다. 인간들이 원래 그러니까요.

왜냐하면 예루살렘 회의에서 말한 그 네 가지는 우상숭배하는 삶을 살아서는 안 된다는 강력한 당부인데, 사람들은 이것을 음식의 문제로 받아들이기 시작한 것입니다. 그러면서 어떤 음식을 먹으면 그것은 신앙인으로서 타락하는 것이라는 생각을 지닌 사람들이 교회 안에 많아지게 된 것입니다.

물론 이것은 그들의 신앙이 연약해서 그런 것입니다. 분명 음식 자체는 문제가 없습니다. 음식 자체에 정결하고 아니고를 붙이는 것은 율법이 하는 것인데, 복음은 이미 율법을 뛰어넘었으니 그렇게 생각하는 것은 아직 믿음이 연약해서 그런 것입니다.

하지만 바울 사도는 오늘 말씀에서 아주 강력하게 권면합니다. 아름다운 교회를 만들 아름다운 성도들에게 아주 단호하게 말합니다. 20-21절 말씀을 보겠습니다.

음식으로 말미암아 하나님의 사업을 무너지게 하지 말라 만물이 다 깨끗하되 거리낌으로 먹는 사람에게는 악한 것이라. 고기도 먹지 아니하고 포도주도 마시지 아니하고 무엇이든지 네 형제로 거리끼게 하는 일을 아니함이 아름다우니라.

"그렇다면 음식을 먹지 말라!"라는 것입니다. 왜냐하면 음식을 고집하는 것보다 그 지체가 시험에 들지 않게 하는 것이 훨씬 중요하기 때문입니다. 그러면서 그렇게 지체를 배려해서 음식을 먹지 않는 그 모습, 그 영성, 그것은 '아름답다'고 이야기하는 것입니다.

저는 성경에 나오는 신앙의 인물 가운데 가장 아름다운 사람을 하나 꼽으라고 하면, 다윗을 꼽습니다. 다들 아름답지만, 다윗은 그 가운데서도 정말 우리의 피부에 와 닿게 아름다운 신앙의 사람입니다.

그런데 저는 다윗의 아름다운 모습 가운데 가장 최고의 모습은 바로 사무엘상 30장에 나오는 그의 한마디라고 생각합니다. 사무엘상 30장에 보면, 다윗이 블레셋과 이스라엘의 사울과 마지막 전쟁을 하기 위해 가드왕 아기스에게 소위 징집을 받았다가, 거기에서 하나님의 도우심으로 겨우 빠져나와서, 다시 자기의 영지인 시글락으로 돌아왔을 때, 그 사이에 아말렉이 시글락을 침략해서 다윗과 그의 부하들의 모든 가족을 다 잡아간 일이 벌어졌습니다. 정말 이때가 다윗의 삶에서 가장 힘들었던 순간이었습니다. 왜냐하면 그때 다윗의 부하들조차도 자신들의 가족을 잃은 슬픔에 다윗을 돌로 치자고 했으니까요. 그런데 그런 상황에서 다윗이 그대로 용기를 내어서 아말렉을 쫓아가서 빼앗긴 가족들을 되찾아오기로 합니다. 그래서 부하 600명을 데리고 정신없이 달려서 아말렉을 추격하는데, 그 과정에서 200명은 너무 지쳐서 따라오지 못하니까 브솔 시내 곁에 그들은 두고 나머지 400명을 데리고 아말렉을 추격하여 결국 가족들을 다 찾아오고, 수많은 전리품까지 챙기게 됩니다.

그런데 그 전리품을 나누는 과정에서 성경에 나오는 표현대로 "악한 자와 불량배들"이 중간에 지쳐서 떨어졌던 200명에게는 전리품을 주면 안 된다고, 그들은 자기 가족만 데리고 떠나게 하라고 말하는데, 그때 다윗이 이렇게 단호하게 말합니다.

다윗이 이르되 나의 형제들아 여호와께서 우리를 보호하시고 우리를 치러 온 그 군대를 우리 손에 넘기셨은즉 그가 우리에게 주신 것을 너희가 이같이 못하리라. 이 일에 누가 너희에게 듣겠느냐 전장에 내려갔던 자의 분깃이나 소유물 곁에 머물렀던 자의 분깃이 동일할지니 같이 분배할 것이니라 하고(삼상 30:23-24).

저는 여기에서 똑같이 분배하자고 하는 것도 대단하지만, 그렇게 말하면서 뒤에 떨어졌던 사람들을 "소유물 곁에 머물렀던 자"라고 말하는 이 부분에서 정말 전율했습니다. 중간에 지쳐서 따라오지 못한 사람들이라고 하지 않았습니다. "뒤처진 것들"이라고는 더욱 말하지 않았습니다. "소유물 곁에 머물렀던 자"라고 말하고 있습니다. 그들이 상처를 받을까 봐 그렇게 생각해서 말을 하는 것입니다. 그들을 배려한 언행이라는 것이지요. 이것이 바로 하나님의 사람의 모습입니다. 이것이 바로 아름다운 성도의 모습입니다.

여러분! '배려의 영성.' 이것은 모든 아름다운 성도들의 필수입니다. 성격적으로 배려심이 많은 사람이 있을 수 있고, 그렇지 못한 사람이 있을 수 있는 것이 절대로 아닙니다. 표현하는 방식이야 차이가 있을지 모르지만, 그가 하나님의 사람, 아름다운 성도라면, 그래서 정말 아름다운 교회를 만드는 ACE라고 한다면, 반드시 가져야 하는 영성입니다.

이유는 바로 이 배려의 영성은 믿음의 두 가지 요소에서 나오는 것이기 때문입니다. 그러니까 그가 어떤 성격적인 특징을 지녔다 하더라도, 그가 참믿음의 사람이라면, 이 믿음의 필수 요소 두 가지에서 나오는 배려의 영성을 가져야만 하는 것입니다.

1. 아가페 사랑입니다.

15절 말씀을 보겠습니다.

만일 음식으로 말미암아 네 형제가 근심하게 되면 이는 네가 사랑으로 행하지 아니함이라 그리스도께서 대신하여 죽으신 형제를 네 음식으로 망하게 하지 말라.

여기에서 사용된 "사랑"이라는 말, 그것은 '아가페'입니다. 인간의 어떤 자기중심의 사랑이 아니라 하나님의 그 사랑을 말하는 '아가페'입니다.

제가 석사 논문을 쓸 때 다루었던 것이 이 '아가페'였습니다. 그때 안데르스 니그렌(Anders Theodor Samuel Nygren)이라는 스웨덴의 신학자가 쓴 〈아가페와 에로스〉라는 책을 보면서 너무 은혜를 받아서 그 주제로 논문을 썼던 것입니다. 그런데 거기에 보면, 헬라에서 원래 '아가페'라는 단어는 거의 사용되지 않는 단어였다는 것입니다. 그런데 초기 교회에서 헬라 세계에 복음을 소개하면서, 이 하나님의 사랑, 그리스도의 사랑을 소개해야 하는데, 그것을 표현할 말이 없어서, 왜냐하면 그 사랑은 세상에 존재하는 사랑과는 완전히 다른 사랑이니까, 그래서 그 당시에는 전혀 사용하지 않는 생소한 말인 '아가페'라는 단어를 가져와 그 사랑을 표현한 것이라는 말입니다.

그런데 여기 '배려의 영성'을 위하여 가져야 할 믿음의 중요한 요소로 바로 그 '아가페'를 말하고 있습니다. 그렇습니다. 아름다운 성도의 배려는 주님의 사랑으로만 할 수 있습니다. 인간의 사랑, 세상의 사랑이 아닌 주님의 사랑 그것으로만 말입니다. 어떻게 그렇게 단정적으로 말할 수 있는가? 그것은 바로 '주의 사랑', '아가페' 그것이 두 가지를 의미하기 때문에 그렇습니다.

1) 성육신의 사랑입니다. 우리를 구원하기 위하여 이 땅에 육신을 입고 내려오신 그 사랑, 바로 그 사랑만이 진정한 배려를 할 수 있게 하는 것입니다. 그렇습니다. 자기의 입장을 고집하고, 자기의 자리에 버티고 서서는 결단코 배려를 할 수 없습니다. 그의 자리로 가서 그와 같은 눈높이로 맞추고, 그의 마음을 가져야 진정한 배려가 가능합니다. 성육신의 사랑, 이것은 배려에서 기본 중의 기본입니다.

2) 십자가의 사랑입니다. 죄인을 구원하기 위하여 자신의 생명까지 내어주신 그 사랑, 그 십자가의 사랑만이 진정한 배려를 가능하게 합니다. 그 섬김과 희생만이 참된 배려를 통하여 아름다운 공동체를 세울 수 있게 하는 것입니다. 그래서 십자가 없이는 아름다운 공동체가 있을 수 없는 것입니다.

2. 지혜입니다.

16절 말씀을 보겠습니다.

그러므로 너희의 선한 것이 비방을 받지 않게 하라.

이것은 지혜를 말하는 것입니다. 그리고 이어지는 모든 말씀의 내용도 다 지혜롭게 처신하라는 말씀입니다. 왜냐하면 지혜를 한마디로 한다면 "무엇이 중헌디?"이기 때문입니다. 음식보다 영혼이 중요합니다. 선한 것이라고 할지라도 그것으로 인하여 비방을 받게 되면, 그것은 어리석은 것입니다. 지혜로움은 더 소중한 것을 위하여 중요하지 않은 것을 고집하지 않고 내려놓을 수 있는 것을 말합니다.

배려는 지혜로워야 합니다. 사랑한다고 하는데 어리석으면, 그것은 사랑이 아니라 폭력이 될 수 있기 때문입니다. 약은 그것을 먹는 사람이 감당할 수 있을 만큼 주어야 약이지, 그렇게 못하면 그것은 독이 되고 맙니다. 따라서 배려를 위해 정말 중요한 믿음의 요소는 바로 '지혜로움'입니다. 성령님이 주시는 지혜 말입니다.

맺는말

아름다운 교회 만들기 프로젝트, 두 번째는 바로 '배려'입니다. 어떤 성도가 아름다운 교회를 만들 수 있는가? 바로 '배려의 영성'을 가진 성도입니다.

요즈음 많이 쓰는 말 가운데 "배려의 아이콘"이라는 말이 있습니다. 이 사회 가운데 가장 따뜻한 사람, 아름다운 사람을 지칭하는 말입니다. 그래서 저는 우리 호산나의 성도들 모두가 다 배려의 아이콘이 되시기를 소망합니다.

로마서 강해

아름다운 교회 만들기 프로젝트(3)- 격려

롬 15:1-13

아름다운 교회 만들기 프로젝트, 그 세 번째 시간입니다. 아름다운 교회를 만드는 아름다운 성도의 모습, 그 세 번째는 바로 ACE 가운데 E에 해당하는 Encouragement, 즉 격려입니다. 그러니까 아름다운 교회를 만드는 아름다운 성도는 무엇보다 '격려'하는 사람이어야 한다는 것이지요.

그런데 여기서 여러분 가운데 어떤 분은 세 번째의 모습으로 '격려'를 이야기하는 근거가 어디에 있는가? 그렇게 의문을 가질 수 있습니다. 왜냐하면 세 번째 부분인 오늘 말씀 어디에도 '격려'라는 단어가 나오지 않기 때문입니다.

그렇습니다. 오늘 말씀 어디에도 격려라는 말은 나오지 않습니다. 적어도 우리말 성경에는 말입니다. 그러나 사실은 나옵니다. 그것도 아주 중요한 포인트로 격려라는 말이 나오고 있습니다. 4절 말씀을 보겠습니다.

무엇이든지 전에 기록된 바는 우리의 교훈을 위하여 기록된 것이니 우리로

하여금 인내로 또는 성경의 위로로 소망을 가지게 함이니라.

여기에 사용된 "위로"라는 단어, 이것은 헬라어로 '파라클레시스'라는 말인데, 이 말이 바로 '격려'라는 뜻입니다. 여기 한국말 성경에서는 이것을 "위로"라고 번역을 했지만, 이 '파라클레시스'라는 단어의 주된 의미는 '격려'인 것입니다. 그래서 영어 성경에서도 이 부분을 번역하면서 'encouragement'라고 번역하고 있습니다.

그러면 한국어 성경이 잘못 번역한 것일까요? 그렇지 않습니다. 이 '파라클레시스'라는 말에는 "위로"의 의미도 분명 있으니까요. 단순히 있는 정도가 아니라 이 '파라클레시스'라는 말은 '격려'로 번역해도 되고, '위로'로 번역해도 되는 것입니다.

그러면 아름다운 성도의 세 번째 모습으로 '격려'를 말했는데, 그것은 구체적으로 무엇을 말하는 것일까요? 성경이 말하고 있는 이 격려에는 우리가 그냥 보통 사용하는 '격려'라는 단어의 의미를 넘어선 영적으로 아주 중요한 의미가 있습니다. 특히 아름다운 성도의 격려는 그 의미가 정말 중요합니다. 고린도전서 14:3 입니다.

그러나 예언하는 자는 사람에게 말하여 덕을 세우며 권면하며 위로하는 것이요.

바로 "예언"입니다. 아름다운 성도의 격려는 단지 사람이 사람에게 말하는 좋은 말 정도가 아니라, 그를 향한 하나님의 뜻과 섭리를 전달하는 "예언"이라는 것입니다.

성경에 나오는 격려의 가장 두드러진 이야기 가운데 하나가 '엘리사벳과 마리아의 이야기'라고 저는 생각을 합니다. 마리아가 소위 '수태고지'를 받고 나서 그 마음이 얼마나 힘들고 무서웠겠습니까? 분명 주님의 사자가 와서 말씀하신 것은 분명한데, 그래서 이 일이 하나님의 역사하심이고 영광스러운 일인 것은 분명한데, 그래서 "주의 여종이오니 말씀대로 내게 이루어지이다."라고 신앙으로 순종은 했지만, 문제는 그래서 이제 자신에게 벌어질 고난이 너무나 크게, 그리고 무섭게 다가온다는 것입니다. 정말 이것은 감당할 수 없는 두려움이었을 것입니다.

그런데 말씀에 보니까, 천사의 이야기가 끝나자마자 마리아는 바로 일어나 빨리 달려가서 유대의 산골 마을로 갔다고 그렇게 나와 있습니다. 왜 그랬을까요? 바로 엘리사벳을 만나기 위해서이지요. 왜냐하면 천사가 예언하면서 친척인 엘리사벳이 늦은 나이에 주의 능력으로 임신을 했다고 이야기해 주었으니까, 그것을 확인하기 위해서였습니다.

하지만 이것은 단지 확인을 하기 위해서 그렇게 한 것은 아니었습니다. 마리아의 영혼이 이 두려움 속에서 본능적으로 엘리사벳에게 달려간 것입니다. 너무 무섭고 너무 힘드니까, 자기도 모르게 영적으로 그렇게 마음이 쏠리면서 엘리사벳에게 달려간 것입니다.

그런데 이것은 너무나 정확한 '성령의 인도하심'이었습니다. 천사가 엘리사벳의 이야기를 언급한 것이 어쩌면 이런 의도를 가지고 한 것이었던 것입니다. 마리아가 엘리사벳을 만나는 순간, 엘리사벳의 예언 사역이 시작되었습니다. 누가복음 1:42-45 말씀입니다.

큰 소리로 불러 이르되 여자 중에 네가 복이 있으며 네 태중의 아이도 복이 있도다. 내 주의 어머니가 내게 나아오니 이 어찌 된 일인가? 보라 네 문안하는 소리가 내 귀에 들릴 때에 아이가 내 복중에서 기쁨으로 뛰놀았도다. 주께서 하신 말씀이 반드시 이루어지리라고 믿은 그 여자에게 복이 있도다.

제가 이 말씀을 인용하는 이유는 바로 이 예언과 같은 말을 우리도 해야만 하기 때문입니다. 이유는 이것이 예언이면서 동시에 '격려'이기 때문입니다. 아름다운 성도가 아름다운 교회를 만들기 위하여 반드시 해야 하는 바로 그 격려 말입니다.

엘리사벳의 예언은 격려였습니다. 두려움에 떨고 있는 처녀 마리아를 향한 격려였습니다. 그러면서 이것은 아름다운 성도의 격려는 바로 '예언 사역'이라는 사실을 너무나 잘 보여주고 있는 것입니다.

여러분! 말씀을 보아서 알지만, 엘리사벳은 전문 예언 사역자가 아닙니다. 다만 그 순간 성령의 감동하심을 받았을 뿐입니다. 그리고 마리아와의 그 만남도 어떤 영적인 공식 모임이 아니라, 그냥 임산부 모임입니다. 우리 하모니 공동체 다락방에서 있을 수 있는 모임 말입니다.

그런데 거기에서 이런 예언 사역이 있었고, 그것이 엄청난 격려가 되었다는 것은 바로 지금 우리 교회의 성도들 사이에서도 이런 일이 일어날 수 있고, 일어나야 한다는 것을 이야기하고 있는 것입니다. 이렇게 아름다운 교회를 만들 수 있고, 만들어야 한다는 것을 말하는 것입니다.

그러면 아름다운 성도, 우리가 해야 할 '격려', 그것은 구체적으로 어떤 말인가요? 두 가지입니다. 아름다운 성도의 격려, 그 예언의 말씀은 다음 두 가지의 말을 하는 것입니다.

1. 힘을 불어넣어 주는 것입니다.
1절 말씀을 보겠습니다.

믿음이 강한 우리는 마땅히 믿음이 약한 자의 약점을 담당하고 자기를 기쁘게 하지 아니할 것이라.

여기 이 말씀에서 강조하는 격려의 중요한 포인트는 바로 '힘을 불어넣어 주는 것'입니다. "믿음이 강한 우리"라는 말은 스스로 믿음이 강하다고 자랑하는 것이 아니라 '우리에게 있는 믿음의 그 능력'을 말하는 것이고, "믿음이 약한 자의 약점을 담당"한다는 것은 바로 그 힘을 힘이 없는 연약한 자에게 불어넣어 주는 것을 말하는 것입니다.

영적인 리더십을 말하는 가운데 아주 강조하는 것이 'empowering'이라는 것입니다. 우리말로 번역하면 '힘의 부여.' 그렇게 번역합니다. 이것은 권한을 부여하는 리더십을 말하는 것이지만, 그 핵심은 그 사람에게 힘을 불어넣는 것입니다. 그러니까 리더십을 선한 영향력이라고 한다면, 그 선한 영향력을 끼치는 아주 중요한 것이 바로 그 사람에게 선한 능력, 그 힘을 불어넣어 주는 것이라는 말입니다.

엘리사벳과 마리아의 이야기에서도 보았지만, 엘리사벳의 격려로 인하여 마리아가 힘을 얻습니다. 그래서 그 입에서 찬송이 나오고, 다가오는 두려운 미래를 향하여 담대하게 일어나서 나아갈 수 있었던 것입니다.

여러분! 우리가 정말 아름다운 교회를 만드는 아름다운 성도라고 한다면, 우리는 우리의 지체들에게, 특히 지치고 무너진 영혼들에게 힘을 불어넣어 줄 수 있는 사람이 되어야 합니다. 우리 입에서 나오는 그 말이 다른 사람을 지치게 하고 힘 빠지게 하는 것이 아니라 힘이 나게 하고 그래서 소망을 가지게 하는 말이 되어야 한다는 것입니다. 13절 말씀입니다.

소망의 하나님이 모든 기쁨과 평강을 믿음 안에서 너희에게 충만하게 하사 성령의 능력으로 소망이 넘치게 하시기를 원하노라.

바울 사도의 축도입니다. 그가 정말 아름다운 교회를 그리는 그림입니다. 그런데 그 교회는 바로 성도가 성령의 능력으로 그 힘을 다른 지체에게 불어넣어서 그가 소망이 넘치는 삶을 살 수 있게 하는 공동체를 말하고 있는 것입니다. 그것이 아름다운 교회라는 것이지요.

아름다운 성도의 격려는 무엇보다 선한 힘을 불어넣는 말입니다.

2. 가치를 세워주는 말입니다.
2절 말씀을 보겠습니다.

우리 각 사람이 이웃을 기쁘게 하되 선을 이루고 덕을 세우도록 할지니라.

"우리 각 사람이 이웃을 기쁘게 하되." 바로 모두가 격려하는 사람이 되라는 것입니다. 그런데 그렇게 격려하되 어떻게 격려하라고 했는가 하면, "선을 이루고 덕을 세우도록" 하라고 하였습니다. 이것이 무엇을 뜻합니까? 이것은 바로 '가치를 세워주는 것'을 말합니다. 다른 것이 아니라 그의 가치를 세워주는 것을 통하여 그를 격려하는 것을 말하는 것입니다.

여러분! 신앙의 사람이 주는 격려는 사랑하는 지체가 무너졌을 때 그를 일으켜 세우는 것, 그것을 말하는데, 그때 그를 일으켜 세울 수 있는 최고의 핵심 요소는 바로 '가치'입니다. 무너진 가치를 다시 세워주면, 그는 일어설 수 있는 것입니다. 그래서 아름다운 성도의 격려는 다른 무엇보다 가치를 세워주는 말입니다.

여러분! 욕이라는 것이 무엇입니까? 바로 상대방의 가치를 끌어내리고 무너뜨리는 말들 아닙니까? 그래서 욕은 악한 것입니다. 그래서 욕은 사람들을 상처받게 하고 고통스럽게 하는 죄의 역사입니다. 하지만 격려는 욕의 정반대입니다. 그의 가치를 높여주어서 그를 다시 세워주는 것입니다. 그를 정말 기쁘게 하는 것입니다. 사람들은 가치가 회복될 때가 가장 기쁜 것이니까요.

제게는 잊을 수 없는 목사님이 한 분 계십니다. 그분은 저의 모교회의 목사님으로 제게 세례를 주신 김상도 목사님입니다. 그런데 제가 김상도 목사님을 잊을 수 없는 분이라고 하는 것은 그분이 제게 세례를 주어서만이 아니라, 그분이 그때 저희 가정에 심방을 오셔서 어머니께 하신 말씀 때문에 그렇습니다.

그 당시 정기 대 심방이 있어서 그분은 저희 가정에 심방을 오셨습니다. 그때 제 나이는 고등학생 정도였는데, 저의 아버지는 교회에 잘 다니지 않는 그야말로 '나이롱 집사'였고, 어머니는 나름대로 열심히 다니시지만, 그러나 크게 헌신하지 못하는 서리 집사였습니다. 그런데 그때 김 목사님이 오셔서 심방을 하시면서, 다른 말씀도 물론 주셨지만, 특별히 강조하면서 말씀하신 것이 이 집 아들들이 인물이 너무 좋다고, 너무 잘 생겼다고, 그렇게 칭찬하신 것입니다. 그리고 그 뒤에도 어머니를 볼 때마다 잘생긴 아들들은 잘 있냐고 그렇게 물으시고는 한 것입니다.

그런데 그 말이 우리 어머니께 얼마나 격려가 되었는지, 정말 그 뒤에 두고두고 그 이야기를 여러 번 하시더군요. 왜냐하면 그 당시에 우리 어머니는 정말 마음이 많이 무너져 있었거든요. 삶이 너무 팍팍하고 무엇 하나 내세울 것이 없는 고단한 삶을 살고 계셨는데, 교회의 담임목사님이 오셔서 그때 저의 어머니에게 가장 귀한 가치인 아들들을 그렇게 칭찬해 주니까, 어머니는 너무 힘을 얻고 자존감이 올라갔던 것입니다. 그 아들 가운데 하나가 전데요, 솔직히 그 당시 제 사진을 보면 그렇게까지 감탄하실 만큼 잘생기지는 못했는데, 김 목사님이 왜 그러셨는지, 나중에 생각한 것이지만, 그 당시 저희 가정에 다른 것은 칭찬하고 격려할 것이 없었던 것 같습니다. 그러니까 어차피 주관적일 수밖에 없는 아들들의 인물을 말씀하신 것이겠지요. 하지만 그것은 중요하지 않습니다. 그 목사님의 그 칭찬과 격려가 저희 가정을, 특히 저의 어머니를 정말 행복하게 했다는 것, 그것이 중요한 것입니다.

그래서 저는 후에 제가 목사가 되어서 성도들의 자녀를 볼 때마다 격려하기 위하여 잘생겼다고, 인물이 좋다고, 훌륭하다고 말합니다. 진짜로 그러니까요. 그것이 목회이고 그것이 저의 사역이라고 생각하니까요.

여러분! 아름다운 성도의 격려는 가치를 세워주는 것입니다. 앞에서 그가 가진 흔들리지 않는 가치를 세워주는 것입니다. 하나님의 자녀라는 가치, 하나님을 찬양하고 예배할 수 있는 가치, 하나님이 그를 정말 사랑하신다는 그 가치 말입니다. 하나님이 그렇게 축복해주신 그 가치, 그것을 찾아내어서 말해주는 것, 그것이 아름다운 교회를 만드는 아름다운 성도의 격려입니다.

맺는말

아름다운 교회 만들기 프로젝트! 그 세 가지를 말씀드렸습니다. 아름다운 성도의 에이스, 받아들임(Acceptance), 배려(Consideration), 격려(Encouragement)입니다.

이것은 바로 우리의 모습이어야 합니다. 우리 교회의 정서이어야 합니다. 그 가운데 세 번째인 '격려.' 이것은 무엇보다 우리 입술의 언어이어야 합니다. 사랑하는 지체를 향하여 성령의 그 타이밍을 놓치지 않고 반드시 온전히 나가는 예언의 말씀이어야 합니다.

여러분! 우리 호산나교회를 정말 아름다운 교회로 만듭시다. 이미 아름다운 교회이지만, 정말 더 아름다운 교회가 되게 만드십시다. 그러기 위하여 우리 모두가 정말 아름다운 성도가 되실 수 있기를 주의 이름으로 축원합니다.

42

로마서 강해

나의 부르심

롬 15:14-21

　드디어 로마서의 마지막 부분까지 왔습니다. 오늘 본문인 로마서 15:14부터는 로마서의 마무리에 해당하기 때문입니다. 16장이 있기는 하지만, 그것은 문안 인사말이고, 실제로 로마서라는 이 긴 편지의 마무리는 15:14-33 이 말씀입니다. 그런데 로마서의 마무리인 이 부분을 놓고 다양한 해석들이 존재합니다.
　어떤 사람들은 바울이 여기에서 이방인 선교를 위한 자신의 계획을 말하면서 소위 선교 후원을 로마 교회에 부탁하고 있다고 보고 있습니다. 그러니까 로마서를 쓴 실제적인 이유는 바로 서바나로 갈 수 있도록 후원을 요청하기 위해서라고 보는 것이지요. 아주 틀린 말은 아닙니다. 그리고 이렇게 땅끝까지 가기 위하여 교회에 후원을 요청하는 일은 결코 잘못된 것이 아니기 때문에 이렇게 본다고 문제가 될 것은 전혀 없습니다.
　또 다른 사람들은 여기에 예루살렘 교회에 가는 이야기가 나오는 것에 주목하면서, 결국 로마서의 주된 목적이 로마 교회를 통하여 예루살렘 교회와의 관계를 원활하게 만들려 하는 것이기에, 바로 그것을 다시 한 번 당부하면서 편지를 끝맺는 것이라고 보고 있습니다. 이방인의 사도로서 땅끝까지 가기 위하여 서바나로 가려고 하는 그의 계획에 앞서서 예루살렘 교회와의 관계 회복이 먼저이니까 바울 사도는 로마서를 마무리하면서 바로 그 이야기를 하고 있다는 말이지요.

그런데 이 로마서의 마지막 마무리의 진짜 의미는 다른 데 있습니다. 그것은 선교 후원을 받겠다는 것도 아니고, 예루살렘 교회와의 관계 회복을 위하여 도와달라는 것도 아니라, 바로 지금까지 로마서를 통해서 계속 이야기해 온 그것을 다시 한 번 강조하면서 마무리하려고 하는 것입니다. 15절 말씀입니다.

> 그러나 내가 너희로 다시 생각나게 하려고 하나님께서 내게 주신 은혜로 말미암아 더욱 담대히 대략 너희에게 썼노니.

"너희로 다시 생각나게 하려고." 지금까지 이야기해 온 것을 다시 한 번 강조하면서 마무리하려고 이 이야기를 하고 있다는 것입니다.

그렇다면 지금까지 해 온 이야기가 무엇입니까? 그러니까 로마서를 기록한 이유가 무엇입니까? 그것은 로마서 강해설교를 시작하면서 처음에 말씀드렸던 대로 '로마라고 하는 세속 도시 한복판에서 성도로 부르심을 입은 사람들이 참된 그리스도인으로 아름답게 서게 하는 것' 아닙니까?

그러니까 지금 바울 사도는 로마서를 마무리하면서 '아름다운 성도로 이 세상에서 바르게 살아가기 위한 그 중요한 비밀' 그 가장 중요한 내용을 마지막으로 말하고 있는 것입니다.

그것이 무엇입니까? 그것은 바로 '나의 부르심'이라는 것입니다. 바울 사도 그를 이방인의 사도로 부르신 바울 자신의 '나의 부르심' 말입니다.

여러분! 그렇습니다. 우리가 이 어지럽고 혼란한 세상 한복판에서 끊임없이 우리를 무너뜨리려고 하는 마귀의 공격을 받으면서, 그 가운데서 흔들리지 않고, 혹시 흔들려도 쓰러지지 않고 끝까지 아름다운 그리스도의 사람으로 살아가는 최고의 비밀은 바로 '나의 부르심'입니다. 자신을 주님의 사람으로 부르신 주님의 부르심을 온전히 붙들고 살아가는 것, 그것만이 아름다운 성도로 이 세속 도시 가운데서 바르게 살아갈 수 있는 유일한 길이라는 말입니다. 바로 그 이야기를 바울 사도는 로마서의 마무리에서 하고 있습니다.

이것이 확실하다는 점은 로마서를 쓸 무렵에 바울 사도에게 일어났던 일을 사도행전의 증언을 통해 확인해보면 알 수 있습니다. 그때 바울 사도는 예루살렘을 향하여 가는 그 길에 밀레도에서 정말 사랑하던 에베소 교회 장로들을 만나서 너무도 중요한 시간을 가진 적이 있습니다. 어쩌면 이 세상에서는 마지막일 수 있는 중요한 시간을 보내면서, 그들에게 자신의 신앙의 핵심을 알려주고 교회를 당부하는 시간을 가졌습니다.

그 만남에서 바울이 에베소 교회 장로님들에게 했던 말씀 가운데 핵심과 같은 말씀, 그것이 바로 사도행전 20:24 입니다.

내가 달려갈 길과 주 예수께 받은 사명 곧 하나님의 은혜의 복음을 증언하는 일을 마치려 함에는 나의 생명조차 조금도 귀한 것으로 여기지 아니하노라.

'나의 부르심.' 그것입니다. 그 힘들고 어려운 순간에, 그러나 흔들리지 않고 그 길을 아름답게 갈 수 있는 비밀로 선포한 것은 바로 '나의 부르심.' 그것이었던 것입니다.

여기에서 제가 그냥 '부르심'이라고 하지 않고, '나의 부르심'이라고 말하고 있는데, 여기에는 특별한 의미가 있습니다. 왜냐하면 바울 사도가 지금 여기에서 "이방인을 위한 사도"로서의 그의 부르심을 "내게 주신 은혜"(15절)라고 말하기 때문입니다. 그런데 이 "내게 주신 은혜"라는 말은 무슨 뜻인가 하면, '숙명'(destiny)이라는 뜻입니다. 하나님께서 만세 전에 나를 택정하시고, 나의 삶 가운데 찾아와 나를 구원하시어 당신의 사람으로 삼으시면서 주신 그 부르심, 바로 그것을 말하는 것입니다.

스캇 브레너(Scott Brenner)라는 찬양 사역자가 있습니다. 그분은 미국에서 변호사로 일을 하고 있었지만, 찬양 사역을 하는 것이 그의 부르심이라고 믿고 찬양 사역을 하던 중에 한국에 와서 '레위 지파'라는 찬양 사역을 하면서 한국 자매와 결혼하고 '주님의 교회'라는 교회를 목회하고 있는 분입니다. 그런데 이 브레너 목사님이 한번은 어떤 신문과 인터뷰를 하면서, 한국에서 이렇게 사역하게 된 이유가 무엇인지 묻는 질문에, 어려서 섬기던 교회에서 한국에 선교사를 파송한 적이 있어서 일찍부터 한국에 대하여 듣게 되었고, 또한 미국에서 찬양 사역을 하던 중에 특별한 성령의 역사로 한국으로 가서 사역하라는 감동을 받은 적이 있어서 오게 되었다고 하면서, 한마디로 한국이 '나의 부르심'이었다고 그렇게 대답했습니다.

그런데 그때 그가 사용했던 "나의 부르심"이라는 표현, 그것은 바로 스캇 브레너 목사님의 대표적인 찬양의 제목입니다. 그 "나의 부르심" 찬양의 영어 표현이 아주 의미가 있는데, 그것은 'This is my destiny.'입니다.

저는 이것이 아주 의미가 있다고 생각합니다. 그렇습니다. '나의 부르심.' 그것은 나의 삶 전체를 예정하시고 부르시고 구원하신 하나님이 나에게 주신 'destiny.' 운명이라는 것입니다. 숙명이라는 것입니다.

여러분! 바로 이것입니다. 우리가 정말 이 어지럽고 혼란한 세상 속에서 아름다운 성도로 살아가기 위해서 정말 필요한 것은 바로 '나의 부르심.' 그것입니다. 내 삶 전체를 통하여 하나님이 운명처럼 부르신 그 부르심 말입니다. 나의 출생과 나의 살아온 삶의 모든 것, 그리고 하나님 앞에서 만난 모든 관계, 특히 삶 속에서 겪었던 어렵고 힘들었던 체험, 성령님의 초자연적인 감동을 통하여 하나님이 직접 주신 말씀 등등 이 모든 것을 통하여 내가 확실하게 붙들게 된 바로 그 '나의 부르심.' 말입니다.

며칠 전에 잠자리에 들면서 TV를 보는데 거기에 필리핀 마닐라 빈민촌에 사는 아이들의 이야기가 나왔습니다. 중간부터 보아서 정확한 것은 모르지만, 거기에 한 열두어 살 되는 아이가 나오는데, 어머니는 죽었고 아버지는 몸이 아파서 일하지 못하는 상황이었습니다. 그래서 그는 마닐라 바다를 헤엄쳐 건너가서 건너편에서 고물을 주어다가, 그것을 팔아서 돈을 조금 받아서는 그것으로 먹을 것을 조금 사 와서 아버지하고 나누어 먹는, 정말 고달픈 삶을 살고 있었습니다. 아직 어린데, 아버지가 전혀 도움이 되지 않고 오히려 짐이 되는 힘든 삶을 살고 있었던 것입니다. 그런데 그 아이가 마지막에 장래의 자기 소망을 말하는 장면에서 저는 그만 울컥했습니다. 그는 자기는 커서 반드시 자기 아이들을 잘 돌보아주는 아버지가 되겠다는 것입니다. 아버지가 되고 싶다는 것입니다. 저는 너무 놀라웠습니다. 어떻게 저럴 수 있을까? 아버지에게 아무런 도움을 받지 못하는 아픔을 가진 아이가 어떻게 그 고통으로부터 자기는 그래서 좋은 아버지가 되겠다는 소망을 끌어내어 그것을 소명으로 붙들 수 있는가? 그 아이가 신앙인인지 아닌지는 모르지만, 그것은 분명 하나님이 그 아이의 마음 속에 넣어 주신 선한 마음인 것은 분명합니다.

여러분! '나의 부르심'은 바로 이런 것입니다. 그의 삶 전체를 통하여 그를 당신의 사람으로 쓰시겠다고 우리 하나님이 부르신 그 부르심, 운명 같은 부르심, 'destiny.' 그것입니다.

여러분! 여러분에게는 어떤 '나의 부르심'이 있습니까? 여러분이 하나님의 사람, 그리스도인이라면, '나의 부르심'이 없을 수가 없습니다. 여러분의 '나의 부르심'은 무엇입니까? 가정입니까? 성도로 살아가는 평범하지만 사실은 평범하지 않은 이 귀중한 삶입니까? 하나님이 주신 자녀의 부모입니까? 직장에서 그리스도인으로 성실하게 일하면서 주님의 증인된 삶을 살아가는 그것입니까?

'나의 부르심.' 그것은 그렇게 특별할 필요가 없습니다. 그렇게 거창하지 않을 수도 있습니다. 너무나 사소해서 어쩌면 우리가 모를 수도 있을 만큼 평범할 수 있습니다. 그러나 무엇이든지, 그것은 우리에게 너무나 중요한 것입니다. 우리가 정말 아름다운 성도로 살아가기 위하여 반드시 붙들어야 할 너무나 중요한 것입니다. 그렇다면 '나의 부르심'을 붙들어서 아름다운 성도의 삶을 살려면, 어떻게 해야할까요?

1. 부르심의 본질을 놓치지 않아야 합니다.
20절 말씀을 보겠습니다.

또 내가 그리스도의 이름을 부르는 곳에는 복음을 전하지 않기를 힘썼노니 이는 남의 터 위에 건축하지 아니하려 함이라.

바울 사도에게 주신 우리 주님의 부르심은 이방인들에게 복음을 전하는 것입니다. 특히 아직 주님을 모르는 자들에게 이 복음을 전파하는 것이 그 부르심의 본질입니다. 그는 이 부르심의 본질을 놓치지 않았습니다. 자기를 부르셔서 우리 주님이 맡기신 그 사명이 무엇인지를 한시도 잊지 않았습니다.

여러분! 우리가 '나의 부르심'을 온전히 붙들기 위해서는 열심히 하는 것도 중요하지만, 바르게 제대로 해야 합니다. 그 부르심의 본질을 결코 놓쳐서는 안 되는 것입니다. 우리 주변에서 참 열심히 하는데, 너무 안타까운 결론을 가져오는 신앙인들을 보면, 모두가 다 그 부르심의 본질을 놓쳐버린 사람들입니다. 교회를 그렇게 사랑하고 섬긴다고 하면서 오히려 교회를 흔들고 무너뜨리는 사람들이 그런 사람들입니다. 가정을 위한다고, 가정을 위해 모든 것을 다 한다고 하면서 가정을 무너뜨리는 사람들이 그런 사람입니다. 자녀를 위하여 모든 것을 다 헌신한다고 하면서 그 자녀의 가슴에 회복할 수 없는 상처를 안기는 사람이 바로 그런 사람입니다. 주님을 정말 사랑하고 섬긴다고 하면서 오히려 주님의 영광을 가리고 주님의 마음을 아프게 하는 사람들이 바로 그런 사람들이라는 것이지요.

부르심의 본질을 놓치지 말아야 합니다. 아무리 감정이 복받치고 마귀의 유혹이 거세도 나를 부르신 그 부르심이 무엇인지, 그 본질을 놓쳐서는 안 되는 것입니다.

세례 요한! 그는 우리 주님께서 여인이 낳은 자 중에 가장 큰 자라고, 가장 아름다운 신앙인이라고 칭찬하셨던 사람입니다. 그는 마귀의 유혹이 그를 뒤흔드는 상황에서도 이렇게 반응합니다. 요한복음 3:28-30 말씀입니다.

내가 말한 바 나는 그리스도가 아니요 그의 앞에 보내심을 받은 자라고 한 것을 증언할 자는 너희니라. 신부를 취하는 자는 신랑이나 서서 신랑의 음성을 듣는 친구가 크게 기뻐하나니 나는 이러한 기쁨으로 충만하였노라. 그는 흥하여야 하겠고 나는 쇠하여야 하리라 하니라.

그는 이렇게 말하면서 '주의 길을 예비하는 자'라는 '나의 부르심.' 그 본질을 놓치지 않고 지켜냈습니다.

2. 주님 앞에 자랑할 수 있어야 합니다.
17절 말씀을 보겠습니다.

그러므로 내가 그리스도 예수 안에서 하나님의 일에 대하여 자랑하는 것이 있거니와.

"러브 스토리"라는 영화에서 제니퍼가 올리버에게 했던 유명한 대사가 있습니다. 바로 "사랑은 미안하다고 말하지 않는 거예요"(Love means never having to say you're sorry)라는 말입니다. 정말 맞는 말입니다. 진정한 사랑은 최선을 다하기 때문에, 그 생명이 있는 한 최선을 다하기 때문에, 모든 것을 다 주기 때문에, 그래서 어떤 경우에도 미안하다고 말하지 않는 것입니다.

'나의 부르심'도 그렇습니다. 그 부르심을 위하여 최선을 다하기 때문에, 그래서 감히 하나님 앞에서 자랑할 수 있는 그것이 바로 온전히 '나의 부르심'을 붙드는 모습이라는 것입니다. 그 부르심보다 더 중요한 것은 없습니다. 그 부르심을 망가뜨려도 될 만큼 중요한 다른 것은 없습니다. 내 자존심, 내 갈망, 내 상처, 그 어떤 것보다도 그 부르심이 더 중요합니다.

그래서 온전히 '나의 부르심'을 붙드는 사람은 주님 앞에 자랑할 수 있어야 합니다. 주님 앞에 가서 "주님, 그래도 저 잘했죠?" 그렇게 말할 수 있어야 합니다. "주님, 죄송해요." 그렇게 말해서는 안 된다는 것입니다.

그래서 그 부르심으로 이 세상을 살고 주님 앞에 섰을 때, 반드시 "착하고 충성된 종아 네가 적은 일에 충성하였으매 내가 많은 것을 네게 맡기리니 네 주인의 즐거움에 참여할지어다."라는 우리 주님의 칭찬을 들어야 합니다. 바로 이렇게 자랑할 수 있도록 그 부르심에 최선을 다하는 것, 그것이 '나의 부르심'을 붙드는 것입니다.

맺는말

우리가 이 험하고 혼탁한 세상 속에서 어떻게 아름다운 성도로 살아갈 수 있습니까? 그것은 '나의 부르심'을 온전히 붙들고 살아가는 것입니다.

'나의 부르심.' 그것을 다시 한 번 확인하고 그것을 힘을 다하여 붙드시기를 주의 이름으로 축원합니다.

로마서 강해

서바나로 가리라

롬 15:22-33

  사도 바울은 로마서의 마지막 부분에서 아주 의미심장한 이야기를 하나 합니다. 그것은 자신이 오래전부터 계획했던 한 가지가 있다는 것을 공개한 것입니다. 그것이 무엇인가 하면, 바로 '서바나로 가는 것'입니다. 겉으로 보기에는 로마 교회를 방문하는 이야기를 하고 있지만, 그리고 뒤에는 예루살렘 교회에 올라가는 계획을 말하고 있지만, 그 이야기를 하면서 그 뒤에 아주 강력하게 깔아 놓고 있는 것은 그의 삶의 마지막 사역이 바로 '서바나로 가는 것'이라는 계획입니다. 그러니까 죽기 전에 반드시 해야 하는 것, 하고 싶은 것이 바로 서바나로 가는 것, 그것이라고 그렇게 말하고 있는 것입니다.

  바울 사도는 왜 여기 로마서의 마지막 부분에서 '서바나로 가는 것.' 이 이야기를 하고 있을까요? 이것을 알려면, 먼저 '서바나로 가는 것.' 이것이 바울 사도에게 무엇을 의미하는지를 알아야 합니다. '서바나로 가는 것.' 이것은 바울 사도에게 어떤 의미인가요?

우선 생각할 수 있는 것이, 요즈음 유행하는 '버킷 리스트'입니다. 버킷 리스트란 '죽기 전에 꼭 해보고 싶은 것들의 목록'을 뜻하는 말입니다. 요즈음 많이 유행하는 말입니다. 2007년에 나온 영화 "버킷 리스트" 때문에 유행을 하게 되었지만, 그전부터 사람들 속에 담겨있었던 일종의 숨겨진 욕망과 같은 것이어서 많은 사람에게 직간접적으로 다가오는 말입니다. 죽기 전에 꼭 하고 싶은 것을 말하는 것이니까요.

그런데 이 버킷 리스트라는 말 자체가 교수형을 집행하기 위해 버킷, 즉 양동이를 걷어차기 전에 사형수에게 죽기 전에 마지막으로 하고 싶은 말을 묻는 것에서 온 것이기 때문에 사실은 너무나 슬프고 짠합니다. 그래서 버킷 리스트라는 말을 그 인생에 올리는 순간 그 인생은 결코 아름답지도 행복하지도 못하고 슬프고 안타까운 것이 되는 것입니다. 그러므로 '서바나로 가리라.' 이것은 절대 사도 바울의 버킷 리스트는 아니라는 것입니다.

그러면 무엇일까요? 이것은 바로 바울 사도의 'Vision Statement'입니다. 'Mission Statement'와 'Vision Statement'라는 것이 있습니다. 기업 같은 곳에서도 그렇고 세상의 모든 조직에서 많이 이야기하는 것입니다. 그 조직이 제대로 작동되기 위하여 있어야 하는 정말 중요한 것이지요.

'Mission Statement'는 '사명 선언문'이라고 번역을 하는데, 그것은 그 조직의 목적, 존재 이유 등을 한마디 말로 선언한 것입니다. 그러니까 이 Mission Statement가 정확하지 않으면, 그 조직은 방향을 잃어버리고, 존재 이유가 없는 것입니다. 당연히 가치도 없는 것입니다. 그러니까 그 조직이 정말 제대로 되려면, 이 Mission Statement를 조직의 모든 사람이 확실하게 알고 붙들고 있어야 한다는 것입니다.

그러면 Vision Statement(비전 선언문)는 무엇인가? 이것은 바로 '그 Mission Statement를 이루기 위하여 무엇을 하기 원하는가?'라는 미래의 구체적인 계획을 말하는 것입니다. 그냥 뜬구름 잡듯이, 꿈을 꾸듯이, 그렇게 말하는 것이 아니라, 정말 구체적이고 실질적으로 무엇을 할 것인지, 그 계획과 소망을 말하는 것이 바로 Vision Statement입니다.

그러니까 Vision Statement가 없으면, 그 조직은 움직일 수가 없습니다. 당장에 할 것이 없다는 말입니다. 그냥 상황에 의하여 떠밀려 갈지는 몰라도 무엇인가 의욕을 가지고 추구하고 해 나갈 수 있는 것이 전혀 없는 안타까운 조직이 되고 마는 것입니다.

그런데 여러분! 사실 이 Mission Statement와 Vision Statement는, 진짜로 말하면 이것은 신앙인에게만, 그리고 신앙 공동체에만 가능한 것입니다. 왜냐하면 진정한 Mission은 우리 하나님에 의해서만 주어지기 때문입니다. 사람이 스스로 만든 것이 아니라, 하나님께서 당신의 사람들에게 주신 것, 그것이 바로 Mission이니까요. 그러니까 참된 Mission Statement와 Vision Statement는 신앙인에게만 해당하는 이야기입니다. 그리고 바로 그렇기에, 신앙인이 정말 아름다운 신앙인이 되려면 반드시 이 Mission Statement와 Vision Statement가 있어야 하는 것입니다.

바울 사도는 바로 이 이야기를 하고 있습니다. 로마서의 마지막 마무리를 하면서, 바로 이 이야기를 하고 있는 것입니다. 특히 "서바나로 가리라." 이것은 "이방인의 사도가 돼라."는 그의 Mission Statement에서 온 Vision Statement입니다. 조금 구체적으로 말하면, 주님께서 자신을 '이방인의 사도로 세우신 것'은 "오직 성령이 너희에게 임하시면 너희가 권능을 받고 예루살렘과 온 유대와 사마리아와 땅 끝까지 이르러 내 증인이 되리라"(행 1:8)라고 우리 주님이 하신 말씀 가운데 "땅 끝까지"라는 부분을 감당하라고 하신 것으로 그는 이해했습니다. 그래서 그는 복음을 전하면서 끊임없이 아직 복음을 듣지 못한 사람들에게 나아갔고, 그리고 이제 궁극적으로 땅끝까지 가기 위하여 "서바나로 가리라."라는 Vision Statement를 선언하게 된 것입니다. 이것이 바로 로마서의 마지막 마무리 이야기입니다.

그러면 바울 사도는 왜 이 "서바나로 가리라."라는 Vision Statement를 여기에서 말하고 있습니까? 그것은 바로 로마서를 쓰면서 계속 말해 온 그것, 즉 아름다운 성도로 이 세상 가운데서 정말 바르게 살기 위하여 꼭 필요한 것이 바로 이 Vision Statement라는 것을 강조하고 있는 것입니다. 성도는 이 세상을 살아가면서 그 가운데서 정말 아름답고 바르게 살기 위하여 반드시 Vision Statement가 있어야 합니다. 우리 주님이 주신 사명을 온전히 붙들고, 그것을 이루기 위하여 하고 싶은, 그리고 해야 할 구체적인 꿈과 소망이, 계획이 분명하게 가슴에 있어야 성도입니다. 그래야 아무리 힘들고 어려워도, 아무리 유혹이 거세고 교활해도, 그것을 이기고 바르고 온전하게, 아름답게 살아갈 수가 있는 것입니다.

그래서 오늘 이 말씀을 받으면서, 먼저 여러분에게 묻습니다. 지금 여러분의 Vision Statement는 무엇입니까? 사도 바울은 "서바나로 가리라."라고 이렇게 구체적이고 확실하게 말하고 있는데, 여러분은 무엇이라고 말하시겠습니까?

이것이 중요합니다. 이것이 있어야 합니다. 주님의 사람으로서, 주님이 나를 당신의 것 삼으시면서 주신 그 사명을 붙들고, 지금 이 자리에서 앞을 바라보면서 반드시 하고 싶은 해야 할 그것이 있어야 한다는 것입니다.

다시 한 번 묻습니다. 여러분의 "서바나로 가리라."는 무엇입니까?

그런데 여기에서 혹시 여러분이 이 Vision Statement를 너무 거창하고 큰 것으로만 생각하실 수 있는데, 절대 그렇지 않습니다. 지금 이 자리에 나를 세우신 것이 우리 주님의 섭리라고 한다면, 그래서 이것이 우리 주님이 내게 주신 사명의 길 가운데 있는 것이라고 한다면, 지금 나의 "서바나로 가리라."는 정말 소소하고 평범하고 작은 것일 수 있습니다. 예를 들면 "하나님이 사랑하라고 주신 사람들을 계속 사랑하고 섬기는 것"일 수 있습니다. 그를 위해 기도하고, 그를 위로하고 격려하고, 그의 연약함을 받아주고, 필요하면 그 옆에 있어 주고, 그의 편이 되어 주는 것 등등.

'세우신 자리에서 견디고 버티는 것.' 그것일 수도 있습니다. 그 자리가 힘들고 어려워도, 아니 힘들 것도 없이 너무 평범하고 때로 지루해도, 그 자리를 지키고 서 있는 것이 주님의 사명을 이루는 것이라면, 그 자리를 지키고 서 있는 것이 바로 나의 Vision Statement인 것입니다.

'끝까지 신앙인으로 살아내는 것' 그것일 수도 있습니다. 많이 어렵고 힘들어도, 심지어 몸이 아프고 삶의 의욕이 다 사라지는 것 같은 순간에도, 그래도 말씀을 보며, 그래도 찬양하며, 그래도 예배드리면서, 신앙인의 삶을 살아내는 것, 그것이 "서바나로 가리라."만큼 중요한 나의 Vision Statement인 것입니다.

지난해에 제 삶에 일어난 가장 큰 변화 가운데 하나는 손자가 태어난 것입니다. 제가 할아버지가 된 것이지요. 여러 가지 면에서 감사하고 복된 일입니다. 그런데 그러면서 제게는 새로운 Vision Statement가 생겼습니다. 어느 날 손자의 동영상을 보다가 문득 강한 감동처럼 제 마음에 성령께서 주신 비전이었습니다. 그것은 '손자에게 자랑스러운, 존경받을 만한 할아버지가 되리라.'라는 꿈입니다. 그래서 아주 구체적으로 그 꿈을 향하여 나아가려고 노력합니다. 손자를 보기 위하여 그 집에 방문해서 손을 씻으면서도, "주님, 제가 라함이에게 거룩하고 깨끗한 사랑을 줄지언정, 상하고 추한 영향력을 미치지 않게 해주세요. 그렇게 제 마음을 십자가의 능력으로 씻어 주세요." 그렇게 기도합니다. 어떤 말과 행동을 할 때도 항상 좋은 할아버지라는 그 생각을 합니다.

여러분! 우리가 주님의 사람으로 우리 주님께 받은 사명이 있다면, 지금 우리에게는 그 사명을 이루기 위한 Vision Statement가 있어야 합니다. 그러니까 먼저 그것을 확인하고 정리하고 붙드는 시간을 가지십시오. 그리고 그 Vision

Statement를 온전히 붙들고 살아가기 위하여 다음 두 가지를 해야 합니다. 그것이 바울 사도가 오늘 말씀 가운데서 우리에게 보여주고 있는 구체적인 지침입니다.

1. 비전을 공동체의 다른 지체들과 나누십시오.
24절 말씀을 보겠습니다.

> 이는 지나가는 길에 너희를 보고 먼저 너희와 사귐으로 얼마간 기쁨을 가진 후에 너희가 그리로 보내주기를 바람이라.

사도 바울이 로마 교회의 교인들에게 "서바나로 가리라."라는 그의 Vision Statement를 나누고 있는 것은 단지 그들에게 그 사역을 위한 후원을 받기 위한 것이 아닙니다. 그것보다는 자신의 그 생각이 흔들리지 않기 위하여, 그리고 그 꿈을 확실하게 이루기 위하여, 이렇게 공개적으로 말하고 있는 것입니다.

여러분! 우리는 때로 정말 좋은 결심을 하고도 마음으로 품었다가 슬며시 포기할 때가 많습니다. 특별히 이 Vision Statement의 경우는 정말 그렇습니다. 그래서 성령께서 감동을 주시면, 그것을 공동체 다른 지체들과 나누어야 합니다. 자신에게 부담을 주어야 합니다. 그리고 다른 지체들의 도움을 구하고 받아야 합니다.

저는 진정한 성도의 교제는 이래야 한다고 생각합니다. 다락방에서 반드시 있어야 하는 것이 바로 이런 일들이라고 생각합니다. 자신의 Vision Statement를 나누고 기도 부탁을 하는 바로 그것 말입니다. 모여서 신변잡기나 늘어놓고 뒷담화나 하고 그런 것이 아니라, 이렇게 삶의 가장 구체적인 것을 나누되 우리 주님이 정말 원하시는 Vision Statement를 나누고 부탁함으로써 정말 스스로 더 아름다운 성도가 되는 것이 진짜 코이노니아라고 생각합니다.

제가 '좋은 할아버지가 되리라.'라는 저의 새로운 Vision Statement를 여러분 앞에서 공개적으로 나눈 것도 이런 의미에서입니다. 이제 여러분이 앞으로 제가 정말 좋은 할아버지인지 아닌지 매의 눈으로 보면서 감시하실 테니까, 제가 더 부담을 느끼고 그렇게 살아가지 않겠습니까?

2. 마음에 걸리는 것이 있으면, 먼저 해결하십시오.
28절 말씀을 보겠습니다.

그러므로 내가 이 일을 마치고 이 열매를 그들에게 확증한 후에 너희에게 들렀다가 서바나로 가리라.

사도 바울이 예루살렘 교회로 가는 이유는 단지 헌금을 전달하기 위해서만이 아닙니다. 서바나로 가는 그 일을 하기 전에 먼저 예루살렘 교회와의 관계를 풀어야 한다는 사명 때문에 가는 것입니다.

여러분! 우리가 때로 주님의 사명을 이루기 위하여 어떤 비전을 바라보고 나아가려고 할 때, 성령께서 마음에 걸리시게 하는 것이 있을 수 있습니다. 아직 끊지 못한 죄악된 습관이라든가, 혹은 정리하지 못한 관계라든가, 혹은 공동체 안에서 서로 마음이 하나 되지 못한 것이라든가, 아니면 아직 용서하지 못하고 있는 어떤 사람이라든가, 혹은 주님께 갚지 못한 어떤 서원 등등 이런 것이 마음에 걸리면, 먼저 그것을 해결하고 나서 주님이 주신 Vision Statement를 향하여 나아가야 한다는 것입니다. 그렇게 하지 않으면 온전히 그 비전을 이룰 수 없기 때문입니다.

여러분! 이것이 또한 중요합니다. 우리가 Vision Statement를 선포하고 그것을 이루면서 정말 아름다운 성도가 되기 위해서는 무엇보다 이것이 중요한 것입니다. 죄의 아픈 이야기를 바닥에 깔아 놓고 그 위에 아무리 멋진 것을 올려놓아도 절대 그것은 우리 주님 앞에서 아름다운 것이 되지 못하기 때문입니다.

맺는말

"서바나로 가리라!" 이것은 바울의 Vision Statement입니다. 그리고 성령께서는 오늘 말씀을 통하여 바로 이것을 우리에게 도전하셨습니다.

우리의 Vision Statement는 무엇입니까? 그것을 다시 한 번 부여잡고, 그것을 선포하면서, 주신 감동 가운데 그것을 향하여 힘있게 나아가는 아름다운 성도들이 다 되시기를 주님의 이름으로 축원합니다.

로마서 강해

성도가 성도에게

롬 16:1-27

　주후 4세기 안디옥 교회 감독이었던 크리소스토모스라는 사람이 있습니다. 기독교 역사에서 가장 설교를 잘하는 사람 가운데 하나로 꼽히는 분입니다. 얼마나 설교를 잘했는지, '요안네스'라는 본래의 이름보다 '황금의 입'이라는 뜻의 '크리소스토모스'라는 별명이 더 유명한 사람입니다. 저 개인적으로는 가장 닮고 싶은 사람 가운데 하나입니다. 얼마나 닮고 싶은지, 크리소스토모스의 이름에 '소'자가 들어 있다는 것이 그렇게 반갑고 감사할 수가 없었습니다. 제 이름에도 '소'자가 있으니까요. 그런데 그 유명한 설교가 크리소스토모스가 오늘 말씀, 로마서 16장을 두고 이런 말을 했습니다.

　많은 사람들, 심지어 대단히 선한 듯한 모습을 지닌 많은 사람마저도 성급하게 로마서의 이 부분을 불필요한 것으로 여긴다. 하지만 금을 주조하는 사람들은 조그마한 조각에 대해서도 주의를 기울인다. 여기 단순한 이름들에서도 커다란 보물을 발견할 수 있다.

그렇습니다. 로마서 16장을 그냥 마지막에 덧붙여 있는 인사말 정도로 생각을 하기 쉬운데 그렇지 않습니다. 여기에는 로마서 전체에서 사실은 가장 중요하고 감동적인 메시지가 들어 있습니다. 그것이 무엇인가요? 바로 '성도가 성도에게'입니다.

로마서 16장은 바울 사도가 로마서라는 편지를 로마에 있는 교회의 교인들에게 보내면서, 마지막으로 개인적으로 문안하고 있는 내용입니다. 여기에는 이 편지를 가지고 가는 '뵈뵈'라는 자매와 그곳 로마에 있는 26명의 인물이 소개됩니다. 그리고 뒤에는 바울과 함께 그들에게 인사를 하는 8명의 이름이 추가로 등장합니다. 너무 이름이 많이 나오니까 복잡하다고 할지 모르겠지만, 복잡한 것이 아니라 감동의 도가니입니다. 왜냐하면 그냥 이름들이 아니라 바로 성도의 이름이기 때문입니다. 이 세상 가운데서 생명까지도 서로 나누어 줄 수 있는 가장 가깝고 특별한 성도 된 사람들의 이름이기 때문에 그런 것입니다.

얼마 전에 어떤 성도님과 이야기하는데, 그분이 이번에 '성경 탐구'를 공부하면서 너무 은혜를 받아서, 이전에 사 놓았던 주해홍 목사님의 〈통큰 통독〉이라는 책을 다시 보게 되었는데(솔직히 별 큰 관심 없이 대충), 그런데 거기 서문에 제 이름이 나오는 것을 보고 너무 반갑고 갑자기 관심이 생겨서 참 좋았다고 하셨습니다.

여러분! 로마서 16장에 나오는 이름들은 이런 반갑고 관심이 가는 '아는 이름'보다 수백 배 큰 감동을 주는 이름들입니다. 그야말로 영적인 피붙이를 만난 것 같은 감동 그 자체라는 말입니다.

"쿠오바디스"인지, 정확히 기억이 나지는 않지만, 로마 시대의 그리스도인을 주제로 한 영화를 보는데, 노역을 하는 장면에서 한 사람이 다른 사람을 보면서 땅에 슬며시 물고기 그림을 그립니다. 상대방이 똑같이 물고기를 그리자, 대놓고 표현하지는 못하지만, 너무 반가워하고 감격스런 표정을 짓는 장면. 이유는 물고기가 헬라어로 '익투스'($IX\Theta P\Sigma$)인데, 그것이 '예수 그리스도 하나님의 아들 구원자'라는 문구에서 다섯 단어의 첫 자를 모아놓은 것이라서 그 당시 그리스도인들을 상징하는 표식으로 사용되고 있었기 때문입니다. 저는 영화의 그 장면이 두고두고 잊히지 않았습니다. 성도가 성도를 확인하면서 그 속에서 솟아오르는 그 감동과 감격의 표정 때문입니다.

바로 그런 감동이 가득한 것이 로마서 16장입니다. 그것도 그냥 누구인지 모르는 사람들의 이름이 아니라, 한 사람 한 사람 언급할 때마다 수많은 사건과 감동이 지나가는 이름들이라는 것입니다. 이것을 너무 잘 보여주는 것이 오늘 말씀 13절입니다.

주 안에서 택하심을 입은 루포와 그의 어머니에게 문안하라 그의 어머니는 곧 내 어머니니라.

아무에게나 "내 어머니"라는 말을 쓰지는 않지요. 얼마나 사랑하고 얼마나 가까우면 그런 표현을 쓰겠습니까? 그러니까 그의 이름을 언급하는 순간 성도로서 함께 신앙생활하면서 주고받았던 사랑과 은혜, 그것이 가슴을 꽉 채우고 있는 것입니다. 행복과 감격이 물밀듯이 밀려 들어오는 것이다, 그런 말입니다.

그러니까 로마서 16장 여기에서 사도 바울은 지금 자신이 그리스도인으로서 누릴 수 있는 최고의 축복을 누리고 있는 것입니다. 그리고 또한 '성도가 성도에게'의 엄청난 축복에 대하여 로마에 있는 성도들에게 보여주면서, 너희도 사실은 이런 축복을 누리고 있다는 것을 이야기하면서, '그러니까 이런 축복을 놓치지 않고 마음껏 누려야 한다. 그것이 아름다운 성도의 모습이고 삶이다.' 그것을 다시 한 번 강조하고 있는 것입니다.

여러분! 이 시대의 한국 교회가 문제가 많다는 점에는 다들 동의하실 것입니다. 그런데 그렇게 한국 교회가 문제가 많고 변질되었다는 것은 결국 우리 신앙의 본질과 축복, 그리고 은혜를 잃어버렸다는 뜻인데, 제가 볼 때 그중에서도 가장 심각한 것이 바로 '성도가 성도에게.' 이 축복과 은혜를 잃어버린 점이라고 생각합니다.

우리에게 성도라는 이 거룩한 공동체라는 기가 막힌 축복이 주어졌는데, 세상 어떤 것보다 귀하고 아름다운 보물이 주어졌는데, 이 시대의 한국 교회는 그것을 다 잃어버렸습니다. 그것을 하나도 제대로 누리지 못하고 있는 것입니다. 여러분! 우리 옆에 같은 신앙을 가지고, 같은 가치관을 가지고, 같은 고백을 하면서, 함께 찬양하고 예배하는 성도가 있다는 것이 얼마나 감사하고 감격스럽고 행복한 일인데, 그런데 정말 우리는 그것을 제대로 누리고 있습니까? 성도의 그 이름, 그 존재 때문에 가슴이 뛰냐, 그 말입니다.

이유가 무엇인가요? 왜 이 기가 막힌 축복을 우리는 누리지 못하고 있는 것일까요? 그것은 '성도가 무엇인지, 성도와 성도의 관계가 어떠해야 하는지' 그것을 제대로 알지 못하고, 그것이 망가져서 그런 것입니다.

성도는 무엇입니까? 성도는 '익투스.' 즉 "예수 그리스도는 하나님의 아들이시며 우리의 구원자이십니다."라고 고백하는 사람입니다. 어떤 다른 조건도 필요 없습니다. 이 신앙고백을 하고 예수 그리스도를 주로 영접한 사람은 무조건 다 성도입니다. 그야말로 이것이 필요충분조건입니다. 더는 다른 것이 필요하지 않습니다. 보충하거나 보완해야 하는 다른 것이 있을 수 없습니다. 신분이고 능력이고 과거고 성품이고 다 상관없이, 오직 이 신앙고백 하나로 성도는 충분한 것입니다.

여기 로마서 16장을 보면서 많은 학자들이 그야말로 충격을 받는 것은 여기에 여자들의 이름이 많이 나온다는 것입니다. 이 편지를 가지고 가서 전달한 사람 "뵈뵈." 그리고 수신자로 언급된 사람들 가운데 "브리스가, 마리아, 드루배나, 드루보사, 버시, 율리아, 루포의 어머니, 네레오의 자매" 등 수많은 여인의 이름이 나오는데, 그것은 그 당시 고대 사회에서는 정말 파격적인 일이었습니다.

그리고 또한 여기 이름들 가운데는 다양한 사회적 신분들이 나오는데, 노예도 있고, 노예에서 풀려난 노예 출신 자유인도 있고, 나름 사회적으로 높은 신분의 사람도 있다는 것입니다. 예수 그리스도를 주로 믿고 영접한 그 신앙고백 하나로 충분한 것입니다. 그 신앙고백 하나로 당시 사회에서 그렇게 단단하고 무서운 편견인 신분까지 뛰어넘은 것이 바로 성도라는 것입니다. 그러니까 성도는 참 복음의 산물입니다. 진짜 십자가의 역사라는 말입니다.

어쩌면 우리는 지금 '성도'라는 이 감격스러운 존재의 의미, 그것을 잃어버려서 그 축복을 온전히 누리지 못하고 있는 것일 수도 있습니다.

그렇다면 성도와 성도의 관계는 어떠해야 합니까? 이에 대하여 바울 사도는 로마서 16장에서 계속 반복되는 한 단어로 답을 주고 있습니다. 3절 말씀입니다.

> 너희는 그리스도 예수 안에서 나의 동역자들인 브리스가와 아굴라에게 문안하라.

"문안하라." 바로 이것입니다. 여기 '성도가 성도에게'를 쓰고 있는 로마서 16장에서 15번이나 반복하여 말하고 있는 이 "문안하라." 이것이 바로 성도와 성도의 관계를 한마디로 말하는 단어입니다.

바울 사도는 그냥 습관적이고 의례적으로 "문안하라, 문안하라."라고 말하는 것이 아닙니다. 성도의 이름을 언급하면서 그들에게 고백하고 있는 것입니다. 여기에서는 고대의 편지 양식에 따라 "문안하라."라는 형태의 간접적인 표현을 하고 있지만, 진짜 의미는 "문안합니다."라는 직접적인 표현입니다. 바로 그렇게 "문안합니다."라고 하면서 사실은 성도 한 사람 한 사람에게 고백하고 있는 것이라는 말이지요. 그러면서 동시에, 로마에 있는 성도들에게 성도와 성도의 관계는 어떠해야 하는지를 말해주고 있는 것입니다.

여기서 "문안하라."는 말은 무슨 뜻입니까? 이것은 헬라어로 '아스파조마이'라는 단어인데 기본적으로 '포옹하다.'라는 뜻입니다. 그러니까 성도가 성도를 만나면 무조건 포옹을 해야 한다는 것입니다. 코로나 때문에 악수도 못 하지만, 사실 성도의 인사는 서로 포옹하는 것이지요.

그런데 겉으로 포옹하는 것이 중요한 것이 아니고, 이 '아스파조마이'라는 말, '포옹하다.'라는 말에는 세 가지의 의미가 있는데, 그것이 더 중요합니다.

1) '좋아하다.'라는 뜻입니다. 그냥 좋아하는 것이 아니라 '인격적으로' 좋아하는 것입니다. 그래서 이것은 '존중하다, 존경하다.'라고 옮기는 것이 더 맞습니다.

2) '품는다.'라는 뜻입니다. 포옹이 바로 품에 안는 것이니까요. 그러니까 이것은 앞에 '아름다운 교회 만들기 프로젝트'에서 언급했던 '받아들임' 바로 그것을 말합니다.

3) '전념하다.'라는 뜻입니다. 포옹할 때는 완전히 다 주어야 합니다. 그에게 그야말로 '올인'하는 것입니다. 그러니까 이것은 '헌신하다.'라는 의미가 있는 것이지요. 바로 이 세 가지가 성도와 관계를 맺는 기본입니다.

그렇습니다. 성도는 서로 사랑하려고 만난 것입니다. 그러니까 성도가 성도에게 다가가는 그 마음은 언제나 사랑하고 존경하는 마음이어야 합니다. 무엇보다 인격적으로 존중해야 하는 관계인 것입니다. 그리고 성도는 서로 품어야 합니다. 그의 연약함까지 그대로 받아들여야 한다는 것입니다. 문제가 있고, 그래서 지적하고 때로는 비판하더라도 일단 기본적으로 품는 마음을 가지고 지적하든, 판단하든 해야 한다는 것입니다.

그리고 성도는 내가 이용하는 대상이 아니라, 내가 섬겨야 하는 사람입니다. 이용하는 순간 그는 그때부터 나에게 성도가 아닙니다. 섬길 때, 섬기기 위하여 나의 모든 것을 다 내어줄 때, 그때 그는 정말 나의 소중한 성도가 되는 것입니다.

여러분! 이렇게까지 말하면 너무 심하다고 할지 모르지만, 성도와의 관계, 거기에서 실패하면, 신앙생활에서 실패하는 것이고, 그러면 인생에서 실패하는 것입니다. 하지만 삶의 환경이나 내용이 아무리 팍팍하고 힘들어도 성도와의 관계가 정말 아름답고 바르다면, 우리는 이 땅에서 천국을 살 수 있는 것입니다.

주변을 돌아보십시오! 당신 주위에 있는 성도를 보십시오! 코로나만 아니면 달려가 마음껏 포옹해야 하는 귀한 지체들입니다. 정말 대중가요의 가사 그대로 "그대 내게 행복을 주는 사람"인 것입니다. 서로 한번 고백해 보십시오. "당신 때문에 내가 정말 행복합니다."

맺는말

'성도가 성도에게' 문안하는 로마서 16장, 여기에서 바울 사도는 로마서를 마무리하는 축도를 하는데, 두 번으로 나누어서 하고 있습니다. 그 축도를 들으면서 우리에게 주신 메시지를 온전히 받기를 원합니다.

1. 19-20절 말씀을 보겠습니다.

너희의 순종함이 모든 사람에게 들리는지라 그러므로 내가 너희로 말미암아 기뻐하노니 너희가 선한 데 지혜롭고 악한 데 미련하기를 원하노라 평강의 하나님께서 속히 사탄을 너희 발 아래에서 상하게 하시리라 우리 주 예수의 은혜가 너희에게 있을지어다.

아름다운 공동체를 이루라는 말입니다. 그러기 위하여 "선한 데 지혜롭고, 악한 데 미련하라"는 말입니다. 그렇게 해서 서로 싸우고 갈등하게 하는 사탄의 간계를 박살 내는 승리의 공동체, 십자가 공동체를 이루라는 것입니다.

여러분! 그렇습니다. 우리는 선한 데 지혜로워야 합니다. 악한 데는 미련해야 합니다. 서로 사랑하고, 그래서 아름다운 공동체를 세움으로써 우리 하나님을 기쁘시게 하는 성령님의 감동에는 민감해야 합니다. 그리고 거기에 결단하고 순종할 수 있어야 합니다. 하지만 교묘히 부추기며 서로 갈등하게 하는 악한 간계, 음성에는 둔감해야 합니다. 사탄 마귀의 음성은 무슨 말인지 못 알아듣는 것이 좋습니다.

여러분! 기억하세요. 우리가 공동체를 이루고 서로 사랑하는 것만으로 이미 우리가 승리한 것이라는 사실을.

2. 25-27절 말씀을 보겠습니다.

나의 복음과 예수 그리스도를 전파함은 영세 전부터 감추어졌다가 이제는 나타내신 바 되었으며 영원하신 하나님의 명을 따라 선지자들의 글로 말미암아 모든 민족이 믿어 순종하게 하시려고 알게 하신 바 그 신비의 계시를 따라 된 것이니 이 복음으로 너희를 능히 견고하게 하실 지혜로우신 하나님께 예수 그리스도로 말미암아 영광이 세세무궁하도록 있을지어다 아멘.

함께 예수 그리스도를 증거하고 복음을 전파하는 삶을 살아가자는 것입니다. 내부적으로는 함께 아름다운 공동체를 이루면서 살아가는 것이 핵심이라면, 외부적으로는 온 세상 앞에 우리 주님의 복음을 전파하면서 증언하는 삶을 살아가는 것이야말로 성도가 성도와 함께 살아가는 가장 아름다운 모습이라는 뜻입니다.

부를 때마다 가슴이 벅찬 찬양 가운데 하나가 "모든 열방 주 볼 때까지"입니다. 특히 그 가운데 "주의 영광 이곳에 가득해. 우린 서네 주님과 함께 찬양하며 우린 전진하리. 모든 열방 주 볼 때까지." 이 부분은 부를 때마다 가슴이 벅차고 먹먹한 감동이 있습니다. 이것이 성도로서 성도와 함께 이 땅을 살아가는 우리의 모습입니다.

로마서를 끝내면서, 사도 바울이 로마에 있는 성도들을 향해 드린 축도를 지금 여기서 그들과 마찬가지로 성도 된 모든 분께 드립니다.

memo

memo